2021

全国县域农业农村信息化
发展水平评价报告

农业农村部信息中心 编著

中国农业出版社
农村读物出版社
北　京

图书在版编目（CIP）数据

2021 全国县域农业农村信息化发展水平评价报告 /
农业农村部信息中心编著. —北京：中国农业出版社，
2022.8

ISBN 978-7-109-29782-1

Ⅰ.①2… Ⅱ.①农… Ⅲ.①农业－信息化建设－研
究报告－中国－2021②农村－信息化建设－研究报告－中
国－2021 Ⅳ.①F32

中国版本图书馆 CIP 数据核字（2022）第 140968 号

中国农业出版社出版

地址：北京市朝阳区麦子店街 18 号楼
邮编：100125
责任编辑：卫晋津
版式设计：杜 然 责任校对：刘丽香
印刷：三河市国英印务有限公司
版次：2022 年 8 月第 1 版
印次：2022 年 8 月河北第 1 次印刷
发行：新华书店北京发行所
开本：700mm×1000mm 1/16
印张：19
字数：380 千字
定价：66.00 元

编 委 会

CONTENTS ⬤⬤ **目 录**

第一部分 总 报 告

第二部分　省级分报告

附　　录

PART 1

第一部分
总 报 告

一、评价说明

（一）工作背景

为贯彻落实党中央、国务院和中央网络安全和信息化委员办公室、农业农村部有关实施数字乡村发展战略的决策部署，建立农业农村信息化发展水平监测评价机制，在农业农村部市场与信息化司的指导和支持下，农业农村部信息中心在总结前两年开展全国县域数字农业农村发展水平评价工作经验的基础上，强化数据采集，完善指标体系，特别是对农业生产信息化指标进行了细化，通过全面监测、数据清洗、逐项分析，形成了《2021 全国县域农业农村信息化发展水平评价报告》。

本报告全面反映了"十三五"以来农业农村信息化发展取得的阶段性成效，分析了存在的短板和弱项，并对"十四五"时期的发展进行了展望。本次监测评价工作秉持绩效管理理念，旨在帮助各县（市、区）找准各自在全国、全省的坐标位置，客观判断优势、亮点和差距，明确努力方向，以期在新征程上更加精准有效地推进农业农村信息化健康平稳发展。

（二）数据来源

本次监测评价数据继续采取县（市、区）农业农村部门自愿填报，地（市、州）、省（自治区、直辖市）农业农村市场信息部门逐级审核把关的方式获得，共收集到 2 703 个县（市、区）2020 年的基础指标数据。经审核、清洗，纳入本次监测评价的有效样本县（市、区）为 2 642 个，基本覆盖全国所有涉农县域，其中东部地区 763 个、中部地区 849 个、西部地区①1 030 个，覆盖 50.9 万个行政村。由于有效样本量的增加、农业生产信息化指标的细化、个别指标权重的调整等原因，本报告中的部分指标结果未与上年报告进行比较。另外，本报告中的"全国"指有效样本县（市、区）总数，另作说明者除外。

---

① 按国家统计局划分标准，全国 31 个省（自治区、直辖市）分为东部、中部、西部三个地区。其中，东部地区包括北京市、天津市、河北省、辽宁省、上海市、江苏省、浙江省、福建省、山东省、广东省、海南省 11 个省（直辖市）；中部地区包括山西省、吉林省、黑龙江省、安徽省、江西省、河南省、湖北省、湖南省 8 个省；西部地区包括内蒙古自治区、广西壮族自治区、重庆市、四川省、贵州省、云南省、西藏自治区、陕西省、甘肃省、青海省、宁夏回族自治区、新疆维吾尔自治区 12 个省（自治区、直辖市）。

二、评价结果

2020 年是"十三五"的收官之年。回顾过去五年，一系列重大政策措施陆续出台，一些重大工程项目相继实施，生产智能化、经营网络化、管理数据化、服务在线化扎实推进，农业农村信息化发展取得了显著成效，迈上了新台阶。

（一）全国县域农业农村信息化发展总体水平接近 38%

农业农村信息化是国家信息化的重要组成部分。在网络强国、数字中国、智慧社会等战略决策的推动下，各有关部门、各地区认真贯彻落实"互联网＋"现代农业、农业农村大数据发展、农村电子商务、数字乡村发展战略等重大部署，积极推进县域农业农村信息化稳步发展。经综合测算，2020 年全国县域农业农村信息化发展总体水平达到 37.9%，东部地区 41.0%，中部地区 40.8%，西部地区 34.1%。

分省份看[①]，如图 1 所示，高于和等于全国发展总体水平的有 14 个省份，其中，浙江在全国继续保持领先地位，农业农村信息化发展总体水平为 66.7%；江苏和上海分居第二、第三位，发展总体水平分别为 56.5% 和 55.0%。

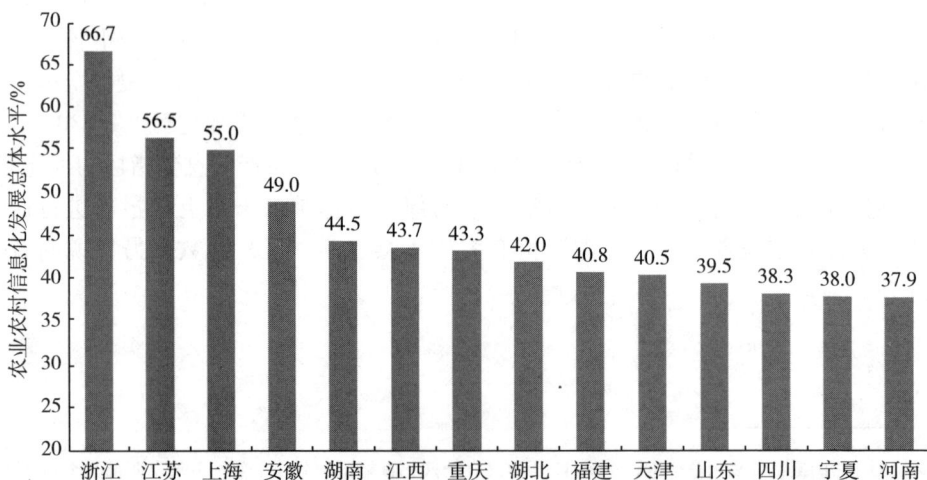

图 1　农业农村信息化发展总体水平高于全国发展总体水平的省份

---

① 新疆生产建设兵团未参与本次监测评价工作，故不计入省级排名。

从县域看，发展总体水平排名全国前 100 的县（市、区）平均发展水平为 69.5%，排名全国前 500 的县（市、区）平均发展水平为 57.9%。发展总体水平超过 60% 的县（市、区）有 164 个，占比 6.2%；处于 30%～60% 的有 1 754 个，占比 66.4%；低于 30% 的有 724 个，占比 27.4%。高于全国发展总体水平的县（市、区）有 1 272 个，占比 48.1%。

（二）农业生产信息化稳步推进

农业生产信息化是农业农村信息化发展的重点和难点，其发展水平是衡量农业现代化发展程度的标志性重要指标。经综合测算，2020 年全国农业生产信息化水平为 22.5%[①]。分区域看，东部地区为 25.7%，中部地区为 30.8%，西部地区为 19.6%。分析表明，农业生产信息化水平的提升对农业总产值增长有明显的促进作用，发展农业信息化是释放农业数字经济潜力的根本途径。

分省份看，如图 2 所示，农业生产信息化水平排名全国前 10 的省份均高于全国平均水平。其中，江苏农业生产信息化水平为 42.6%，居全国首位；浙江和安徽均为 41.6%，并列全国第二位。

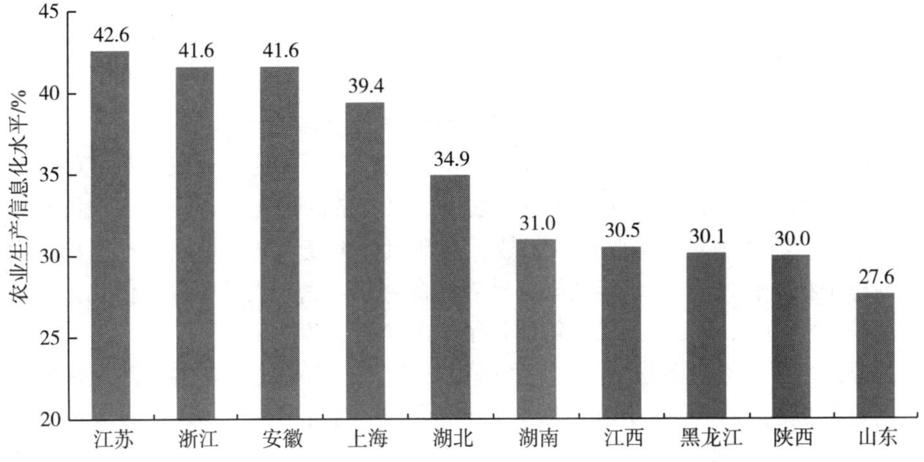

图 2　农业生产信息化水平排名前 10 的省份

分行业看，畜禽养殖信息化水平最高，为 30.2%，设施栽培、大田种植、水产养殖的信息化水平分别为 23.5%、18.5% 和 15.7%。

大田种植方面，在监测的 11 个主要农作物品种（类）中，棉花、小麦、稻谷 3 个作物的生产信息化水平总体较高，分别为 40.2%、35.3% 和 33.9%。

---

① 农业生产信息化包括大田种植信息化、设施栽培信息化、畜禽养殖信息化和水产养殖信息化，权重根据各行业产值占比动态调整。

从主要信息技术应用看，农机作业信息化技术在大田作物生产过程中应用最为广泛，水肥药精准控制技术、"四情监测"技术也均得到较好应用。从省份看，安徽大田种植信息化水平最高，为48.1％；江苏、上海、浙江和湖北也均超过35％。

设施栽培方面，水肥一体化智能灌溉技术和设施环境信息化监测技术应用最为广泛。江苏和吉林的设施栽培信息化水平均超过40％，分别为43.5％和42.5％；浙江、河南、内蒙古和江西也均超过30％。

畜禽养殖方面，在监测的4个主要畜禽品种（类）中，家禽（鸡鸭鹅）和生猪养殖的信息化水平均超过30％，分别为32.9％和31.9％。浙江的畜禽养殖信息化水平居全国首位，达60.3％；排名第二、第三位的江苏和上海分别为52.4％和51.8％。

水产养殖方面，在监测的4个主要水产品种（类）中，蟹类的生产信息化水平最高，为25.1％；虾类和鱼类的生产信息化水平分别为18.0％和16.5％，均高于水产养殖信息化水平；贝类最低，仅为4.7％。信息化增氧技术的应用最为广泛。上海的水产养殖信息化水平位居全国首位，达56.6％；排名第二、第三位的浙江和江苏分别为43.3％和36.6％。

（三）农产品电子商务高速增长

1. 全国县域农产品网络零售额占农产品销售总额的13.8％

电子商务日益成为农产品销售的重要渠道，已经成为农业农村数字经济发展的领头羊和突破口，极大地增强了农产品供应链的稳定性，促进了农民收入较快增长，特别是对打赢脱贫攻坚战、在新冠肺炎疫情防控期间农产品稳产保供发挥了独特作用。2020年全国县域农产品网络零售额为7 520.5亿元，占农产品销售总额的13.8％，比上年增长了3.8个百分点。

分区域看，东部地区农产品网络零售额为3 359.9亿元，占东部地区农产品销售总额的17.7％；中部地区为2 628.5亿元，占比12.0％；西部地区为1 532.1亿元，占比11.2％。

分省份看，如图3所示，浙江、江苏、安徽的农产品网络零售额占比位居全国前列，分别为37.5％、26.6％和19.9％，农产品网络零售额分别为940.6亿元、1 138.8亿元、889.5亿元。

从县域看，农产品网络零售额占比高于全国平均水平的县（市、区）有1 179个，占有效样本县（市、区）的44.6％。发展总体水平排名全国前100的县（市、区）农产品网络零售额占比为43.2％，排名前500的为26.7％。

分析表明，农产品网络零售额占比与互联网普及率、家庭宽带入户率具有明显的相关性，完善的网络基础设施对农产品电子商务的发展具有重要的支撑作用。

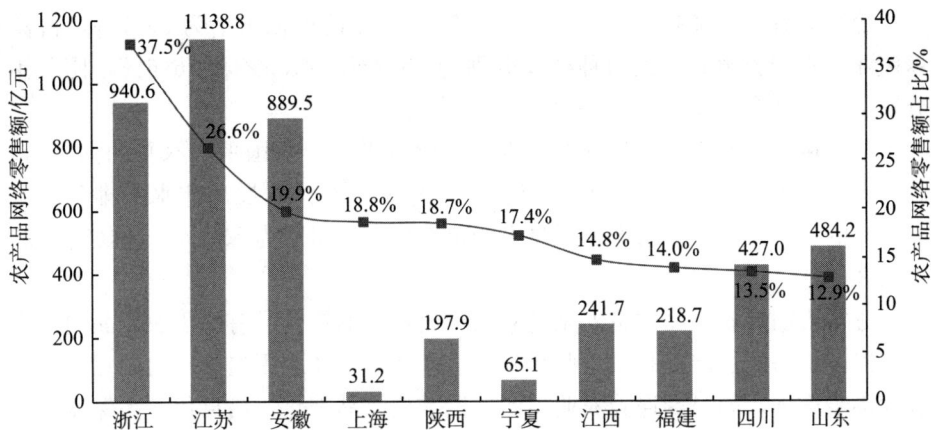

图 3 农产品网络零售占比排名前 10 的省份

2. 全国农产品质量安全追溯信息化水平为 22.1%

互联网技术和信息化手段特别是区块链技术的应用,为农产品从生产到餐桌全过程的质量安全保障提供了新抓手,推动农产品生产、加工、流通、销售等活动相关信息更加透明,有助于农产品质量安全源头可追溯、流向可跟踪、信息可查询、责任可追究。近年来,各地陆续建设使用农产品质量安全追溯平台。2020 年通过接入自建或公共农产品质量安全追溯平台,实现质量安全追溯的农产品产值占比为 22.1%,较上年提升 4.9 个百分点。分区域看,东部地区为 28.9%,中部地区为 18.7%,西部地区为 15.6%。

分省份看,如图 4 所示,该指标排名全国前 10 的省份中有 8 个省份超过全国平均水平。其中,上海达到 85.1%,位居全国首位;浙江、江苏位居全国第二、第三位,分别为 63.5%、45.5%。

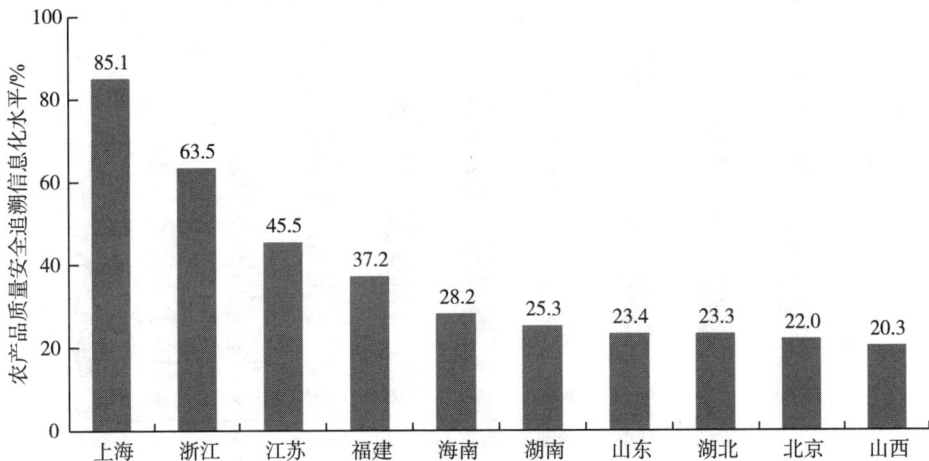

图 4 农产品质量安全追溯信息化水平排名前 10 的省份

分行业看,设施栽培业农产品质量安全追溯信息化水平为29.7%,畜禽养殖业、水产养殖业、大田种植业分别为28.3%、24.5%和16.6%,比上年分别提升1.9个、6.7个、5.9个和3.5个百分点。

从县域看,农产品质量安全追溯信息化水平高于全国平均水平的县(市、区)有846个,占有效样本县(市、区)的32.0%。发展总体水平排名全国前100的县(市、区)农产品质量安全追溯信息化水平为53.7%,排名前500的为39.2%。

分析表明,农产品质量安全追溯信息化水平的提升,有助于农产品的网络销售以及价格的稳定提高。近些年来,生产经营主体应用追溯平台的意愿和积极性逐步增强,同时倒逼着农业生产的标准化、品牌化、信息化,为保障我国农产品质量安全提供了新途径。

(四)基层治理数字化快速提升

1. 应用信息技术实现行政村"三务"综合公开水平为72.1%

农村基层党务、村务、财务"三务"公开是维护和保障农村居民知情权、参与权、表达权、监督权的重要内容和基本途径。信息技术的应用开辟了公开渠道,提高了公开质量,加快了公开步伐。2020年应用信息技术实现行政村"三务"综合公开水平达到72.1%,较上年提升6.8个百分点。其中,党务公开水平为73.1%,村务公开水平为72.8%,财务公开水平为70.5%。分区域看,东、中、西部地区行政村"三务"综合公开水平分别为70.7%、77.5%和68.0%。

分省份看,如图5所示,该指标排名前10的省份均超过全国平均水平。其中,上海行政村"三务"综合公开水平达到100%,浙江、江苏、湖南、安徽、重庆、内蒙古的行政村"三务"综合公开水平均超过90%。

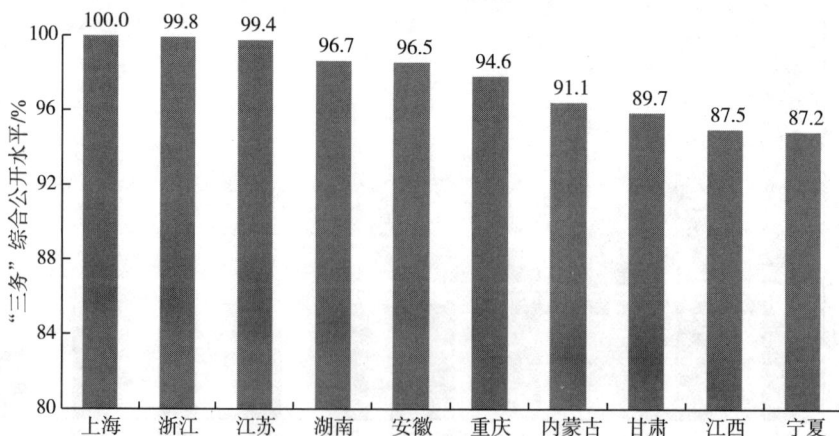

图5 应用信息技术实现行政村"三务"综合公开水平排名前10的省份

从县域看，应用信息技术实现行政村"三务"综合公开水平高于全国平均水平的县（市、区）共有 1 700 个，占有效样本县（市、区）的 64.3%。其中，1 560 个县（市、区）行政村"三务"综合公开水平达到 100%。发展总体水平排名全国前 100 的县（市、区）"三务"综合公开水平为 99.4%，排名前 500 的为 93.2%。

2. "雪亮工程"行政村覆盖率为 77.0%

"雪亮工程"是以县乡村三级综治中心为指挥平台、以综治信息化为支撑、以网格化管理为基础、以公共安全视频监控联网应用为重点的"群众性治安防控工程"。近年来，在各级党委的领导下，综治部门切实把"雪亮工程"作为一项民心工程来抓，扎实推进工程实施，行政村覆盖率快速提升，农村居民的安全感显著增强。2020 年全国"雪亮工程"行政村覆盖率达到 77.0%，较上年提升 10.3 个百分点。分区域看，东部地区"雪亮工程"行政村覆盖率为77.9%，中部地区为 83.5%，西部地区为 68.2%。

分省份看，如图 6 所示，上海、浙江、江苏、湖北、安徽、福建、天津 7个省份"雪亮工程"行政村覆盖率均超过 90%，其中，上海、浙江已实现全覆盖。

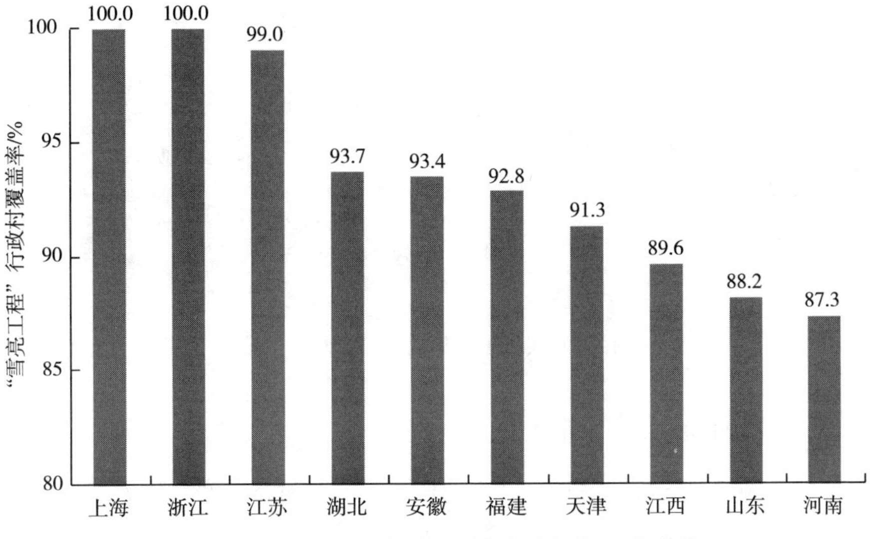

图 6 "雪亮工程"行政村覆盖率排名前 10 的省份

从县域看，"雪亮工程"行政村覆盖率高于或等于全国平均水平的县（市、区）共有 1 794 个，占有效样本县（市、区）的 67.9%。其中，1 585 个县（市、区）实现了行政村全覆盖。发展总体水平排名全国前 100 的县（市、区）覆盖率为 94.6%，排名前 500 的为 91.3%。

3. 全国县域政务服务在线办事率为 66.4%

近年来，各地扎实推进政务服务改革，利用信息化手段让信息多跑路、农民少跑腿，为农民群众提供了高效便捷的社会保险、新型农村合作医疗、婚育登记、劳动就业、社会救助、农用地审批和涉农补贴等重要民生保障信息化服务。2020 年全国县域政务服务在线办事率①为 66.4%。分区域看，东部地区在线办事率为 67.3%，中部地区为 70.4%，西部地区为 62.4%。

从县域看，政务服务在线办事率高于或等于全国平均水平的县（市、区）共有 1 576 个，占有效样本县（市、区）的 59.7%。其中，1 003 个县（市、区）的七类业务，除个别必须现场办理的环节外，其他环节实现了在线办理。如图 7 所示，全国已有超过 80% 的县（市、区）社会保险业务和新型农村合作医疗业务实现了在线办理；超过 70% 的县（市、区）劳动就业业务实现了在线办理。发展总体水平排名全国前 100 的县（市、区）政务服务在线办事率为 96.0%，排名前 500 的为 88.7%。

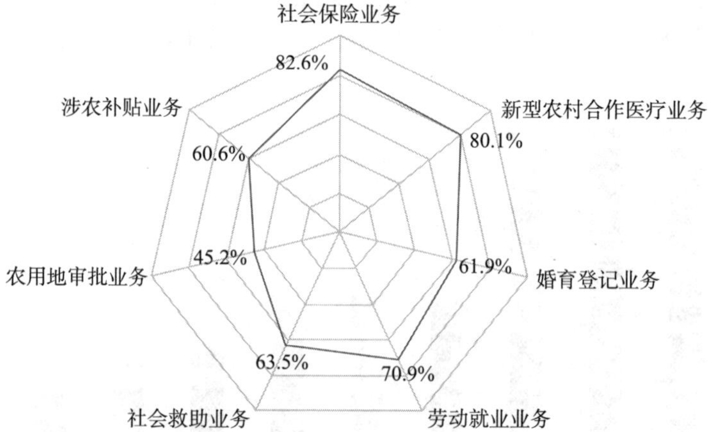

图 7 重要民生保障业务在线办理情况

（五）农村电商服务加快普及

本次监测评价指标体系选定"电商服务站行政村覆盖率"作为服务信息化水平的代表。近年来，各级党委、政府大力支持电商、邮政、快递物流等企业把电商服务站点快速延伸到行政村，为农产品出村进城和工业品下乡进村提供了重要基础支撑。截至 2020 年底，全国已建有电商服务站点的行政村共 40.1

---

① 本报告中"政务服务"主要包括社会保险、新型农村合作医疗、婚育登记、劳动就业、社会救助、农用地审批和涉农补贴七类重要民生保障业务。

万个，共建有电商服务站点 54.7 万个，行政村覆盖率达到 78.9%，较上年提升 4.9 个百分点。分区域看，东部、中部、西部地区的行政村覆盖率分别为 80.7%、82.8% 和 71.9%。

分省份看，如图 8 所示，该指标排名前 10 的省份覆盖率均高于全国平均水平，且均超过 90%。其中，江苏、重庆、湖南均超过 95%。

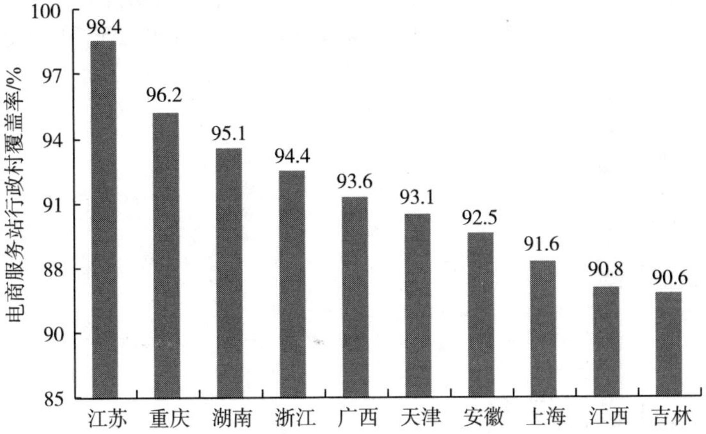

图 8 电商服务站行政村覆盖率排名前 10 的省份

从县域看，全国已有 1 183 个县（市、区）实现行政村电商服务站点全覆盖，占有效样本县（市、区）的 44.8%，较上年提升 7.6 个百分点。行政村覆盖率超过 90% 的县（市、区）有 1 404 个，占有效样本县（市、区）的 53.1%。发展总体水平排名全国前 100 的县（市、区）电商服务站行政村覆盖率为 91.3%，排名前 500 的为 89.7%。

分析表明，电商服务"小站点"发挥了大作用，电商服务站行政村覆盖率较高的县（市、区），其电商经济也较为发达，特别是支撑了农产品网络零售业的快速发展。

（六）信息化发展环境逐年优化

1. 全国县域农业农村信息化财政投入县均近 1 300 万元

对农业农村信息化发展的重视主要体现在财政投入上，近年来，财政支持力度不断加大。2020 年全国县域农业农村信息化建设的财政投入总额达到 341.4 亿元，县均财政投入 1 292.3 万元，较上年提升 65.3%；乡村人均财政投入 46.0 元，较上年提升 79.6%。

东部地区财政投入 172.7 亿元，占全国财政投入的 50.6%，县均投入 2 263.7 万元，乡村人均投入 67.3 元；中部地区财政投入 66.6 亿元，占全国

的 19.5%，县均投入 784.6 万元，乡村人均投入 26.0 元；西部地区财政投入
102.1 亿元，占全国的 29.9%，县均投入 991.2 万元，乡村人均投入 44.5 元。

分省份看，如图 9 所示，县均财政投入高于全国平均水平的有浙江、重庆、
江苏、新疆 4 个省份，其中浙江高达 12 876.0 万元，重庆、江苏、新疆分别为
4 516.9 万元、4 043.1 万元和 3 038.1 万元。如图 10 所示，乡村人均财政投入高
于全国平均水平的有浙江、新疆、西藏、重庆、江苏、内蒙古 6 个省份，其中浙
江高达 469.7 元，新疆、西藏、重庆分别为 238.1 元、170.0 元和 99.3 元。

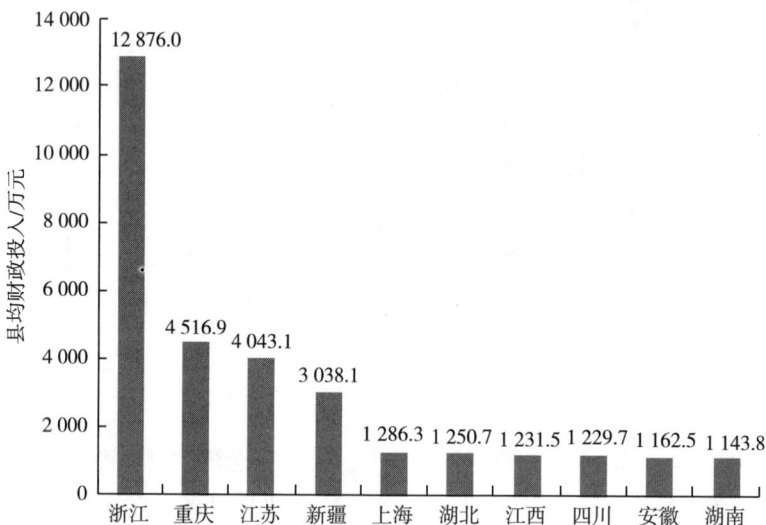

图 9 农业农村信息化县均财政投入排名前 10 的省份

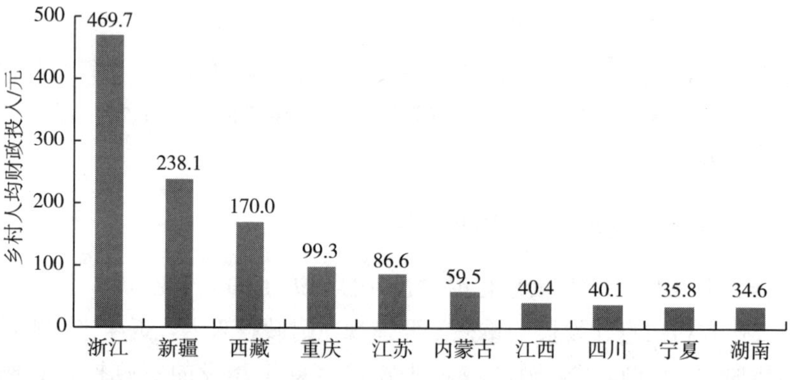

图 10 农业农村信息化乡村人均财政投入排名前 10 的省份

从县域看，农业农村信息化财政投入排名前 100 的县（市、区）县均投入
为 21 273.6 万元，排名前 500 的县均投入为 6 125.8 万元；发展总体水平排名
全国前 100 的县（市、区）县均投入为 7 168.4 万元，排名前 500 的县均投入

为 2 819.3 万元。乡村人均财政投入排名前 100 的县（市、区）乡村人均投入 1 197.9 元，排名前 500 的乡村人均投入为 314.2 元；发展总体水平排名全国前 100 的县（市、区）乡村人均财政投入为 218.8 元，排名前 500 的乡村人均投入为 81.7 元。值得注意的是，财政投入低于全国平均水平的县（市、区）有 2 218 个，占比高达 84.0%；乡村人均财政投入低于全国平均水平的县（市、区）有 2 201 个，占比高达 83.3%。

2. 全国县域农业农村信息化社会资本投入县均超 3 000 万元

在乡村振兴战略的带动下，社会资本投资建设农业农村信息化的积极性持续高涨，市场优化配置资源作用日益凸显。2020 年全国县域农业农村信息化建设的社会资本投入为 809.0 亿元，是财政投入的 2.4 倍。县均社会资本投入 3 062.3 万元、乡村人均 109.0 元，分别比上年增长 49.1% 和 62.2%。

分区域看，东部地区社会资本投入 467.7 亿元，占全国社会资本投入的 57.8%，县均投入 6 129.8 万元，乡村人均投入 182.1 元；中部地区投入 204.6 亿元，占全国的 25.3%，县均投入 2 409.5 万元，乡村人均投入 79.9 元；西部地区投入 136.8 亿元，占全国的 16.9%，县均投入 1 327.9 万元，乡村人均投入 59.6 元。

分省份看，如图 11 所示，县均社会资本投入超过全国平均水平的有 8 个省份，浙江、江苏县均社会资本投入均超过 1 亿元，分别为 31 649.4 万元、10 450.6 万元。如图 12 所示，乡村人均社会资本投入超过全国平均水平的同样有 8 个省份，浙江、吉林、江苏三省乡村人均社会资本投入均超过 200 元，分别为 1 154.5 元、231.8 元和 223.8 元。

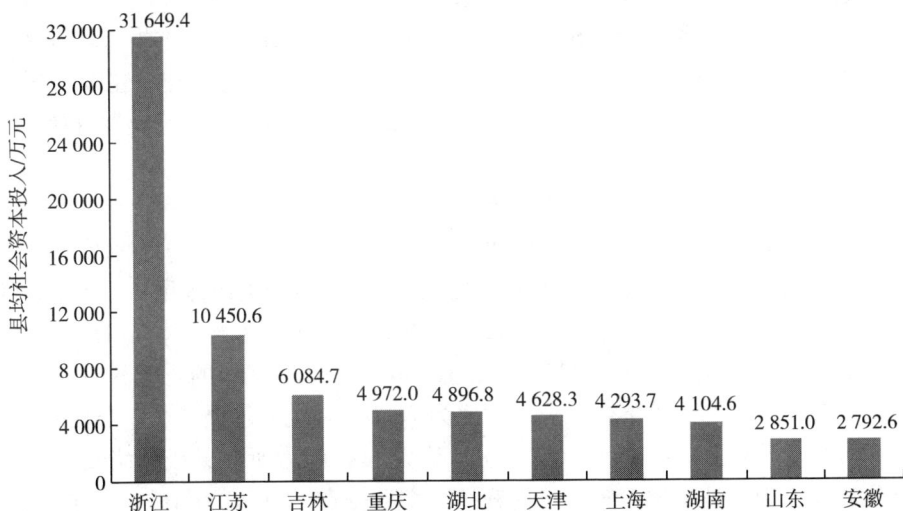

图 11　农业农村信息化县均社会资本投入排名前 10 的省份

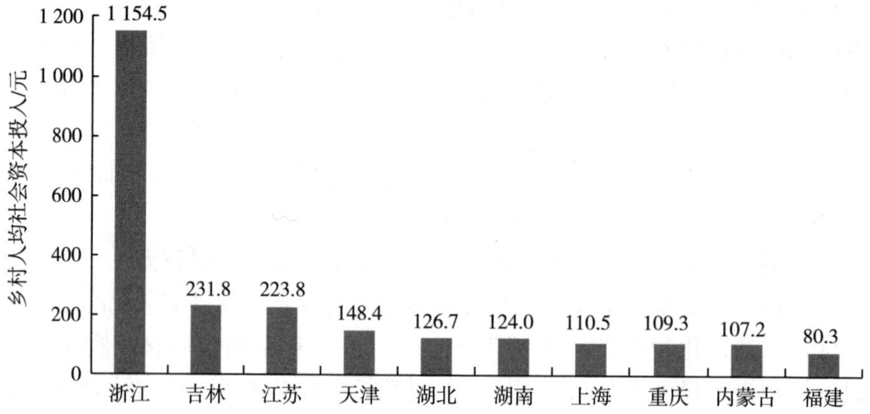

图 12 农业农村信息化乡村人均社会资本投入排名前 10 的省份

从县域看，农业农村信息化社会资本投入排名前 100 的县（市、区）县均投入为 53 293.4 万元，排名前 500 的为 14 982.6 万元；发展总体水平排名全国前 100 的县（市、区）县均投入为 20 630.0 万元，排名前 500 的为 9 441.1 万元。乡村人均社会资本投入排名前 100 的县（市、区）乡村人均投入为 1 937.2 元，排名前 500 的为 525.9 元；发展总体水平排名全国前 100 的县（市、区）乡村人均社会资本投入为 629.8 元，排名前 500 的为 273.5 元。值得注意的是，社会资本投入低于全国平均水平的县（市、区）有 2 286 个，占比高达 86.5%；乡村人均投入低于全国平均水平的县（市、区）有 2 216 个，占比高达 83.8%。

通过对各省份财政和社会资本的投入结构分析发现，浙江、重庆、江苏、内蒙古、湖南 5 个省份的乡村人均财政投入和乡村人均社会资本投入均排名全国前 10；新疆、青海、西藏、海南 4 个省份农业农村信息化建设主要依靠财政投入；吉林、天津、陕西、河北、山东、湖北、云南、广东 8 个省份社会资本投入的贡献比较突出。

3. 全国县级农业农村信息化管理服务机构覆盖率为 78.0%

县级农业农村信息化管理服务机构是落实各级党委政府有关农业农村信息化部署要求、确保各项任务措施落地见效的基层队伍和组织保障。近年来，随着网信事业的不断深入和拓展，县级农业农村信息化管理服务体系持续强化完善。2020 年全国县级农业农村部门设置了承担信息化工作的行政科（股）或信息中心（信息站）等事业单位的占比为 78.0%，较上年提高 2.5 个百分点。

具体看，有 80.8% 的县（市、区）农业农村局为所在县级网络安全与信息化领导机构成员单位，较上年提升 2.2 个百分点；有 75.3% 的县（市、区）农业农村局成立了网络安全与信息化领导机构，较上年提升 2.7 个百分点；有

72.7％的县（市、区）农业农村局设置了承担信息化工作的行政科（股），较上年提升 2.6 个百分点；有 45.1％的县（市、区）农业农村局设置了信息中心（信息站）等事业单位，较上年提升 1.6 个百分点。

分区域看，东部地区县级农业农村信息化管理服务机构覆盖率为 82.6％，中部地区为 82.2％，西部地区为 71.1％。从县域看，发展总体水平排名全国前 100 的县（市、区）信息化管理服务机构覆盖率为 98.0％，排名前 500 的为 94.8％，均与上年持平。

综合以上六个方面的分析，相关数据表明：到"十三五"末，我国农业农村信息化发展取得显著成效，农村网络基础设施明显改善，农业生产信息化稳步推进，农产品电子商务异军突起，乡村治理数字化成效凸显，农村电商服务加快普及，发展环境持续优化，数字乡村建设迈出实质性步伐，为"十四五"期间推进农业农村信息化快速发展、助力乡村全面振兴打下了坚实基础。

三、农业农村信息化发展存在的短板和弱项

虽然我国农业农村信息化发展已取得积极进展，但仍然处于较低水平的起步阶段，相比世界农业发达国家、相比国内先进行业、相比智慧城市，我国农业农村信息化发展面临诸多困难和挑战，存在不少短板和弱项，主要表现为四个相当突出。

（一）发展不平衡、不充分的问题相当突出

不平衡主要表现在区域发展差距上，西部地区县域农业农村信息化发展总体水平仅为 34.1％，与东部地区相差 6.9 个百分点，特别是发展总体水平排在前 3 位的省份与排在最后 3 位的省份平均发展水平差距高达 40.3 个百分点。县域农业农村信息化发展总体水平排名全国前 100 和前 500 的县（市、区），东部地区分别占 51.0％、41.2％，中部地区分别占 35.0％、40.8％，西部地区分别占 14.0％、18.0％。尤其是排在后 500、后 100 的县（市、区）中，西部地区占比高达 53.0％、48.0％。不充分主要表现在发展总体水平还很低，按照目前的指标体系评价，2020 年全国县域农业农村信息化发展总体水平为 37.9％，与全国农业机械化发展水平[1]相差 33.4 个百分点。

---

① 本数据来源于《2020 年全国农业机械化发展统计公报》，全国农作物耕种收综合机械化率达 71.25％。

（二）农业生产信息化水平低的问题相当突出

本次监测评价数据显示，全国农业生产信息化水平仅为 22.5％，而且这一比例主要是靠相对易于推广的信息技术支撑的，如果与美国 80％的大农场实现了大田生产全程数字化、平均每个农场拥有约 50 台连接物联网的设备相比差距就更大。从这几年的变化和效果看，农产品电子商务持续保持高速增长，促进农村数字经济发展的作用日益凸显；乡村治理数字化水平快速提升，农民群众的安全感日益增强；而农业生产信息化受自身弱质性、技术供给不足等因素影响，还停留在一般、单一技术的应用阶段，缺乏高精尖的精准技术，集成度也不高，解放和发展生产力、挖掘和释放农业数字经济潜力的作用尚不明显。即使这些简单易用的信息技术，目前在很多县（市、区）的应用还基本处于空白状态。农业生产信息化水平低于 5％的县（市、区）还有 712 个，占有效样本县（市、区）的 26.9％。

（三）信息基础设施建设明显滞后的问题相当突出

本次监测评价数据显示，全国县域互联网普及率[①]为 70.3％，与城镇地区互联网普及率[②]相比还有 8 个百分点的差距。家庭宽带入户率不足 50％的县（市、区）有 572 个，不足 20％的有 221 个，占比分别高达 21.7％、8.4％。目前 5G 基站建设仅延伸到大城市郊区、县城和人口比较集中的乡镇，农村严重滞后于城市。特别需要指出的是，面向农业生产的 4G 和 5G 网络、遥感卫星、北斗导航、物联网、农机智能装备、大数据中心、重要信息系统等信息基础设施在研发、制造、推广应用等方面都远远落后于农业现代化发展的需求。

（四）资金投入不足的问题相当突出

农业农村信息化发展需要真金白银的投入，需要财政和社会资本的高效协同。据测算，2020 年全国县域农业农村信息化建设的财政投入仅占国家财政农林水事务支出[③]的 1.4％。本次监测评价数据显示，2020 年全国有 535 个县（市、区）基本没有用于农业农村信息化建设的财政投入，占有效样本县（市、区）的 20.2％；有 668 个县（市、区）财政投入不足 10 万元，占比 25.3％；财政投入超过 1 000 万元的县（市、区）只有 490 个，占比仅 18.5％。从社会资本投入看，2020 年全国有 841 个县（市、区）基本没有社会资本投入，占

---

① 本次监测评价指标体系中的"县域互联网普及率"指网民数占全县常住人口数的比重。
② 本数据来源于中国互联网络信息中心第 48 次《中国互联网络发展状况统计报告》。
③ 本数据来源于国家统计局。

有效样本县（市、区）的31.8%；有906个县（市、区）社会资本投入不足10万元，占比34.3%；社会资本投入超过1000万元的县（市、区）只有740个，占比仅28.0%。此外，仍有22%的县（市、区）既没有设置承担信息化工作的行政科（股），也没有设置信息中心（信息站）等事业单位，机构队伍亟待建立健全。

四、农业农村信息化发展展望

"十四五"时期是开启全面建设社会主义现代化国家新征程、向第二个百年奋斗目标进军的第一个五年。"三农"工作重心已历史性地转向全面推进乡村振兴、加快农业农村现代化。信息化与乡村全面振兴和农业农村现代化形成了历史性交汇，农业农村信息化将在数字乡村发展战略深入推进的过程中进入快速发展的新阶段，对推动农业农村发展质量变革、效率变革、动力变革的驱动引领作用将日益凸显。

智慧农业建设将由点向面逐步展开，互联网、物联网、大数据、人工智能、区块链等现代信息技术将与农业全产业链各环节深度融合，农业数字化转型步伐将明显加快，农业产业数字化的潜力将快速释放，"谁来种地、怎么种地"的问题将得到初步解决。经营网络化将继续呈现创新发展的态势，农产品网络零售额占销售总额的比重仍将较快提升，县乡村电子商务体系和快递物流配送体系将加快贯通，内容电商、视频电商、直播电商以及区块链技术支撑的信用电商将推动新产业、新业态、新模式不断创新发展，引领农村数字经济发展、促进农业产业高质量发展的作用将进一步放大。乡村社会数字化治理将得到巩固提升，以数字技术支撑的"智治"将与自治、法治、德治共同构成基层治理的基本方式，行政村"三务"公开水平将持续提升，平安乡村建设、远程医疗、远程教育、农民在线办事等民生保障信息化服务将加快普及，农民群众分享信息化成果的获得感、幸福感、安全感将显著增强。涉农部门数字化决策服务能力将明显增强，一大批农业农村领域的新型信息基础设施将建成运行，数据资源整合共享、有序开放、流通交易的体制机制将得到强化完善，算法模型、人工智能技术将得到逐步应用，用数据说话、用数据决策、用数据管理、用数据服务的行政管理机制和方式将基本形成。

我们要准确把握农业农村信息化发展的规律和趋势，顺应信息化发展潮流，抓住千载难逢的历史机遇，以抢占先机、占领制高点的奋斗姿态，以问题和需求为导向，统筹发展和安全，扬优势、补短板、强弱项，推动农业农村信息化快速健康发展，为乡村全面振兴、加快农业农村现代化提供强有力的信息化支撑。

附件1 指标体系

本次监测评价指标体系在保持框架基本稳定的前提下，重点突出对农业生产信息化水平的监测，并对个别指标进行了优化完善和权重调整，最终确定了发展环境、基础支撑、生产信息化、经营信息化、乡村治理信息化和服务信息化6个一级指标、14个二级指标和20个三级指标。调整内容主要包括：

（1）细化"生产信息化"一级指标。分作物品种监测大田种植业中农机作业信息化、水肥药精准控制、"四情监测"等信息化应用覆盖面积，监测设施栽培业中环境信息化监测、环境信息化控制、水肥一体化智能灌溉等信息化应用覆盖面积，分畜禽品种监测畜禽养殖业中养殖场环境信息化监测、养殖场环境信息化控制、自动化饲喂、疫病信息化防控等信息化应用覆盖面积，分水产品种监测水产养殖业中信息化增氧、自动化投喂、疫病信息化防控等信息化应用覆盖面积。

（2）新增"家庭宽带入户率"三级指标。充分体现《乡村振兴战略规划（2018—2022年）》和《数字乡村发展战略纲要》的要求，支持重视农村地区宽带网络建设，改善信息基础设施条件。

（3）删除原"信息进村入户建设"二级指标。主要是考虑到"信息进村入户建设"指标与"电商服务站建设"存在交集。

（4）优化原"农产品网络销售情况"二级指标。重点监测农产品网络零售情况。农产品网络零售额指通过公共网络交易平台（包括第三方平台、自建网站和新型社交电商等）实现的农产品（初级农产品、初加工农产品以及与农业农村发展密切相关的深加工农产品和食品）的零售额。

（5）细化"在线办事率"三级指标的填报项。重点监测社会保险、新型农村合作医疗、婚育登记、劳动就业、社会救助、农用地审批、涉农补贴等重要民生保障业务是否实现了全部环节或部分环节的在线办理。

本次评价指标体系如附表所示。

附表　2021全国县域农业农村信息化发展水平评价指标体系

一级指标及权重	二级指标	三级指标
发展环境（15%）	农业农村信息化财政投入情况	乡村人均农业农村信息化财政投入/元
	农业农村信息化社会资本投入情况	乡村人均农业农村信息化社会资本投入/元
	农业农村信息化管理服务机构情况	县级农业农村信息化管理服务机构综合设置情况

（续）

一级指标及权重	二级指标	三级指标
基础支撑（5%）	互联网普及程度	互联网普及率/%
		家庭宽带入户率/%
生产信息化（30%）	大田种植信息化	大田种植信息化水平/%
	设施栽培信息化	设施栽培信息化水平/%
	畜禽养殖信息化	畜禽养殖信息化水平/%
	水产养殖信息化	水产养殖信息化水平/%
经营信息化（25%）	农产品网络零售情况	农产品网络零售额占比/%
	农产品质量安全追溯信息化	大田种植业农产品质量安全追溯信息化水平/%
		设施栽培业农产品质量安全追溯信息化水平/%
		畜禽养殖业农产品质量安全追溯信息化水平/%
		水产养殖业农产品质量安全追溯信息化水平/%
乡村治理信息化（15%）	农村"互联网＋监督"情况	应用信息技术实现行政村党务公开水平/%
		应用信息技术实现行政村村务公开水平/%
		应用信息技术实现行政村财务公开水平/%
	农村"雪亮工程"覆盖情况	"雪亮工程"行政村覆盖率/%
	农村"互联网＋政务服务"情况	在线办事率/%
服务信息化（10%）	电商服务站建设情况	电商服务站行政村覆盖率/%

附件2 评价方法

首先基于县域填报值计算得出三级指标值，其次沿用 Min‐max 归一化方法对部分数值范围不在0～1的三级指标值进行归一化处理，最后按照权重逐级计算二级指标值、一级指标值及发展总体水平。Min‐max 归一化方法如下所示：

$$z_i = \frac{x_i - x_{i,\min}}{x_{i,\max} - x_{i,\min}} \quad i = 1, 2, \cdots, n$$

式中，x_i 为某地区第 i 个指标值，z_i 为该地区第 i 个指标归一化后的指标值，$x_{i,\max}$ 为该地区第 i 个指标在其所在层级（县级/市级/省级）中的最大值，$x_{i,\min}$ 为该地区第 i 个指标在其所在层级（县级/市级/省级）中的最小值。即通过在同层级进行归一化处理，使各省（自治区、直辖市）之间、地（市、州）之间、县（市、区）之间发展总体水平具有可比性。

附件3 2021全国县域农业农村信息化发展先进县名单

基于本次评价结果，并适当考虑地区发展差异，确定北京市延庆区等109个县（市、区）为"2021全国县域农业农村信息化发展先进县"，排名不分先后。

北京市：延庆区

天津市：蓟州区

河北省：故城县、涉县、邯郸市复兴区、邢台市南和区、晋州市、临西县

山西省：永济市、忻州市忻府区

内蒙古自治区：阿荣旗、喀喇沁旗

辽宁省：东港市

吉林省：长春市九台区、长春市双阳区

黑龙江省：龙江县、庆安县

上海市：浦东新区

江苏省：邳州市、盐城市盐都区、常州市武进区、溧阳市、东台市、扬州市邗江区、南京市江宁区、昆山市、阜宁县、常熟市、苏州市吴江区、兴化市

浙江省：桐乡市、杭州市西湖区、德清县、永康市、安吉县、嘉兴市秀洲区、慈溪市、平湖市、长兴县、湖州市南浔区、湖州市吴兴区、杭州市萧山区、海盐县、宁波市鄞州区、浦江县、建德市、三门县、温州市龙湾区、苍南县、海宁市、桐庐县、金华市金东区、杭州市临安区、嘉善县、宁波市江北区、杭州市余杭区

安徽省：宿松县、来安县、黄山市徽州区、安庆市宜秀区、石台县

福建省：安溪县、南平市延平区、永安市、将乐县

江西省：吉安市青原区、信丰县、全南县、德安县、铅山县

山东省：威海市文登区、金乡县、莱西市、广饶县

河南省：浚县、淇县、正阳县、商丘市睢阳区

湖北省：武汉市新洲区、麻城市

湖南省：韶山市、武冈市、石门县、衡东县、永兴县、安化县、嘉禾县、岳阳市云溪区、汨罗市、长沙县、岳阳市君山区、益阳市资阳区

广东省：博罗县

广西壮族自治区：融安县
海南省：琼中黎族苗族自治县
重庆市：大足区、永川区
四川省：芦山县、南充市顺庆区
贵州省：长顺县
云南省：澄江市
西藏自治区：拉萨市达孜区
陕西省：泾阳县、乾县
甘肃省：庆阳市西峰区
青海省：海东市平安区
宁夏回族自治区：石嘴山市惠农区
新疆维吾尔自治区：精河县、乌恰县

PART 2

第二部分
省级分报告

2021 北京市农业农村信息化发展水平评价报告

撰稿单位：北京市数字农业农村促进中心

撰稿人员：王大山 张 军 常 剑 李云龙 丛 蕾

按照农业农村部市场与信息化司《关于开展全国农业农村信息化能力监测试点的函》（农市便函〔2021〕154号）的要求，北京市组织了有关监测工作，对全市13个涉农区农业农村信息化发展水平进行了评价分析，并提出了对策建议。

一、北京市农业农村信息化发展水平评价结果

（一）北京市农业农村信息化发展总体水平

近年来，北京市农业农村信息化建设稳步推进，不断探索区域农业农村信息化发展模式和路径，逐步形成了区域优势和建设特色，但差距明显，需要大力支持和强力推进。2020年北京市农业农村信息化发展总体水平为34.90%，低于全国平均水平3个百分点（图1），在全国31个省（自治区、直辖市）中居第17位。

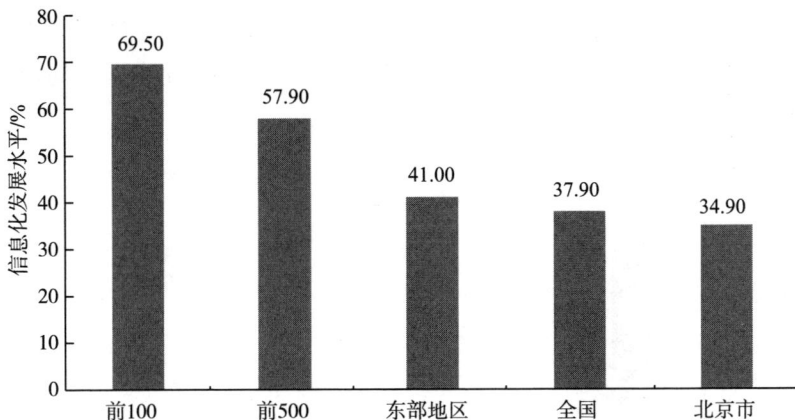

图1 北京市与全国及其他地区农业农村信息化发展水平对比

（二）农业农村信息化管理服务机构综合设置情况

2020年北京市区级农业农村信息化管理服务机构综合设置情况为65.38%，

居全国第 22 位。其中，有 10 个区农业农村局是区网络安全与信息化领导机构成员或组成单位，有 7 个区农业农村局成立了网络安全与信息化领导机构，有 10 个区农业农村局设置了承担信息化相关工作的行政科，有 7 个区农业农村局设置了信息中心（信息站）等事业单位。

（三）农业农村信息化资金投入情况

2020 年北京市农业农村信息化财政投入总额为 1.30 亿元，区级平均投入为 997.27 万元，乡村人均投入 18.01 元（图 2），均低于全国平均水平，其中乡村人均投入居全国第 19 位。

图 2　北京市与全国及其他地区乡村人均农业农村信息化财政投入对比

2020 年北京市农业农村信息化社会资本投入总额为 2.73 亿元，区级平均投入为 2 100.41 万元，乡村人均投入 37.94 元（图 3），比全国人均低 71.06 元，居全国第 25 位。

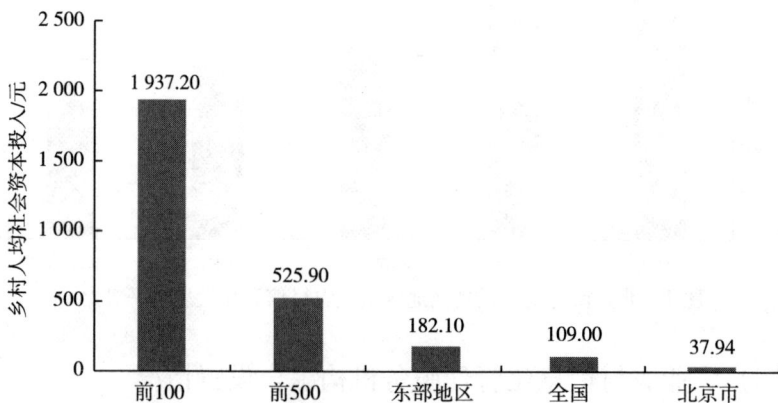

图 3　北京市与全国及其他地区乡村人均农业农村信息化社会资本投入对比

（四）生产信息化水平

2020 年北京市农业生产信息化水平为 16.46％（图 4），居全国第 25 位。其中，畜禽养殖信息化水平相对较好，为 25.18％，居全国第 15 位；大田种植信息化水平发展较快，为 18.70％，居全国第 23 位；设施栽培和水产养殖信息化水平分别为 5.84％、10.69％，居全国第 29 位、第 18 位。

图 4　北京市与全国及其他地区农业生产信息化水平对比

（五）农产品网络零售情况

2020 年北京市农产品网络零售总额为 10.6 亿元，农产品网络零售额占比为 9.61％（图 5），比全国平均水平低 4.19 个百分点，居全国第 19 位。

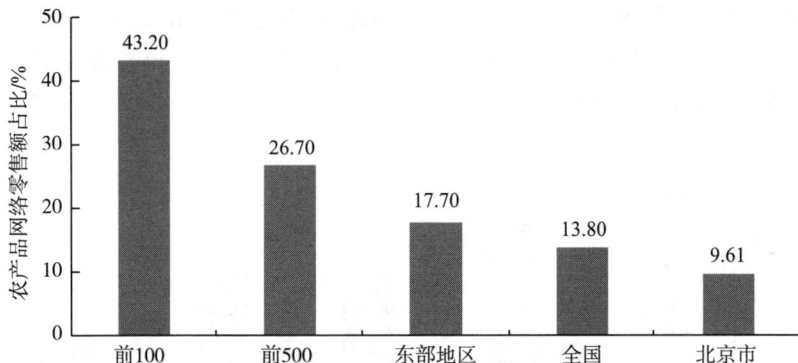

图 5　北京市与全国及其他地区农产品网络零售额占比对比

（六）农产品质量安全追溯信息化水平

2020 年北京市通过接入自建或公共农产品质量安全追溯平台，实现质量安全追溯的农产品产值占比为 22.02%，比全国平均水平低 0.08 个百分点（图6），居全国第 9 位。其中，大田种植业、设施栽培业、畜禽养殖业、水产养殖业农产品质量安全追溯信息化水平分别为 9.71%、21.27%、45.74% 和 8.46%，居全国第 26 位、第 22 位、第 5 位和第 24 位。仅畜禽养殖业高于全国平均水平 17.44 个百分点，大田种植业、设施栽培业、水产养殖业分别比全国平均水平低 6.89、8.43、16.04 个百分点。

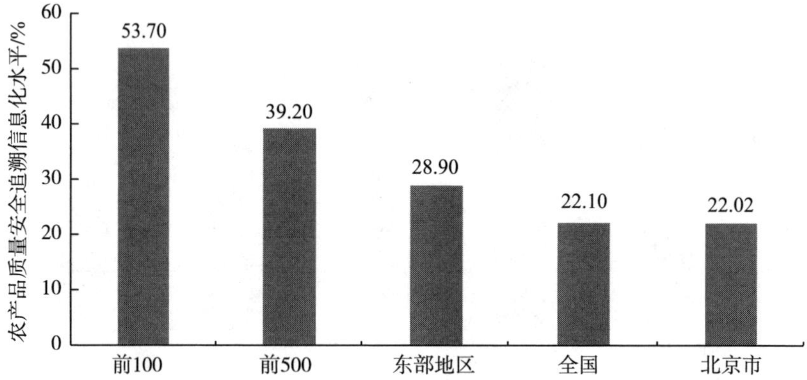

图6　北京市与全国及其他地区农产品质量安全追溯信息化水平对比

（七）应用信息技术实现行政村"三务"公开情况

2020 年北京市应用信息技术实现行政村"三务"公开水平为 47.34%，比全国平均水平低 24.76 个百分点（图7），居全国第 28 位。其中，应用信息技术实现行政村党务、村务、财务公开水平分别为 40.53%、40.53% 和 60.97%，低于全国平均水平 32.57、32.27、9.53 个百分点，分别居全国第 29 位、第 29 位、第 20 位。

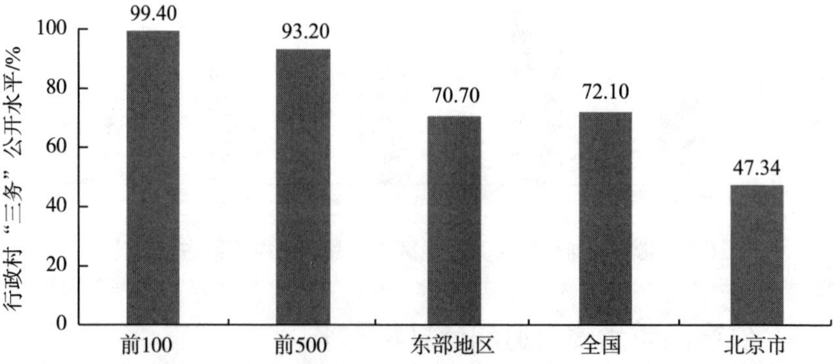

图7　北京市与全国及其他地区应用信息技术实现行政村"三务"公开水平对比

（八）"雪亮工程"行政村覆盖情况

2020 年北京市"雪亮工程"行政村覆盖率为 65.47%，比全国平均水平低 11.53 个百分点（图 8），居全国第 18 位。

图 8　北京市与全国及其他地区"雪亮工程"行政村覆盖率对比

（九）涉农区政务服务在线办事情况

2020 年北京市涉农区政务服务在线办事率为 90.11%，比全国平均水平高 23.71 个百分点（图 9），居全国第 5 位。

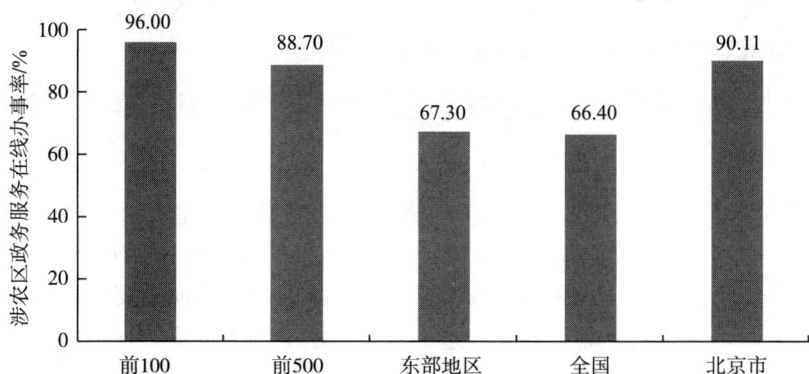

图 9　北京市与全国及其他地区涉农区政务服务在线办事率对比

（十）电商服务站行政村覆盖情况

2020 年北京市涉农区共有电商服务站 5 000 个，建有电商服务站的行政村有 3 245 个，电商服务站行政村覆盖率为 83.87%，比全国平均水平高 4.97 个百分点（图 10），居全国第 13 位。

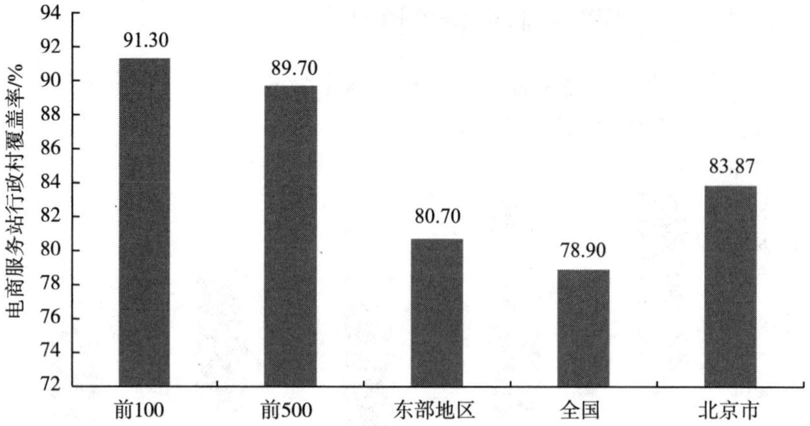

图10 北京市与全国及其他地区电商服务站行政村覆盖率对比

二、北京市农业农村信息化发展的优势与特点

(一)基础支撑有力,为农业农村信息化发展奠定良好基础

2020年北京市各涉农区的农业农村信息化基础支撑均处于较高水平,在互联网普及方面,有8个区高于全国平均水平,其中丰台区、密云区、平谷区、顺义区的互联网普及率均超过90%,顺义区达到了99%。在家庭宽带入户方面,9个区数值高于80%,其中海淀区、顺义区两区达到了98%以上,为当地农业农村信息化发展提供了良好的基础。

(二)农产品质量安全追溯信息化水平显著提升,推动经营信息化健康发展

2020年北京市各涉农区的农产品质量安全追溯信息化水平较往年有所提高,有6个区高于全国平均水平,其中丰台区、门头沟区两区达到了100%。同上年对比,昌平区、大兴区、顺义区等9个区的农产品质量安全追溯信息化水平均有所提升。农产品质量安全追溯信息化水平的稳步提升,是促进经营信息化水平健康发展的必要因素。

(三)乡村治理信息化不断完善,在线办事率再上新台阶

2020年北京市各涉农区的政务服务在线办事率处于较高水平,比全国平均水平高23.71个百分点,较上年提升了16.41%。在"雪亮工程"行政村覆盖率方面,北京市有6个区处于全国领先水平,其中海淀区、怀柔区、平谷区、通州区的"雪亮工程"行政村覆盖率达到了100%,为乡村治理提供了有

力的硬件支撑。

（四）电商服务站行政村覆盖情况较好，服务信息化建设逐步完善

2020 年北京市各涉农区的电商服务站行政村覆盖率处于较高水平，昌平区、丰台区、怀柔区、密云区、平谷区、延庆区、房山区的电商服务站行政村覆盖率均超过 99%，有 6 个区都实现了 100%覆盖。农村电商服务站的建设发展，为提升农村地区生活服务质量发挥了积极作用。

三、北京市农业农村信息化发展的短板与差距

（一）信息化财政资金投入偏低

从监测评价数据来看，2020 年北京市乡村人均农业农村信息化财政投入为 18.01 元，较上年人均增加了 4.21 元，但与全国人均相比仍有差距。全市有 7 个区乡村人均农业农村信息化财政投入不足 10 元，财政资金投入仍需加强。

（二）农业农村信息化社会资本投入积极性不高

从监测评价数据来看，2020 年北京市农业农村信息化社会资本投入较上年减少 0.46 亿元，仅有 3 个区人均社会资本投入高于全国平均水平，有 4 个区人均社会资本投入为零，区域发展不平衡问题突出。社会资本投入不足，对全市农业农村信息化发展环境有所影响。

（三）生产信息化水平滞后，整体亟须提升

从监测评价数据来看，农业生产信息化是北京市农业农村信息化发展的短板。除延庆区外，其他涉农区生产信息化水平均低于全国平均水平。与上年相比，延庆区、密云区、房山区、大兴区、朝阳区 5 个区生产信息化水平小幅度增长，顺义区、门头沟区等 5 个区有所下降。总的来说，提高生产信息化水平，仍然是北京市农业农村信息化工作的重要抓手。

四、加快推进农业农村信息化发展的对策建议

（一）加强组织领导与顶层设计

农业农村信息化是一项系统工程，具有全领域、跨行业、全过程、多环节等特点，因此要站在全局的高度来看待。一是加强组织领导，高度重视农业农村信息化工作，明确农业农村信息化建设的目标与任务，通过领导小组进行落

实与监督；二是加强顶层设计工作，强调规划实施方案，细化政策措施，各区按照规划方案因地制宜实施工作。

（二）重视信息化发展环境创设

更好地发挥政府的引导作用，积极探索农业农村信息化资金投入机制，研究出台更多可执行的政策，设立农业农村信息化专项资金和应用补贴，将农业信息技术产品纳入农机购置补贴目录，鼓励和支持电信运营、信息服务、系统集成等企业和社会力量参与农业农村信息化建设，鼓励农业企业进行信息化转型，不断增强农业农村信息化发展的内生动力，逐步形成与之适应的生产经营方式和政策制度安排。

（三）加快农业智能化示范建设

推动农业遥感、无人机、大数据、云计算、物联网等智能化技术在农业农村领域的应用，在基础设施较完备的科技园区、产业园区优先布局建设 5G 智慧农业试点；打造一批建立信息智能感知系统与无线传输网络并配置远程墒情监测站、水文水质监测设备、动物体征监测设备、巡检机器人等的生产基地；加快无人驾驶拖拉机、无人植保机、动物精准饲喂/投喂设备、采摘机器人、水下机器人等技术的研发与应用，培植一批配备智能作业系统的农业企业。

（四）推动农业农村信息化人才培育

一是推动产学研的进一步深度合作，发挥属地高校、研究院所的资源优势，促进农业生产经营主体与高校、农业科研单位、信息技术研发企业等在信息技术研究应用方面的深度合作；二是探索建立跨学科、跨专业的农业人才交叉培养新机制，注重人才在智慧农业、农业软件等学科领域的科研创新能力；三是培养一线操作人员，各级农业农村人事、科教、信息等部门应强化农业农村信息化知识培训，增加农业信息化专业技能知识更新。

2021 河北省县域农业农村
信息化发展水平评价报告

撰稿单位：河北省农业信息中心
撰稿人员：张晓俭　安军锋　郭振环

数字农业农村发展是顺应经济社会数字化新阶段的必然要求，是创新推动农业农村信息化发展的有效手段。开展全国县域农业农村信息化发展水平评价工作，有助于推动农业农村信息化快速健康发展。河北省 2021 年参与县域农业农村信息化水平评价工作的涉农县数量有所提升，全省 90％以上的涉农县参评，为全国及全省县域农业农村信息化发展水平评价分析工作提供了大量可供参考的基础数据。

一、评价说明

（一）基本情况

根据农业农村市场与信息化司《关于开展全国农业农村信息化能力监测试点的函》（农市便函〔2021〕154 号）部署安排，2021 年河北省积极动员组织全省 13 个地级市、100 多个县（市、区）通过视频方式参加全国农业农村信息化能力监测工作视频培训活动，系统学习了评价指标体系，同时，对 2021 年全省农业农村信息化能力监测试点工作进行了全面部署，要求各单位严格按照农业农村部文件及培训要求填报审核，确保填报数据的完整、客观、真实。

（二）数据来源

本次全省县域农业农村信息化发展水平数据的采集整理工作仍然通过县级自愿参与填报，市、省、部逐级审核的方式开展。经过组织动员，2021 年全省共有 153 个涉农县（市、区）参与了评价基础数据的填报工作，比 2020 年多 6 个县（市、区），且有效样本县达到了 100％，填报样本县占全省县域总数九成以上，基本覆盖了全省涉农县（市、区）。本报告的评价结果和分析结论根据 153 个涉农县（市、区）填报的 2020 年的评价基础指标数据经综合测算和分析得出。

（三）评价方法

本次评价方法继续沿用 Min-max 归一化方法，对于县域层级的指标值，首先基于县域填报值计算得出三级指标值，其次对部分数值范围不在 0~1 的三级指标值进行归一化处理，最后按照权重逐级计算二级、一级指标值及发展总体水平。对于省级的指标值，首先基于县域填报值汇总得到省级的填报值，然后依次计算各级指标值。

二、评价结果

（一）整体情况

2020 年河北省县域农业农村信息化发展总体水平偏低。数据综合测算显示，2020 年河北省县域农业农村信息化发展总体水平为 33.9%，全国发展总体水平为 37.9%（其中东部地区 41.0%，中部地区 40.8%）。河北省县域农业农村信息化发展总体水平低于全国平均水平 4 个百分点，居全国第 22 位，整体发展水平处于低位。

（二）各项指标发展现状

1. 发展环境和基础设施建设逐步优化完善

从数据分析结果来看，河北省县域农业农村信息化发展环境和基础设施建设较为完善。结果显示，全省县级农业农村信息化管理服务机构覆盖率已达到 84.31%，超过全国平均水平 6.34 个百分点，居全国第 13 位；信息化基础支撑指标中互联网普及率和家庭宽带入户率分别为 72.03% 和 70.1%，均居全国第 14 位。河北省农业农村信息化发展环境和基础设施建设相对比较完善，为县域农业农村信息化发展提供了有利的基础条件。

2. 农业农村信息化建设投入有所提升

监测评价结果显示，2020 年各级财政用于河北省农业农村信息化建设的财政投入额为 62.30 亿元，县均 407.18 万元，比 2019 年县均信息化财政投入高出 104.18 万元，信息化财政投入整体有所提升；但 2020 年乡村人均农业农村信息化财政投入为 14.04 元，比全国乡村人均农业农村信息化财政投入水平低 31.95 元，全国排名靠后。虽然河北省农业农村信息化财政投入有所提升，但相对农业农村信息化建设需求来说，仍显不足。经综合测算，2020 年全省乡村人均农业农村信息化社会资本投入较高，为 70.04 元，居全国第 14 位，社会资本的投入一定程度上弥补了信息化财政投入的不足。

3. 农业生产信息化水平有待提高

本次监测分析了农业生产信息化中大田种植、设施栽培、畜禽养殖、水产养殖 4 个类别的生产信息化水平。从数据分析结果来看，河北省农业生产信息化整体处于全国中等水平，2020 年全省农业生产信息化水平为 20.29％，比全国平均水平低 2.17 个百分点；其中，设施栽培信息化水平为 22.19％，低于全国平均水平 1.26 个百分点，居全国第 12 位；大田种植信息化水平 21.88％，超过全国平均水平 3.34 个百分点；畜禽养殖和水产养殖信息化水平相对较低，均低于全国平均水平，排名靠后（图 1）。

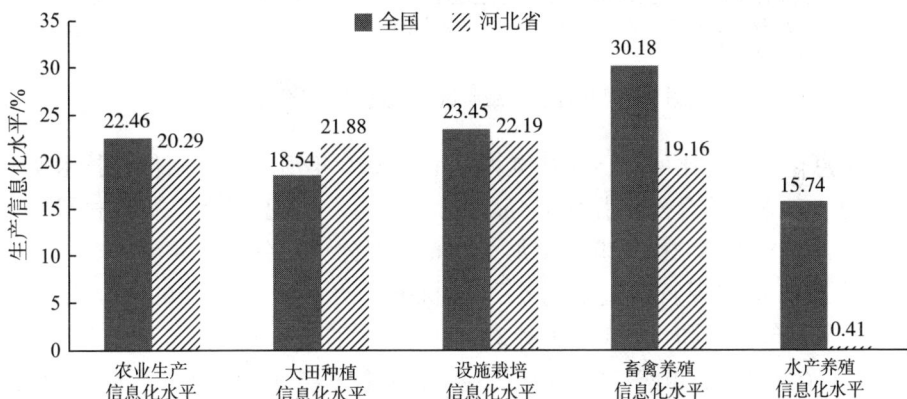

图 1　河北省农业生产信息化水平

4. 农业经营信息化水平较低

从数据分析结果来看，与 2019 年相比，2020 年河北省农产品经营流通领域的信息化渗透应用率略有提高，农产品网络零售额占比增加，农产品质量安全追溯信息化在大田种植、设施栽培、畜禽养殖等行业的应用水平也有不同程度提高。数据显示，2020 年河北省农产品网络零售额达 150 多亿元，占农产品销售总额的 5.01％，与 2019 年的 4.7％相比，占比略有提高；但全国排名落后，居全国第 29 位。经综合测算，2020 年河北省农产品质量安全追溯信息化水平为 18.93％，比全国水平低 3.12 个百分点，居全国第 14 位。其中，设施栽培业农产品质量安全追溯信息化水平占比最高，为 29.04％，居全国第 12 位；畜禽养殖业农产品质量安全追溯信息化水平，为 25.73％，居全国第 11 位；大田种植业农产品质量安全追溯信息化水平不高，为 12.62％，居全国第 18 位；水产养殖业农产品质量安全追溯信息化水平最低，仅为 2.52％，居全国第 29 位（图 2）。

5. 乡村治理及服务信息化水平显著提升

与 2019 年相比，2020 年河北省乡村治理及服务方面的信息化有明显提

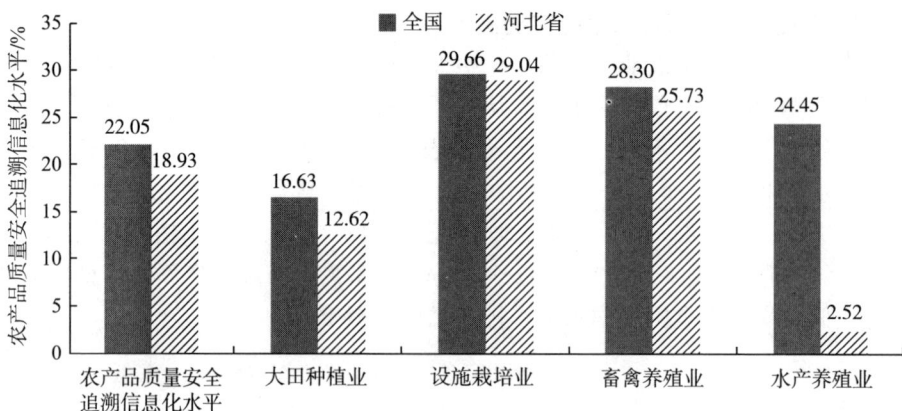

图 2　河北省农产品质量安全追溯信息化水平

升，信息化应用占比增加。综合测算显示，2020 年河北省应用信息技术实现行政村"三务"综合公开水平为 45.50%。其中，"雪亮工程"行政村覆盖率最高，为 61.97%，比 2019 年增加 13.25 个百分点；在线办事率为 53.87%；应用信息技术实现行政村党务公开、村务公开、财务公开的水平分别为45.90%、46.39%和44.21%（图 3），比 2019 年分别增加 7.6 个、12.29 个和 7.41 个百分点。虽然 2020 年全省应用信息技术实现行政村"三务"综合公开的水平与 2019 年相比有明显提升，但从全国来看，河北省信息化技术在乡村治理方面的应用仍处于较低水平，比全国平均水平低 26.62 个百分点，排名靠后，信息技术在乡村治理方面的应用推广工作仍需加大力度。基层电商服务站作为县域信息服务基础设施，在打通农村信息服务"最后一公里"问题上发挥了重要作用，2020 年河北省电商服务站行政村覆盖率近 90%，高于全国平均水平，与 2019 年相比差别不大，居全国第 11 位。

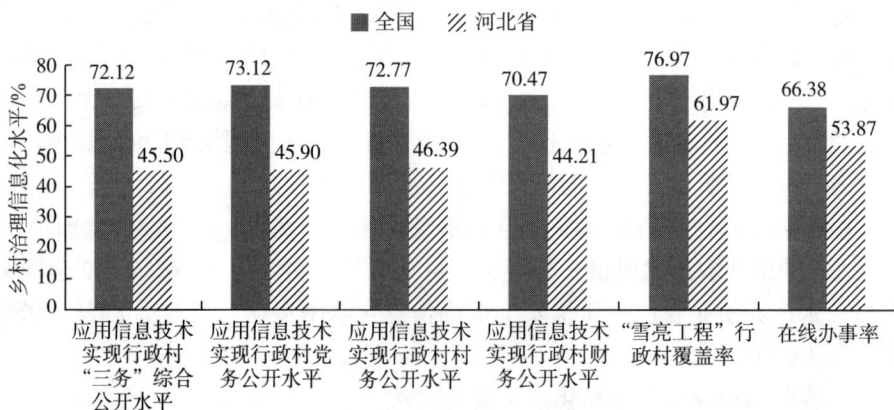

图 3　河北省乡村治理信息化水平

三、问题及建议

综合以上分析，2020 年河北省县域农业农村信息化建设基础设施及信息服务体系建设日趋完善，信息化财政支持及社会资本投入逐年增加，信息化在农业农村生产经营管理等环节的应用有效推进，县域农业农村信息化整体发展环境友好，前景看好。但从全国范围来看，河北省县域农业农村信息化整体水平仍处于落后状态，与先进省份相比，还有较大差距，存在建设资金投入不足、信息化应用率较低、应用不充分、高素质信息化人才队伍缺乏等问题。针对以上情况，提出以下建议。

（一）建立长效稳定的资金投入机制

建议强化各级财政部门对农业农村信息化规划实施的保障作用，积极探索政府购买服务、政府与社会资本合作等方式开展农业农村信息化建设的长效稳定资金投入机制。统筹利用各类涉农资金，以数据服务为核心，以项目实施为载体，引导有需求的农业生产经营主体，投资农业农村信息化建设，逐步形成多层次、多渠道、多元化的投资格局，为农业农村信息化发展提供良好的发展投资环境。

（二）建立专职农业信息服务人员队伍

虽然全省的县级农业农村信息化管理服务机构覆盖率已达 84.31%，但基层信息服务人员大多是兼职且未经过系统的信息化培训，信息服务人员队伍整体素质不高，队伍建设滞后。需研究建立长效的人才选拔、培养机制，强化专职的基层农业信息人才队伍建设，建设责任心强、懂信息、懂技术的高素质人才队伍，充分发挥各级农业信息化管理服务机构的领导带动作用，为农业农村信息化建设提供强有力的人才支撑；同时充分发挥电商服务站等基层信息服务站点的作用，加强农民信息素养培训，增强农民信息化应用意识，深化全社会对信息化改造传统农业、促进现代农业发展重要性的认识。

（三）大力发展农村电商助力乡村振兴

指导新型农业经营主体对接国内电商平台，深化农业龙头企业和特色农产品品牌展销合作，加大河北农业品牌推介和溯源平台建设力度。继续实施"互联网＋"农产品出村进城工程。完善农村物流体系、加强技能培训，增强电商销售功能，开展"互联网＋"农产品出村进城试点建设，探索线上线下引导、交易的对接模式，形成可复制可推广的推进模式和标准规范。

（四）继续强化试验示范基地建设

积极组织实施数字农业试点项目、精准农业应用项目等，推进物联网、大数据、人工智能等新一代信息技术在农业生产加工各环节融合应用。继续推进智慧农业建设项目，建立规范化共建共享数据管理体系，加快推进产业数据共享和业务协同，实现产业数据融合。加强统筹规划、整合共享，配合开展数字乡村试点示范工作，探索有益经验并及时总结推广。

2021内蒙古自治区县域农牧业农村
牧区信息化发展水平评价报告

撰稿单位：内蒙古自治区农牧厅
撰稿人员：曹丽霞　曹　静

县域农业农村信息化发展水平评价工作由农业农村部信息中心组织实施，自2019年启动以来，成功打造了推动农业农村信息化发展的杠杆，取得了阶段性成果。为了切实发挥评价的"指挥棒"作用，按照农业农村部市场与信息化司《关于开展全国农业农村信息化能力监测试点的函》（农市便函〔2021〕154号）安排部署，内蒙古自治区农牧厅对全区12个地级行政区97个旗县（市、区）2020年度县域农牧业农村牧区信息化发展水平进行了监测分析评价。

一、评价说明

（一）指标体系

本次评价采用农业农村部指标体系，包括发展环境、基础支撑、生产信息化、经营信息化、乡村治理信息化、服务信息化6个一级指标、14个二级指标和20个三级指标。

（二）评价范围

按照自愿填报原则，全区103个旗县（市、区）中有97个参评，县域参与率达到94.17％。

（三）数据来源

本次评价数据采用旗县（市、区）农牧部门调查统计，地级行政区和自治区农牧部门审核把关、逐一比对的方式获得，确保数据准确可靠，评价工作真实客观。

二、现状分析

（一）内蒙古县域农牧业农村牧区信息化发展总体水平有待提高

经综合测算，内蒙古县域农牧业农村牧区信息化发展总体水平为30.1％，低于全国 37.9% 的综合发展水平，发展水平相对落后。

内蒙古县域农牧业农村牧区信息化发展水平排名前 3 的地级行政区分别是巴彦淖尔市、通辽市和兴安盟（图 1），平均发展水平为 34.8%。

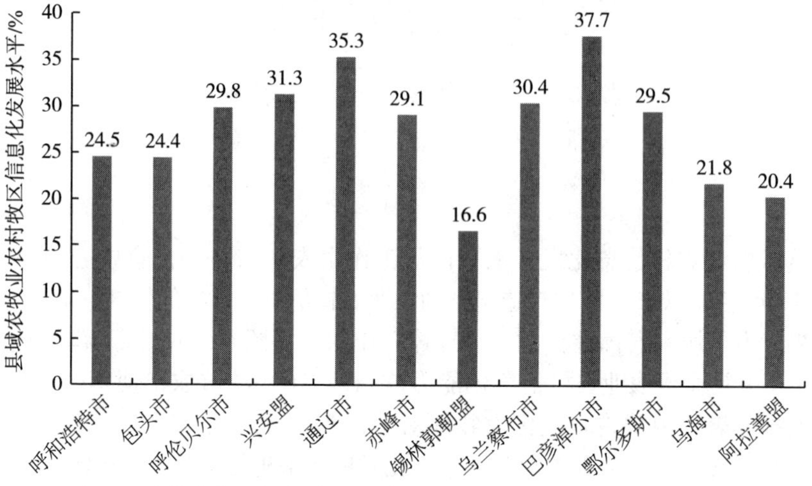

图 1　内蒙古各地级行政区县域农牧业农村牧区信息化发展水平

从县域看，农牧业农村牧区信息化发展水平高于全国平均水平（37.9%）的有 21 个，占比 22%；低于全区平均水平（30.1%）的有 48 个，占比 49%；两者之间（30.1%~37.9%）的有 28 个，占比 29%（图 2）。此次评价中，排名全区前 10 的旗县（市、区）有阿荣旗、喀喇沁旗、乌拉特后旗、伊金霍洛旗、乌拉特前旗、突泉县、霍林郭勒市、凉城县、乌拉特中旗和商都县，平均发展水平为 50.3%。其中，阿荣旗和喀喇沁旗发展总体水平分别居全国第 44 位和第 94 位。

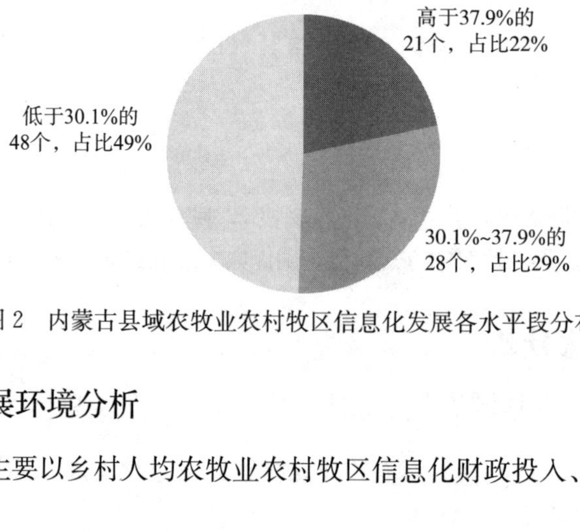

图 2　内蒙古县域农牧业农村牧区信息化发展各水平段分布

（二）发展环境分析

发展环境主要以乡村人均农牧业农村牧区信息化财政投入、乡村人均农牧业农村牧区信息化社会资本投入和县级农牧业农村牧区信息化管理服务机构综合设置情况 3 项作为评价依据。

在乡村人均农牧业农村牧区信息化财政投入方面，内蒙古平均水平为 59.54 元，比全国平均水平高 13.55 元。

在乡村人均农牧业农村牧区信息化社会资本投入方面，内蒙古平均水平为 107.16 元，基本与全国平均水平持平，居全国第九位。

在县级农牧业农村牧区信息化管理服务机构综合设置情况方面，2020 年内蒙古县级农牧业农村牧区部门设置了承担信息化工作的行政科（股）或信息中心（信息站）等事业单位的占比为 60.82%，低于全国平均水平 17.18 个百分点。

（三）基础支撑分析

基础支撑包括互联网普及率和家庭宽带入户率两项指标。自治区互联网普及率为 72.35%，高于全国平均水平 2.03 个百分点。各地级行政区互联网普及率对比情况如图 3 所示。全区有 61 个旗县（市、区）的互联网普及率高于全国平均水平，占比 62.89%。

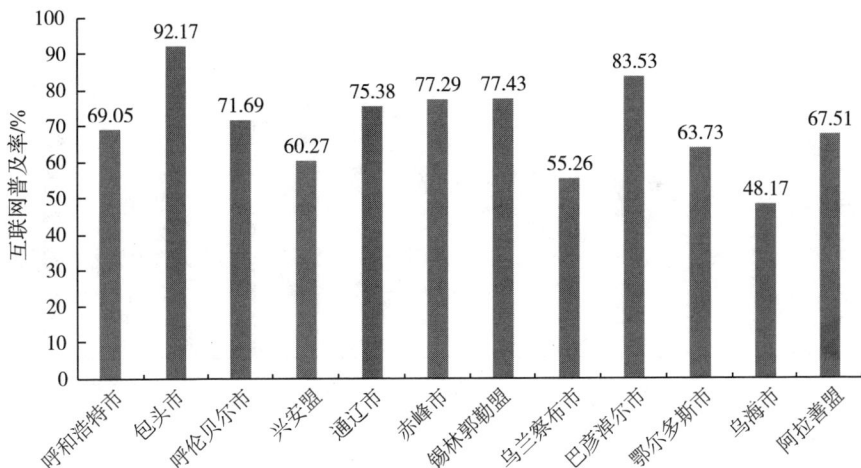

图 3　内蒙古各地级行政区互联网普及率

内蒙古家庭宽带入户率为 58.23%，低于全国平均水平 13.07 个百分点。包头市、巴彦淖尔市、鄂尔多斯市是排名自治区前 3 的地级行政区，其宽带入户率均高于全国平均水平（图 4）。

（四）生产信息化分析

生产信息化包括大田种植、设施栽培、畜禽养殖、水产养殖信息化水平 4 项指标。2020 年内蒙古农牧业生产信息化平均发展水平为 18.28%，低于全国平均水平 4.18 个百分点，各地级行政区农牧业生产信息化水平对比情况如图 5 所示。

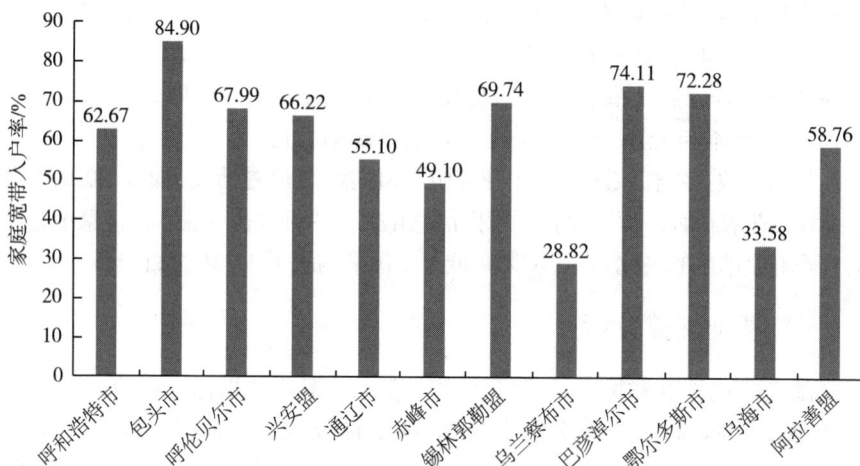

图 4　内蒙古各地级行政区家庭宽带入户率

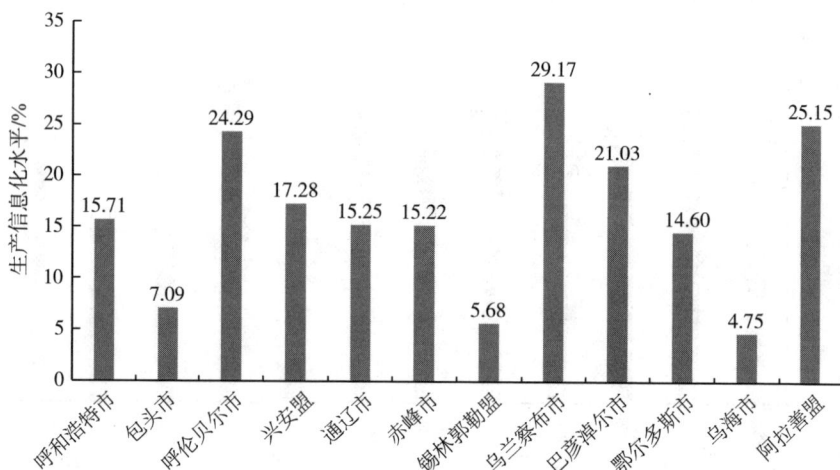

图 5　内蒙古各地级行政区农牧业生产信息化水平

　　内蒙古农牧业生产信息化水平超过全国平均水平的旗县（市、区）有 30 个，占比 30.93%；超过全区平均水平的旗县（市、区）有 39 个，占比 40.21%。农牧业生产信息化水平排名全区前 5 的旗县（市、区）分别是阿荣旗、喀喇沁旗、商都县、镶黄旗和集宁区，平均生产信息化水平为 78.84%。

　　分行业来看，在大田种植方面，内蒙古信息化水平为 22.75%，高于全国平均水平 4.21 个百分点。监测的 9 种主要农作物中，大豆、马铃薯、糖料生产信息化水平高于全国平均水平（图 6）。大田种植信息化水平排名全区前 3

的地级行政区为阿拉善盟、乌兰察布市和呼伦贝尔市，平均大田种植信息化水平为 42.54%。县域中，大田种植信息化水平高于全区平均水平的旗县（市、区）有 30 个，占比 30.9%。

图 6　内蒙古大田种植信息化水平与全国对比情况

在设施栽培方面，内蒙古信息化水平为 37.45%，高于全国平均水平 14 个百分点，居全国第五位。各地级行政区设施栽培信息化水平对比情况如图 7 所示。设施栽培信息化水平排名全区前 5 的旗县（市、区）分别是阿荣旗、科尔沁左翼后旗、喀喇沁旗、松山区和卓资县，平均设施栽培信息化水平为 84.62%。

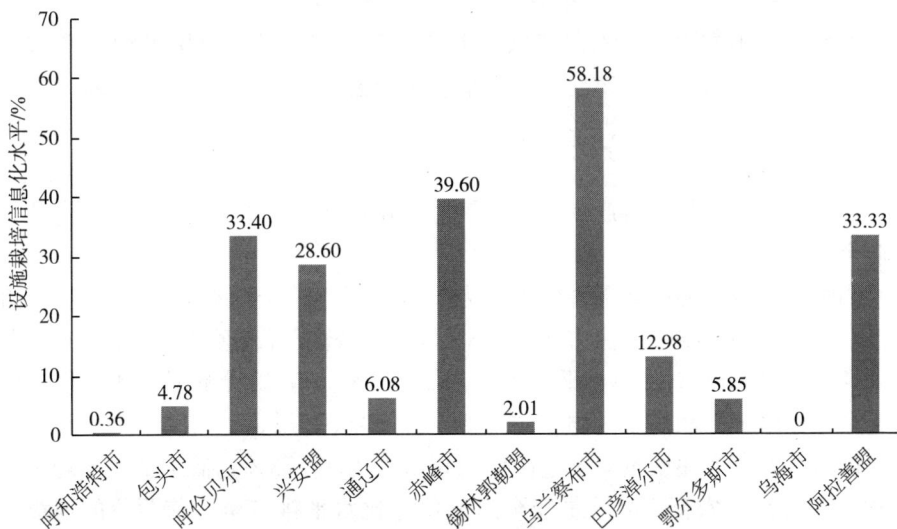

图 7　内蒙古各地级行政区设施栽培信息化水平

在畜禽养殖方面，内蒙古信息化水平为 13.02%，低于全国平均水平 17.16 个百分点。监测的 4 种主要畜禽中，生猪和家禽（鸡鸭鹅）养殖信息化水平较高，分别为 25.86%、22.78%。内蒙古各地级行政区畜禽养殖信息化水平见图 8。畜禽养殖信息化水平排名全区前 3 的地级行政区为巴彦淖尔市、乌兰察布市和呼和浩特市，平均水平为 21.94%。

	呼和浩特市	包头市	呼伦贝尔市	兴安盟	通辽市	赤峰市	锡林郭勒盟	乌兰察布市	鄂尔多斯市	巴彦淖尔市	乌海市	阿拉善盟
生猪养殖	30.52	19.39	12.96	31.39	53.33	16.20	4.27	24.78	16.29	25.66	12.27	0.71
牛养殖	20.26	10.16	5.73	9.70	11.40	7.39	6.28	22.20	11.38	57.32	4.11	0.74
家禽养殖	15.42	52.15	76.14	34.16	9.30	10.11	0.24	16.15	12.84	60.50	37.68	4.76
其他品种	12.38	1.42	0.78	13.82	1.35	3.97	5.20	16.44	14.63	13.73	0.00	3.96

图 8　内蒙古各地级行政区畜禽养殖信息化水平

在水产养殖方面，内蒙古信息化水平为 7.39%，低于全国平均水平 8.35 个百分点。包头市水产养殖信息化水平位居全区第一位，达到 62.57%。

（五）经营信息化分析

经营信息化包括农畜产品网络零售情况和农畜产品质量安全追溯信息化水平两个指标。

内蒙古农畜产品网络零售额占比为 8.18%，低于全国平均水平 5.62 个百分点。农畜产品网络零售额占比排名全区前 3 的地级行政区分别是通辽市、鄂尔多斯市、乌海市（图 9），平均水平为 22.99%。有 38 个旗县（市、区）的农畜产品网络零售额高于全国平均水平，占比 39.18%。

内蒙古农畜产品质量安全追溯信息化水平为 16.73%，低于全国平均水平 5.32 个百分点。农畜产品质量安全追溯信息化水平排名全区前两位的地级行政区为巴彦淖尔市和赤峰市，其农畜产品质量安全追溯信息化水平分别为

44.93％和22.19％（图10）。从县域来看，农畜产品质量安全追溯信息化水平高于全国平均水平的有20个旗县（市、区），占比20.62％。

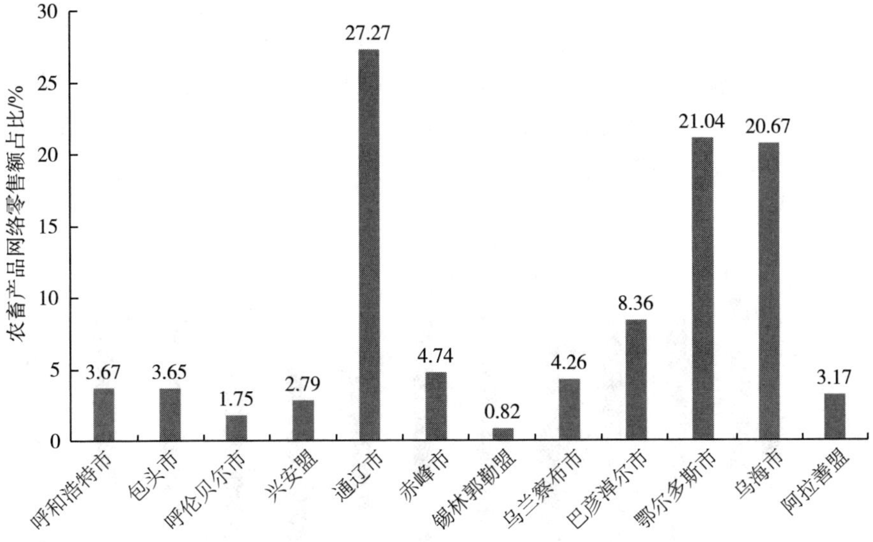

图9 内蒙古各地级行政区农畜产品网络零售额占比

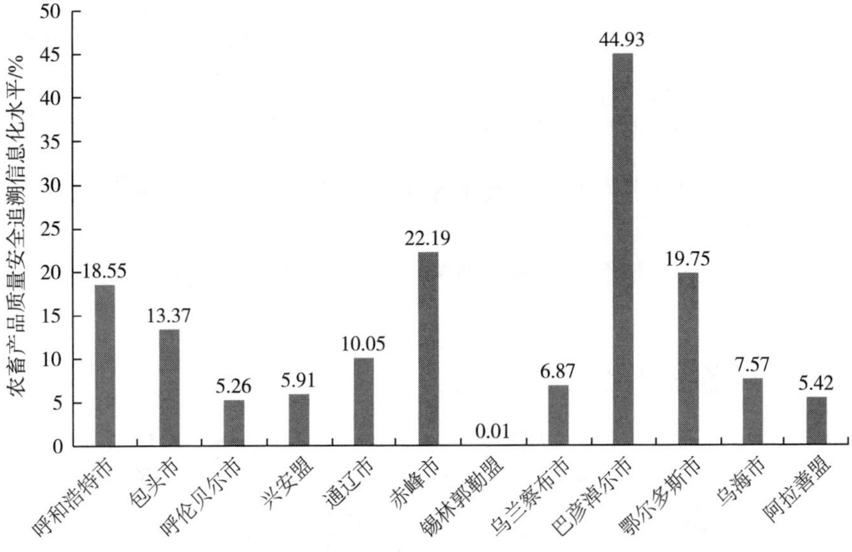

图10 内蒙古各地级行政区农畜产品质量安全追溯信息化水平

分行业来看，内蒙古水产养殖业农畜产品质量安全追溯信息化水平为28.68％，高于全国平均水平4.23个百分点。大田种植业、设施栽培业、畜禽养殖业农畜产品质量安全追溯信息化分别为14.32％、27.93％和17.19％，均低于全国平均水平。

(六) 乡村治理信息化分析

内蒙古乡村治理信息化总体情况较好,全区应用信息技术实现行政村"三务"综合公开水平为91.11%,高于全国平均水平18.99个百分点,居全国第七位。各地级行政区应用信息技术实现行政村"三务"综合公开水平对比情况如图11所示。全区78个旗县(市、区)应用信息技术实现行政村"三务"综合公开水平达到100%,占比80.41%。

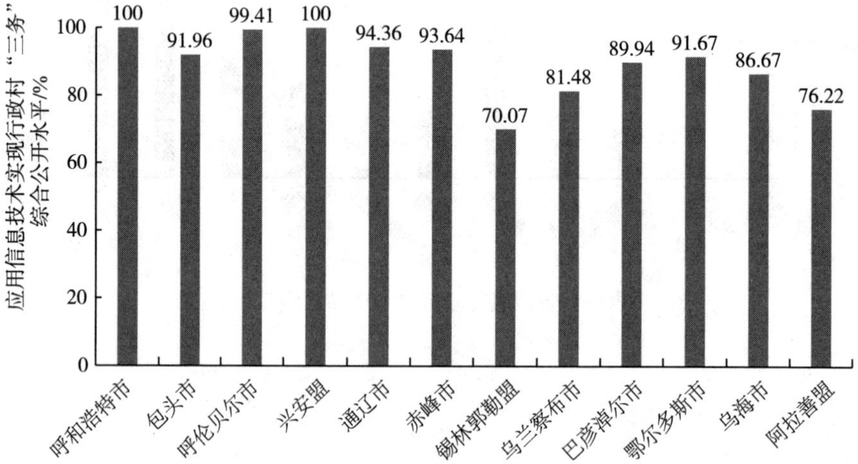

图 11 内蒙古各地级行政区应用信息技术实现行政村"三务"综合公开水平

内蒙古"雪亮工程"行政村覆盖率为38.74%,低于全国平均水平38.23个百分点。

内蒙古县域政务服务在线办事率为53.76%,低于全国平均水平12.62个百分点。

(七) 服务信息化分析

内蒙古电商服务站行政村覆盖率为53.06%,低于全国平均水平25.86个百分点。各地级行政区电商服务站行政村覆盖率对比情况如图12所示。其中,巴彦淖尔市电商服务站行政村覆盖率为88.51%,居全区第一位。

五原县、卓资县、杭锦后旗、扎兰屯市、阿荣旗、突泉县、磴口县、霍林郭勒市、海勃湾区和临河区10个旗县(市、区)电商服务站行政村覆盖率达到100%。

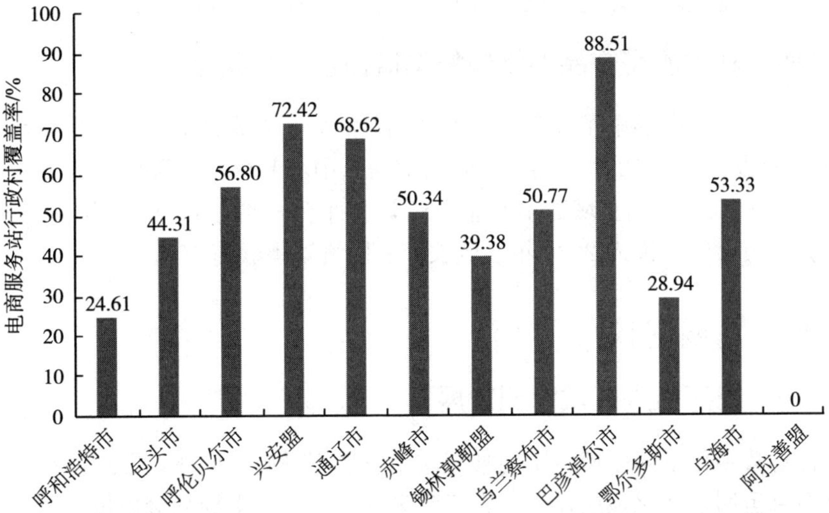

图 12　内蒙古各地级行政区电商服务站行政村覆盖率

三、存在问题

（一）县域农牧业农村牧区信息化发展水平总体偏低且区域间发展不平衡

内蒙古县域农牧业农村牧区信息化发展总体水平比全国发展水平低 7.8 个百分点，居全国倒数第五位。分区域来看，内蒙古的发展水平不仅远低于我国东部、中部地区，在西部地区也不占优势。而且，内蒙古区域间发展不平衡现象较为突出，地级行政区之间发展水平相差最多的有 20 个百分点，旗县（市、区）间发展水平相差最多的甚至达到 54 个百分点。

（二）农牧业生产信息化应用差异较大

在农牧业生产信息化领域，不同行业差异较大。大田种植、设施栽培信息化水平相对较高，畜禽养殖和水产养殖相对较低。不同品种间信息化水平差异也较大，大豆、马铃薯、小麦的生产信息化水平均超过 30%，比蔬菜（不含设施蔬菜）、水果（不含设施水果）高出近 20 个百分点。

（三）农畜产品质量安全追溯应用有待加强

内蒙古在 2019 年启动建设了农畜产品质量安全追溯平台，但该平台尚在调试完善中，致使农畜产品质量安全追溯信息化水平低于全国平均水平，在大田种植、设施栽培、畜禽养殖等方面均有很大的提升空间。

（四）县域农畜产品网络销售渠道需进一步拓宽

内蒙古农畜产品电子商务县域发展相对滞后，农畜产品网络零售额占比超过50％的旗县仅有12个。在农业农村部信息中心和中国国际电子商务中心联合发布的《2021全国县域数字农业农村电子商务发展报告》中，内蒙古仅有4个旗县（市、区）进入2020年县域农产品网络零售额前100。

四、发展建议

（一）统筹推进区域协调发展

针对数字化不同领域、不同县域应用发展不平衡的问题，因地施策，加强评价结果运用，强化顶层设计，完善政策支持。鼓励引导社会力量广泛参与农牧业农村牧区信息化建设。充分发挥国家数字乡村试点引领作用，积极推动试点县建设，探索数字乡村发展模式，边试点、边总结，及时推广好的经验，为统筹推进县域协调发展提供新思路、新引擎。

（二）加快农牧业生产数字化转型

持续完善农牧信息化顶层设计和规划，加快推进信息技术在农牧业生产经营管理中的应用，推进数字化设施设备集成应用。持续深化大数据应用，提升农作物重大病虫害监测预警、农牧业政务管理等智能化水平，更好促进农村牧区一二三产业融合发展。

（三）加强农畜产品质量安全追溯平台推广应用

继续推进自治区农畜产品质量安全大数据智慧监管与服务平台建设，完成自治区平台同国家追溯信息平台对接。推动农牧民专业合作社、家庭农牧场、企业、种植大户开展网格化监管，推行电子承诺达标合格证＋追溯管理，推动生产主体生产的农畜产品带码上市，提升农畜产品质量安全追溯信息化水平。

（四）提升农畜产品网络销售能力

立足资源禀赋、产业基础和市场需求，发展县域特色产业。鼓励规模新型农牧业经营主体与电商企业合作，推进农畜产品网络销售。培育壮大县级产业化运营主体，促进直播电商、社交电商等新业态规范健康发展。同时，推进农产品产地冷藏保鲜设施建设，加强农产品流通体系建设，提升农畜产品电商服务效率。

2021辽宁省县域农业农村
信息化发展水平评价报告

撰稿单位：辽宁省农业发展服务中心
撰稿人员：赵　坤　贾国强　王珊珊　孙　瑶　张　帅　李　滨
　　　　　任　皓　史紫辰　张岱旺　陈秋飞　王传岐　王春蕾

根据《数字农业农村发展规划（2019—2025年）》中"建立农业农村信息化发展水平监测评价机制，开展定期监测"的部署安排，农业农村部市场与信息化司会同农业农村部信息中心在农业农村信息化发展水平监测试点和全国县域数字农业农村发展水平评价工作的基础上，开展全国农业农村信息化能力监测填报工作，为建立农业农村信息化监测统计制度、设立农业生产信息化水平指标、编制国家数字乡村评估指标体系，探索科学的方法和路径。结合部市场与信息化司和部信息中心《关于开展全国农业农村信息化能力监测试点的函》（农市便函〔2021〕154号）相关要求，2021年8月，辽宁省农业农村厅市场与信息化处、辽宁省农业发展服务中心智慧农业发展部组织开展辽宁省农业农村信息化能力监测填报工作。本报告的基础数据均来源于工作中收集整理的辽宁省内14个地级市、81个涉农县（市、区）的各项指标数据。

一、主要工作做法

辽宁省农业农村厅于2021年8月初向全省14个地级市转发了农业农村部市场与信息化司《关于开展全国农业农村信息化能力监测试点的函》，全面启动农业生产信息化监测和数字乡村指标监测工作。此项工作由农业农村厅市场与信息化处牵头，辽宁省农业发展服务中心主办，并对各地级市提出了具体要求。设立省、市、县级联络员，形成省、市、县三级互动沟通模式，通过电话、微信、邮箱等方式及时与全省各地联络人沟通，协调解决在填报数据中存在的问题。

二、数据填报及分析情况

（一）评价指标说明

监测评价指标体系共设三级指标项：一级指标包括发展环境、基础支撑、生产信息化、经营信息化、乡村治理信息化、服务信息化 6 个大项，二级指标包括农业农村信息化财政投入情况、农业农村信息化社会资本投入情况、农业农村信息化管理服务机构情况等 14 个分项，三级指标包括乡村人均农业农村信息化财政投入、乡村人均农业农村信息化社会资本投入等 20 个小项。2022年，在以往工作的基础上，数据填报工作还将与时偕行、推陈出新，不断完善各项指标体系。

（二）评价方法说明

对于县域层级的指标值，首先基于县域填报值计算得出三级指标值，其次对部分数值范围不在 0～1 的三级指标值进行归一化处理，最后按照权重逐级计算二级、一级指标值及发展总体水平。对于全国和省级的指标值，首先基于县域填报值汇总得到全国和省级的填报值，然后依次计算各级指标值。本次评价继续沿用 Min‐max 归一化方法，公式如下所示：

$$z_i = (x_i - x_{i,\min})/(x_{i,\max} - x_{i,\min}) \quad i = 1, 2, \cdots, n$$

式中，x_i 为某地区第 i 个指标值，z_i 为该地区第 i 个指标归一化后的指标值，$x_{i,\max}$ 为该地区第 i 个指标在其所在层级（县级/市级/省级）中的最大值，$x_{i,\min}$ 为该地区第 i 个指标在其所在层级（县级/市级/省级）中的最小值。即通过在同层级进行归一化处理，使各省（区、市）之间、地级市之间、县（市、区）之间发展总体水平具有可比性。

三、辽宁省农业农村信息化建设基本情况

（一）加强农村互联网基础设施建设

多年来，辽宁省十分重视农业信息化发展，连续多次向国家申报电信普遍服务试点光纤改造项目，完成全省 11 个市 3 775 个行政村的光纤升级改造工作，其中涉及原贫困村 501 个。截至 2020 年底，全省 11 520 个行政村全部实现光纤接入，并具备 12 兆以上宽带接入服务能力。普遍服务试点光纤改造项目，缓解了全省农村地区宽带安装难、网速慢、网络信号不稳定等问题，为农民享受信息通信便利、搭建智慧农业项目，提供了有力的网络基础支撑。

（二）升级完善 12316 金农热线服务平台

根据网络、通信、视讯技术的发展，特别是农业可视化服务化项目的立项与实施，不断完善 12316 省级平台功能体系，打造了融语音、视频、短信等功能为一体的云平台。同时，依托全省农业信息体系队伍，促进 12316 向市、县、乡、村级延伸。截至 2020 年底，全省各级话务座席达到 183 个，农业专

家达到 325 人，年均话务总量达到 60 万人次。全省已建立起了一支服务规范、服务专业和服务高效的热线队伍，为全省农业农村提供综合性的信息服务，让农户通过 12316 热线获得贴心服务。

（三）强化"互联网＋生产技术"

按照省政府的工作部署，省农业农村厅制定了《辽宁省设施农业发展规划（2018—2022）》，积极引导和扶持社会工商资本参与高标准设施农业开发。鼓励规模小区棚室配套自动卷帘机、微（滴、喷）灌设备、机械放风设备等，鼓励建设高标准智能温室，推广物联网信息技术，实现温室环境和水肥一体化等自动控制，推动了设施农业转型升级和高质量发展。另外，基于"物联网"技术，在畜牧业生产开展实时监测、自动饲喂、废弃物自动回收等试验示范推广工作。物联网等新技术不断与畜牧业相结合，配备电子识别、精准上料、自动饮水设备，建设了自动化环境控制系统和数字化管理系统，提高了畜牧业生产经营效率。

（四）推广"互联网＋精准施肥"

近年来，辽宁省十分重视各类信息技术。2015 年，辽宁省开通了"辽宁省测土配方施肥手机定位指导服务平台"，正式启动测土配方施肥手机定位信息指导服务工作。农民可通过移动手机拨打 12582，完成 GPS 地块定位，系统根据种植作物和目标产量，分析土壤成分，推荐施肥，以短信的方式直接反馈，实现了对农民的远程施肥指导服务，解决了农民由于不合理施肥导致的土壤生态恶化、农产品品质下降等问题。同时，促进农业增产增效，保障生态环境安全的有效措施。目前，辽宁省已在 33 个县（市、区）开通测土配方施肥手机信息化服务，实现了对农户施肥的点对点服务。

（五）积极推进数字农业示范应用

辽宁省积极申报全国农业信息化示范基地，省内有两家农业企业被评为全国农业信息化示范基地。同时，组织开展国家数字农业创新应用基地建设。2020 年，凌源市被认定为数字农业设施蔬菜示范基地。2021 年，全省获批储备国家数字农业创新应用基地储备项目 7 个。会同省发展和改革委员会创建智慧农业应用基地 20 个，采取补贴资金的方式促进数字农业技术推广应用。全省使用植保无人机的农业企业、合作社、家庭农场达 1 000 余家。省农业农村厅会同省财政厅将农业用北斗终端及辅助驾驶系统（含渔船用）和植保无人驾驶航空器列入《2021—2023 年辽宁省农机购置补贴机具种类范围》，加大了智能农机装备购置补贴力度。

（六）全力推进全省涉海渔船智能监管系统建设

组织开展涉海渔船起底式大排查，全省共排查各类渔船 26 583 艘，其中，海洋捕捞渔船 13 945 艘，捕捞辅助船 720 艘，养殖渔船 11 105 艘，界江船 813 艘。以此为基础，向农业农村部争取北斗项目建设资金 9 141 万元，协调中央军委联合参谋部战场环境保障局，妥善解决北斗 IC 卡审批问题。截至目前，全省共安装北斗船载终端设备 26 583 台，其中太阳能设备 19 333 台、浮离式设备 7 250 台，完成率 100%。

四、评价基本结论

（一）辽宁省县域农业农村信息化发展水平处于全国中下游位置

近年来，辽宁省委、省政府大力发展农业农村信息化，全面开展农业农村电子商务、数字乡村、农业物联网建设，但与第二、第三产业信息化水平相比尚存较大差距。经综合核算，2020 年辽宁省县域农业农村信息化发展总体水平为 27.8%，低于全国发展总体水平 10.1 个百分点，低于东部地区发展总体水平 13.2 个百分点（表 1）。

表 1　辽宁省县域农业农村信息化发展总体水平

层级	发展总体水平/%
全国	37.9
东部	41.0
中部	40.8
西部	34.1
辽宁省	27.8

全省县域农业农村信息化发展水平超过全国平均水平（37.9%）的地级市仅有 2 个，分别为锦州市（41.1%）、丹东市（39.7%）（表 2）。

表 2　辽宁省各地级市县域农业农村信息化发展总体水平

地级市	发展总体水平/%	省内排名
锦州市	41.1	1
丹东市	39.7	2
铁岭市	32.6	3
朝阳市	31.1	4

（续）

地级市	发展总体水平/%	省内排名
辽阳市	28.8	5
营口市	27.9	6
本溪市	25.7	7
大连市	24.8	8
沈阳市	23.8	9
抚顺市	23.5	10
阜新市	21.4	11
葫芦岛市	20.7	12
鞍山市	17.9	13
盘锦市	16.0	14

全省农业农村信息化发展水平超过全国平均水平（37.9%）的县（市、区）有13个，分别是东港市、北镇市、营口市老边区、义县、瓦房店市、康平县、灯塔市、绥中县、法库县、黑山县、桓仁满族自治县、建平县、凤城市（表3）。

表3 辽宁省农业农村信息化发展水平超过全国平均水平的县（市、区）

县（市、区）	发展总体水平/%	全国排名	省内排名
东港市	68.85	37	1
北镇市	61.69	125	2
营口市老边区	45.71	664	3
义县	44.77	715	4
瓦房店市	44.08	759	5
康平县	43.01	828	6
灯塔市	42.38	868	7
绥中县	41.89	905	8
法库县	40.83	994	9
黑山县	40.14	1 047	10
桓仁满族自治县	40.13	1 049	11
建平县	39.25	1 118	12
凤城市	38.17	1 192	13

（二）农业农村信息化发展投入有待加强

2020 年，辽宁省乡村人均农业农村信息化财政投入 11 元，乡村人均农业农村信息化社会资本投入 13 元，县级农业农村信息化管理服务机构覆盖率为 66.25％，乡村人均农业农村信息化财政投入、乡村人均农业农村信息化社会资本投入、县级农业农村信息化管理服务机构覆盖率均低于全国平均水平，全省农业农村信息化发展投入有待进一步加强。

（三）农业生产信息化水平有一定提升

2020 年，辽宁省农业生产信息化水平为 17.65％，低于 22.46％的全国平均水平。其中，大田种植信息化水平为 21.4％，设施栽培信息化水平为 11.86％，畜禽养殖信息化水平为 20.3％，水产养殖信息化水平为 3.06％。仅有大田种植信息化水平超过全国平均水平。

（四）经营信息化较全国平均水平存在较小差距

2020 年，辽宁省农产品网络零售额占比为 10.53％，低于 13.8％的全国平均水平。农产品质量安全追溯信息化水平为 16.88％，大田种植业农产品质量安全追溯信息化水平为 15.49％，设施栽培业农产品质量安全追溯信息化水平为 15.56％，畜禽养殖业农产品质量安全追溯信息化水平为 19.97％，水产养殖业农产品质量安全追溯信息化水平为 11.22％。总的来看，经营信息化方面各项指标与全国平均水平差距较小。

（五）县域政务服务及电商服务信息化水平需要进一步加强

2020 年，辽宁省在县域政务服务及电商服务信息化水平上仍存在明显短板。其中，应用信息技术实现行政村"三务"综合公开水平为 56.15％，应用信息技术实现行政村党务公开水平为 55.65％，应用信息技术实现行政村村务公开水平为 56.05％，应用信息技术实现行政村财务公开水平为 56.74％，"雪亮工程"行政村覆盖率为 51.46％，县域政务服务在线办事率为 47.14％，电商服务站行政村覆盖率为 59.09％，以上指标均低于全国平均水平。

五、存在的问题

从本次监测评价情况来看，辽宁省与全国以及东部、中部、西部地区平均水平差距仍然较大。主要表现在以下几个方面：

一是农业农村信息化财政投入较少。2020 年全省农业农村信息化财政投入 2 215.5 万元，农业农村信息化社会资本投入 9 992 万元。财政投入远低于全国平均水平，与东部先进省份相比差距更大。长期以来，农业信息化的支持力度远小于工业信息化，发展相对滞后。许多县级财政对农业信息化建设的专项投入几乎是空白，县级农业农村部门在财力十分匮乏的情况下挤出资金开展农业信息服务，显得捉襟见肘，难以取得很好效果。

二是县级农业农村信息化管理服务机构配置薄弱。目前，全省范围内县级农业农村局设置了信息中心或信息站等事业单位的仅有 15 个，占全省县（市、区）数量的 19%。已建立的信息站点等相关部门，在人员配备、专业设施、服务能力、数据资源等方面仍需大力加强。部分农业信息工作人员没有经过专门培训，信息采集的及时性、针对性、权威性、科学性不高。

三是地区差异明显。辽宁省的农业信息化、数字乡村建设等工作曾经走在全国前列，取得了一定的成绩。但近几年，随着重视程度和认识意识的提高，浙江、江苏和广东等许多省份迅速赶了上来，物联网和电子商务引领发展潮流，农业农村信息化成为乡村振兴的主旋律。四川、重庆和贵州等西部省份异军突起，以云计算和大数据为突破口，把数字化作为推进农业现代化的重要途径，取得了显著成效。而辽宁则相对落后，与先进省份产生了一些差距。省内发展也不均衡。由于机构改革等诸多因素，有的地区管理职能和机构队伍建设没有跟上数字乡村发展的需要。在农业信息技术成果转化和推广应用比例上，地区差距明显，各地区农业农村信息化水平差距较大。

六、下一步工作建议

（一）加大农业农村信息化财政投入

全省各级农业相关部门要积极争取对农业农村信息化的财政投入，重点支持农业信息基础设施建设、农业生产和市场监管信息服务、农村电子政务建设等公益性领域，同时优化农业资金投入结构，增加农业信息服务工作经费。要创新投入机制，鼓励和引导 IT 企业、农业企业等社会力量投资农业农村信息化建设，建立政府主导、社会力量广泛参与的机制；充分利用现有工业信息化条件，科研院所、中介组织、运营商、龙头企业、种养大户等社会力量，推进农业信息化发展，形成政府主导、部门实施、各种市场主体广泛参与的多元化投入格局。

（二）夯实农业农村数字化基础

加快构建覆盖乡村、高速畅通、服务便捷的基础通信网络，提升农村光纤宽带网络普及率。持续开展电信普遍服务补偿试点工作，逐步完成移动网络在全省乡村的升级改造工作，推进农村地区广播电视基础设施建设和升级改造。

在乡村通信基础设施建设中同步做好网络安全工作。完善自然资源遥感监测"一张图",全面建设自然资源综合监管指挥平台,推进智慧气象为农业监测预报预警服务的工程建设,增强农业生产环境的精准监测预警能力。实施"互联网+农产品出村进城"工程,以信息技术打造生产、运输、销售一体化的现代农村流通服务体系。

(三)提升农业数字化水平

开发适应"三农"特点的信息终端、技术产品、App,提升信息终端供给能力。积极推广云计算、大数据、物联网、人工智能等先进技术,推进智能传感器、卫星导航、遥感、空间地理信息等基础信息数据在农村的应用,推动互联网与特色农业深度融合。建设辽宁省智慧农业中心,加强全省农业农村大数据体系建设,部署农业物联网应用,建立农产品追溯体系,发展智能化设施农业,实施"互联网+高质量农产品行动",研制推广农业智能装备,寻求智慧农业突破发展。规范有序发展乡村新业态,立足区域资源优势,促进游憩休闲、健康养生、创意民宿、特色小镇等新产业发展。

(四)建设智慧农业服务体系

建设新农民新技术创业创新中心,推动产学研合作,鼓励农业科研院所、农业科技企业与农村新型生产经营主体加强数字化合作,建立农业科技成果转化网络服务体系。积极开展互联网创业培训,加强创新创业孵化体系建设,支持返乡下乡人员利用大数据、物联网、云计算、移动互联网等新一代信息技术开展创业创新。重点建设负责智慧农业发展的五个中心:一是新技术合作研究开放中心,主要吸引各方面专家和创业者驻场协同研究,与多家高科技机构与企业开展合作;二是农业农村大数据中心,注重挖掘各类农业数据资源,特别是整合改革后分散的农业数据资源;三是名优农产品电商平台(O2O)展销中心,作为全省名优特新品牌农产品集中线上线下展示展销基地,打造品牌农产品电子商务平台;四是12316与"农+"两大体系服务中心,一端建立基于互联网12316服务总部,构建省、市、县、乡四级平台体系,另一端建立基于移动互联网的"农+"服务总部,打造下一代以可视化为核心的人工智能服务系统;五是双新双创基地(创客空间)服务中心,组织"双新双创"联合会,开发新农民、新品牌动态互动数据库,组织全省在乡、返乡农民和大学毕业生开展大众创业、万众创新等活动,构建省级服务平台。

(五)加强信息技术与农业生产融合应用

生产信息化是农业农村信息化的短板,亟须加快补齐。加快物联网、大数据、空间信息、智能装备等现代信息技术与种植业（种业）、畜牧业、渔业、农产品加工业生产过程的全面深度融合，构建信息技术装备配置标准化体系，提升农业生产精准化、智能化水平。一是突破大田种植业信息技术规模应用瓶颈，构建"天-地-人-机"一体化的大田物联网测控体系，加快发展精准农业；二是推进信息技术在设施农业中的深度应用，在设施农业领域大力推广温室环境监测、智能控制技术和装备，重点加快水肥一体化智能灌溉系统的普及应用；三是强化畜禽养殖业信息技术集成应用，以猪、牛、鸡等主要畜禽品种的规模化养殖场站为重点，加强养殖环境监控等信息技术和装备的应用；四是推动渔业信息技术广泛应用，加快渔业物联网示范应用，在水产养殖重点区域推广应用水体环境实时监控、饲料自动精准投喂、水产类病害监测预警等技术，促进管理智能化；五是引导农产品加工业信息技术普及应用。

（六）促进农产品电子商务加快发展

加快发展农产品电子商务，创新流通方式，打造新业态，培育新经济，重构农业农村经济产业链、供应链、价值链，促进农村一二三产业融合发展。一是统筹推进农产品电子商务发展，大力推进农产品特别是鲜活农产品电子商务，重点扶持相对贫困地区利用电子商务开展特色农业生产经营活动；二是破解农产品电子商务发展瓶颈，加强产地预冷、集货、分拣、分级、质检、包装、仓储等基础设施建设，强化农产品电子商务基础支撑；三是大力培育农产品电子商务市场主体，开展新型农业经营主体培训，鼓励建立电商大学等多种形式的培训机构，提升新型农业经营主体电子商务应用能力。

（七）推动农业政务信息化提档升级

政务信息化是提升政府治理能力、建设服务型政府的重要抓手。加强农业政务信息化建设，深化农业农村大数据创新应用，全面提高科学决策、市场监管、政务服务水平。一是大力推进政务信息资源共享开放。完善政务信息资源标准体系，推进政务信息资源全面、高效和集约采集，推动业务资源、互联网资源、空间地理信息、遥感影像数据等有效整合与共享，形成农业政务信息资源"一张图"。二是加快推动农业农村大数据发展。加强农业农村大数据建设，完善村、县相关数据采集、传输、共享基础设施，建立农业农村数据采集、运算、应用、服务体系，统筹国内国际农业数据资源，强化农业资源数据要素的集聚利用。

2021 上海市县域农业农村信息化发展水平评价报告

指导单位：上海市农业农村委员会
撰稿单位：上海市农业科学院农业科技信息研究所、
上海市乡村振兴研究中心
撰稿人员：王运圣　陆健东

一、评价说明

（一）工作背景

为贯彻落实党中央、国务院和中央网络安全和信息化委员办公室、农业农村部有关实施数字乡村发展战略的决策部署，建立农业农村信息化发展水平监测评价机制，农业农村部信息中心在 2019—2020 年开展全国县域数字农业农村发展水平评价工作基础上，进一步强化数据采集、完善指标体系，特别是对农业生产信息化指标进行了细化。上海市农业农村委员会按照统一部署，按时间节点组织开展了上海市县域农业农村信息化发展水平评价工作。

（二）数据来源

本次评价数据部分采用 9 个涉农区农业农村部门填报数据，部分数据由上海市农业农村委员会提供，还有部分数据需要对相关统计数据进行计算获得，共收集到 9 个区 2020 年的基础指标数据，经审核后数据全部采纳，数据收集完成率达到 100％，全覆盖 1 121 个涉农行政村。由于农业生产信息化指标的细化、个别指标权重的调整等原因，本报告中的部分指标结果未与上年报告进行比较。

二、评价结果

（一）上海市县域农业农村信息化发展水平位居全国第三位

2020 年全国县域农业农村信息化发展总体水平达到 37.9％，其中东部地区 41.0％，中部地区 40.8％，西部地区 34.1％。浙江在全国继续保持领先地位，发展总体水平为 66.7%；江苏和上海分居第二、第三位，发展总体水平分别为 56.5% 和 55.0%。上海市县域农业农村信息化发展水平居全国第三位，远高于全国平均水平，但与全国排名前 100 的县（市、区）平均发展水平相比，还存在一定差距（图 1）。

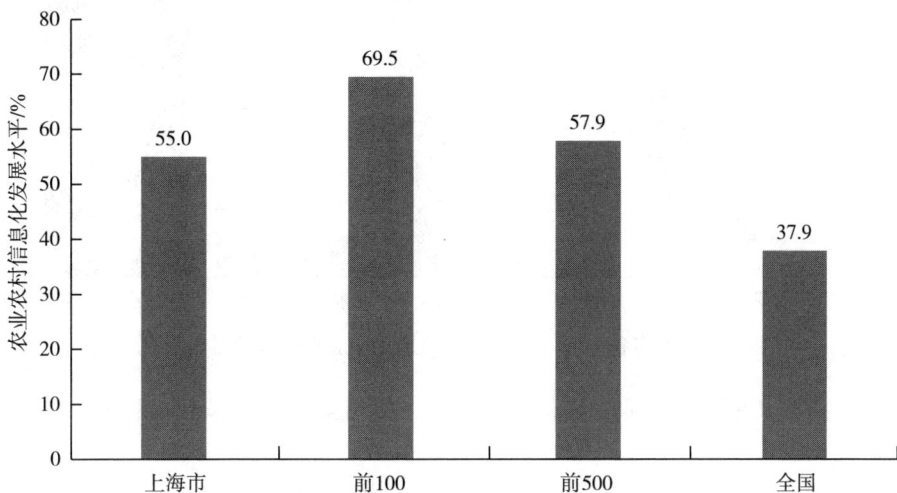

图 1 上海市县域农业农村信息化发展总体水平与全国平均对比

上海涉农区中农业农村信息化发展水平超过 50% 的区有 6 个，占比 66.7%。各涉农区农业农村信息化发展水平见图 2。

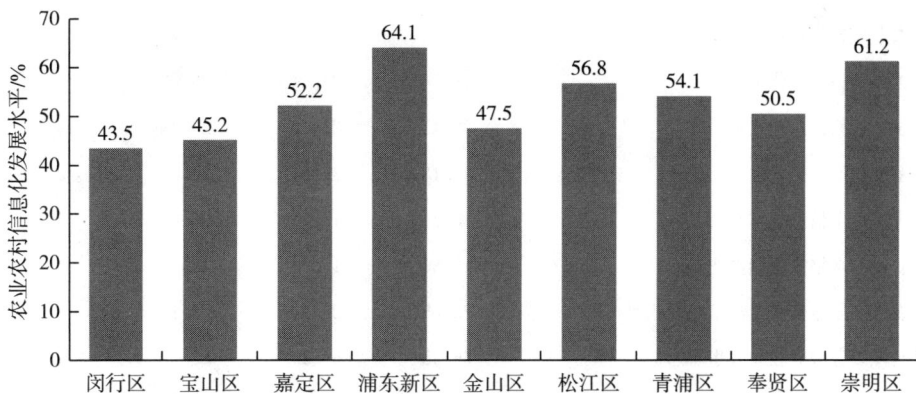

图 2 2020 年上海市各涉农区农业农村信息化发展水平

从上海市各涉农区在全国的排名情况来看，浦东新区排在前 100，排在 100～200 的有崇明区，排在 200～300 的有松江区和青浦区，排在 300～400 的有嘉定区，排在 400～500 的有奉贤区（图 3）。

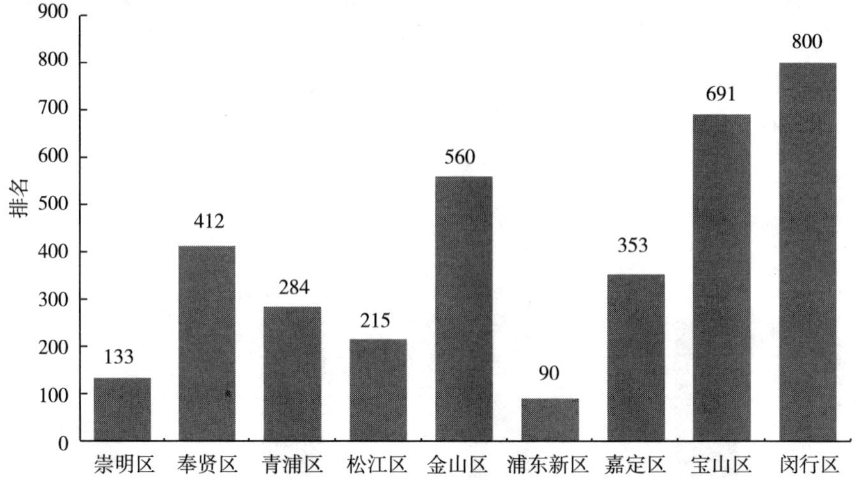

图 3　上海市各涉农区农业农村信息化发展水平全国排名情况

上海市其他县域农业农村信息化发展指标与全国和东部地区平均水平的对比情况见表 1。

表 1　上海与全国部分指标对比

指标名称	全国	东部地区	上海市	排名
乡村人均农业农村信息化财政投入/元	45.99	67.26	33.11	11
乡村人均农业农村信息化社会资本投入/元	108.98	182.14	110.52	7
农业生产信息化水平/%	22.46	25.69	39.41	4
大田种植信息化水平/%	18.54	26.60	39.43	3
设施栽培信息化水平/%	23.45	21.98	26.18	9
畜禽养殖信息化水平/%	30.18	32.21	51.84	3
水产养殖信息化水平/%	15.74	12.77	56.61	1
农产品网络零售额占比/%	13.80	17.73	18.84	4
农产品质量安全追溯信息化水平/%	22.05	28.91	85.11	1
县域政务服务在线办事率/%	66.38	67.29	65.08	19
电商服务站行政村覆盖率/%	78.92	80.69	91.59	8

（二）上海市农业生产信息化水平位居全国第四位

农业生产信息化是农业农村信息化发展的重点和难点，其发展水平是衡量农业现代化发展程度的标志性重要指标。2020 全国农业生产信息化水平为

22.5%。分区域看，东部地区为 25.7%，中部地区为 30.8%，西部地区为 19.6%。分省份看，长三角三省一市①均位居全国前列，其中，江苏农业生产信息化水平为 42.6%，居全国第一位；浙江和安徽均为 41.6%，并列全国第二位；上海为 39.4%，居全国第四位（图4）。

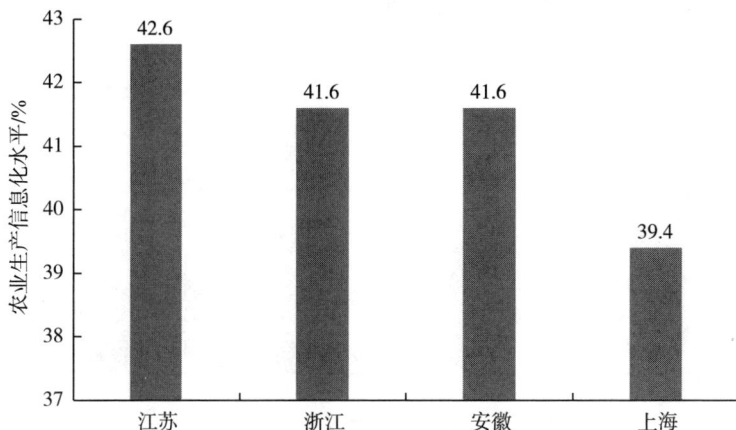

图 4　2020 年长三角三省一市农业生产信息化水平

分析表明，农业生产信息化水平的提升对农业总产值增长有明显的促进作用，发展农业信息化是释放农业数字经济潜力的根本途径。

从各涉农区看，上海农业生产信息化水平高于等于全国平均水平的区共 7 个，占比为 77.8%；低于全国平均水平的区有 2 个（图5）。

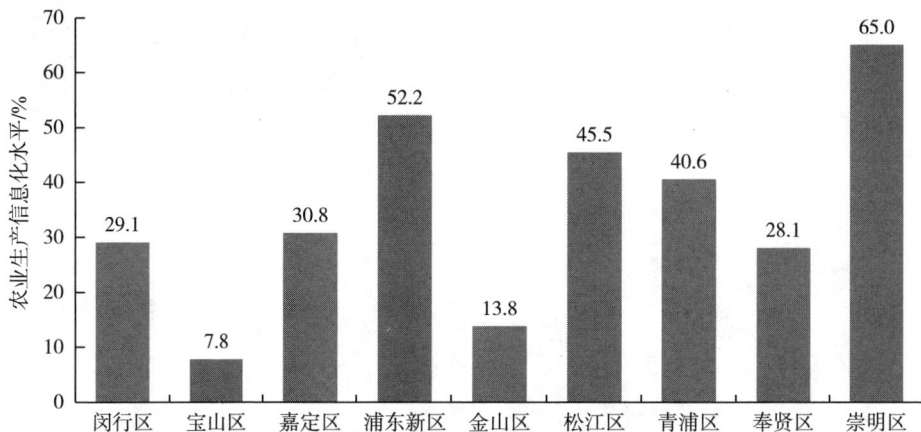

图 5　2020 年上海市各涉农区农业生产信息化水平

---

①　长三角三省一市指的是江苏省、安徽省、浙江省和上海市。

分行业看,全国畜禽养殖信息化水平最高,为30.2%,设施栽培、大田种植、水产养殖的信息化水平分别为23.5%、18.5%和15.7%。上海市水产养殖信息化水平最高,为56.6%,畜禽养殖、大田种植、设施栽培的信息化水平分别为51.8%、39.4%、26.2%。如图6所示,上海市农业生产4个行业的生产信息化水平均高于东部地区平均水平。

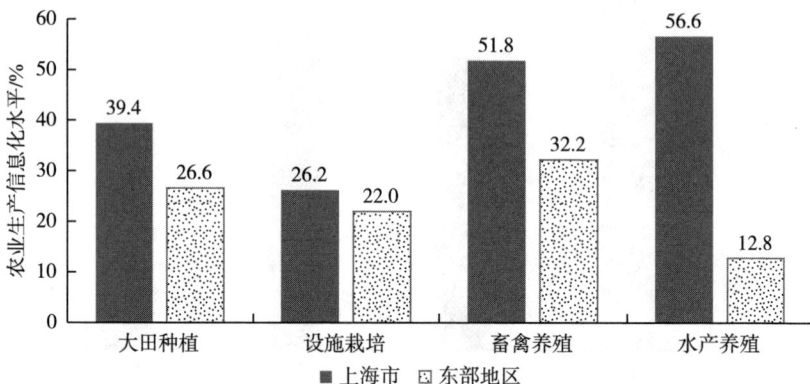

图6 2020年上海市农业生产分行业信息化水平与东部对比

大田种植方面,安徽大田种植信息化水平最高,为48.1%;江苏、上海、浙江和湖北均超过35%,上海居全国第三位。如图7所示,上海市各涉农区大田种植信息化水平均高于全国平均水平(18.5%)。

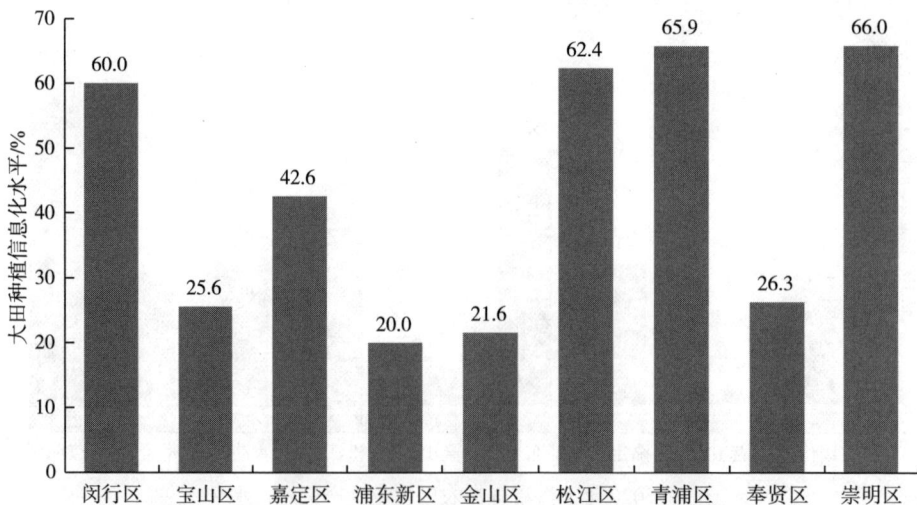

图7 2020年上海市各涉农区大田种植信息化水平

设施栽培方面,江苏和吉林的设施栽培信息化水平均超过40%,分别为

43.5%和42.5%；浙江、河南、内蒙古和江西超过30%。上海为26.18%，居全国第九位。上海市各涉农区设施栽培信息化水平如图8所示。

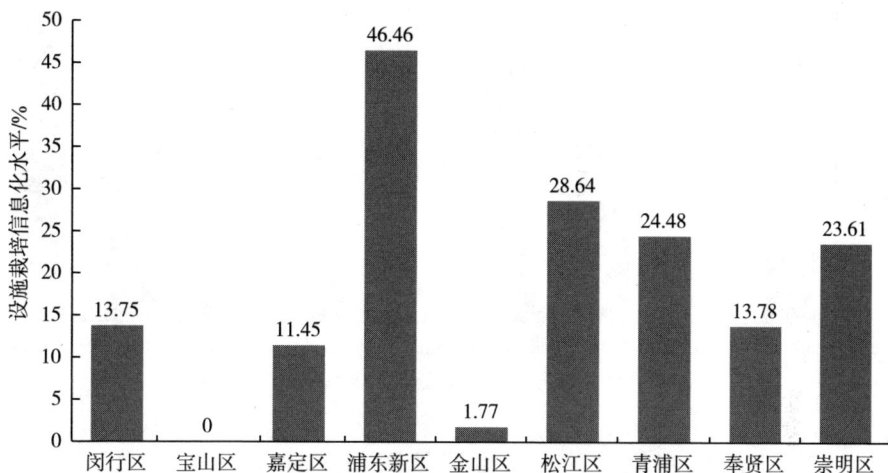

图 8　2020年上海市各涉农区设施栽培信息化水平

畜禽养殖方面，浙江的畜禽养殖信息化水平居全国首位，达60.3%；江苏52.4%，居第二位；上海51.8%，居第三位。上海市各涉农区畜禽养殖信息化水平如图9所示。

图 9　2020年上海市各涉农区畜禽养殖信息化水平
注：闵行区、宝山区和青浦区均无规模化畜禽养殖场。

水产养殖方面，上海市水产养殖信息化水平56.6%，居全国首位；居第二、第三位的浙江和江苏分别为43.3%和36.6%。上海市各涉农区水产养殖信息化水平如图10所示。

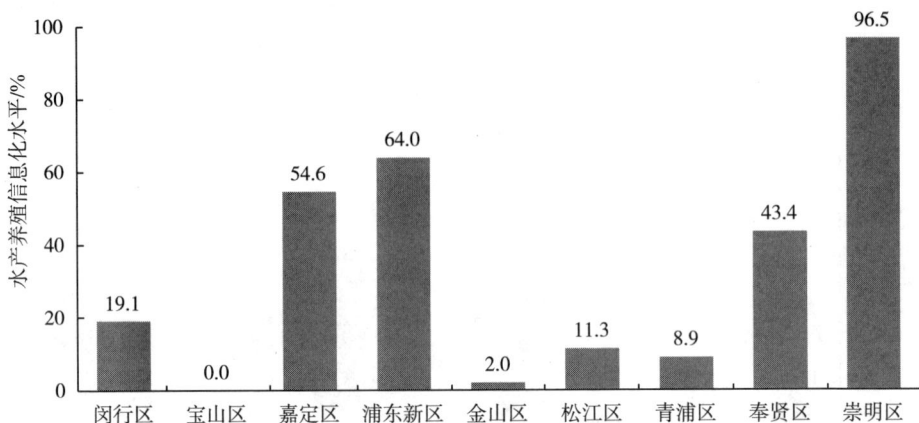

图 10　2020 年上海市各涉农区水产养殖信息化水平

(三) 上海农产品电子商务发展位居全国前列

1. 上海市农产品网络零售额占比 18.8%，居全国第四位

电子商务日益成为农产品销售的重要渠道，2020 年全国县域农产品网络零售额为 7 520.5 亿元，占农产品销售总额的 13.8%，比上年增长了 3.8 个百分点。分省份看，浙江、江苏、安徽的农产品网络零售额占比位居全国前列，分别为 37.5%、26.6% 和 19.9%。上海居全国第四位，达到了 18.8%。

从各涉农区看，上海市农产品网络零售额占比高于全国平均水平的区有 4 个，分别是浦东新区、青浦区、奉贤区和松江区（图 11）。

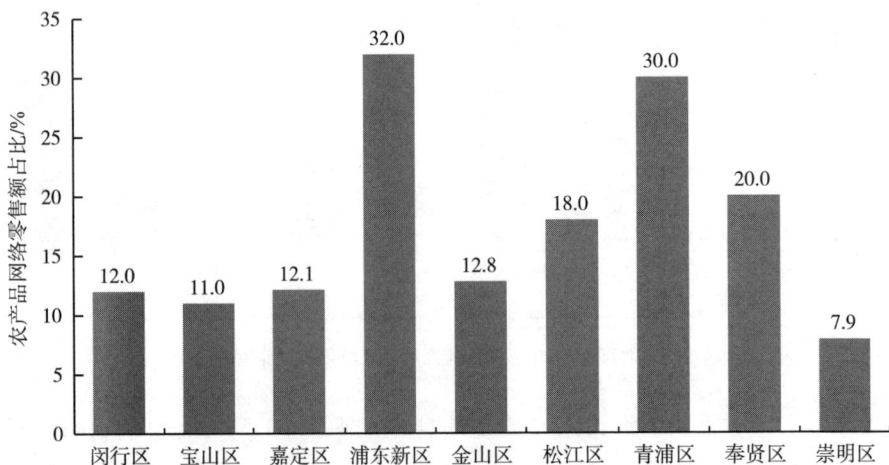

图 11　2020 年上海市各涉农区农产品网络零售额占比

2. 上海市农产品质量安全追溯信息化水平为 85.1%

上海市委、市政府和农业农村委历来非常重视农产品质量安全，建有公共农产品质量安全追溯平台，农产品质量安全追溯信息化水平为 85.1%，居全国首位；浙江和江苏居全国第二位、第三位，分别为 63.5%、45.5%。

分行业看，上海市大田种植业、设施栽培业、畜禽养殖业和水产养殖业农产品质量安全追溯信息化水平分别为 84.7%，82.1%，80.8%和 98.5%，均居全国首位（图 12）。

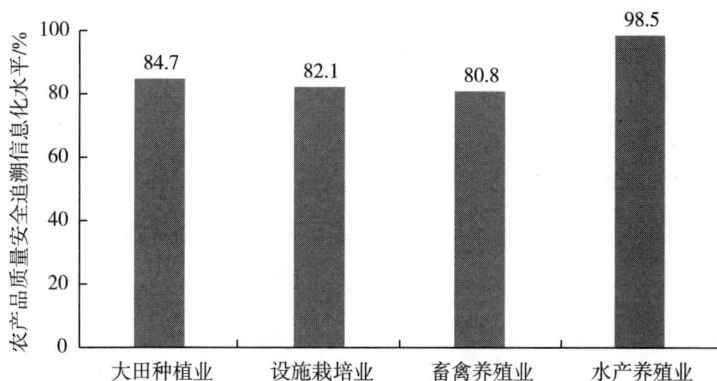

图 12 2020 年上海市分行业农产品质量安全追溯信息化水平

从各涉农区看，上海有 5 个区农产品质量安全追溯信息化水平超 90%，分别为闵行区、奉贤区、宝山区、浦东新区、青浦区（图 13）。总体来看，上海市各涉农区农业各行业农产品质量安全追溯信息化水平均相对较高，为上海的农产品安全提供了有力保障。

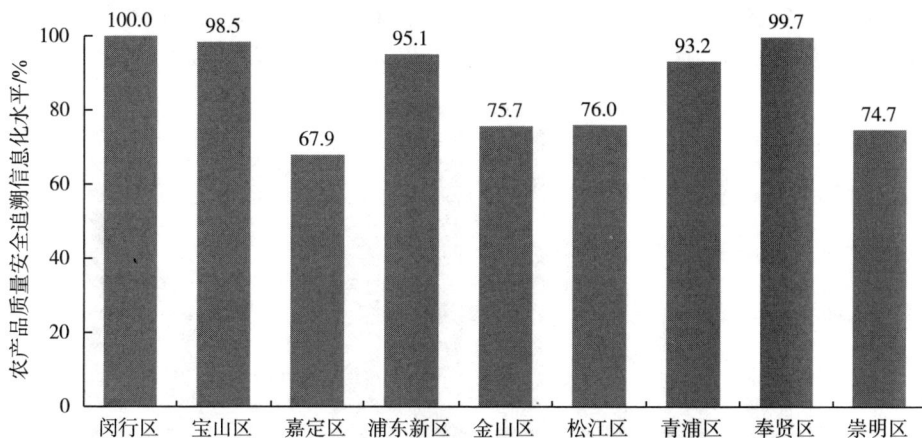

图 13 2020 年上海市各涉农区农产品质量安全追溯信息化水平

（四）各涉农区基层治理数字化差异较大

1. 应用信息技术实现行政村"三务"综合公开水平和"雪亮工程"行政村覆盖率均达 100%

2020 年全国应用信息技术实现行政村"三务"综合公开水平和"雪亮工程"行政村覆盖率分别为 72.1% 和 77.0%。上海市已经实现 1 121 个涉农行政村"雪亮工程"全覆盖，"三务"综合公开水平也达到了 100%。

2. 上海市政务服务在线办事率为 65.1%，居全国第十九位

2020 年全国县域政务服务在线办事率为 66.4%。分区域看，东部地区在线办事率为 67.3%，中部地区为 70.4%，西部地区为 62.4%。发展总体水平排名全国前 100 的县（市、区）政务服务在线办事率为 96.0%，排名前 500 的为 88.7%。上海市政务服务在线办事率为 65.1%，居全国第十九位（图 14）。

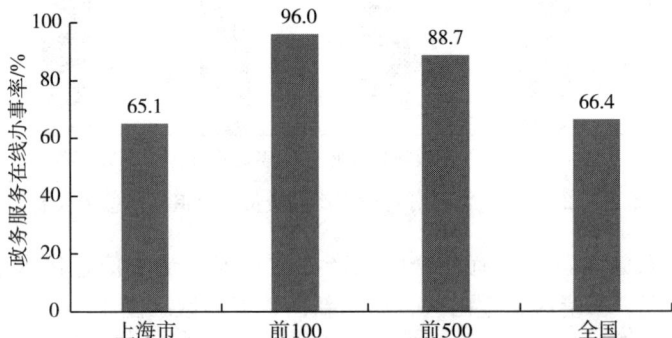

图 14　2020 年上海市政务服务在线办事率与全国比较

从各涉农区看，政务服务在线办事率差异较大，其中，嘉定区、浦东新区和金山区为 100%，闵行区和青浦区较低，仅为 14.3%（图 15）。

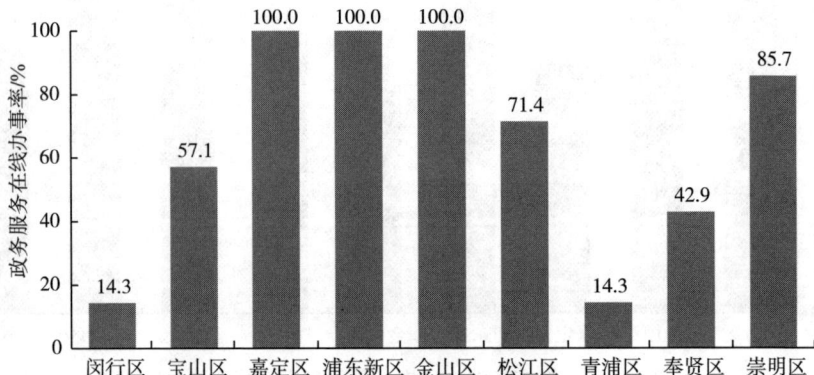

图 15　2020 年上海市各涉农区政务服务在线办事率

（五）上海市电商服务站行政村覆盖率居全国第八位

截至 2020 年底，全国已建有电商服务站点的行政村共 40.1 万个，共建有电商服务站点 54.7 万个，行政村覆盖率达到 78.9%，其中，江苏、重庆、湖南均超过 95%，上海为 91.6%，居全国第八位。上海市各涉农区电商服务站行政村覆盖率如图 16 所示。

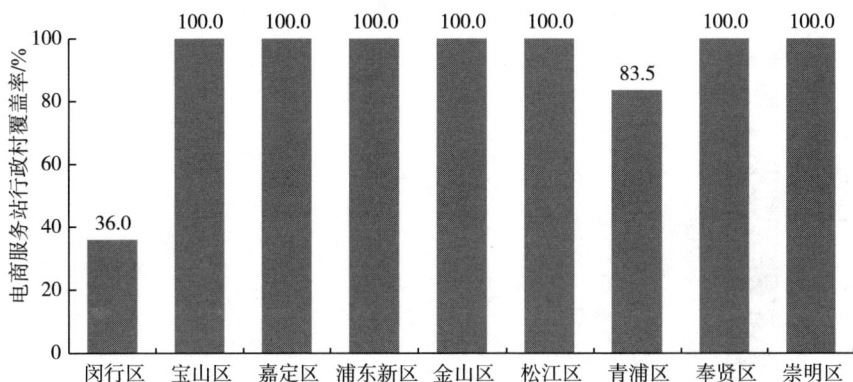

图 16　2020 年上海市各涉农区电商服务站行政村覆盖率

（六）上海市农业农村信息化发展环境有待优化

1. 上海市区均农业农村信息化财政投入近 1 300 万元

2020 年全国县域农业农村信息化建设的财政投入总额达到 341.4 亿元，县均财政投入 1 292.3 万元，较上年提升 65.3%；乡村人均财政投入 46.0 元，较上年提升 79.6%。上海市区均农业农村信息化财政投入 1 286.3 万元，居全国第五位；乡村人均农业农村信息化财政投入 33.1 元，居全国第十一位。上海市各涉农区乡村人均农业农村信息化财政投入如图 17 所示。

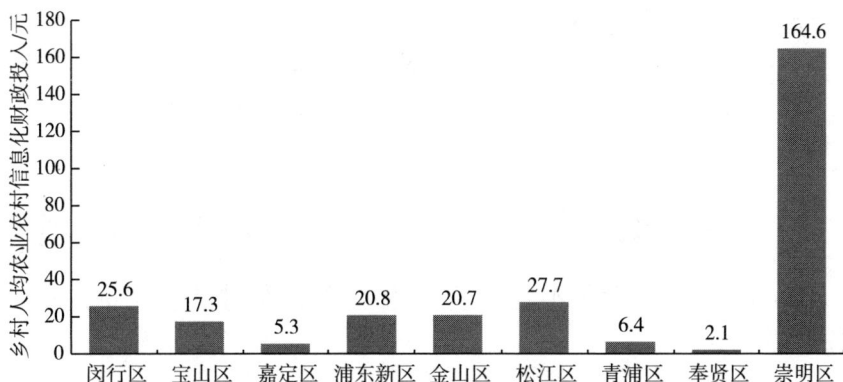

图 17　2020 年上海市各涉农区乡村人均农业农村信息化财政投入

2. 上海市区均农业农村信息化社会资本投入近 4 300 万元

2020 年全国县域农业农村信息化建设的社会资本投入为 809.0 亿元，是财政投入的 2.4 倍。县均社会资本投入 3 062.3 万元、乡村人均 109.0 元，分别比上年增长 49.1％和 62.2％。上海市区均农业农村信息化社会资本投入 4 293.7 万元，居全国第七位；乡村人均农业农村信息化社会资本投入 110.5 元，居全国第七位。上海市各涉农区乡村人均农业农村信息化社会资本投入如图 18 所示。

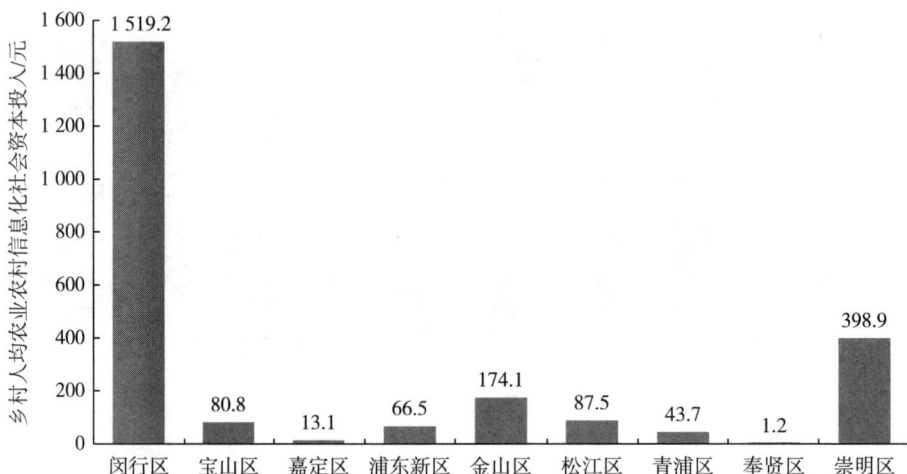

图 18　2020 年上海市各涉农区乡村人均农业农村信息化社会资本投入

3. 上海各涉农区农业农村信息化管理服务机构覆盖率接近 100％

农业农村信息化管理服务机构是落实各级党委政府有关农业农村信息化部署要求、确保各项任务措施落地见效的基层队伍和组织保障。上海市各涉农区农业农村委均设置了承担信息化工作的行政科（股）或信息中心（信息站）等事业单位。除奉贤区农业农村委外，其他各区农业农村委皆为所在区级网络安全与信息化领导机构成员单位。

综合以上六个方面的分析，上海市农业农村信息化发展取得显著成效，数字乡村建设迈出实质性步伐，为"十四五"期间推进农业农村信息化快速发展、助力乡村全面振兴打下了坚实基础。

三、上海市农业农村信息化发展存在的短板和弱项

（一）总体财政投入不足和各涉农区农业农村信息化推进落实差异较大

各涉农区对信息化驱动农业高质量发展的落实还有待提升。一是在财政

投入上，2020 年上海市乡村人均农业农村信息化财政投入处于全国第十一位。各涉农区之间差异也较大，其中嘉定区、青浦区和奉贤区乡村人均农业农村信息化财政投入不足 10 元，崇明区则超过 160 元。二是各涉农区在生产信息化总体水平、农产品网络零售额占比、在线办事率和电商服务站行政村覆盖率等推进落实差异较大，影响了上海市农业农村信息化整体发展水平。

（二）农业农村"新建设"不足以支撑数字乡村的快速发展

数字农业的发展是必须建立在必要的基础建设上。目前，上海的高标准农田建设工作并没有把数字农业发展相关的建设内容和标准纳入。重农田水利工程建设，轻灌溉设施和设备的电气化改造，是导致农作物种植信息化水平较低的主要原因之一。

（三）数字农业和乡村产业融合发展广度和深度有待拓展

上海市在农业管理和服务领域信息化工作全国遥遥领先，"三务"公开和"雪亮工程"等信息化水平很高。但是在依托"互联网＋"建立健全智慧农业生产体系，发展数字农作、数字畜牧和数字渔业等新技术、新模式，促进数字农业和乡村产业融合发展不够；建立健全农产品现代物流和营销体系，发展直销、直供、农产品电商等新业态，促进绿色农产品线上线下融合发展不充分。

四、上海市农业农村信息化发展建议

（一）加强组织领导

成立农业数字化转型工作专班，形成专人研究、专人探索、专人落实的工作机制。调动多方资源，创建智慧农业共性技术研究体系。面向农业生产服务智能化升级需求，从农机装备、农艺栽培等方面加大集成研发，研究智慧农业共性技术，助推智慧农业技术的应用和创新发展。

（二）加大投入力度，完善政策保障措施

针对农业数字化转型的实际需求，重点在农机补贴、高标准农田建设、智慧灌溉等方面，研究设立农业数字化转型支持政策。综合运用财政资金、金融手段以及社会资本，推动新一代数字技术在农业农村的落地应用。鼓励事业单位、高等院校、企业等积极投身到智慧农业建设中，把农机、农艺和信息化三方人员有机地融合起来。

（三）全面推进农业新基建和基础保障设施建设

建立健全农业数据采集、空天地一体化观测网络以及农业基础数据资源体系，加快研究和部署农业物联网信息感知与自动化控制、农机智能装备、农产品质量安全信息采集、农情智能监测等基础设施设备，构建统一的数字农业云计算管理平台，实现所有计算资源、存储资源、网络资源的统一调度管理，为各业务系统提供算力、存储服务，以及平台开发环境和能力调用等服务。推动农业管理创新、服务创新、科技创新。推动智慧灌溉技术和政策落实落地，促进农业节水节肥及崇明生态岛建设。

2021江苏省县域农业农村信息化发展水平评价报告

撰稿单位：江苏省互联网农业发展中心
撰稿人员：彭汉艮　吴　昊　魏祥帅　陈　雯　陈　可

党的十八大以来，以习近平同志为核心的党中央高度重视数字农业农村建设，作出了实施大数据战略、数字乡村战略等系列重要部署安排。中共中央办公厅、国务院办公厅印发的《数字乡村发展战略纲要》和农业农村部、中央网络安全和信息化委员会办公室印发的《数字农业农村发展规划（2019—2025年）》分别对数字乡村建设和发展数字农业农村提出明确要求、作出具体部署。一直以来，江苏省十分重视信息化与农业农村现代化融合发展，"十三五"以来出台一系列政策指导意见，营造良好氛围环境，加快推进全省农业农村信息化建设。

根据农业农村部市场与信息化司《关于开展全国农业农村信息化能力监测试点的函》（农市便函〔2021〕154号）的要求，在农业农村信息化发展水平监测试点和全国县域数字农业农村发展水平评价工作的基础上，对全省13个设区市76个涉农县（市、区）的农业农村信息化发展水平进行监测，并形成评价报告。

一、评价说明

（一）指标体系

本次监测评价指标体系在2020年评价工作基础上进行了修改和完善，包含发展环境、基础支撑、生产信息化、经营信息化、乡村治理信息化和服务信息化6个一级指标、14个二级指标和20个三级指标。

（二）数据来源

本次监测评价数据来自全省76个涉农县（市、区）2020年的基础指标数据，由县（市、区）农业农村部门自愿填报，市级农业农村部门进行初审，再经江苏省互联网农业发展中心审核把关后获得。

（三）评价方法

首先基于县域填报值计算得出三级指标值，其次沿用 Min‑max 归一化方法对部分数值范围不在 0～1 的三级指标值进行归一化处理，最后按照权重逐级计算二级指标值、一级指标值及发展总体水平。Min‑max 归一化方法如下所示：

$$z_i = (x_i - x_{i,\min}) / (x_{i,\max} - x_{i,\min}) \quad i = 1, 2, \cdots, n$$

其中，x_i 为某地区第 i 个指标值，z_i 为该地区第 i 个指标归一化后的指标值，$x_{i,\max}$ 为该地区第 i 个指标在其所在层级（县级/市级）中的最大值，$x_{i,\min}$ 为该地区第 i 个指标在其所在层级（县级/市级）中的最小值。通过在同层级进行归一化处理，使各设区市、县（市、区）之间发展总体水平具有可比性。

二、基本结论

（一）江苏省县域农业农村信息化发展总体水平位居全国前列

近年来，江苏省抓住实施"互联网＋"现代农业行动、高质量推进数字乡村建设等重大战略机遇，加快推动信息技术与农业生产、经营、管理、服务深度融合，全省农业农村信息化稳步发展。经综合测算，2020 年江苏省县域农业农村信息化发展总体水平达 56.5％（图1），居全国第二位。全省 76 个涉农县（市、区）中，有 66 个发展水平超过全国总体水平，有 12 个发展水平排名全国前 100。分地市看，有 6 个设区市高于全省总体水平，其中常州市发展总体水平为 65.9％，处于全省领先地位，盐城市和泰州市分别为 62.1％ 和 61.1％（图2）。分县域看，有 37 个县（市、区）高于全省总体水平，其中邳州市发展总体水平最高，盐城市盐都区和常州市武进区次之。

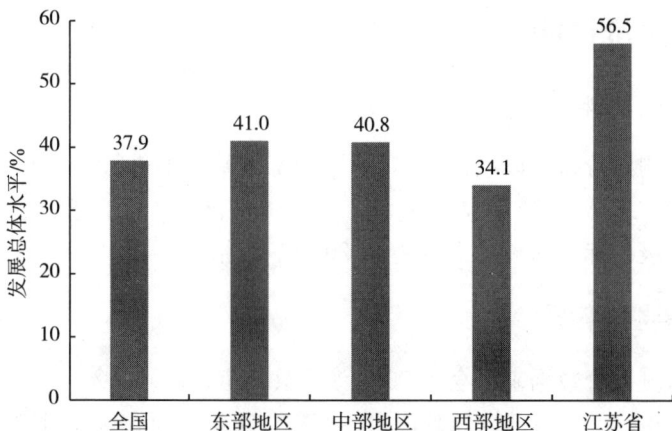

图1 江苏省与全国及各地区农业农村信息化发展总体水平对比

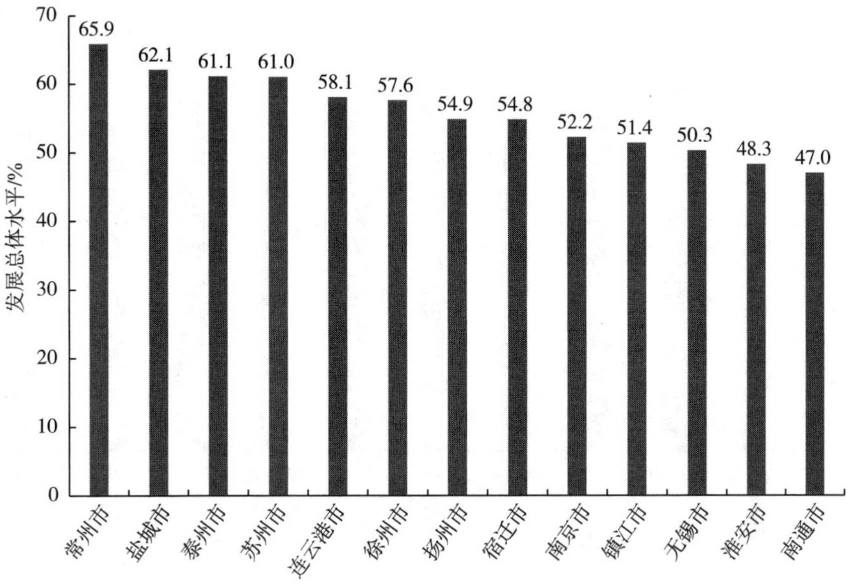

图2 江苏省各设区市农业农村信息化发展总体水平

(二)江苏省农业生产信息化水平居全国第一位

农业生产信息化是农业农村信息化发展的重点和难点,其发展水平是衡量农业现代化发展程度的标志性重要指标。一直以来,江苏省将信息技术发展作为推动农业转型升级的重要支撑,大力推进物联网、大数据、5G、人工智能等新一代信息技术和传感器等智能装备在大田种植、设施栽培、畜禽养殖和水产养殖等农业生产领域广泛应用,一大批规模种养基地、农业企业、农业园区实现智能化、绿色化生产方式转型。全省累计建成全国农业农村信息化示范基地14家、省级基地174家,通过强化示范引领作用,推动全省农业生产信息化快速发展。

经综合测算,2020年江苏省农业生产信息化水平为42.6%,居全国第一位。分县域看,省内农业生产信息化水平排名前10的县(市、区)平均达73.8%(图3),同时其县域农业农村信息化发展总体水平也都较高。常州市武进区农业生产信息化水平高达83.3%,居全省第一位。分行业看,大田种植、设施栽培、畜禽养殖、水产养殖的信息化水平分别为41.2%、43.5%、52.4%、36.6%。由于本指标构成较2019年有较大调整,从忽略指标调整看趋势的角度分析,以上4个行业生产信息化均得到快速发展。

大田种植方面,在监测的11个主要农作物中,稻谷和小麦的生产信息化水平总体较高(图4),其中农机作业信息化技术应用最广泛,均达50%以上,

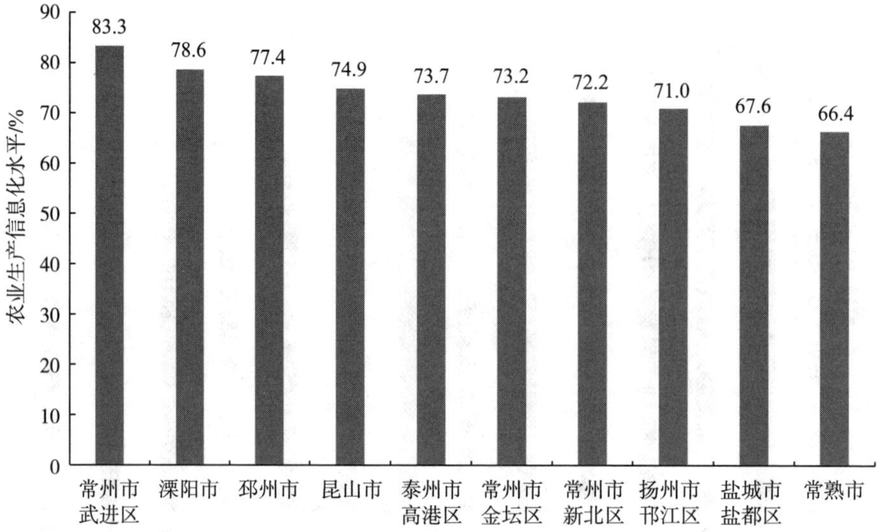

图3 江苏省排名前10的县域农业生产信息化水平

"四情监测"技术和水肥药精准控制技术也得到较好应用；其他作物除"四情监测"技术应用相对较多外，农机作业信息化技术和水肥药精准控制技术应用相对较少。

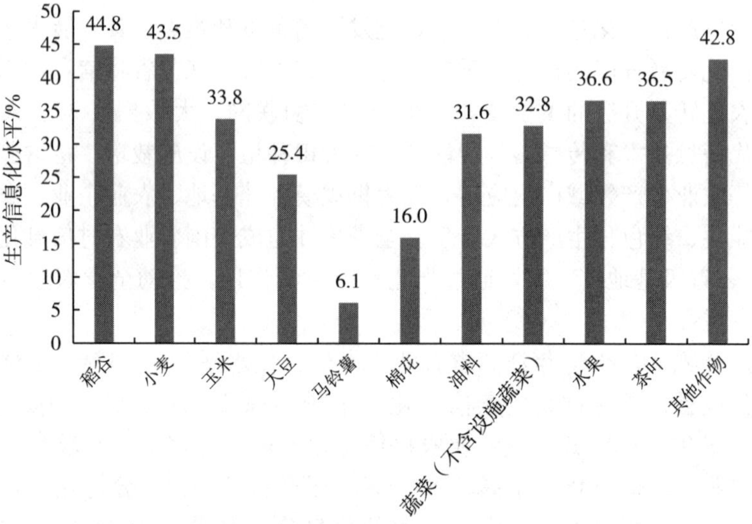

图4 大田种植中不同作物的生产信息化水平

设施栽培方面，设施环境信息化监测技术应用最广泛，达49.5%，水肥一体化智能灌溉和设施环境信息化控制技术应用水平分别为44.7%和36.3%（图5），这也说明设施栽培领域的信息技术更多应用在环境监测环节，在智能化管控环节的技术应用相对较少。

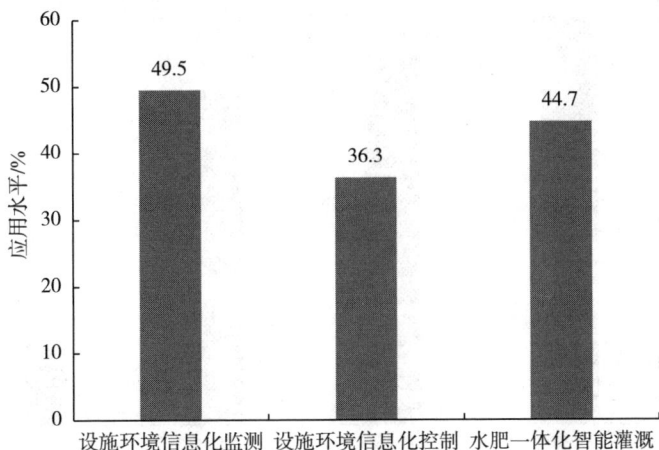

图5 设施栽培中不同技术应用水平

畜禽养殖方面，在监测的4个主要畜禽品种（类）中，家禽养殖的信息化水平最高，为60.4%；其次是牛和生猪养殖，分别为57.1%和48.3%。江苏省的其他畜禽养殖品种主要是羊，其生产信息化水平为28.1%（图6）。

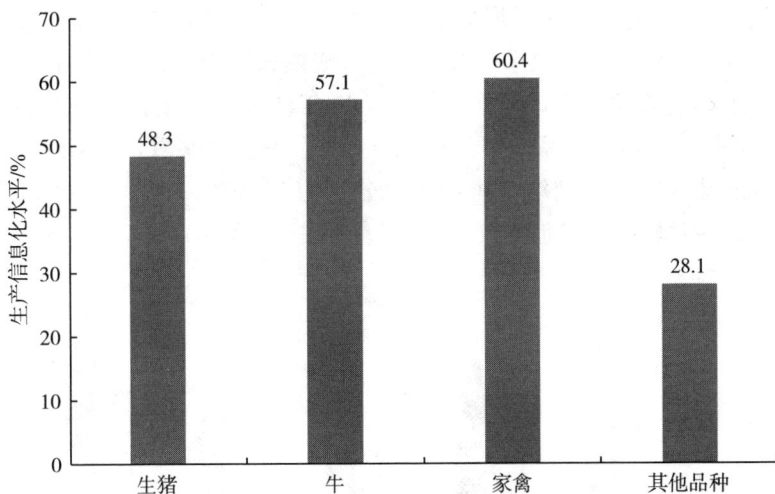

图6 畜禽养殖中不同品种的生产信息化水平

水产养殖方面，在监测的4个主要水产品种（类）中，鱼类的生产信息化水平最高，为45.7%；虾类和蟹类次之，分别为41.3%和37.6%；贝类最低，仅为11.1%（图7）。其中，信息化增氧和自动化投喂技术应用较多，疫病信息化防控技术应用相对较少。

图7　水产养殖中不同品种的生产信息化水平

（三）江苏省农业经营信息化蓬勃发展

一直以来，江苏省积极引导发展农业电子商务，全省发展势头强劲、成效显著。从2015年起，每年开展电商"万人培训"活动，累计培训7万多人，全省农产品网络营销蔚然成风，形成了"沙集模式""沭阳模式"等一批具有较高知名度的电商发展模式。据测算，2020年江苏省县域农产品网络零售额为1 138.8亿元，占农产品销售总额的26.6%。从区域来看，苏南地区、苏中地区、苏北地区农产品网络零售额占比分别为20.9%、20.9%、32.3%，苏北地区占比相对较高，各地均较2019年有所提升（图8）。

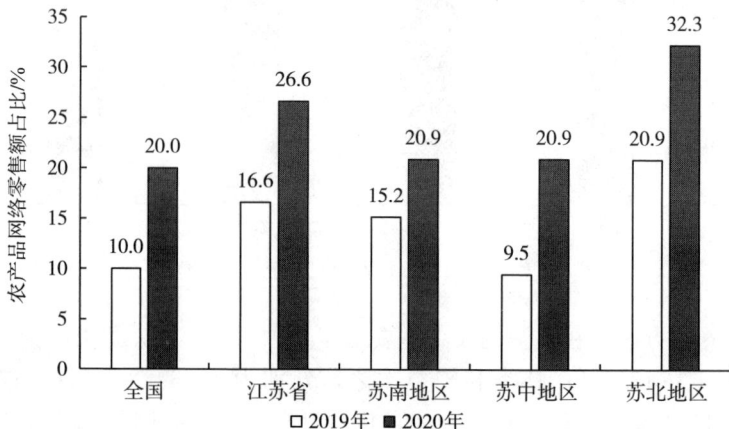

图8　2019年、2020年江苏省不同地区农产品网络零售额占比

　　江苏省不断加强农产品质量安全管控，着力构建农产品质量安全追溯平台和体系，截至"十三五"末，农产品追溯平台已有 1.4 万家以上生产经营主体入网，实现了"带证上网、带码上线、带标上市"。2020 年江苏省农产品质量安全追溯信息化水平为 45.5%，较 2019 年提高 17.3 个百分点。分行业看，大田种植业、设施栽培业、畜禽养殖业、水产养殖业农产品质量安全追溯信息化水平分别为 39.4%、54.9%、57.9%、41.8%，较 2019 年均有所提升，其中水产养殖业农产品质量安全追溯信息化水平提升最明显（图 9）。

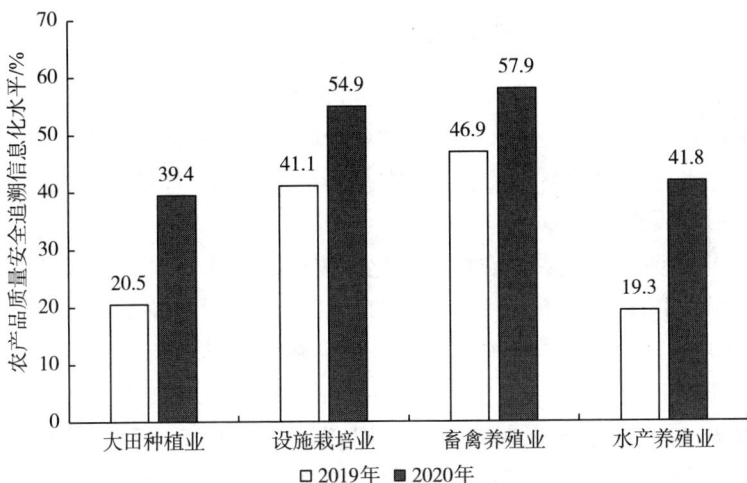

图 9　2019 年、2020 年江苏省不同行业农产品质量安全追溯信息化水平

（四）江苏省乡村治理信息化不断加强

　　江苏省着力发挥信息化在推进乡村治理体系和治理能力现代化中的基础支撑作用，补齐乡村治理信息化短板。近年来，全省乡村治理能力明显提升，乡村治理效能不断增强。2020 年江苏省应用信息技术实现行政村党务、村务、财务公开水平均为 99.4%，高于全国水平 27.3 个百分点，其中有 72 个县（市、区）达到了 100%。2020 年全省"雪亮工程"行政村覆盖率为 99.0%，高于全国平均水平 22 个百分点，其中有 69 个县（市、区）实现了全域覆盖。2020 年全省在线办事率为 91.7%，高于全国水平 25.3 个百分点，其中有 56 个县（市、区）达到了 100%。具体来看，社会保险业务网上办理率为 98.7%，新型农村合作医疗业务网上办理率为 97.4%，婚育登记业务网上办理率为 89.5%，劳动就业业务网上办理率为 97.4%，社会救助业务网上办理率为 84.2%，农用地审批业务网上办理率为 86.8%，涉农补贴业务网上办理率为 88.2%。

（五）江苏省电商服务站行政村覆盖率居全国第一位

江苏省作为全国电子商务试点省、信息进村入户整省推进示范省，大力支持邮政、供销、电商企业、快递物流企业等，推进乡村电商服务站点建设，推动社会电商服务体系向农村延伸。2020 年全省电商服务站总数达 23 159 个，电商服务站行政村覆盖率高达 98.4%，高于全国水平 19.5 个百分点，其中有 67 个县（市、区）达到了 100% 覆盖。

（六）江苏省农业农村信息化发展环境稳中向好

农业农村信息化资金投入和管理服务机构设置是打造农业农村信息化良好发展环境的重要保障。近年来，江苏省各级政府高度重视基层农业农村信息化管理保障体系建设，持续加大财政资本投入，多举措引导社会资本投入，为数字农业农村发展提供保障。

2020 年江苏省县域农业农村信息化财政总投入达 30.7 亿元，县域平均财政投入 4 043.1 万元，较 2019 年增长 171.2%，乡村人均财政投入 86.6 元，较 2019 年增长 187.7%。分地市看，2020 年财政投入前 3 的设区市分别为苏州市、徐州市和镇江市；13 个设区市中有 12 个都较 2019 年有所提高，徐州市增幅最大（图 10）。分县域看，县域财政投入在 1 000 万～5 000 万元的有 39 个，占比最高（图 11），其中丹阳市人均农业农村信息化财政投入最高，为 573.8 元（图 12）。

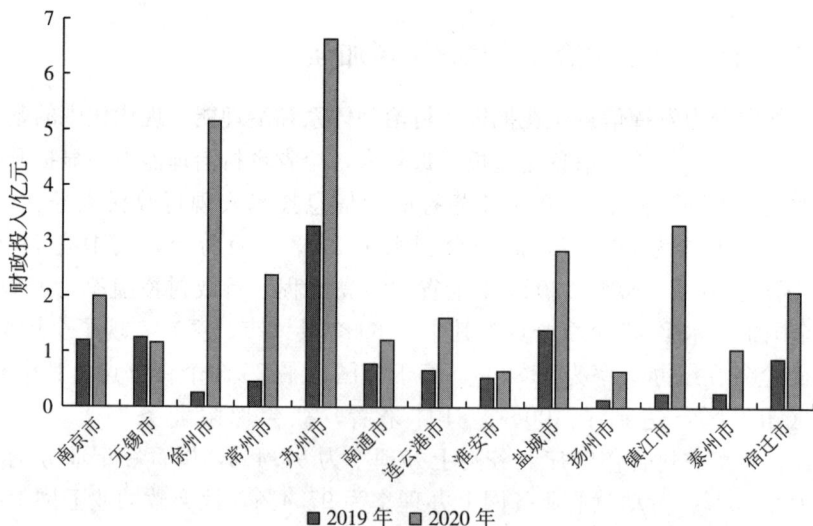

图 10　2019 年、2020 年江苏省各设区市农业农村信息化财政投入情况

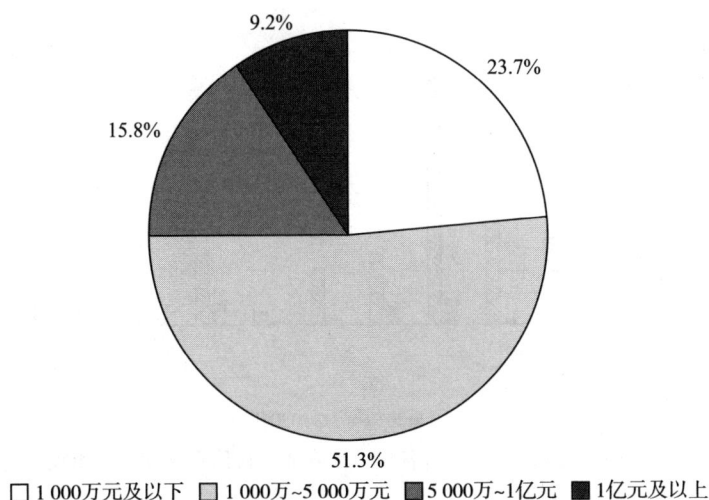

图 11 江苏省县域农业农村信息化财政投入分布情况

（图中图例：□1 000万元及以下 ▨1 000万~5 000万元 ▨5 000万~1亿元 ■1亿元及以上）

23.7%
9.2%
15.8%
51.3%

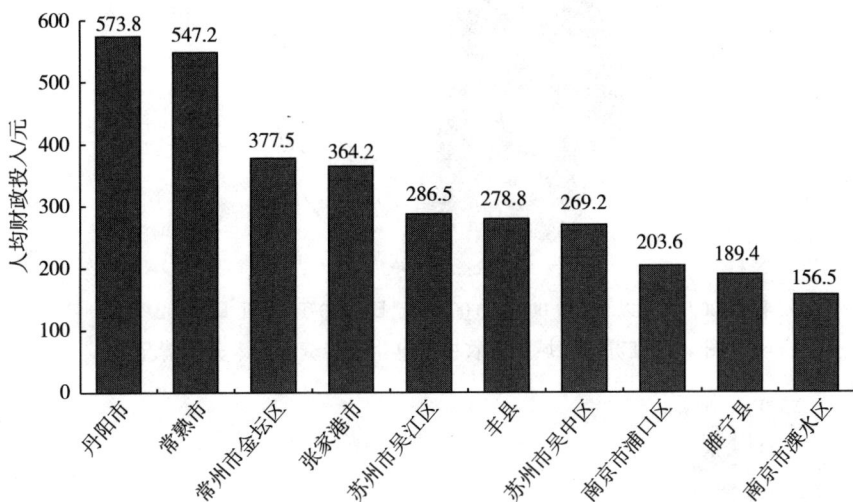

图 12 江苏省排名前 10 的县域人均农业农村信息化财政投入

（纵轴：人均财政投入/元）

丹阳市 573.8
常熟市 547.2
常州市金坛区 377.5
张家港市 364.2
苏州市吴江区 286.5
丰县 278.8
苏州市吴中区 269.2
南京市浦口区 203.6
睢宁县 189.4
南京市溧水区 156.5

2020 年江苏县域农业农村信息化社会资本投入为 79.4 亿元，县均投入为 10 450.6 万元，较 2019 年增长 364.6%，乡村人均投入为 223.8 元，较 2019 年增长 393.0%。分地市看，2020 年社会资本投入前 3 的设区市分别为苏州市、常州市和徐州市，常州市较上年增幅最大（图 13）。分县域看，县域投入在 1 亿元及以上、5 000 万~1 亿元、1 000 万~5000 万元和 1 000 万元及以下的占比相差不大（图 14），其中常州市金坛区人均社会资本投入最高，为 3 321.6 元（图 15）。

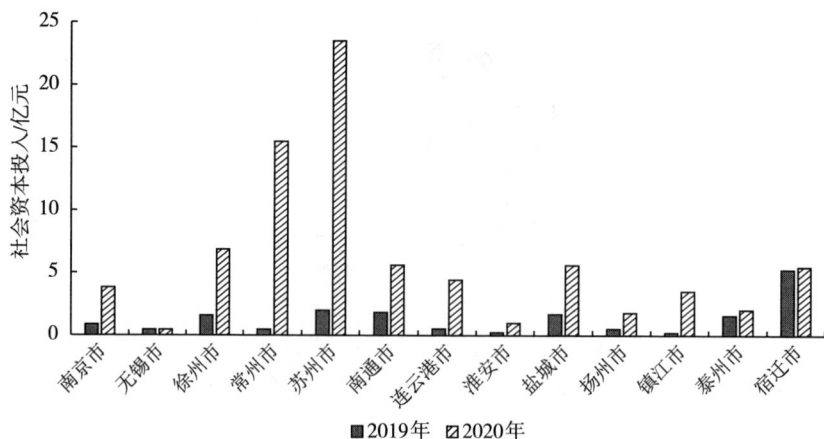

图 13 2019 年、2020 年江苏省各设区市农业农村信息化社会资本投入情况

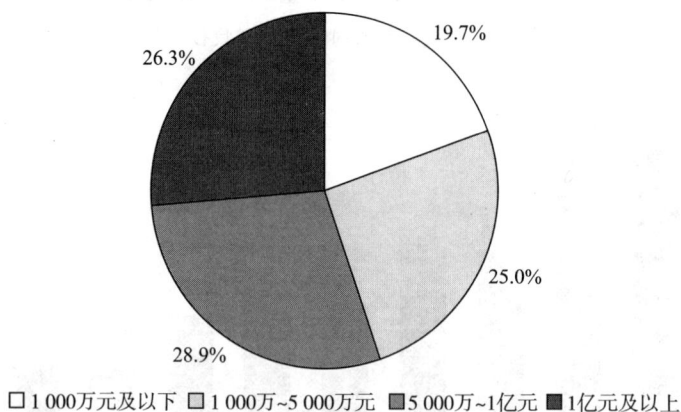

□ 1 000万元及以下 □ 1 000万~5 000万元 ▨ 5 000万~1亿元 ■ 1亿元及以上

图 14 江苏省县域农业农村信息化社会资本投入分布情况

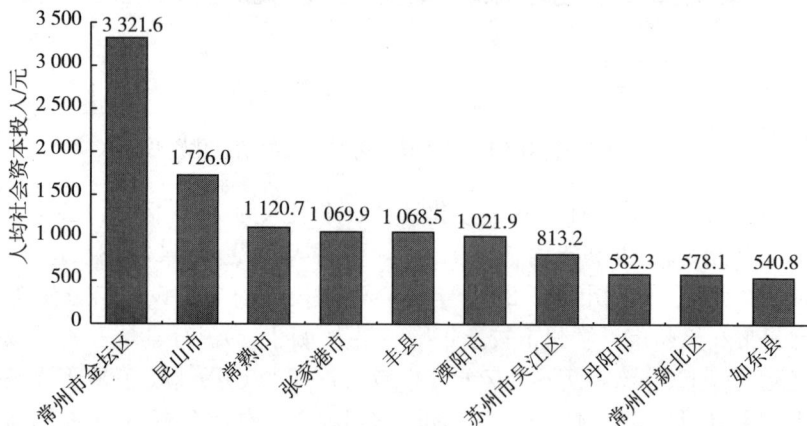

图 15 江苏省排名前 10 的县域人均农业农村信息化社会资本投入

2020 年全省县级农业农村信息化管理服务机构综合设置情况为 89.5％，较 2019 年提高 5.6 个百分点。具体看，有 97.4％的县（市、区）农业农村局为县网络安全与信息化领导机构成员或组成单位，有 96.1％的县（市、区）农业农村局成立了网络安全与信息化领导机构，有 97.4％的县（市、区）农业农村局设置了承担信息化相关工作的行政科（股），有 67.1％的县（市、区）农业农村局设置了信息中心或信息站等事业单位。

（七）江苏省数字农业农村基础支撑日益健全

近年来，江苏省网民规模与互联网普及率快速增长。2020 年，全省网民规模达 5 717.1 万人，互联网普及率达到 84.2％，较 2019 年增加超 7 个百分点，其中有 20 个县（市、区）高达 90％以上。2020 年，全省固定互联网宽带接入用户数达 1 944.5 万户，家庭宽带入户率达 87.8％，其中有 11 个县（市、区）达 100％。江苏省不断加快推进新一代信息基础设施建设，打造了富有江苏特色的互联网融合应用生态，促进互联网应用环境健康发展，丰富了人民的生活方式。

三、存在问题

（一）发展不平衡问题依然突出

从不同地区看，各市、各县之间发展总体水平相差较大，排在第一位的县（市、区）与排在最后一位的县（市、区）发展水平差距高达 35 个百分点，发展水平低的县域有的位于经济基础相对薄弱的苏北地区，也有的位于经济相对发达的苏南地区。从不同领域看，信息技术在生产、经营、管理、服务 4 个方面的应用水平存在不平衡问题。

（二）农业生产信息化应用差异较大

虽然 2020 年农业生产信息化水平较 2019 年有了明显提升，但在行业间和环节间存在较大差距。畜禽养殖的信息化应用程度最高，水产养殖的信息化应用程度较低。各行业内不同环节的信息化应用水平也存在差距，不少关键环节信息技术应用不充分，信息化水平有待提高。

（三）资金投入不平衡问题相当突出

各县域间资金投入差距极大，乡村人均农业农村信息化财政投入最高达 573.8 元，最低则为 0 元，有 33 个县（市、区）人均财政投入低于全国平均水平；乡村人均农业农村信息化社会资本投入最高达 3 321.6 元，最低仅为

0.8 元，有 36 个县（市、区）人均社会资本投入低于全国平均水平。

四、发展建议

（一）提高重视程度，加大数字乡村建设力度

数字乡村既是乡村振兴的战略方向，也是建设数字中国的重要内容。应把县域数字农业农村建设与县域乡村振兴发展同研究、同规划、同部署、同落实、同考核、扬优势、补短板、强弱项，充分发挥现代信息化技术对农业产业发展、农村社会治理等方面的支撑作用。要广泛宣传农业农村信息化建设成效，形成从政府扶持到全社会关注、重视、深度参与农业农村信息化建设的良好氛围。

（二）汇聚各方力量，多层次全方位协同推进

应强化发展意识、创新意识和合作意识，凝聚共识，汇聚力量，形成推进农业农村信息化的强大合力。政府部门要落实国家和省委省政府关于数字乡村建设的部署安排，将财政资金向数字农业农村建设倾斜，并创设好政策、好措施，引导生产主体、社会资本投入。创新企业、科研院所要建立以企业为主体、产学研相结合的发展模式，协力推动信息技术在农业农村领域加快推广应用，促进全省各地区、各产业均衡协调发展。

（三）坚持务实创新，加快探索信息技术应用场景

坚持问题导向，基于生产生活需求，加快探索大数据、人工智能、物联网、区块链、5G 等新一代信息技术在农业农村领域应用场景，推动新一代信息技术与农业全产业链的深度融合，加强数字农业核心技术攻关，不断提升农业生产精准化和农村治理智能化水平，助力农业农村现代化发展。

2021浙江省县域数字农业农村发展水平评价报告

指导单位：浙江省农业农村厅
撰稿单位：浙江省农业农村大数据发展中心、浙江农林大学
撰稿人员：陶忠良　王　兵　管孝锋　吴晓柯
任璐怡　夏　芳　周素茵　杨婷婷

一、评价背景

2021年中央一号文件《中共中央 国务院关于全面推进乡村振兴加快农业农村现代化的意见》提出"实施数字乡村建设发展工程"，这是中央一号文件连续三年重点提及数字乡村发展战略。近年来，浙江省认真贯彻执行党中央、国务院及农业农村部关于数字乡村建设的决策部署，切实落实《乡村振兴战略规划（2018—2022年)》《数字乡村发展战略纲要》和《数字农业农村发展规划（2019—2025年)》等文件精神，尤其是2021年以来结合省委省政府数字化改革总体要求，全面对标"152"工作体系，加快实施农业农村数字化改革"一号工程"，积极建设"浙江乡村大脑"和"浙农"系列多跨应用场景，努力打造具有浙江"三农"高辨识度的"金名片"，为高质量发展建设共同富裕示范区和农业农村现代化先行省聚力赋能。

开展县域数字农业农村发展水平评价工作是实施数字乡村建设的"风向标"和"晴雨表"。自2019年农业农村部首次开展评价以来，浙江省已连续三年组织全省所有涉农县（市、区）积极参加。在前两次评价中，浙江省每年各有20个县（市、区）获评先进县，占全国100个先进县（市、区）的1/5。2021年的评价工作，通过对各县（市、区）统计填报的2020年度指标数据进行审核、分析、测评，为各县（市、区）找准位置和差距，从而强弱项、补短板、增优势，指引推动全省县域数字农业农村快速健康发展，使其成为提振乡村振兴发展的重要突破口。

二、评价说明

（一）评价指标体系

本次评价使用了农业农村部2021年新推出的评价指标体系。新版评价指

标体系设计了一级指标包括发展环境、基础支撑、生产信息化、经营信息化、乡村治理信息化和服务信息化6项，二级指标包括农业农村信息化财政投入情况、互联网普及程度等14项，三级指标包括乡村人均农业农村信息化财政投入、互联网普及率、农产品网络零售额占比等20项，合计133个数据填报项。

（二）评价范围

本次评价参照截至2020年底的浙江省行政区划调整，全省90个县（市、区）中有85个参评，县域参与率达到94.4%。其中，杭州市8个、宁波市10个、温州市12个、绍兴市6个、台州市9个、湖州市5个、嘉兴市7个、金华市9个、衢州市6个、丽水市9个和舟山市4个。因杭州市所辖上城区、下城区、江干区、拱墅区①、滨江区基本不涉农，故上述5地未参评。本报告中的"全省"指85个有效样本县（市、区），另作说明除外。

（三）数据来源

各县（市、区）农业农村部门负责数据调查统计、资料搜集等事项，填报上传相应数据，市级和省级农业农村部门负责对数据质量进行审核把关，确保数据真实有效、权威可靠。

（四）评价方法

本次评价采用农业农村部提供的Min-max标准化方法进行指标分析。对于县域层级的指标值，首先基于县域填报值计算得出三级指标值，其次对部分数值范围不在0~1的三级指标值进行归一化处理，最后按照权重逐级计算二级、一级指标值及发展总体水平。

（五）其他说明

因2020年度的评价指标体系较2019年度有所改变，指标权重也有所调整，所以本报告中的评价结果数据采用年度内同一指标体系的各省份之间、省内地级市之间和县域之间数据进行比较。

---

① 根据2021年3月11日《浙江省人民政府关于调整杭州市部分行政区划的通知》（浙政发〔2021〕7号），杭州市上城区、下城区、江干区、拱墅区等行政区域已做相关调整。因本报告数据截至2020年底，故根据当时行政区划列示。

三、评价结果

（一）浙江省县域农业农村信息化发展总体水平

根据有效样本综合测算，2020 年浙江省县域数字农业农村总体发展水平为 66.7%[①]，居全国第一位。全国总体发展水平为 37.9%，东部地区为 41.0%，中部地区为 40.8%，西部地区为 34.1%。另据农业农村部信息中心通报显示[②]，浙江省桐乡市、杭州市西湖区、德清县、永康市、安吉县、嘉兴市秀洲区、慈溪市、平湖市、长兴县、湖州市南浔区、湖州市吴兴区、杭州市萧山区、海盐县、宁波市鄞州区、浦江县、建德市、三门县、温州市龙湾区、苍南县、海宁市、桐庐县、金华市金东区、杭州市临安区、嘉善县、宁波市江北区、杭州市余杭区 26 个县（市、区）获评全国先进县，占全国 109 个先进县的 24%。自 2019 年农业农村部首次开展评价工作以来，浙江省的数字农业农村发展水平、先进县数量已连续三年稳居全国首位。

浙江省各地级市农业农村信息化发展水平均高于全国平均水平，其中排名前 3 的分别为湖州市、嘉兴市和杭州市。各地级市发展水平详见图 1。

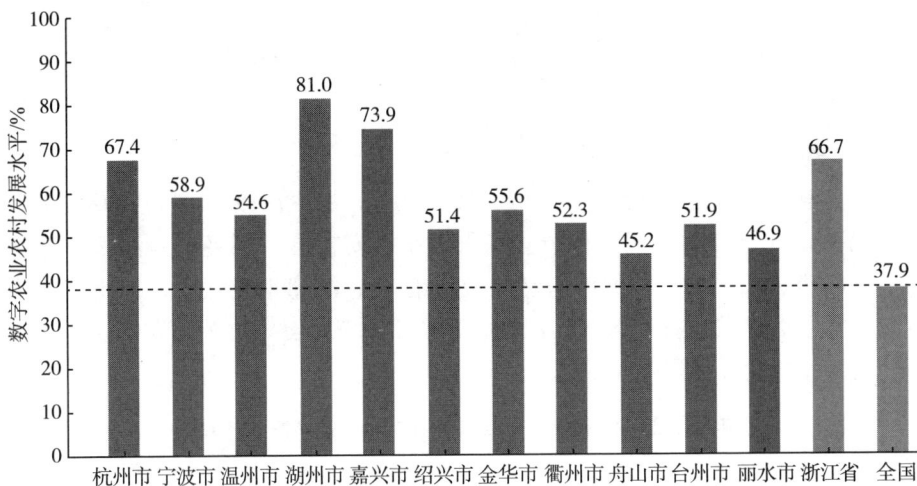

图 1　2020 年浙江省各地级市农业农村信息化发展水平对比

---

① 《2020 浙江省县域数字农业农村发展水平评价报告》中浙江省县域数字农业农村总体发展水平为 68.8%。由于有效样本量的增加、农业生产信息化指标的细化、个别指标权重的调整等原因，本报告中的部分指标结果未与上年报告进行比较。

② 《农业农村部信息中心关于 2021 全国县域农业农村信息化发展水平评价工作结果的通报》（农信息〔2021〕21 号）。

浙江省县域数字农业农村发展水平整体较高。排名全省前 10 的县（市、区）县域数字农业农村平均发展水平为 81.3％，后 10 的县（市、区）平均发展水平为 37.5％（图 2）。全省县域数字农业农村发展水平超过 70％的县（市、区）17 个，占比 20.0％；超过 60％的县（市、区）28 个，占比 32.9％；超过 50％的县（市、区）52 个，占比 61.2％；超过全国平均水平（37.9％）的县（市、区）81 个，占比 95.3％。

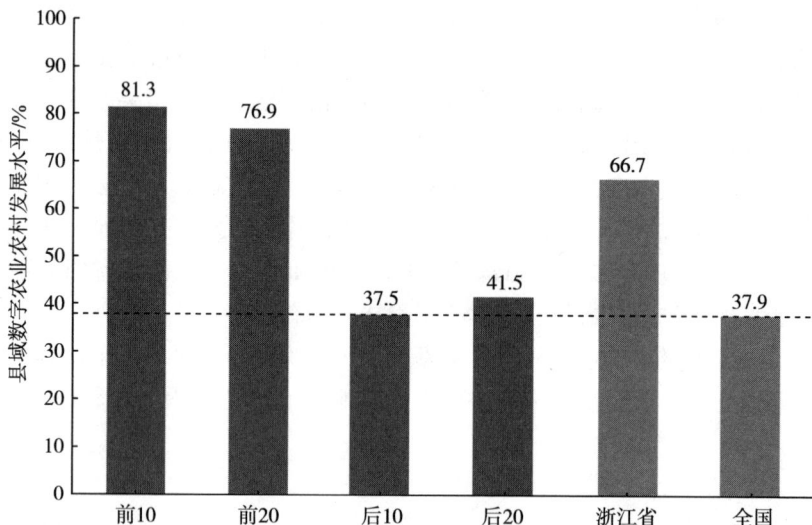

图 2　2020 年浙江省县域农业农村信息化发展水平对比

聚焦到全省排名前 20 的县（市、区）来看，桐乡市以 84.9％的发展水平排名第一，杭州市西湖区、德清县、永康市、安吉县、嘉兴市秀洲区、慈溪市、平湖市、长兴县、湖州市南浔区位居前 10，湖州市吴兴区、杭州市萧山区、海盐县、宁波市鄞州区、浦江县、建德市、三门县、温州市龙湾区、苍南县、海宁市居第 11 至第 20 位（表 1）。

表 1　2020 年浙江省县域农业农村信息化发展水平排名前 20 的县（市、区）

地区	2020 年排名	2019 年排名	名次变化	地区	2020 年排名	2019 年排名	名次变化
桐乡市	1	3	↑2	嘉兴市秀洲区	6	19	↑13
杭州市西湖区	2	22	↑20	慈溪市	7	15	↑8
德清县	3	1	↓2	平湖市	8	4	↓4
永康市	4	39	↑34	长兴县	9	2	↓7
安吉县	5	5	→	湖州市南浔区	10	6	↓4

（续）

地区	2020年排名	2019年排名	名次变化	地区	2020年排名	2019年排名	名次变化
湖州市吴兴区	11	7	↓4	建德市	16	29	↑13
杭州市萧山区	12	24	↑12	三门县	17	56	↑39
海盐县	13	16	↑3	温州市龙湾区	18	33	↑15
宁波市鄞州区	14	20	↑6	苍南县	19	10	↓9
浦江县	15	14	↓1	海宁市	20	47	↑27

近三年连续入围浙江省县域数字农业农村发展水平排名前20的有桐乡市、德清县、安吉县、平湖市、长兴县、湖州市南浔区、湖州市吴兴区、海盐县和浦江县9个县（市、区），第一次入围前20的有永康市、杭州市萧山区、建德市、三门县和海宁市5个县（市、区）（图3）。

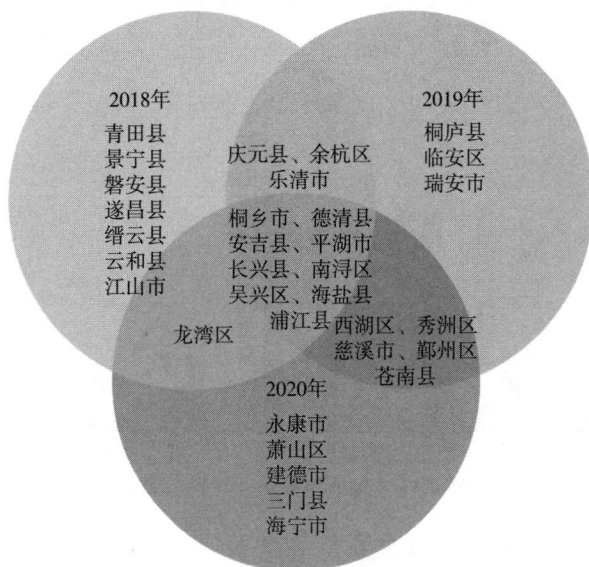

图3　近三年浙江省县域农业农村信息化发展水平排名前20的县（市、区）

（二）浙江省县域农业农村信息化发展环境

1. 农业农村信息化投入情况

2020年浙江省农业农村信息化总投入达378.6亿元，各地级市农业农村信息化投入情况见图4，总投入排名前3的地级市分别为嘉兴市、绍兴市和湖州市。

浙江省农业农村信息化财政总投入109.4亿元，同比增长105.3%；县均

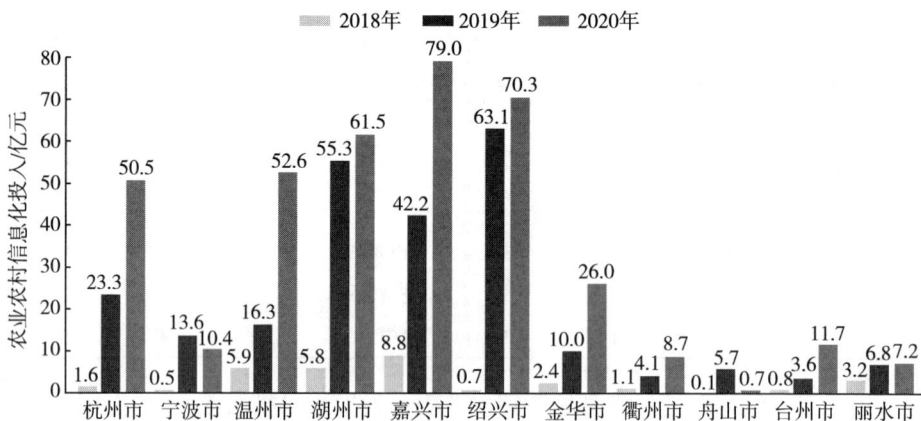

图4 近三年浙江省各地级市农业农村信息化投入情况

1.3亿元（居全国第一位），同比增长 106.3%。2020 年财政投入排名前 3 的地级市分别为温州市、嘉兴市和杭州市，同比增长 387.2%、117.8%、54.4%（图5）。

图5 2020年浙江省各地级市农业农村信息化投入情况

　　浙江省农业农村信息化社会资本总投入 269.2 亿元，同比增长 41.2%；县均社会资本投入 3.2 亿元（居全国第一位），同比增长 39.1%。2020 年社会资本投入排名前 3 的地级市分别为绍兴市、嘉兴市和湖州市，同比增长 11.5%、74.5%、11.1%（图5）。

　　从县域看，新昌县、桐乡市、温州市瓯海区、长兴县、杭州市萧山区、德清县、平湖市、海宁市、金华市金东区和杭州市余杭区农业农村信息化总投入位居全省前 10，县均投入 23.9 亿元；嘉善县、湖州市南浔区、乐清市、永康市、嘉兴市秀洲区、安吉县、浦江县、慈溪市、衢州市衢江区和湖州市吴兴区位居第 11 至第 20 位，前 20 县均投入 14.9 亿元（图6）。

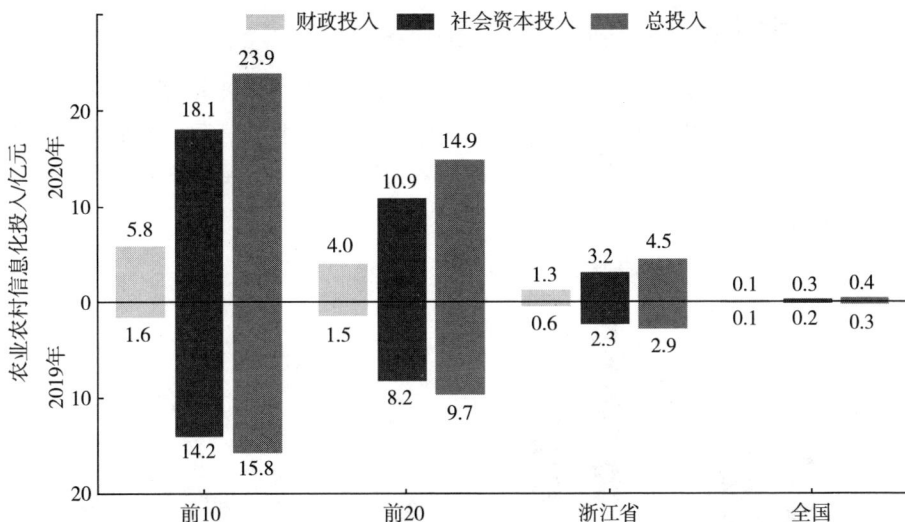

图6 2019年、2020年浙江省县域农业农村信息化投入情况

2. 信息化管理服务机构综合设置情况

县级农业农村信息化管理服务机构是推进农业农村数字化的"排头兵"，主要包括承担信息化相关工作的行政科室、信息中心或信息站等事业单位。2020年，浙江省县级农业农村信息化管理服务机构覆盖率为96.5%（居全国第四位，全国县均覆盖率为78.0%）。

（三）浙江省县域农业农村信息化基础支撑情况

基础支撑情况通过互联网普及率和家庭宽带入户率①两个指标来衡量。2020年浙江省网民规模达到5 321.8万人，互联网普及率为82.4%②（全国互联网普及率为70.4%③）。

根据本次评价结果统计④，互联网普及率高达90%及以上的县（市、区）占比50.5%，达80%～90%的县（市、区）占比35.3%，两者总计占比85.8%。浙江省固定互联网宽带接入用户数1 925.7万户，家庭宽带入户率为91.6%。其中，家庭宽带入户率达90%及以上的县（市、区）占比64.7%，达80%～90%的县（市、区）占比20.0%，两者总计占比84.7%。

---

① 家庭宽带入户率为新增指标，指的是截至2020年底固定互联网宽带接入用户数占总家庭户数的比重。

② 数据来自《浙江省互联网发展报告2020》。

③ 数据来自第47次《中国互联网络发展状况统计报告》。

④ 本次评价结果：浙江省85个参评县（市、区）网民规模达4 884.98万人，县域互联网普及率为88.2%。

（四）浙江省县域农业生产信息化水平

2020 年浙江省农业生产信息化发展水平为 41.6%（居全国第二位，全国县域农业生产信息化水平为 22.5%），各地级市农业生产信息化发展水平横向对比详见图 7，其中排名前 3 的地级市分别为湖州市、嘉兴市和宁波市。

图 7　2020年浙江省各地级市农业生产信息化发展水平

全省农业生产信息化水平排名前 10 的县（市、区）平均发展水平为 92.4%，排名后 10 的县（市、区）平均发展水平为 4.4%（图 8）。另外，全省县域农业生产信息化发展水平超过 60% 的有 21 个县（市、区），超过 50% 的有 24 个县（市、区），超过 40% 的有 32 个县（市、区）。

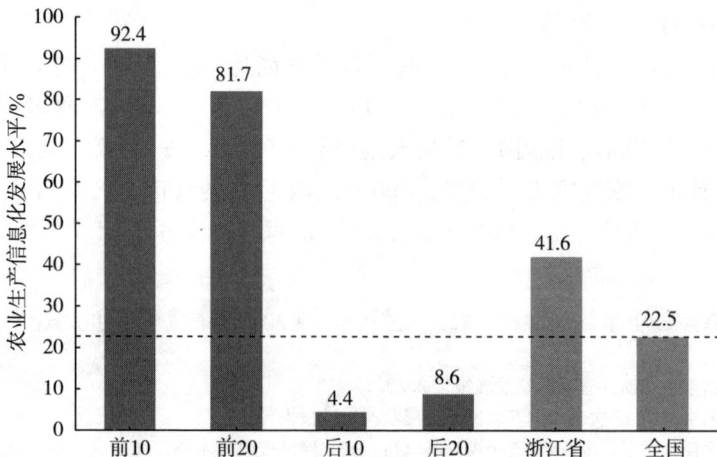

图 8　2020年浙江省县域农业生产信息化发展水平

2020 年和 2019 年，浙江省县域农业生产信息化发展水平排名前 20 的县（市、区）详见图 9。

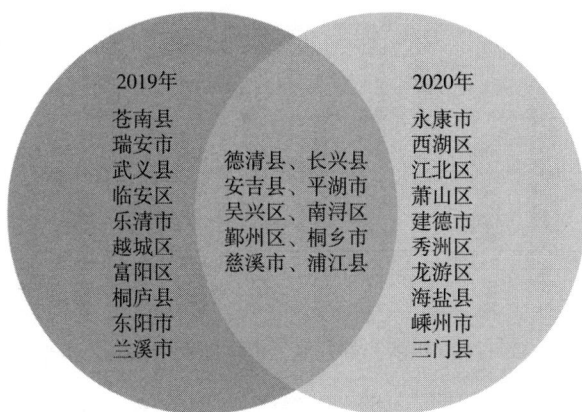

图 9　2019 年、2020 年浙江省县域农业生产信息化水平排名前 20 的县（市、区）

2020 年，浙江省大田种植、设施栽培、畜禽养殖及水产养殖的信息化水平分别为 36.2%（居全国第四位）、39.5%（居全国第三位）、43.3%（居全国第二位）和 60.3%（居全国第一位）（图 10 至图 13）。全国大田种植、设施栽培、畜禽养殖及水产养殖的信息化水平分别为 18.5%、23.5%、30.2% 和 15.7%。其中就某些浙江省具有区域优势的子项来看，稻谷和生猪的信息化水平分别为 52.1% 和 65.2%，居全国第二位；牛的信息化水平为 31.0%，居全国第五位；虾类的信息化水平为 57.1%，居全国第一位；鱼类的信息化水平为 43.1%，居全国第三位。

图 10　2020 年浙江省各地级市大田种植信息化水平

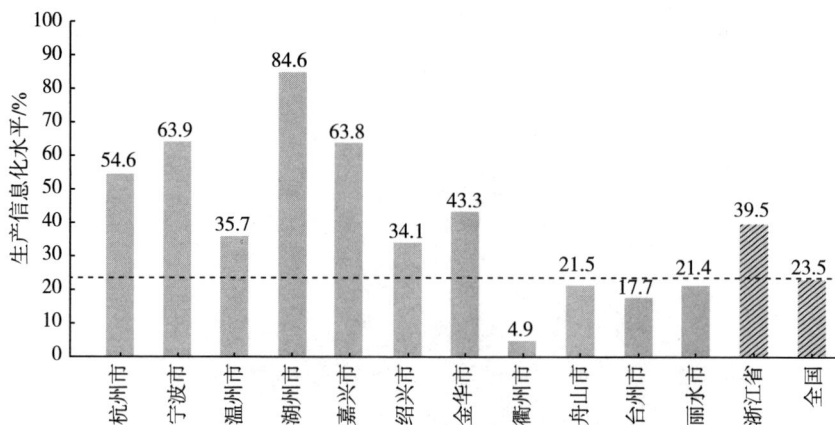

图 11　2020 年浙江省各地级市设施栽培信息化水平

图 12　2020 年浙江省各地级市畜禽养殖信息化水平

图 13　2020 年浙江省各地级市水产养殖信息化水平

浙江省排名前 10、前 20 以及排名后 10、后 20 的县（市、区）在不同行业的生产信息化应用情况详见图 14。

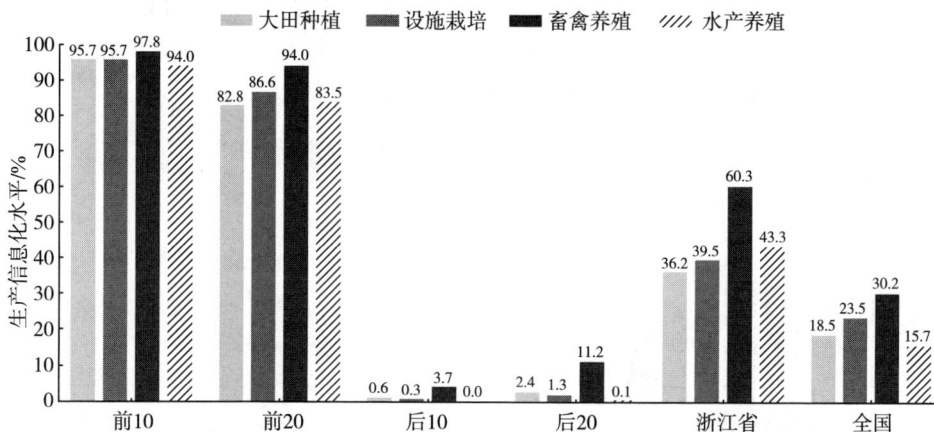

图 14　2020 年浙江省县域不同行业信息化水平

（五）浙江省县域农业经营信息化水平

1. 农产品网络零售情况

2020 年浙江省县域农产品网络零售额为 1 143.5 亿元①，占农产品交易总额的 37.5%，较 2019 年②增长了 35.7%（图 15）。浙江省农产品网络零售额占比居全国第一位，为 37.5%。

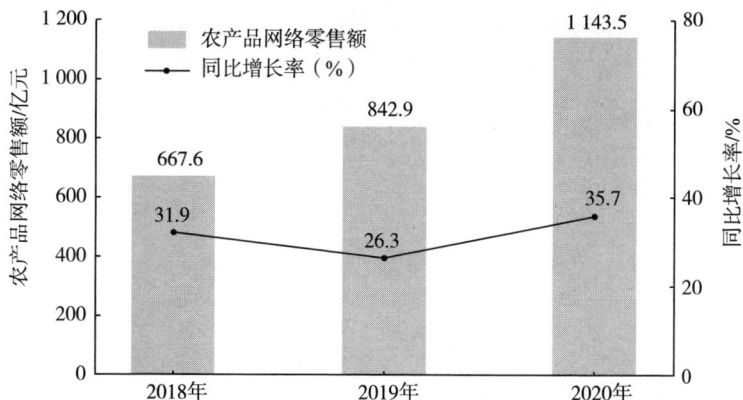

图 15　近三年浙江省农产品网络零售额及同比增长率

---

① 数据来自《浙江省数字乡村"十四五"规划》。
② 2019 年浙江省农产品网络零售额数据来自《浙江乡村振兴发展报告（2019）》。

本次评价中，农产品网络零售额排名前 10 的县（市、区）分别为义乌市、杭州市萧山区、杭州市临安区、杭州市余杭区、慈溪市、三门县、海宁市、长兴县、嘉兴市秀洲区和桐乡市，平均为 35.8 亿元；排名后 10 的县（市、区）农产品网络零售额平均为 0.4 亿元（图 16）。2019 年和 2020 年浙江省县域农产品网络零售额排在前 20 的县（市、区）详见图 17。

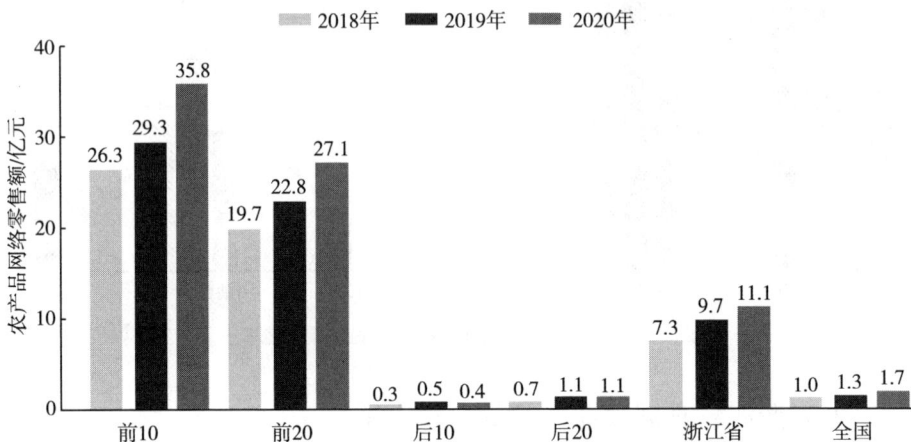

图 16 近三年浙江省县域农产品网络零售额

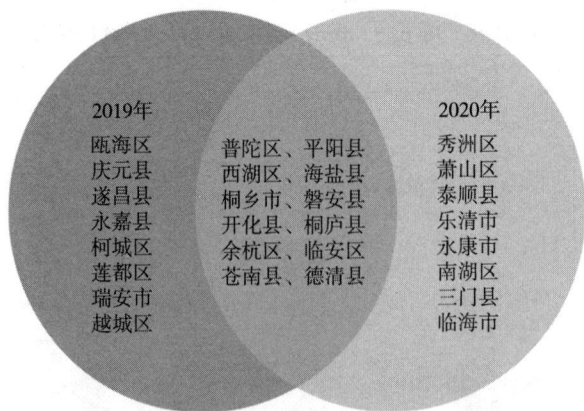

图 17 2019 年、2020 年浙江省县域农产品网络零售额排名前 20 的县（市、区）

2. 农产品质量安全追溯信息化

2020 年浙江省县域农产品质量安全追溯信息化发展水平为 63.5%（居全国第二位，全国平均水平为 22.1%）。各地级市农产品质量安全追溯信息化发展水平见图 18，其中排名前 3 的地级市分别为湖州市、嘉兴市和杭州市。浙江省排名前 10 的县（市、区）农产品质量安全追溯信息化发展水平为 98.9%（图 19）。

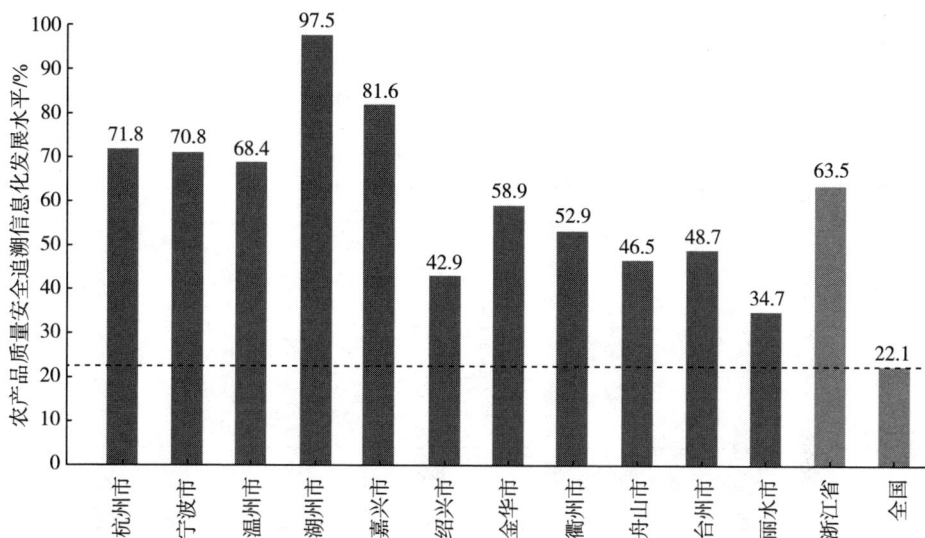

图 18　2020 年浙江省各地级市农产品质量安全追溯信息化发展水平

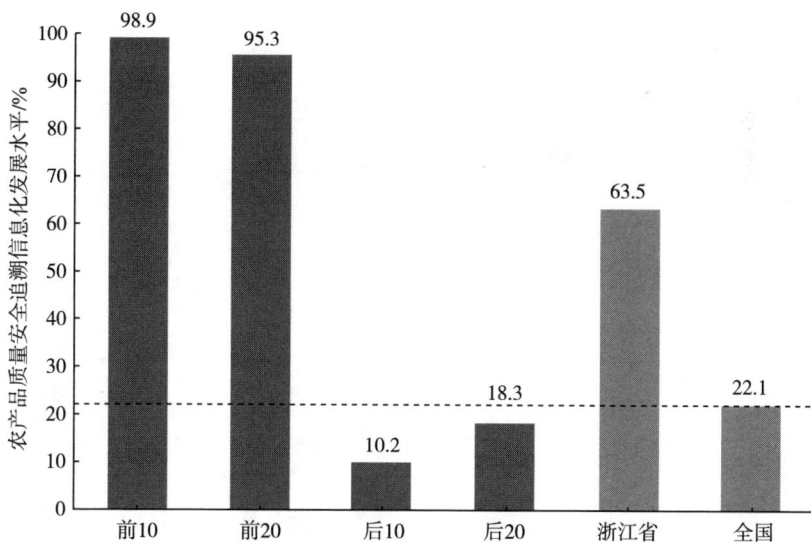

图 19　2020 年浙江省县域农产品质量安全追溯信息化发展水平

　　浙江省在大田种植业、设施栽培业、畜禽养殖业和水产养殖业 4 个行业的农产品质量安全追溯信息化水平分别 58.0%（居全国第二位）、65.2%（居全国第二位）、74.2%（居全国第二位）和 69.1%（居全国第二位），全国水平分别为 16.6%、29.7%、28.3%和 24.5%（图 20 至图 23）。

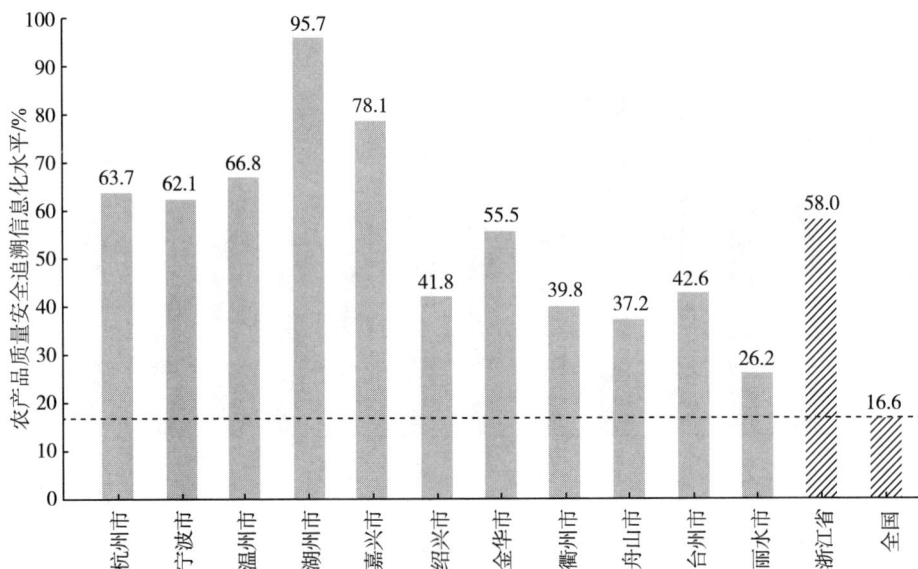

图 20　2020 年浙江省各地级市大田种植业农产品质量安全追溯信息化水平

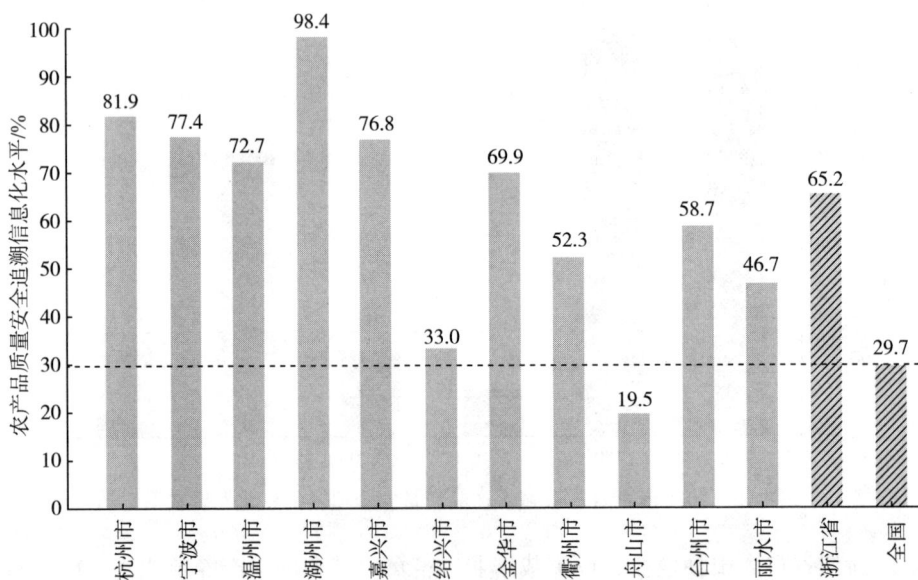

图 21　2020 年浙江省各地级市设施栽培业农产品质量安全追溯信息化水平

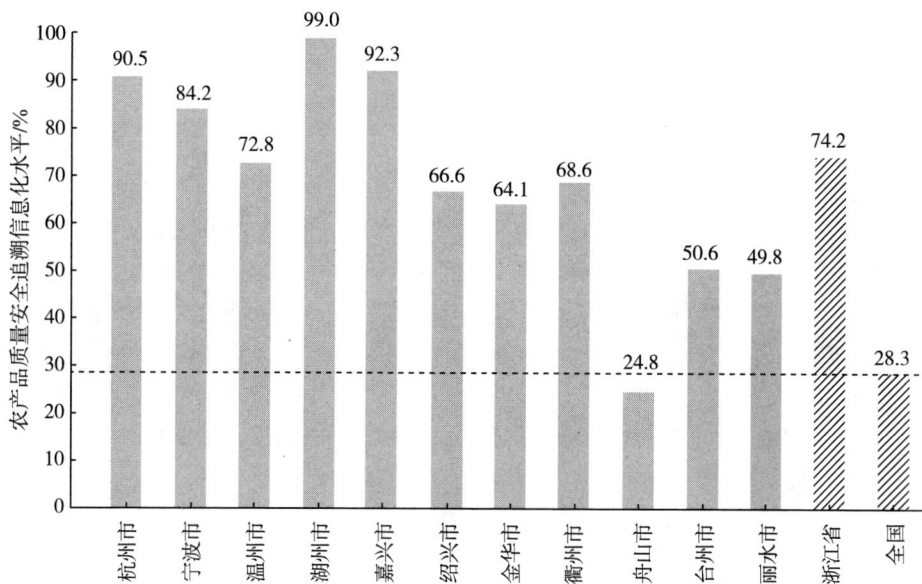

图 22　2020 年浙江省各地级市畜禽养殖业农产品质量安全追溯信息化水平

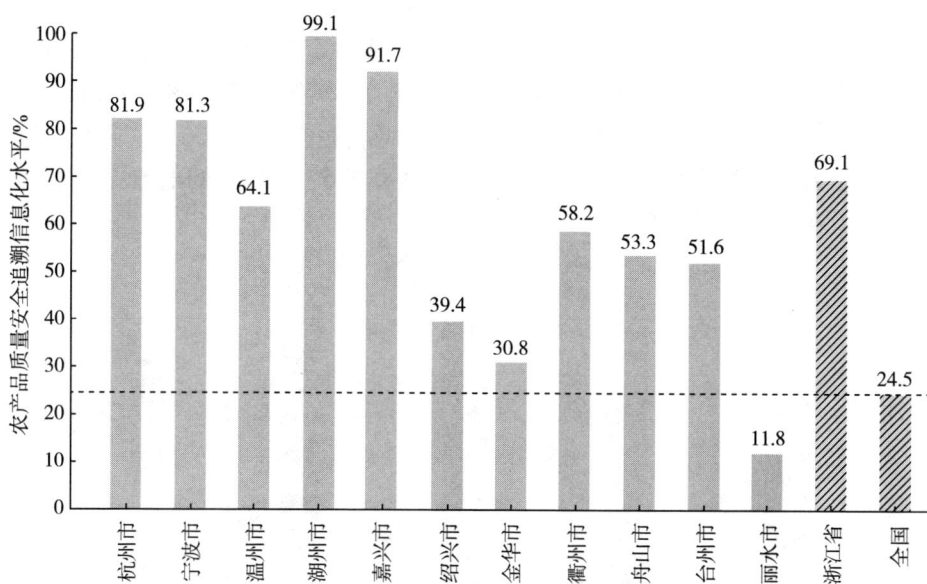

图 23　2020 年浙江省各地级市水产养殖业农产品质量安全追溯信息化水平

　　浙江省县域在大田种植业、设施栽培业、畜禽养殖业和水产养殖业的农产品质量安全追溯信息化水平横向对比详见图 24。

图 24　2020 年浙江省县域不同行业农产品质量安全追溯信息化水平

（六）浙江省县域乡村治理信息化水平

2020 年浙江省各地充分借助互联网技术和数字化手段，推动了党务、政务、财务"三务"线上公开，全面推进了乡村治理信息化。浙江省应用信息技术实现行政村"三务"综合公开水平为 99.8%（居全国第二位，全国平均水平为 73.1%），行政村党务、政务、财务公开水平分别为 99.8%、99.8% 和 99.7%，已基本完成全覆盖（全国平均水平分别为 73.1%、72.8% 和 70.5%）；完成和正在实施"雪亮工程"的行政村覆盖率为 100%（居全国第一位，全国平均覆盖率为 77.0%）；实现在线办事率 90.9%（居全国第四位，全国平均在线办事率为 66.4%）（图 25）。

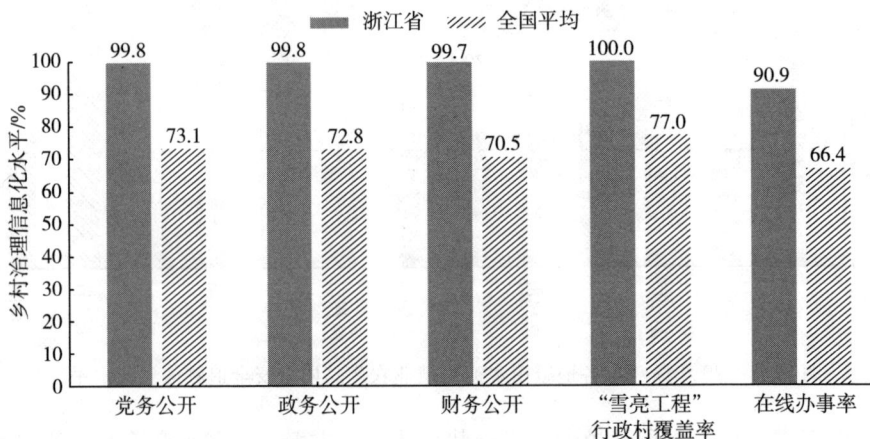

图 25　2020 年浙江省县域农业农村乡村治理信息化水平

（七）浙江省县域农业农村服务信息化水平

农村电商服务站作为县域电商公共服务中心的基础设施建设，是农业农村服务信息化延伸到基层的重要桥梁。近年来，农村电商得到了长足发展，在解决农村就业、促进农民增收、推动产业发展、方便农民生产生活、拓展公共服务等方面发挥了积极作用。2020 年浙江省建有电商服务站的行政村高达94.4％（居全国第四位，全国平均覆盖率为 78.9％），已基本实现全覆盖。浙江省正加快发展和培育一批具有一定规模、管理规范、市场辐射力强的电子商务示范村和农村电商示范服务站（点）。2020 年，浙江省培育电子商务示范村712 个，农村电商示范服务站（点）284 个①（图 26）。

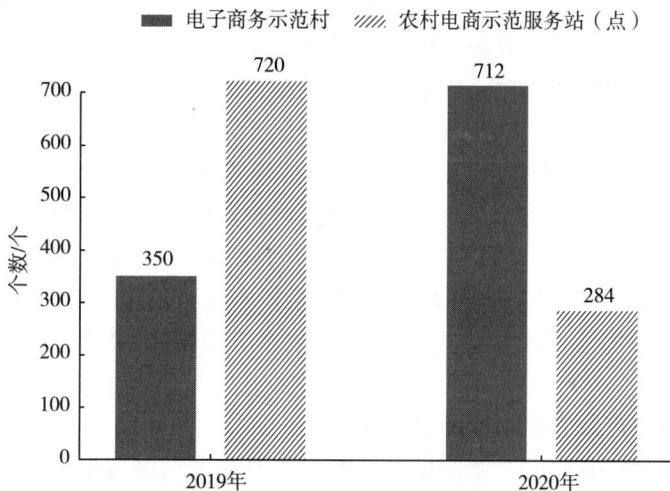

图 26　2020 年浙江省电子商务示范村和农村电商示范服务站（点）

四、评价结果分析

（一）浙江省县域农业农村信息化发展的主要特点

1. 发展水平处于明显领先地位

评价结果显示，2020 年浙江省县域数字农业农村发展总体水平为 66.7％，连续三年稳居全国第一位。全国总体水平为 37.9％、东部地区 41.0％、中部地区 40.8％、西部地区 34.1％。全省 85 个涉农县（市、区）中有 81 个县（市、区）的发展水平超过了全国总体水平，占比高达 95.3％。其中，全国县

---

① 资料来源：浙江省商务厅。

域农业农村信息化发展水平排名前 100 的县（市、区）浙江省占 26 个。在发展环境方面，乡村人均农业农村信息化财政投入和社会资本投入均居全国第一位、信息化管理服务机构综合设置情况居全国第二位。在发展基础支撑方面，互联网普及率和家庭宽带入户率居全国第二位。在生产信息化方面，畜禽养殖信息化水平居全国第一位、水产养殖信息化水平居全国第二位、设施栽培信息化水平居全国第三位、大田种植信息化水平居全国第四位。在经营信息化方面，农产品网络零售额占比居全国第一位，农产品质量安全追溯信息化水平居全国第二位。在乡村治理信息化方面，应用信息技术实现行政村党务、村务和财务公开水平均居全国第二位、农村"雪亮工程"行政村覆盖率居全国第一位、在线办事率居全国第四位。在服务信息化方面，电商服务站行政村覆盖率居全国第四位。

2. 农业农村信息化资金总投入持续增长

2020 年全省农业农村信息化资金总投入 378.6 亿元，县均投入 4.5 亿元，同比增长 55.3%。其中，财政投入 109.4 亿元，县均投入 1.3 亿元，同比增长 105.3%；社会资本投入 269.2 亿元，县均投入 3.2 亿元，是财政投入的 2.5 倍，同比增长 41.2%。2020 年全国县均农业农村信息化财政投入和社会资本投入分别为 1 292.3 万元和 3 062.3 万元，浙江省均为全国水平的近 10 倍。较为充分的财政投入，加载政府和社会资本合作发展的创新模式，拓宽了农业农村信息化建设融资渠道，为县域数字农业农村建设发展提供"源头活水"。

3. 农业生产数字化助推高质量发展

2020 年浙江省农业生产信息化发展水平为 41.6%，高出全国发展水平 19 个百分点。其中，畜禽养殖信息化水平最高，高出全国近 30 个百分点，居全国第一位；水产养殖信息化水平高出全国近 28 个百分点，居全国第二位；设施栽培信息化水平高出全国近 16 个百分点，居全国第三位；大田种植信息化水平相对偏低，但仍高出全国近 18 个百分点，居全国第四位。另外，浙江省各地区具有典型的主导产业特点，稻谷、生猪、牛、鱼类和虾类的生产信息化水平都位居全国前列。农业数字化转型正瞄准农业现代化和乡村振兴战略的重大需求，以科技创新和机制创新为动力，助推农业高质量发展。

4. 经营信息化完善农业产业链

一是农产品网络零售额高速增长。2020 年全省县域农产品网络零售额占比 37.5%，居全国第一位，高出全国近 24 个百分点。其中湖州市、嘉兴市、杭州市、宁波市和温州市的农产品网络零售额占比均超过 68%。据农业农村部信息中心和中国国际电子商务中心联合发布的《2021 全国县域数字农业农村电子商务发展报告》，浙江省 14 个县（市、区）农产品网络零售额入围全国前 100。浙江在农村电商流通领域已有较强基础，据不完全统计，2020 年底全省拥有活跃的涉农网店 2.4 万家。二是农产品质量安全追溯信息化发展势头强劲。2020 年浙江省县域农产品质量安全追溯信息化发展水平为 63.5%，高出全国 41 个百分点。数字技术已经串起农产品生产端和销售端，有效衔接农业全产业链各个环节，补齐短板提升价值链，在实现全产业链融合过程中发挥着突出作用。

5. 乡村治理数字化赋能"未来乡村"

浙江省始终坚持以"整体智治"理念为引领，推进县域治理体系和治理能力现代化，立足县域经济社会发展优势以及地理信息、人工智能和大数据等数字产业发展的先行优势，强化基于数字化的智慧化治理，以智慧赋能"智变"撬动县域治理"质变"，实现从经验走向科学、从局部走向整体、从低效到高效、从被动到主动的乡村治理能力提升。在美丽乡村、数字乡村的基础上，按照"五化十场景"的要求开展"未来乡村"建设，把浙江新时代美丽乡村由风景美向共富美提升、由一处富向处处富提升。依托"浙里办""乡村钉"、农民信箱等载体，解决乡村治理与服务的端口问题，推进城乡数字生活服务均等化。

6. 电子商务进农村综合示范成效显著

浙江省自 2019 年开展电子商务进农村综合示范工作以来，已累计获批 34 个示范县，其中永康市、义乌市、瑞安市 3 个为国务院农村电商工作督查激励县级市。近年来，全省电商进农村覆盖面进一步扩大，线上线下融合，商品和服务并重，农产品上行和工业品下乡双向流通的农村现代市场体系初步形成，有效推动了全省电子商务发展，成为全国电子商务生态链最完整、最活跃的地区之一，示范成效与产业贡献逐步凸显。随着电子商务进农村综合示范工作全面展开，浙江省在物流保障、公共服务、模式创新、人才培养等多方面探索形成了一批"浙江经验"。

（二）浙江省县域农业农村信息化发展的主要问题

1. 县域总体发展不平衡问题依然存在

从总体来看，"浙北强浙南弱"的总体格局一时难以改变。在农业农村信息化财政投入、社会资本投入和生产经营信息化等方面，地市之间、县域之间差距非常显著。总体而言，发展水平较高的地区在信息化投入和机构设置等方面也都明显优于发展水平较低的地区。

2. 农业生产数字化行业应用差异仍较大

2020 年浙江省畜禽养殖依然是生产数字化行业的领头雁，其信息化水平为 53.8%，比大田种植高 24 个百分点，比设施栽培高 21 个百分点，比水产养殖高 17 个百分点，明显高于其他 3 个行业。其中，生猪的生产信息化水平较高，而果蔬的生产信息化水平较低。从县域来看，不同行业的生产信息化水平排在前 20 的县（市、区）与后 20 的县（市、区）差异悬殊，在大田种植、设施栽培、畜禽养殖和水产养殖 4 个行业的信息化水平差距分别为 80、85、83 和 83 个百分点。

3. 县域农产品网络零售呈两极分化

2020 年浙江省县域农产品网络零售额占比高出 2019 年 12.7 个百分点，排名前 10 的县（市、区）农产品网络零售额占比为 78.5%，排名前 20 的县（市、区）农产品网络零售额占比为 72.6%；排名后 10 的县（市、区）农产品网络零售额占比为 7.2%，排名后 20 的县（市、区）农产品网络零售额占比为 10.4%。本次评价中，有 30 个县（市、区）的农产品网络零售额占比高于 50%，15 个县（市、区）农产品网络零售额占比低于全国 13.8% 的平均水平。在全省县域农产品网络零售额占比总体稳固增长的态势下，部分县域农产品网络零售水平仍有较大的提升空间。

4. 乡村治理和服务融合应用层次不深

评价体系中乡村治理和服务信息化更多反映的是信息化基础状况、相关项目工程或服务网点的建设情况，未能充分说明落地应用的实际成效。当前，乡村治理和服务信息化建设点多面广，涉及众多主体对象，应用需求多样、工作任务繁杂，在顶层设计、协同推进、融合应用等方面还面临诸多问题和困难。已有的一些应用，大多还停留在政府部门的管理功能上，难以全面满足农业农村数字化改革的兴业需求、治理需求、生活服务需求，在服务全产业链和产业融合方面效能不高，数字化服务在农村政务、医疗、养老、教育和农业防灾减灾等方面，还有极大的质量和效益提升空间。

五、对策及建议

（一）以共同富裕示范区创建为契机，弥合县域农业农村数字鸿沟

《中共中央 国务院关于支持浙江高质量发展建设共同富裕示范区的意见》明确指出，浙江高质量发展建设共同富裕示范区，其战略定位之一就是要建设城乡区域协调发展引领区。推动共同富裕，短板弱项在农业农村，优化空间和发展潜力也在农业农村。当前，浙江省山区 26 县数字农业农村发展依然处于相对落后水平，弥合县域农业农村发展的数字鸿沟是实现共同富裕不可或缺的重要一环，须进一步完善省域统筹机制，创新实施山海协作升级版，将提升县域数字农业农村发展水平作为促进共同富裕时的发力点、着力点，推动山区 26 县跨越式高质量发展，念好新时代"山海经"，为实现农业高质高

效、乡村宜居宜业、农民富裕富足提供浙江经验,为全国推动共同富裕提供省域范例。

(二) 以全域数字化改革为牵引,谋划数字乡村发展新格局

坚持以数字化改革引领数字乡村建设,遵循"152"工作体系,推进乡村建设发展和改革集成方式的根本转变,以改革突破推动制度重构、流程再造和系统重塑。一是做好顶层设计。紧紧围绕农业农村数字化改革部署和数字乡村建设规划,对准农业高质高效、乡村宜居宜业、农民富裕富足三条"子跑道",聚焦打造多跨应用场景,梳理形成实用、管用、好用、适用的数字农业农村建设"三张清单",明确具体建设目标和任务要求。二是突出示范带动。发挥好数字乡村试点示范的"领队"作用,以先进促后进,整县制推进数字乡村建设。三是推动全面贯通。建设浙江乡村大脑,推广应用浙农码,打造"浙农"系列应用场景,让应用在各领域、各层级、各环节、各主体中实现全覆盖,全面推动上下联动、四侧打通、全省贯通。

(三) 以农业"产业大脑"为中枢,贯穿农业全产业数字化

聚焦全省农业主导产业和特色优势产业集群培育,围绕生产效能提升和人力成本下降,提高农业生产终端监测和数据分析能力,推进数字技术与种植业、畜牧业、渔业生产深度融合,加快建设农业"产业大脑"。实施数字农业工厂(基地)"三个一百"建设行动,建设一批数字农业园区、数字农业工厂,推动北斗卫星导航系统和遥感技术在农业农村中的应用,贯通产业链、供应链、资金链、创新链,链接主体侧和政府侧、生产端与消费端。探索构建"农业产业大脑＋未来农场"发展模式,加快本地特色优势产业数据采集和图层构建,建设重要农产品"产业地图"。大力发展农业农村数字经济,促进一二三产业融合,加快农业生产经营、流通营销、农旅产业等数字化改造升级,探索产业链延伸、农业功能拓展、多业态复合等产业融合发展新模式,实现农业全产业链数字化蝶变,全面激发乡村经济活力。

(四) 以人才队伍建设为支撑,夯实数字农业农村发展根基

加强数字农业农村人才队伍建设是促进农业全面升级的现实需要,是推动农村全面进步的客观要求,是实现农民全面发展的重要举措。一是发挥政策优势。统筹用好政策创设、平台打造和示范带动"三大抓手",进一步深化人才发展体制机制改革,搭建人才选拔培养平台,激发农村实用人才带头人、高素质农民、农业科技推广人才、农村专业服务型人才这"四支队伍"投身数字农业农村建设的活力和创造力。二是加强培训力度。持续开展农业技术干部和乡

土人才的知识和业务培训，为人才快速成长打通"快车道"，不断使其学习新知识、新技术、新理念，提高业务和技术水平。三是加强产学研合作。以农业产业数字化、数字乡村建设为主方向，鼓励企业、高校、科研院所、推广站、协会、学会等加快数字化领域的专业技术人员培育，打造农业农村和数字技术互融互通的人才结构队伍。

2021安徽省县域农业农村
信息化发展水平评价报告

撰稿单位：安徽省农业信息中心
撰稿人员：方文红　梁苏丹

根据农业农村部市场与信息化司和部信息中心的统一部署和要求，2021年8月安徽省组织开展了全省农业农村信息化能力监测评价工作。本次监测评价数据来源安徽省16个地级市农业农村部门，共收集到105个县（市、区）2020年的基础指标数据，县域数据收集完成率达到100％，覆盖14 906个行政村。

一、基本结论

（一）安徽省县域农业农村信息化发展总体水平达到49％

2020年安徽省县域农业农村信息化发展总体水平达到49％，高于全国平均水平11.1个百分点，位居全国第四。各地级市总体发展水平均达到41％以上，其中淮北市、滁州市、铜陵市、亳州市、安庆市农业农村信息化发展总体水平在安徽省内排名前5，分别为56.4％、53.1％、53.1％、52.1％、51.9％。

从县域来看，农业农村信息化发展水平超过60％的县（市、区）11个，占比10.5％；发展水平介于45％～60％的县（市、区）57个，占比54.3％；发展水平介于全国总体水平（37.9％）至45％之间的县（市、区）22个，占比21％；发展水平低于全国总体水平的县（市、区）15个，占比14.3％。安徽省宿松县、来安县、黄山市徽州区、安庆市宜秀区、石台县5个县（市、区）被评为"2021全国县域农业农村信息化发展先进县"，其发展水平分别为66.4％、66.2％、65.2％、64.8％、64.3％。

（二）安徽省农业生产信息化水平超过41％

2020年安徽省农业生产信息化水平达到41.6％，高于全国19.1个百分点，与浙江并列全国第二。其中淮北市、安庆市、蚌埠市、阜阳市、铜陵市农业生产信息化水平排全省前5，分别为73.6％、51.9％、49.7％、49.1％、

48.8%（图1）。

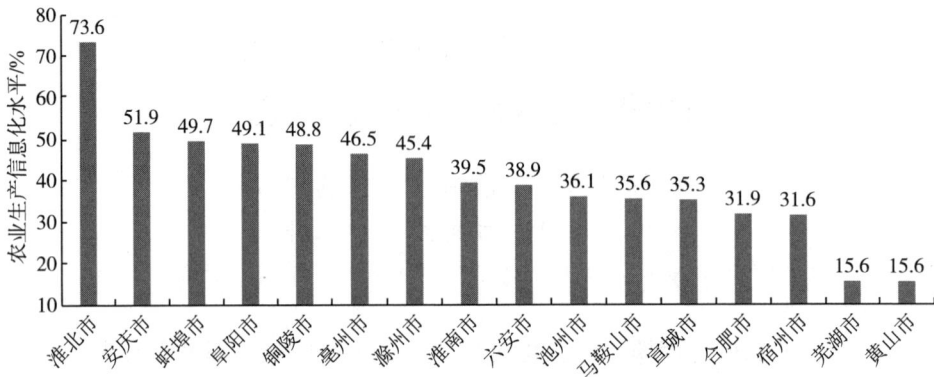

图1 2020年安徽省各地级市农业生产信息化水平

分地区看，以淮河、长江为界，将安徽省划分为淮北地区、沿淮及江淮地区、沿江江南地区三大区域①，其生产信息化水平分别为 43.52%、40.86%、35.85%。

淮北地区大田种植、设施栽培、畜禽养殖、水产养殖信息化水平分别为56.28%、27.84%、35.58%、23.43%，其大田种植和设施栽培信息化水平在三大区域中最高，特别是小麦、马铃薯、玉米、稻谷的生产信息化水平已达到50%以上。

沿淮及江淮地区大田种植、设施栽培、畜禽养殖、水产养殖信息化水平分别为43.09%、23.43%、48.55%、28.89%，其畜禽养殖和水产养殖信息化水平在三大区域最高。大田作物中，小麦、稻谷的生产信息化水平相对较高，达到45%以上；畜禽品种中，生猪和家禽的生产信息化水平达到48%以上；水产品种中，虾类的生产信息化水平最高，达到36.5%。

沿江江南地区大田种植、设施栽培、畜禽养殖、水产养殖信息化水平分别为40.44%、23.25%、43.33%、19.06%。大田作物中，稻谷和小麦的生产信息化水平均达到46%以上；畜禽品种中，家禽的生产信息化水平相对较高，达到45.9%。

分行业看，安徽省大田种植信息化水平最高，达到48.1%，位居全国第一，高出全国水平接近30个百分点。本次监测涉及稻谷、小麦、玉米、大豆、马铃薯、棉花、油料、糖料、茶叶等11种主要大田作物，其中安徽省小麦、

---

① 淮北地区包括阜阳市、淮北市、宿州市、亳州市；沿淮及江淮地区包括蚌埠市、滁州市、淮南市、合肥市、六安市；沿江江南地区包括铜陵市、黄山市、马鞍山市、芜湖市、池州市、宣城市、安庆市。

玉米、稻谷、大豆的生产信息化水平均居全国前3，分别为57.8%、52.6%、46.9%、40.7%，分别高于全国水平22.5、26.4、13.0、12.6个百分点。从主要信息技术应用来看，"四情监测"技术在大田作物生产过程中应用最为广泛，农机作业信息化技术次之，水肥药技术也得到较好的应用。

安徽省畜禽养殖信息化水平达到41.8%，位居全国第五。本次监测涉及生猪、牛、家禽3种主要畜禽品种（类），其生产信息化水平分别为44.6%、33.8%、43.4%，分别高于全国水平12.7、16.2、10.6个百分点。从主要信息技术应用来看，环境信息化监测技术在畜禽养殖过程中应用最为广泛，自动化饲喂技术和疫病信息化防控技术次之。

安徽省水产养殖信息化水平为24.5%，位列全国第七。本次监测涉及鱼类、虾类、蟹类、贝类4种主要水产品种（类），其生产信息化水平分别为25.89%、19.82%、23.37%、11.70%，其中鱼类信息化技术应用面积最广。从主要信息技术应用来看，信息化增氧技术在水产养殖过程中应用最为广泛，疫病信息化防控技术次之。

安徽省设施栽培信息化水平为25.6%，位列全国第十。从主要信息技术应用来看，水肥一体化智能灌溉技术应用最为广泛，设施环境信息化监测技术次之。

（三）安徽省农产品网络零售额占销售总额的比重接近20%

2020年安徽省农产品网络零售额为889.5亿元，同比增长29%，县均8.4亿元，同比增长25.3%，其中芜湖市、宿州市、六安市农产品网络零售额在安徽省排前3，分别为277.2亿元、116.1亿元和94.7亿元。2020年安徽省农产品网络零售额占农产品销售总额的比重为19.9%，比上年提高4.1个百分点，高于全国6.1个百分点，在全国排名保持第三。农产品网络零售额占农产品销售总额的比重相对较高的城市是芜湖市、六安市和合肥市，其农产品网络零售额占比分别为49.10%、24.90%、21.39%。

分地区看，淮北地区2020年农产品网络零售额为224.5亿元，同比增长20%，县均10.6亿元，同比增长19.1%；2020年淮北地区农产品网络零售额占农产品销售总额的比重为15.8%，比上年提高2.3个百分点。

沿淮及江淮地区2020年农产品网络零售额为263.8亿元，同比增长39.8%，县均6.9亿元，同比增长38.8%；2020年沿淮及江淮地区农产品网络零售额占农产品销售总额的比重为18.14%，比上年提高6.8个百分点。

沿江江南地区2020年农产品网络零售额为401.3亿元，同比增长28.3%，县均8.7亿元，同比增长22.5%；2020年沿江江南地区农产品网络零售额占农产品销售总额的比重为25.29%，比上年提高1.4个百分点。

（四）安徽省农产品质量安全追溯信息化水平接近 18%

2020年安徽省农产品质量安全追溯信息化水平达到17.9%，比上年提高1.9个百分点。分行业来看，大田种植业、设施栽培业、畜禽养殖业、水产养殖业农产品质量安全追溯信息化水平分别为12.68%、16.83%、20.72%、33.1%，其中水产养殖业农产品质量安全追溯信息化水平位居全国第七。大田种植业和水产养殖业农产品质量安全追溯信息化水平分别比上年提升3.3个百分点和16.6个百分点，设施栽培业和畜禽养殖业农产品质量安全追溯信息化水平分别比上年下降6.5个和4.6个百分点。从各市情况来看，铜陵市的农产品质量安全追溯信息化水平位居全省第一，达到45.23%，排名第二、第三位城市是滁州市和池州市，分别为36.99%、32.59%。

分地区看，淮北地区农产品质量安全追溯信息化水平达到12.37%，比上年下降3.6个百分点，其中大田种植业、设施栽培业、畜禽养殖业、水产养殖业质量安全追溯信息化水平分别为8.87%、17.15%、14.97%、22.37%；沿淮及江淮地区农产品质量安全追溯信息化水平达到18.35%，比上年下降5个百分点，其中大田种植业、设施栽培业、畜禽养殖业、水产养殖业质量安全追溯信息化水平分别为11.99%、17.59%、22.73%、33.15%；沿江江南地区农产品质量安全追溯信息化水平达到26.5%，比上年提高6.6个百分点，其中大田种植业、设施栽培业、畜禽养殖业、水产养殖业质量安全追溯信息化水平分别为20.69%、14.94%、31.91%、38.54%。

（五）安徽省电商服务站行政村覆盖率达到 92% 以上

2020年安徽省电商服务站行政村覆盖率达到92.5%，高于全国平均水平13.6个百分点，同比增加6.8个百分点；已建有电商服务站点的行政村共14 052个，比上年增加1 283个，同比增长10.1%；建有电商服务站16 142个，比上年增加1 234个，同比增长8.3%。

分地区看，2020年淮北地区电商服务站行政村覆盖率达84.2%，高于全国平均水平5.2个百分点，比上年提升0.4个百分点，已建有电商服务站点的行政村共3 804个，比上年增加55个，同比增长1.4%；建有电商服务站4 391个，比上年增加617个，同比增长16.3%。

2020年沿淮及江淮地区电商服务站行政村覆盖率达94.65%，高于全国平均水平15.7个百分点，比上年提升10.1个百分点；已建有电商服务站点的行政村共5 453个，比上年增加542个，同比增长11%；建有电商服务站6 347个，比上年增加42个，同比增长0.6%。

2020年沿江江南地区电商服务站行政村覆盖率达97.6%，高于全国平均水平 18.7 个百分点，比上年提升 2.4 个百分点；已建有电商服务站点的行政村共 4 795 个，比上年增加 470 个，同比增长 10.8%；建有电商服务站 5 404 个，比上年增加 394 个，同比增长 7.8%。

（六）安徽省应用信息技术实现行政村"三务"综合公开水平达到 96% 以上

2020 年应用信息技术实现行政村"三务"综合公开水平达 96.5%，较上年提升 9.9 个百分点，高于全国总体水平 24.4 个百分点，位居全国第五。其中，党务公开、村务公开、财务公开水平分别为 97.38%、96.55%、95.44%，分别高于全国总体水平 24.3 个百分点、23.8 个百分点、25.0 个百分点。

分地区看，淮北地区应用信息技术实现行政村"三务"综合公开水平为 92.5%，其中党务公开、村务公开、财务公开水平分别为 93.10%、93.10%、91.31%，分别高于全国总体水平 20.0 个百分点、20.3 个百分点和 20.8 个百分点。

沿淮及江淮地区应用信息技术实现行政村"三务"综合公开水平为 98.85%，其中党务公开、村务公开、财务公开水平分别为 99.72%、98.82%、98.02%，分别高于全国总体水平 26.60 个百分点、26.05 个百分点和 27.55 个百分点。

沿江江南地区应用信息技术实现行政村"三务"综合公开水平为 97.29%，其中党务公开、村务公开、财务公开水平分别为 98.57%、97.07%、96.23%，分别高于全国总体水平 25.45 个百分点、24.30 个百分点和 25.76 个百分点。

（七）安徽省"雪亮工程"行政村覆盖率达到 93%

2020 年安徽省"雪亮工程"行政村覆盖率为 93.4%，位居全国第五，比上年提升 11.6 个百分点，高于全国平均水平 16.4 个百分点。黄山市、蚌埠市、滁州市、淮北市、宿州市、合肥市、亳州市"雪亮工程"行政村覆盖率均达到 100%。

分地区看，2020 年淮北地区"雪亮工程"行政村覆盖率为 98.23%，比上年提升 19.1 个百分点，高于全国平均水平 21.23 个百分点，其中淮北市、亳州市、宿州市"雪亮工程"行政村覆盖率已经达到 100%。

2020 年沿淮及江淮地区"雪亮工程"行政村覆盖率为 91.69%，比上年提升 2.82 个百分点，高于全国平均水平 14.7 个百分点，其中蚌埠市、合肥市、滁州市"雪亮工程"行政村覆盖率已经达到 100%。

2020年沿江江南地区"雪亮工程"行政村覆盖率为91.04%，比上年提升14.4个百分点，高于全国平均水平14个百分点，其中黄山市"雪亮工程"行政村覆盖率已经达到100%。

（八）安徽省县域政务服务在线办事率接近95%

2020年安徽省县域政务服务在线办事率为94.83%，位居全国第一。本次监测涉及社会保险、新型农村合作医疗、婚育登记、劳动就业、社会救助、农用地审批、涉农补贴七类业务能否实现网上办理。安徽省社会保险、劳动就业网上办理率达到100%；新型农村合作医疗、婚育登记、社会救助网上办理率超过96%。

分地区看，淮北地区县域政务服务在线办事率为91.84%，社会保险、新型农村合作医疗、婚育登记、劳动就业网上办理率达到100%；沿淮及江淮地区县域政务服务在线办事率为96.62%，社会保险、新型农村合作医疗、劳动就业网上办理率达到100%；沿江江南地区县域政务服务在线办事率为94.72%，社会保险、劳动就业、社会救助业务网上办理率为100%，新型农村合作医疗、婚育登记业务网上办理率达到97.8%以上。

（九）安徽省农业农村信息化财政投入超12亿元

2020年安徽省农业农村信息化财政投入12.2亿元，比上年增加了3.3亿元，同比增长37%；农业农村信息化县均财政投入为1162.5万元，位居全国第九，比上年增加298.4万元，同比增长34.5%。阜阳市、滁州市、安庆市农业农村信息化财政投入在安徽省内排前3，分别为2.36亿元、2.14亿元、1.91亿元。

分地区看，淮北地区农业农村信息化财政投入为3.0亿元，同比增长19.89%，县均财政投入1423.13万元，同比增长19.89%；沿淮及江淮地区农业农村信息化财政投入为4.55亿元，同比增长35.42%，县均财政投入1198.00万元，同比增长35.42%；沿江江南地区农业农村信息化财政投入为4.66亿元，同比增长53.18%，县均财政投入1014.11万元，同比增长46.52%。

（十）安徽省农业农村信息化社会资本投入超29亿元

2020年安徽省农业农村信息化社会资本投入29.3亿元，比上年增加10.6亿元，同比增长56.7%；农业农村信息化县均社会资本投入2792.6万元，位居全国第十，比上年增加980万元，同比增长54%。合肥市、安庆市、滁州市农业农村信息化社会资本投入在安徽省内排前3，分别为7.92亿元、4.10

亿元、3.81 亿元。

分地区看，淮北地区农业农村信息化社会资本投入为 6.18 亿元，同比增长 72.90％，县均社会资本投入 2 945.08 万元，同比增长 72.90％；沿淮及江淮地区农业农村信息化社会资本投入为 13.94 亿元，同比增长 82.53％，县均社会资本投入 3 668.11 万元，同比增长 82.53％；沿江江南地区农业农村信息化社会资本投入为 9.19 亿元，同比增长 23.37％，县均社会资本投入 1 999.78 万元，同比增长 18.01％。

（十一）安徽省县级农业农村信息化管理服务机构覆盖率超过 87％

2020 年安徽省县级农业农村信息化管理服务机构覆盖率为 87.62％，位居全国第九；89.52％的县（市、区）农业农村局为所在县级网络安全与信息化领导机构成员单位，较上年提升 11.82 个百分点；75.3％的县（市、区）农业农村局成立了网络安全与信息化领导机构，较上年提升 14.1 个百分点；84.76％ 的县（市、区）农业农村局设置了承担信息化工作的行政科（股），较上年提升 6.16 个百分点；40％的县（市、区）农业农村局设置了信息中心（信息站）等事业单位，较上年提升 11.1 个百分点。

分地区看，淮北地区、沿淮及江淮地区、沿江江南地区县级网络安全与信息化领导机构成员单位中农业农村局占比分别为 90.48％、89.47％、89.13％；淮北地区、沿淮及江淮地区、沿江江南地区县（市、区）农业农村局成立了网络安全与信息化领导机构的比率分别为 76.19％、68.42％、76.09％；淮北地区、沿淮及江淮地区、沿江江南地区县（市、区）农业农村局设置了承担信息化工作的行政科（股）的比率分别为 85.71％、86.84％、82.61％；淮北地区、沿淮及江淮地区、沿江江南地区县（市、区）农业农村局设置了信息中心（信息站）等事业单位的比率分别为 42.86％、34.21％、43.48％。

（十二）安徽省县域互联网普及率接近 73％

2020 年安徽省县域互联网普及率达到 72.7％，高于全国平均水平 2.4 个百分点。其中，网民数 4 953.37 万人，与上年持平；固定互联网宽带接入用户数达到 1 382.74 万户，家庭宽带入户率达到 65％，低于全国水平 6.3 个百分点。

分地区看，淮北地区网民数 1 672.07 万人，互联网普及率达到 67.6％，低于全国平均水平 2.7 百分点，固定互联网宽带接入用户数达到 420.04 万户，家庭宽带入户率达到 61.91％，低于全国平均水平 9.4 个百分点；沿淮及江淮地区网民数 1 866.17 万人，互联网普及率达到 76.94％，高于全国平均水平

6.6个百分点，固定互联网宽带接入用户数达到486.44万户，家庭宽带入户率达到60.04%，低于全国平均水平11.3个百分点；沿江江南地区网民数1 373.69万人，互联网普及率达到73.98%，高于全国平均水平3.7个百分点，固定互联网宽带接入用户数达到476.26万户，家庭宽带入户率达到76.31%，高于全国平均水平5个百分点。

二、主要特点

（一）农业农村信息化发展总体水平实现跨越式发展

2020年是"十三五"收官之年，安徽省委、省政府把数字农业农村建设纳入"数字江淮"、5G、人工智能建设内容，省委一号文件要求加快物联网、大数据、区块链、人工智能、5G网络、智慧农业等现代信息技术在农业领域的应用，开展国家数字乡村试点。省财政预算每年安排"互联网+"现代农业专项资金，省发展和改革委员会将农业物联网建设纳入数字经济创新试验区发展评价体系和新基建建设，省科技厅将智慧农业纳入科技重大专项和农业科技示范园区建设内容。各地各有关部门积极组织实施"互联网+"现代农业行动实施方案，有力推动了现代信息技术与农业农村融合发展。2020年安徽省农业农村信息化发展水平远超全国总体水平和东部地区平均水平，安徽省有13项指标远超全国水平，辖区内各地级市农业农村信息化发展水平均超过东部平均水平，有6个县（市、区）农业农村信息化发展水平排名全国前100。

（二）农业生产信息化全面推进

2020年安徽省加快推进农业生产数字化转型，以数字赋能、科技驱动传统产业改造升级，鼓励各类农业生产经营主体积极应用农业物联网、大数据、区块链、5G等信息技术。2020年全省安排3 000万元专项资金开展稻米、生猪、草莓等9个主导产业数字农业建设。全省累计建设省级农业物联网示范点300个、大田生产物联网技术应用试点县20个、试验示范区4个（埇桥区、庐江县、南陵县国家级现代农业示范区和国家级农村改革试验区龙亢农场），应用农业物联网新型农业经营主体达1 000多家。

2020年安徽省农业生产信息化发展水平与浙江省并列全国第二，省内大部分城市农业生产信息化发展水平超越东中部平均水平。安徽省农业生产信息化发展中大田种植和畜禽养殖生产信息化发展水平相对较高、产值占比大，对农业生产信息化的贡献相对较大。从区域发展来看，安徽省农业生产信息化发展呈现北高南低的特点，地势地形、品种对农业生产信息化发展存在显著影响，其中淮北地区农业生产信息化发展相对较好。淮北地区具有地处黄淮海平原、地势平坦的地理优势，有利于农机、水肥药等现代信息化基础设施应用，在小麦、玉米等品种方面资源禀赋较高。淮北地区小麦、玉米、马铃薯等单品种生产信息化水平已达到50％以上。

（三）农产品电子商务保持高速增长

省政府将农村电商列入33项民生工程之一，每年安排支持资金1.2亿元。组织实施农村电商提质增效行动和"互联网＋"农产品出村进城工程，当涂县、庐江县等23个县入选国家电子商务进农村综合示范县，砀山县、金寨县、颍上县3个县入选国家"互联网＋"农产品出村进城工程试点县，支持18个县开展省级"互联网＋"农产品出村进城工程试点示范。大力开展"手机助力农产品网上营销"农民手机应用技能培训和农产品电商人才培训，累计培训3万人次以上。各地依托电商企业，积极对接综合性电商交易平台，搭建本土交易平台，开拓直播带货等网上营销，多渠道推动农产品电商蓬勃发展。

2020年安徽省农产品电商服务站行政村覆盖率进一步提升，农产品网络销售持续增长，农产品网络销售额、农产品网络销售占销售总额比重均超过全国总体水平。从区域来看，安徽省农产品电商行政村覆盖率与农产品网络销售额均呈现南高北低的特征，沿江江南地区农产品电子商务更为繁荣，电商服务站行政村基本全覆盖，其农产品网络销售额、农产品网络销售额占比均在三大区域中最高。其中，芜湖市大力扶持以"三只松鼠"为代表的一批知名电商企业，带动当地农产品电商产业蓬勃发展，在农产品网络销售和电商服务行政覆盖方面均实现全省最优，已成为安徽省农产品电商第一强市。

（四）"互联网＋政务服务"领先全国

2020年安徽省县域政务服务在线办事率超越江浙发达地区、领跑全国，"互联网＋民生政务服务"日臻完善。本次监测的七类民生事项中，安徽省有五类在线办理率达到96％以上，真正实现群众少跑路、数据多跑腿。

安徽省依托省网上政务服务平台，加快建设"皖事通办"平台民生系统建设，设立公共服务事项清单、审批服务事项清单等便民服务事项，将社会保险、劳动就业等民生事项纳入网上办理，不断简化行政审批事项，同时加强政务数据资源共享，将OA办公平台与政务服务系统打通，大幅提升电子政务服务效率。目前安徽省村（社区）级综合服务大厅和为民服务代理室已实现行政村全覆盖，电子政务外网全部延伸至村（社区）。

（五）"互联网＋乡村治理"全面延伸

安徽省党务、村务、财务公开工作基础较好，2019 年应用信息技术实现"三务"综合公开水平已接近 90％，2020 在原有高覆盖率基础上将"三务"综合公开工作向全面覆盖推进，目前已有 7 个城市实现"三务"综合公开行政村全覆盖。在"三务"综合公开中党务公开程度较高，发挥了党建引领作用，带动了村务和财务公开工作。安徽省不断探索"互联网＋乡村治理"的新模式、新路径，借助信息化手段，通过农村党建示范带动，推动党务、村务、财务公开，凝聚乡村共建共治新合力。

"雪亮工程"是中央政法委在全国推广的示范工程，是互联网环境下加强和创新社会治安防控体系建设的重要途径。安徽省围绕国家总体要求，以基本实现"全域覆盖、全网共享、全时可用、全程可控"为目标，结合视频图像、物联网、人脸识别、数字可视化技术等，实现乡村治安管理精细化、精准化。目前安徽省沿淮及江淮地区已有蚌埠市、滁州市、合肥市 3 个城市实现"雪亮工程"全覆盖，淮北地区接近全覆盖，沿江江南地区大部分完成行政村覆盖，为实现平安乡村打下基础。

三、问题及建议

（一）农业生产信息化发展不平衡不充分

2020 年安徽省农业生产信息化发展水平虽然总体领先，但是区域和产业内部仍存在发展不平衡、不充分的问题。从行业看，大田种植信息化水平全国领先，畜禽养殖信息化水平位列第五，而设施栽培和水产养殖信息化发展相对缓慢。从区域看，安徽省淮河以南广大地区生产信息化潜能尚未完全释放。沿淮及江淮地区、沿江江南地区大田种植业在农业生产总产值中占比较高，分别为 48.4％、47.3％，但是生产信息化水平分别低于全省生产信息化水平 0.74 个百分点和 5.7 个百分点。沿淮及江淮地区稻谷和小麦的播种面积占总播种面积的 76％，但该地区稻谷和小麦的生产信息化水平却分别低于全省 1.3 个百分点和 6.8 个百分点，这说明该地区稻谷、小麦的生产信息化水平还有很大提升空间。沿江江南地区多山区、丘陵，农业信息化设施和机械受到地形限制，其大田种植信息化水平在三大区域中最低。

建议有关科研和农机部门加强智能农机研发力度，分区域、分行业、分品种、分环节集中攻关技术瓶颈，特别是要研发适合山区、丘陵地区特色农业生产的智能农机，加快农机农艺融合。积极探索北斗、卫星遥感、物联网、大数据、人工智能、区块链等技术在农业生产上的应用场景建设，着力提升农业生产智能化水平。

(二) 政府扶持力度仍需加强

2020 年安徽省农业农村信息化财政资金投入同比增长 37%，低于全国增速 50.5 个百分点；县均农业农村信息化财政资金投入 1 162.5 万元，低于全国平均水平 129.8 万元，低于全国县均增速 30.8 个百分点。2020 年安徽省农业农村信息化社会资本投入同比增长 56.7%，低于全国增速 12.7 个百分点；县均农业农村信息化社会资本投入 2 792.6 万元，低于全国平均水平 269.7 万元，低于全国县均增速 112.2 个百分点。安徽省农业信息化发展资金投入明显滞后，财政资金扶持力度低于全国平均水平，社会资本投资增长缓慢。

建议财政进一步加大对农业农村信息化项目的支持力度，综合利用贷款贴息、专项补贴、农业保险等措施增加投入。同时深入推进"双招双引"，加大招商引资力度，对接引进一流数字化服务企业、一流的农业龙头企业落地安徽，为农业农村信息化发展带来雄厚资本支持。

(三) 互联网基础设施建设滞后

2020 年安徽省互联网网民人数与上年持平，家庭宽带入户率低于全国平均水平 9.4 个百分点，这反映出安徽省互联网基础建设发展滞后。从区域看，淮北地区互联网普及率低于全国平均水平 2.7 百分点，淮北地区、沿淮及江淮地区的家庭宽带入户率分别低于全国平均水平 9.4 个百分点、11.3 个百分点。互联网基础建设在安徽省大部分地区发展缓慢，这将会制约数字技术在农业农村建设中的应用，尤其会限制安徽省农业产业互联网发展战略的实施。

建议各级政府加快推进农村地区宽带通信网和移动互联网建设，力争实现全覆盖，有序推进农业产业强镇、农业产业园区、重要农产品生产基地等 5G 网络建设应用。

2021 江西省县域农业农村
信息化发展水平评价报告

撰稿单位：江西省农业技术推广中心智慧农业与农业外经处
撰稿人员：陈勋洪　钟志宏　王　瑛　陈　静　吴艳明

为贯彻落实中共中央办公厅、国务院办公厅印发的《数字乡村发展战略纲要》中"开展数字乡村发展评价工作"，农业农村部、中央网络安全和信息化委员会办公室印发的《数字农业农村发展规划（2019—2025 年)》中"建立农业农村信息化发展水平监测评价机制，开展定期监测"，以及中共江西省委网络安全和信息化委员会办公室、江西省农业农村厅印发的《江西省数字农业农村建设三年行动计划》中"十项行动计划"的部署安排，在农业农村部信息中心的指导下，在前两年积累的经验基础上，江西省开展全省 2021 农业农村信息化能力监测评价工作，形成此报告。

当前，数字经济快速蓬勃发展，本报告旨在让信息化更好地服务农业农村、助力现代农业高质量发展，试图构建农业农村信息化发展的"坐标系"，让各级党委、政府在数字农业建设和数字乡村发展中科学、准确决策，找准自身在全国、全省的坐标位置，帮助开展自我评价，明确努力方向。

一、评价说明

（一）评价工作组织情况

一是领导重视，高位推动。江西省农业技术推广中心智慧农业与农业外经处成立由处长牵头的专项工作组，并及时转发农业农村部市场与信息化司《关于开展全国农业农村信息化能力监测试点的函》，明确要求各设区市、涉农县（市、区）有专人负责。二是统一认识，精心部署。组织全省各设区市、县（市、区）参加由农业农村部信息中心召开的视频培训会议，要求各地充分认识开展监测工作的重要性，认真落实监测工作部署，确保准确、真实地反映全省农业农村信息化水平。三是明确分工，三级联动。建立省、设区市、县（市、区）联络员微信交流群，主动分享填报经验，共同解决遇到的问题，动态掌握工作进度，提高协同效率。四是上传下达，积极协调。及时传达农业农村部信息中心的要求，耐心解答各地遇到的难题，与技术工程人员协同提供及时有效的服务，确保填报工作顺利进行。五是严格把关数据源头。从省级层面为各县（市、区）提供填报参考依据和数据来源，细致耐心地进行数据审核工作，确保数据真实可靠、准确完整、逻辑关系严密。

（二）指标体系

2021 全国县域农业农村信息化发展水平监测评价指标体系是在 2020 全国县域数字农业农村发展水平评价指标体系的基础上修改、完善形成的，新的监测评价指标体系主要包括发展环境、基础支撑、生产信息化、经营信息化、乡村治理信息化、服务信息化 6 个一级指标、14 个二级指标和 20 个三级指标。江西省本次评价工作以此指标体系为依据。

（三）数据来源

本次评价数据采用县（市、区）农业农村部门填报，设区市和省级农业农村部门逐级审核、反复测算、边报边审的方法。所采集的数据均对照江西省统计年鉴和历年农业数据，并咨询相关部门，对各地上报的数据进行横向纵向比对，对审核未通过的异常数据反复核实并改正，确保在文件要求的时间内采集有效、准确的数据。本次评价一共收集全省 93 个涉农县（市、区）的 12 276 项数据。

二、评价结果

（一）全省县域农业农村信息化发展总体水平

2020 年江西省县域农业农村信息化发展总体水平为 43.7%，比全国平均水平高 5.8 个百分点，比中部地区平均水平高 2.9 个百分点，较上年提升 2.7 个百分点，全国排名第六、中部地区排名第三（图 1）。

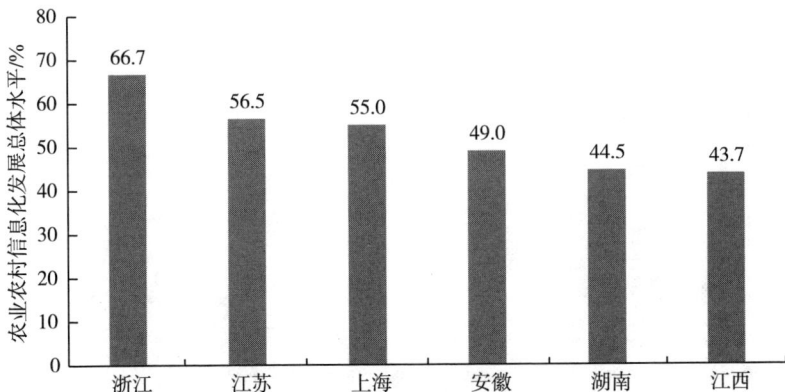

图 1　江西省农业农村信息化发展总体水平在全国排名情况

分地市看，江西省 11 个设区市县域农业农村信息化发展总体水平高于全国平均水平的有 10 个，高于中部地区平均水平的有 9 个，高于全省平均水平的有 7 个（图 2）。其中，新余市、景德镇市、赣州市在农业农村信息化建设方面表现突出，名列全省前 3。

图 2 江西省设区市农业农村信息化发展总体水平

从县域看，全省有吉安市青原区、信丰县、全南县、德安县、铅山县 5 个县（市、区）进入全国前 100，并被农业农村部信息中心评定为"2021 全国县域农业农村信息化发展先进县"。有 33 个县（市、区）进入全国前 500，分布如图 3 所示，主要分布在赣州市、吉安市、九江市。全省县域农业农村信息化发展总体水平高于全国平均水平的县（市、区）有 70 个，占比 75.3%。全省县域农业农村信息化发展总体水平超过 60% 的县（市、区）有 10 个，占比 10.8%；总体水平集中分布在 30%～60% 的有 78 个，占比 83.9%（图 4）。

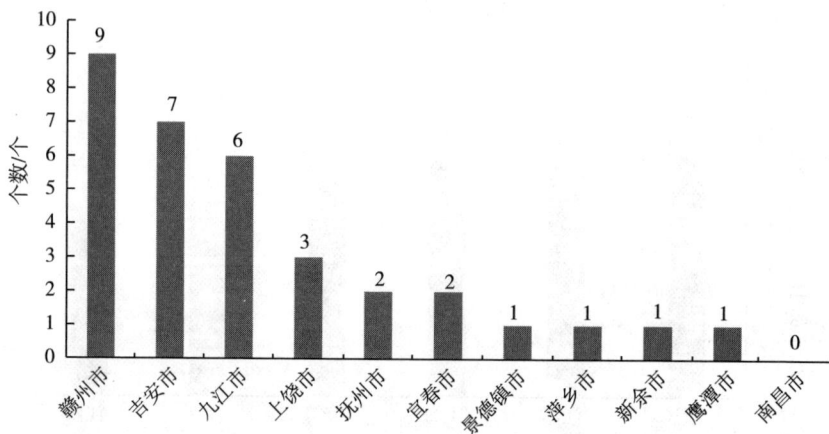

图 3 江西省进入全国前 500 的 33 个县（市、区）涉及的设区市分布情况

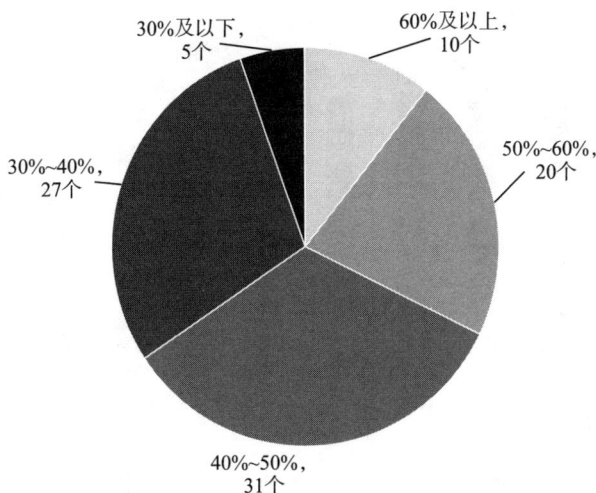

图 4　江西省县域农业农村信息化发展水平分布情况

（二）农业生产信息化

　　江西省拥有丰富的信息技术资源，区块链、物联网、大数据、人工智能等信息技术正加快渗透到农业生产各领域各环节，农业生产信息化发展环境良好，信息技术在农业生产中的推广应用效果显著。2020年全省农业生产信息化水平为30.5%，位列全国第七，比全国平均水平高8.1个百分点，较上年提升6.7个百分点。

　　分地市看，江西省有9个设区市农业生产信息化水平超全国平均水平，其中抚州市以41.4%位列全省第一，赣州市、景德镇市分别位列第二、第三（图5）。从县域看，全省有57个县（市、区）农业生产信息化水平超过全国平均水平，占比61.3%。

　　分行业看，江西省大田种植、设施栽培、畜禽养殖的信息化水平均高于全国平均水平，水产养殖的信息化水平略低于全国平均水平，其中大田种植信息化水平为32.3%，高于全国平均水平13.8个百分点（图6）。

　　大田种植方面，在监测的11个主要农作物品种（类）中，江西省稻谷（37.1%）、小麦（43.3%）、水果（不含设施蔬菜）（36.6%）、蔬菜（不含设施蔬菜）（23.5%）和茶叶（29.9%）种植的信息化水平均高于全国平均水平。从主要信息技术应用看，农机作业信息化技术在大田作物生产过程中应用最为广泛，水肥药精准控制技术、"四情监测"技术也均得到较好应用。分地市看，抚州市大田种植信息化水平为50.0%，位列全省第一；鹰潭市、吉安市分别以48.0%、43.1%位列全省第二、第三。

图5　江西省设区市农业生产信息化水平

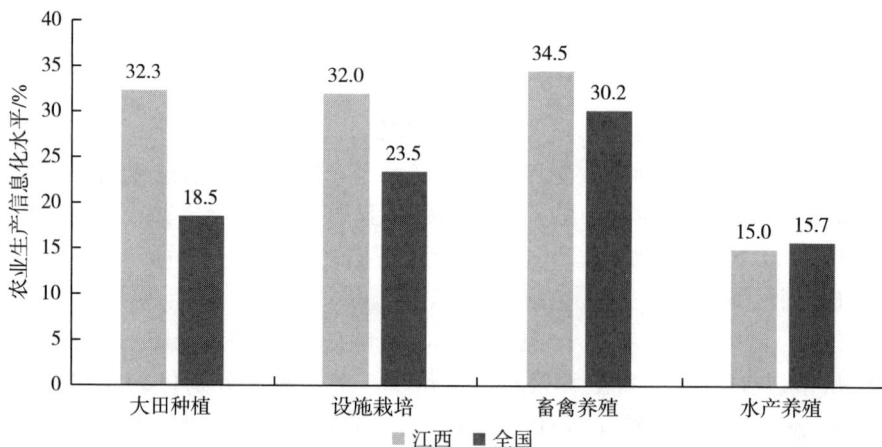

图6　江西省分行业农业生产信息化水平与全国对比

　　设施栽培方面，江西省设施栽培信息化水平比全国平均水平高 8.5 个百分点。水肥一体化智能灌溉技术和设施环境信息化监测技术应用最广泛。南昌市设施栽培信息化水平为 51.9%，位列全省第一；抚州市、景德镇市分别以 46.2%、42.4%，位列全省第二、第三。

　　畜禽养殖方面，在监测的 4 个主要畜禽品种（类）中，生猪养殖的信息化水平为 38.6%，比全国平均水平高 6.7 个百分点。九江市、新余市的畜禽养殖信息化水平分别为 54.6%、54.3%，位列全省第一、第二。

　　水产养殖方面，江西省水产养殖信息化水平略低于全国平均水平。在监测的 4 个主要水产品种（类）中，贝类的生产信息化水平比全国平均水平高

15.8个百分点，位列全国第六；其余均低于全国平均水平；信息化增氧技术的应用较为广泛。赣州市水产养殖信息化水平以29.6%位列全省第一。

（三）经营信息化

江西省各地积极引导发展农产品电子商务，拓展农产品销售途径构建农产品质量安全追溯平台与体系，为农产品质量安全监管与信息追溯提供了有力载体。

1. 农产品网络零售额占比

2020年全省县域农产品网络零售额为241.7亿元，占农产品销售总额的14.8%，高于全国平均水平，较上年提升3.1个百分点，位列全国第七、中部地区第二。分地市看，有6个设区市县域农产品网络零售额占比超过全国平均水平（图7）。

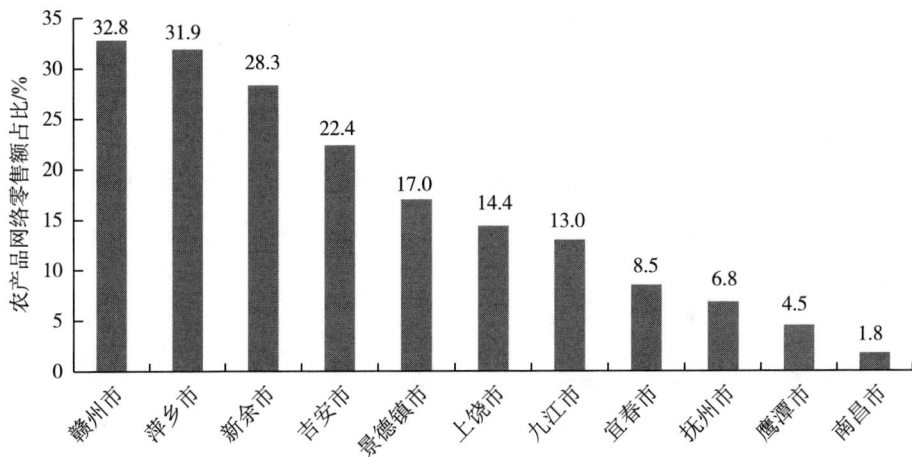

图7 江西省设区市农产品网络零售额占比

赣州市农产品网络零售额占比以32.8%位列全省第一，但全省发展很不均衡，最大差幅超30%。从县域看，全省有50个县（市、区）农产品网络零售额占比高于全国平均水平，占比53.8%。

2. 农产品质量安全追溯信息化水平

全省农产品电子商务等互联网产业持续向好发展，农产品质量安全追溯平台建设与应用成效显著，农业经营信息化正处于稳步发展阶段。2020年全省农产品质量安全追溯信息化水平为19.8%，低于全国平均水平，但高于中部地区平均水平。分地市看，有3个设区市农产品质量安全追溯信息化水平高于全国平均水平。其中，赣州市以37.4%位列全省第一，景德镇市、上饶市分别以31.6%、28.9%位列全省第二、第三（图8）。

图 8　江西省设区市农产品质量安全追溯信息化水平

分行业看，设施栽培业、水产养殖业的农产品质量安全追溯信息化水平高于全国平均水平，其中设施栽培业位列全国第六。与上年相比，除大田种植业外，其余行业的农产品质量安全追溯信息化水平均大幅超过上年的平均水平（图9）。

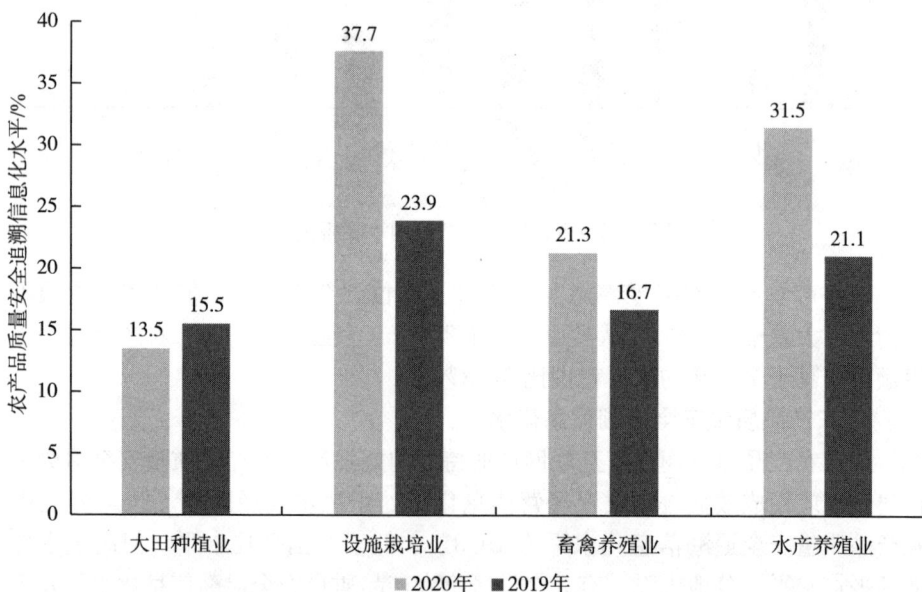

图 9　江西省分行业农产品质量安全追溯信息化水平与上年对比

（四）乡村治理信息化

1. 应用信息技术实现行政村"三务"综合公开水平

江西省各地充分借助互联网技术和信息化手段，推动农村党务、村务、财务线上实时公开，促进了村级民主监督的传统工作方法与现代信息技术的有机融合，乡村治理信息化和信息服务得以全面推进。2020 年全省应用信息技术实现行政村"三务"综合公开水平达 87.5%，比全国平均水平高 15.4 百分点，排全国第九，较上年提升 7.4 个百分点。其中，党务、村务、财务公开水平分别为 87.2%、87.3%、88.0%。

分地市看，江西省有 8 个设区市行政村"三务"综合公开水平高于全国平均水平，其中景德镇市、吉安市行政村"三务"综合公开水平为 100%（图 10）。

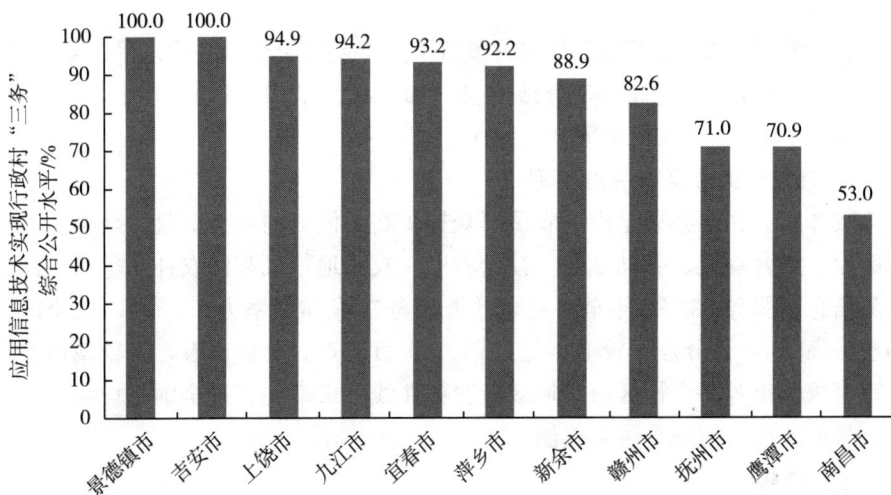

图 10　江西省各设区市应用信息技术实现行政村"三务"综合公开水平

从县域看，应用信息技术实现行政村"三务"综合公开水平高于全国平均水平的县（市、区）共有 75 个，占全省 93 个涉农县（市、区）的 80.6%。其中，68 个县（市、区）行政村"三务"综合公开水平达 100%，占比 73.1%。

2. "雪亮工程"行政村覆盖率

2020 年全省"雪亮工程"行政村覆盖率达 89.6%，比全国平均水平高 12.6 个百分点，较上年提升 9.0 个百分点。

分地市看，吉安市、新余市、萍乡市等 8 个设区市"雪亮工程"行政村覆盖率均超过全国平均水平，其中，吉安市、新余市已实现全覆盖，萍乡市、景德镇市、赣州市均超过 95%（图 11）。

图 11 江西省各设区市"雪亮工程"行政村覆盖率

从县域看，"雪亮工程"行政村覆盖率高于或等于全国平均水平的县（市、区）共有 79 个，占全省 93 个涉农县（市、区）的 84.9%。其中，66 个县（市、区）实现了行政村全覆盖，占比 71%。

3. 县域政务服务在线办事率

政务服务在线办事是指为农民群众提供高效便捷的社会保险、新型农村合作医疗、婚育登记、劳动就业、社会救助、农用地审批和涉农补贴等重要民生保障信息化服务。2020 年全省县域政务服务在线办事率为 76.8%，比全国平均水平高 10.4 百分点，较上年提升 21.7 个百分点。分地市看，景德镇市、九江市、鹰潭市等 9 个设区市县域政务服务在线办事率均超过全国平均水平。其中，景德镇市已实现全覆盖（图 12）。

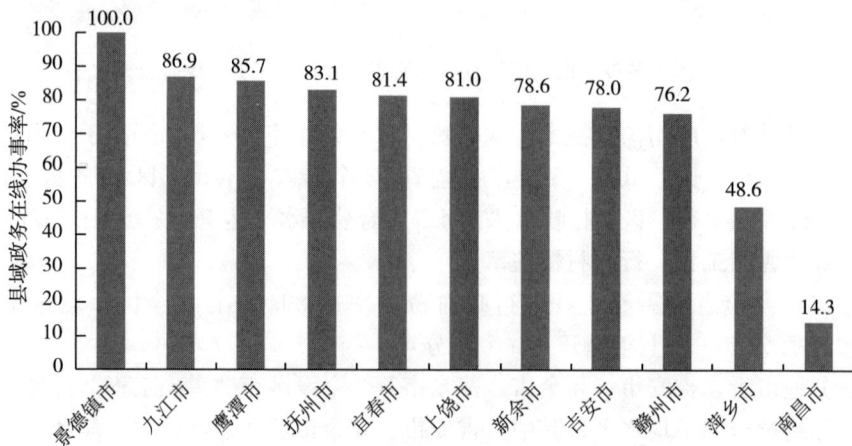

图 12 江西省各设区市县域政务服务在线办事率

从县域看，政务服务在线办事率高于全国平均水平的县（市、区）共有69个，占全省93个涉农县（市、区）的74.2%。其中，39个县（市、区）实现了行政村全覆盖，占比41.9%。

2020年江西省乡村治理信息化快速提升，应用信息技术实现行政村"三务"综合公开水平、"雪亮工程"行政村覆盖率、县域政务服务在线办事率三个指标均超过全国及中部地区平均水平，而且较上年均有大幅增长（图13）。

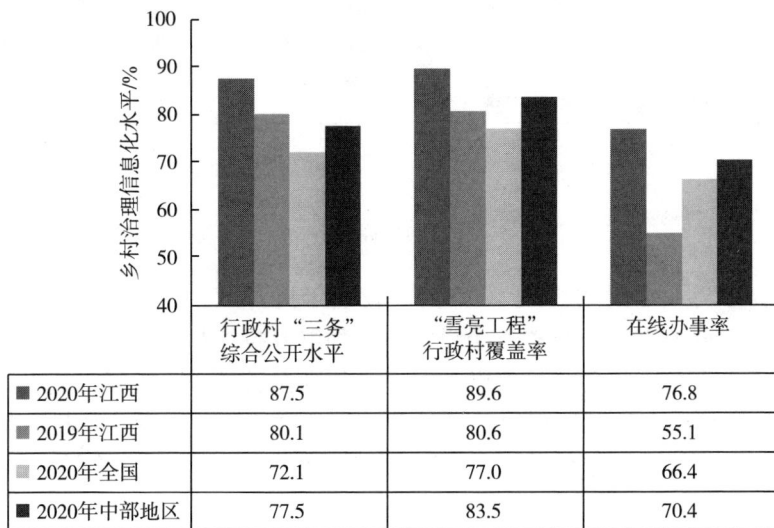

	行政村"三务"综合公开水平	"雪亮工程"行政村覆盖率	在线办事率
■ 2020年江西	87.5	89.6	76.8
■ 2019年江西	80.1	80.6	55.1
■ 2020年全国	72.1	77.0	66.4
■ 2020年中部地区	77.5	83.5	70.4

图13 江西省乡村治理信息化对比情况

（五）农村电商服务

本次监测评价指标体系选定"电商服务站行政村覆盖率"作为服务信息化水平的代表。2020年全省电商服务站行政村覆盖率达90.8%，比全国平均水平高11.8个百分点，较上年提升3.0个百分点。分地市看，全省11个设区市电商服务站行政村覆盖率均超过全国平均水平（图14）。其中，新余市已实现全覆盖，位列全省第一；鹰潭市、萍乡市分别以98.8%、95.4%位列第二、第三。全省72.7%的设区市电商服务站行政村覆盖率超过90%。从县域看，电商服务站行政村覆盖率高于全国平均水平的县（市、区）共有82个，占全省93个涉农县（市、区）的88.2%。其中，33个县（市、区）实现了电商服务站行政村全覆盖。

（六）信息化发展环境

1. 县域农业农村信息化乡村人均财政投入

2020年全省农业农村信息化县均财政投入1 231.5万元，略低于全国平

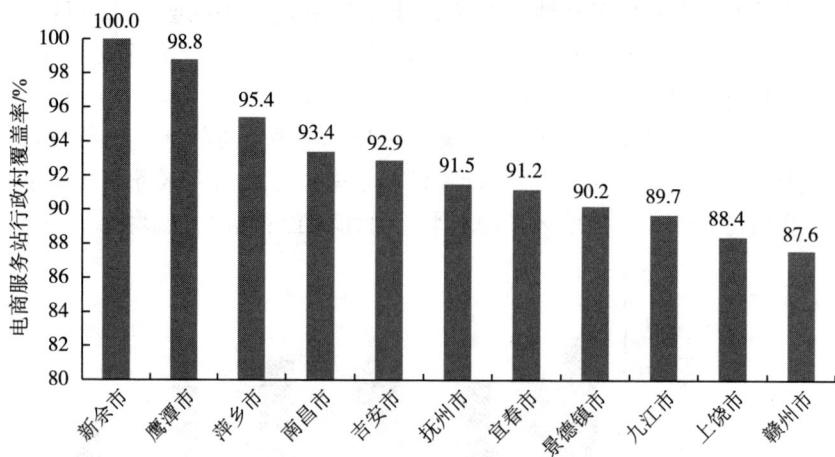

图14　江西省各设区市电商服务站行政村覆盖率

均水平。乡村人均财政投入 40.4 元，较上年提升 124.5％，但仍低于全国平均水平。分地市看，全省 4 个设区市人均财政投入超过全国平均水平。其中，鹰潭市乡村人均财政投入以 162.2 元位列全省第一，吉安市、上饶市分别以 99.7 元、85.0 元位列第二、第三（图 15）。从县域看，乡村人均财政投入高于全国平均水平的县（市、区）只有 19 个，占全省 93 个涉农县（市、区）的 20.4％。

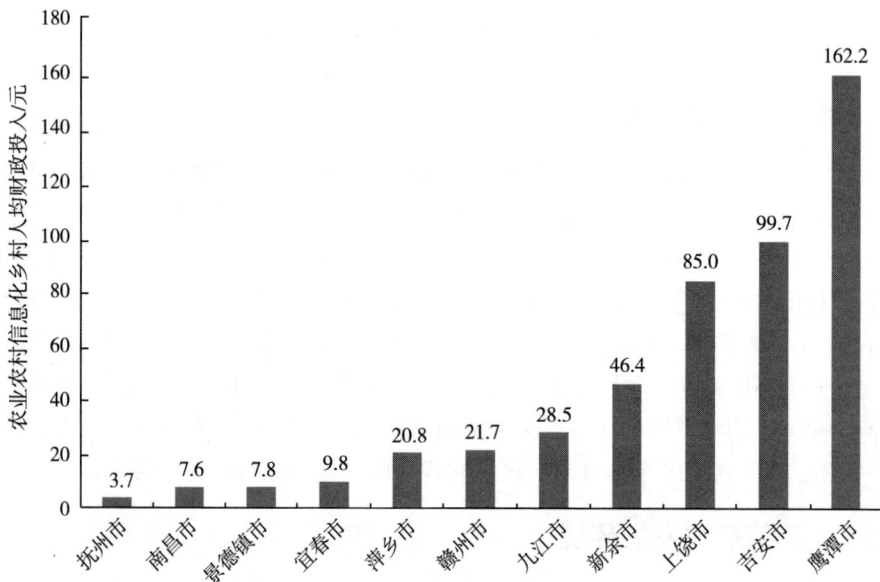

图15　江西省各设区市农业农村信息化乡村人均财政投入

2. 县域农业农村信息化乡村人均社会资本投入

2020年全省县域农业农村信息化乡村人均社会资本投入43元，较上年提升13.2个百分点，仍远低于全国平均水平。分地市看，全省只有吉安市、新余市2个设区市乡村人均社会资本投入超过全国平均水平。其中，吉安市180.9元、新余市177.7元（图16）。从县域看，乡村人均社会资本投入高于全国平均水平的县（市、区）只有13个，占全省93个涉农县（市、区）的14.0%。

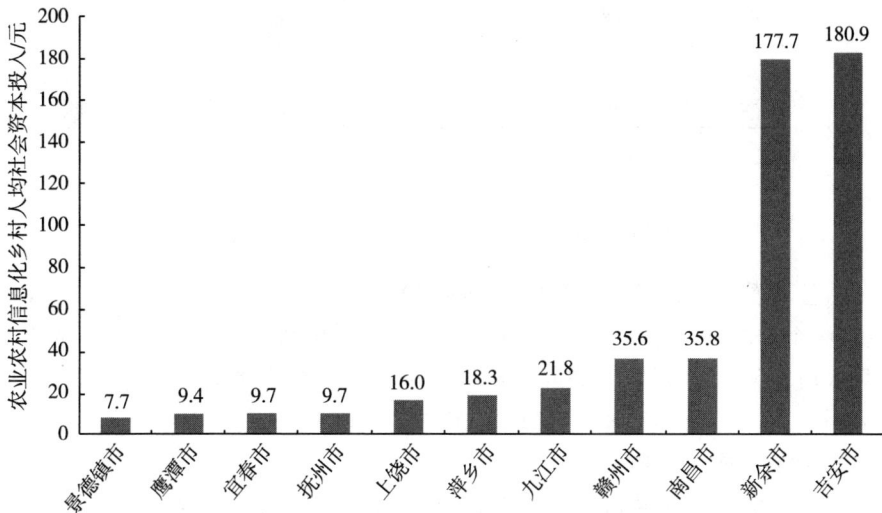

图16 江西省各设区市农业农村信息化乡村人均社会资本投入

3. 县级农业农村信息化管理服务机构覆盖率

2020年全省县级农业农村部门设置了承担信息化工作的行政科（股）或信息中心（信息站）等事业单位的占比为80.4%，比全国平均水平高11.9个百分点，位列全国第五。分地市看，全省9个设区市县域农业农村信息化管理服务机构覆盖率超过全国平均水平。其中，景德镇市、新余市2个设区市实现县级农业农村信息化管理服务机构覆盖率100%。

从县域看，县级农业农村信息化管理服务机构覆盖率高于全国平均水平的县（市、区）有72个，占比77.4%。其中，53个县（市、区）农业农村信息化管理服务机构覆盖率100%，占全省93个涉农县（市、区）的57%。

（七）基础支撑

1. 县域互联网普及率

2020年，全省县域互联网普及率为67.9%，低于全国平均水平，但比上年提高6.9个百分点，全省5个设区市互联网普及率超过全国平均水平。其中，新余市以80.8％位列全省第一，吉安市、萍乡市分别位列第二、第三（图17）。

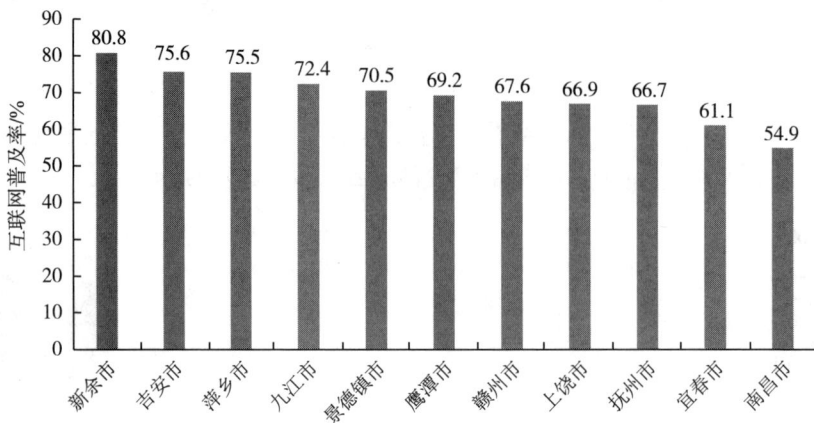

图17 江西省各设区市县域互联网普及率情况

从县域看，互联网普及率高于全国平均水平的县（市、区）有50个，占全省93个涉农县（市、区）的53.8％。其中互联网普及率高于80％的有26个县（市、区）。芦溪县互联网普及率以95.2％位列全省第一；吉水县、全南县分别以93.9％、93.0％位列第二、第三。

2. 家庭宽带入户率

家庭宽带入户率是指固定互联网宽带接入用户数占总家庭户数的比重。2020年，全省县域家庭宽带入户率为68.9％，低于全国平均水平，但高于中部地区平均水平。全省4个设区市家庭宽带入户率超过全国平均水平。其中，鹰潭市家庭宽带入户率以94.7％位列全省第一，新余市、宜春市分别位列第二、第三（图18）。

图18 江西省设区市家庭宽带入户率情况

从县域看，家庭宽带入户率高于全国平均水平的县（市、区）有 54 个，占全省 93 个涉农县（市、区）的 58.1％，其中泰和县、定南县、鹰潭市余江区家庭宽带入户率达 100％，萍乡市安源区、赣州市章贡区分别达 99.4％、98.8％。

三、主要特点

（一）全省县域农业农村信息化发展总体水平稳步提升

全省智慧农业 123＋N 体系基本建成并在全省应用推广。江西农业云及农业农村大数据中心投入使用，水稻、生猪、渔业、茶叶、柑橘 5 个特色单品大数据初步搭建。江西 12316 形成了集热线、广播、手机、网站、电视、益农社"六位于一体"的"三农"服务"金字招牌"，"赣机惠农""万村码上通 5G＋长效管护平台""全省农产品质量安全追溯平台"等涉及种植养殖业、农业农村监管、农业技术服务等近 50 个业务系统上线运行。信息进村入户工程整省推进，已建成省、市、县农产品运营中心 105 家，益农信息社 14 800 余家，电商服务站行政村覆盖率达 90.8％，为农业农村信息化发展提供了有力支撑。2020 年江西省农业农村信息化发展总体水平超过全国和中部地区平均水平，较上年提升 2.7 个百分点；超过 3/4 的县（市、区）农业农村信息化发展水平高于全国平均水平，而且发展比较均衡，83.9％的县（市、区）发展总体水平在 30％～60％。可见，经过近几年的发展，江西省在县域农业农村信息化建设方面取得了可喜的成绩，呈现出向好的发展态势。

（二）生产信息化技术广泛应用

大力开展数字农业示范建设，农业生产信息化技术得到广泛应用。省级农业物联网平台建成，并公布了统一的物联网 API 对接标准（2019 年成为省级地方标准），全省 253 家农业物联网基地 3.52 万个传感器与省级农业物联网平台实现数据对接，上传数据达 1.5 亿条。实施"智慧农场"示范工程，组织评选了 200 家省级农业物联网示范基地或示范企业，全省农业物联网示范应用效益日益显现，已有近 600 家农业企业或基地应用了物联网技术。2020 年全省农业生产信息化水平为 30.5％，比全国平均水平高 8.1 个百分点，较上年提升 6.7 个百分点。分地市看，有 9 个设区市农业生产信息化水平超全国水平。从县域看，全省有 57 个县（市、区）农业生产信息化水平超全国平均水平，占比 61.3％。分行业看，大田种植、设施栽培、畜禽养殖的信息化水平均高于全国平均水平。

（三）乡村治理信息化快速发展

江西省农业农村信息技术与"三务"公开有效融合，切实抓好农村基层党务、村务、财务"三务"公开力度，维护和保障农村居民知情权、参与权、表达权、监督权，信息技术的应用促进权力在阳光下运行，增强了工作的透明度，维护了社会的稳定。2020 年全省应用信息技术实现行政村"三务"公开水平高于全国平均水平 15.4 个百分点，其中，党务、村务、财务公开水平分别高于全国平均水平 14.1 个百分点、14.5 个百分点、17.6 个百分点。"雪亮工程"行政村覆盖率高于全国平均水平 12.6 个百分点。有 2 个设区市、68 个县（市、区）行政村"三务"综合公开水平达 100%。

四、存在问题

从本次信息化发展水平监测评价结果看，虽然农业农村信息化发展取得了一些进展，但与先进省份相比，仍存在不少短板和弱项，主要表现在以下五个方面。

（一）信息化基础相对薄弱

农业农村信息化基础总体仍然薄弱，且通信网络和信息化装备使用成本较高。2020 年全省县域互联网普及率、家庭宽带入户率都低于全国平均水平，5G 网络、农机智能装备等基础设施覆盖率远达不到现代农业发展的需求，农业农村信息化发展水平明显落后于工业、服务业等行业。

（二）数据管理应用能力不足

农业生产、管理经营和乡村治理数据获取不够快捷、精准，农业基础资源数据库还不完善，重要农产品全产业链大数据、农业农村基础数据资源体系建设刚刚起步。

（三）经营信息化应用水平偏低

近几年，江西省农产品质量安全追溯信息化水平虽然有较大提升，但仍然低于全国平均水平。从农产品质量安全追溯行业应用来看，大田种植业、畜禽养殖业与全国平均水平差距较大。

（四）信息化发展意识不强

应用新技术、新装备获取数据意识不强，认知停留在单一技术应用阶段，只能使用一些简单易用的信息技术，集成度不高，信息化优势和潜力得不到充分释放。

（五）资金投入严重不足

江西省县域农业农村信息化财政投入和社会资本投入达到全国平均水平的只有 14 个县（市、区），占比 15.1%。乡村人均财政投入和社会资本投入均低于全国平均水平，乡村人均社会资本投入只达全国平均水平的 40% 左右。特别是，乡村人均财政投入和人均社会资本投入区域差距大，排名前 3 的县（市、区）和排名后 3 的县（市、区）相差数十倍。

五、发展建议

抓住江西省实施数字经济"一号工程"的有利契机，全面推进数字农业农村建设三年行动计划，加快数字技术推广应用，抢占数字农业农村制高点，为实现乡村全面振兴提供有力支撑。

（一）加快信息化基础设施建设

加快乡村信息基础设施升级换代与普及覆盖，有序推进 5G 网络建设应用和基于 IPv6 的下一代互联网规模部署，加快布局 5G 技术在农业领域的推广应用。完善乡村基础数据标准，以村为基本单元，建立农业农村相关基础情况数据库，实现全省基础数据基本覆盖。

（二）推动生产管理数字化改造

加大智慧农业的推广普及力度，持续推广农业物联网技术应用，支持农业生产经营主体数字化改造，探索智慧园区、智慧农场等新模式，健全数据采集、分析、应用循环体系，促进数字化与大田种植业、设施栽培业、畜禽养殖业及水产养殖业的深度融合应用。推动新建改建冷链物流设施数字化建设，实行统一平台监管。

（三）健全安全追溯数字化体系

健全农产品质量安全追溯体系，建立食用农产品合格证制度，实现产地环境、农业投入品使用、风险等级、检测结果等信息上链，及时发布全省农产品质量安全情况与风险预警，推进追溯业务"指尖办"，农产品质量安全"一网追溯"。

（四）提升乡村治理数字化水平

深化农村人居环境长效管护、农村宅基地管理等数字化建设，打造村集体

"三资"监管和村级综合服务信息化平台，实现信息发布、民情收集、议事协商、公共服务等村级事务网上运行、乡村全域数字化治理。

（五）培育数字农业农村发展人才

大力推进高素质农民培训，培养出一批数字农业农村领域专业人才和高水平复合型管理队伍，提高农民、新型经营主体的数字化应用能力和素养。

（六）加大财政投入支持力度

一方面，完善数字乡村建设相关支持政策，加大对乡村信息基础设施、智慧农业建设等财政投入力度；另一方面，吸引社会资本参与，鼓励更多的社会力量参与数字乡村建设。

2021湖北省县域农业农村
信息化发展水平评价报告

撰稿单位：湖北省农业农村厅、湖北省科技信息研究院

撰稿人员：曾德云　蔡俊松　郭　军　余祥华　徐华艳

　　　　　熊　蕾　朱　寅　丁　可　刘　宝　杨立新

　　　　　张一博　汪明召　杜亚辉　夏雁婷

2021年，湖北省农业农村厅组织全省17个市州、92个涉农县（市、区）农业农村部门，联合经信、财政、统计、商务（招商）、民政、通信管理、综合治理、大数据管理、政务管理（审批中心）等相关部门、单位开展了县域农业农村信息化发展水平评价工作，在广泛采集数据、客观分析现状基础上，形成了全省县域农业农村信息化发展水平评价报告。

一、评价说明

（一）评价目的

深入贯彻落实习近平总书记网络强国战略思想，按照数字中国、数字乡村等战略要求，推动信息化与农业农村现代化融合发展，以信息化引领驱动农业农村经济社会高质量发展。一是准确把握当前全省农业农村信息化建设和发展水平。通过开展县域农业农村信息化发展水平评价，进行数据统计分析，客观准确把握全省县域农业农村信息化发展现状和发展水平，明确发展短板，厘清发展思路和重点发力方向。二是充分发挥评价工作的"指挥棒"作用。通过评价工作，搜集各地农业农村信息化发展数据，形成全面、系统的评价报告，为地方党委政府加强农业农村信息化建设，推动农业农村现代化发展提供决策参考。

（二）数据来源

本次评价数据，由全省县级农业农村部门组建工作专班负责填报，并邀请经信、财政、统计、商务（招商）、民政、通信管理、综合治理、大数据管理、政务管理（审批中心）等相关部门、单位共同参与，市州农业农村部门负责初审，省农业农村厅相关处室负责数据终审把关与汇总整理。纳入本次评价的有效样

本县域数量为 92 个（图 1），比上年增加 5 个；覆盖行政村 23 406 个（图 2）。

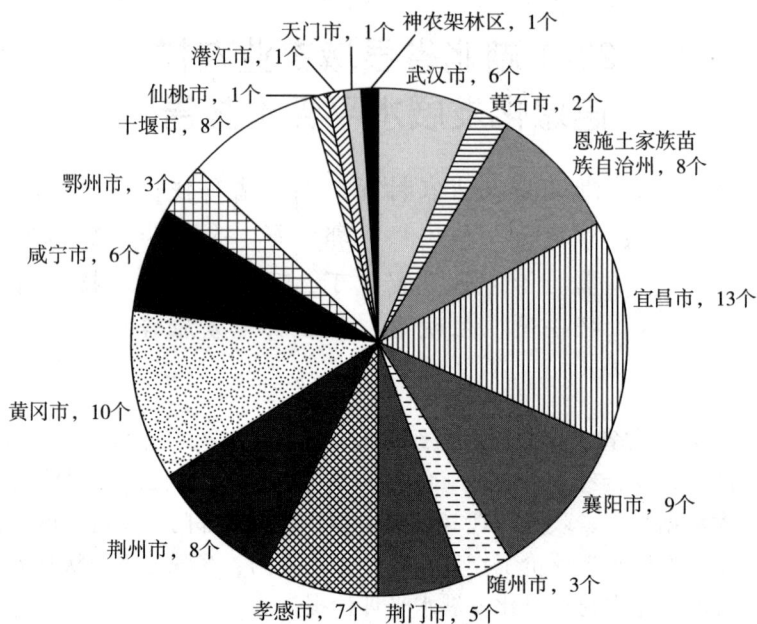

图 1 湖北省各市州参与县域数量分布情况

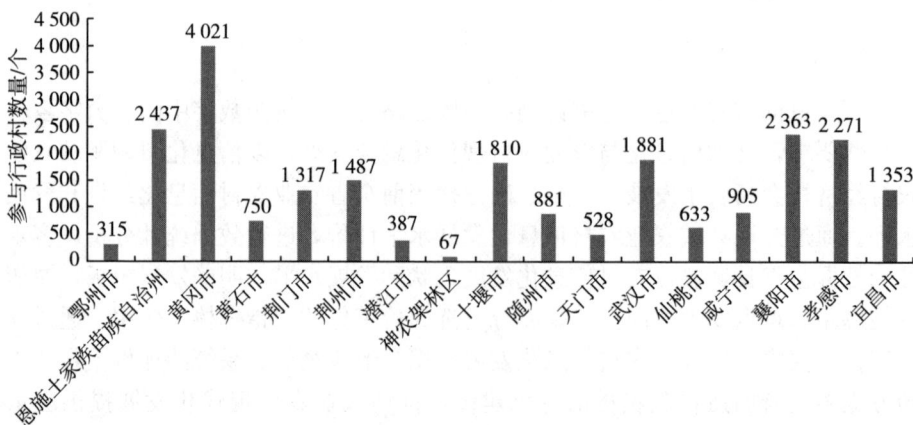

图 2 湖北省各市、州参与行政村数量分布情况

（三）评价方法

对于县域层级的指标值，首先基于县域填报值计算得出三级指标值，其次对三级指标值进行归一化处理，最后按照权重逐级计算二级、一级指标值及发展总体水平。

二、基本结论

(一) 发展水平稳步提升

"十三五"以来，湖北省深入贯彻落实习近平新时代中国特色社会主义思想和视察湖北重要指示精神，大力开展农业农村信息化建设，推动信息技术和智能装备在农业农村领域的广泛应用，促进信息化与农业农村现代化深度融合发展，为抗击新冠肺炎疫情、全面打赢脱贫攻坚战、实现全面小康社会三大目标提供了有力支撑。近年来，全省县域农业农村信息化发展水平稳步提升，2020 年全省县域农业农村信息化发展总体水平为 42.00%，位居全国第八，较 2019 年、2018 年分别提升了 1.84 和 10.24 个百分点。

从全国县域农业农村信息化发展综合排名情况上看，全省有 23 个县（市、区）进入全国 500 强（表 1），发展水平最高的县域为武汉市新洲区，位居全国百强县之列。

表 1　湖北省县域农业农村信息化发展水平排名前列县域

进入全国综合排名 500 强县域（湖北省 23 个）

武汉市新洲区、麻城市、神农架林区、丹江口市、武穴市、宜昌市伍家岗区、蕲春县、枝江市、巴东县、远安县、潜江市、荆州市荆州区、应城市、当阳市、咸丰县、孝昌县、沙洋县、通城县、谷城县、红安县、五峰土家族自治县、竹山县、随州市曾都区

图 3 为湖北省各市州（含直管市、神农架林区）农业农村信息化具体发展

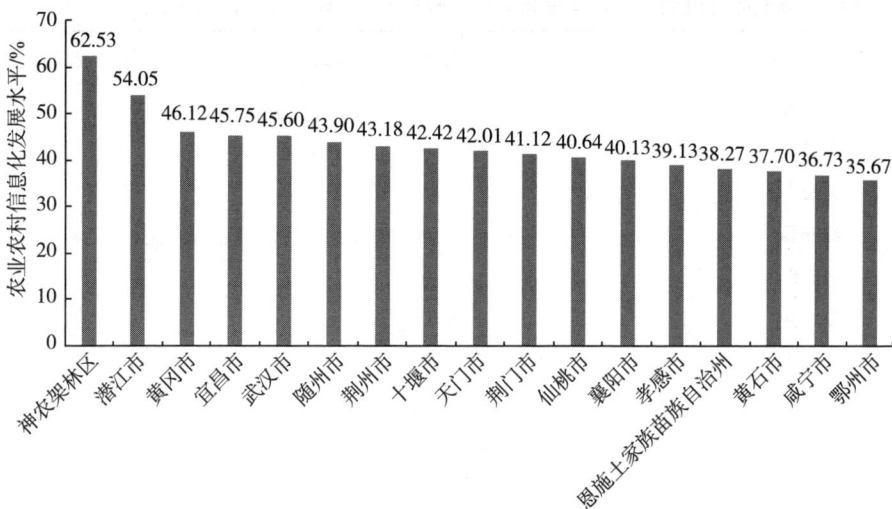

图 3　湖北省各市州农业农村信息化发展水平情况

水平情况。17 个市州中有 12 个发展水平值在 40%～65%，占全省的 70.59%。除神农架林区和潜江市略高外，其余市州间差异较小，全省农业农村信息化发展状况总体向好，各地发展水平趋向均衡。

从各县域发展水平分布情况看，发展水平处于 60%～70% 的县域有 4 个，占样本县域的 4.34%；50%～60% 的县域有 16 个，占样本县域的 17.4%；40%～50% 的县域有 32 个，占样本县域的 34.78%；30%～40% 的县域有 32 个，占样本县域的 34.78%；20%～30% 的县域有 8 个，占样本县域的 8.70%。这表明有近 7 成的县域农业农村信息化发展水平在 30%～50%。

（二）政府财政投入不断增长

全省 92 个样本县（市、区）2020 年用于农业农村信息化建设的财政资金投入总额为 11.51 亿元，县均财政投入 1 250.67 万元，较上年分别增长 34.00% 和 26.65%。92 个县（市、区）共有乡村人口 3 556.98 万人，政府财政用于农业农村信息化建设的乡村人均投入为 32.35 元，同比增长 45.72%。其中财政投入在 3 000 万元及以上的县域有 11 个（表 2），占样本县域的 11.96%；财政投入 1 000 万～3 000 万元的县域有 16 个，占样本县域的 17.39%；财政投入 500 万～1 000 万元的县域有 9 个，占样本县域的 9.78%；财政投入在 100 万～500 万元的县域有 33 个，占样本县域的 35.87%；财政投入在 100 万元及以下的县域有 23 个，占样本县域的 25%（图 4）。2020 年湖北省用于农业农村信息化领域的财政投入低于 500 万元的县域约占 6 成，提升潜力较大。

表 2 湖北省县域农业农村信息化建设财政投入 3 000 万元及以上的县（市、区）

县（市、区）	农业农村信息化财政投入/万元	省内排名
洪湖市	14 425.00	1
黄陂区	9 970.58	2
大冶市	9 937.82	3
红安县	8 600.00	4
枝江市	5 648.00	5
英山县	5 596.00	6
新洲区	5 052.00	7
夷陵区	4 210.80	8
石首市	3 580.00	9
竹山县	3 178.00	10
仙桃市	3 000.00	11

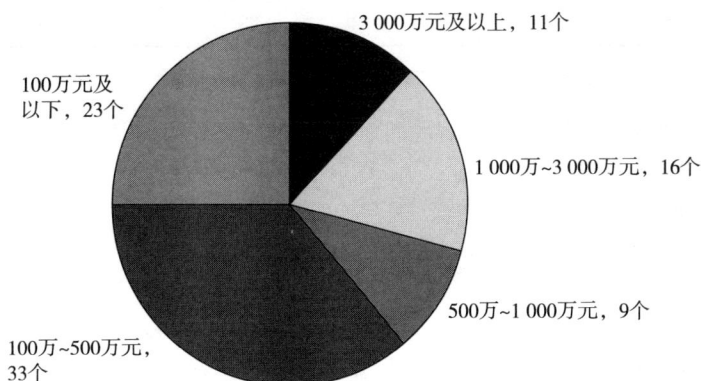

图 4 湖北省县域农业农村信息化财政投入分布情况

（三）组织领导机构不断健全

92 个样本县（市、区）中，有 81 个县（市、区）的党委政府设立了专门的网络安全与信息化领导机构，并将农业农村部门纳入成员或组成单位；有 74 个县级农业农村部门设立了农业农村信息化领导机构；有 77 个县级农业农村部门设置了承担信息化相关工作的行政科（股）。全省县域农业农村信息化行政领导机构不断健全，对县域农业农村信息化工作起到了良好的领导支撑作用。

（四）互联网普及率取得新突破

2020 年，4G 和光纤网络在全省城乡已全面普及应用，以 5G 为代表的新型基础设施建设加速推进，移动互联网应用范围和领域不断扩大，成为县域数字经济重要组成部分和社会消费领域重要增长点。全省 92 个样本县（市、区）2020 年总人口 5 444.11 万人，其中网民规模达 3 842.95 万人，互联网普及率达到 70.59%，连续两年超过 70%，高于全国平均水平。全省互联网普及率在 90% 及以上的县域有 13 个（表 3），占样本县域的 14.13%；互联网普及率在 80%～90% 的县域有 24 个，占样本县域的 26.09%；互联网普及率在 70%～80% 的县域有 25 个，占样本县域的 27.17%；互联网普及率在 60%～70% 的县域有 14 个，占样本县域的 15.21%；互联网普及率在 50%～60% 的县域有 6 个，占样本县域的 6.52%；互联网普及率在 50% 及以下的县域有 10 个，占样本县域的 10.87%。

表 3　湖北省县域互联网普及率在 90% 及以上的县（市、区）

县（市、区）	互联网普及率/%	省内排名
应城市	98.09	1

（续）

县（市、区）	互联网普及率/%	省内排名
荆州区	96.30	2
西陵区	93.51	3
沙洋县	93.20	4
老河口市	92.49	5
红安县	91.57	6
孝南区	91.52	7
来凤县	91.45	8
京山市	91.01	9
巴东县	90.83	10
樊城区	90.03	11
猇亭区	90.00	12
东西湖区	90.00	13

（五）农业生产领域信息化获得新发展

2020 年全省农业生产领域信息化整体水平达到 20.02%。对比纳入统计的大田种植、设施栽培、畜禽养殖、水产养殖 4 个农业产业领域：信息技术在畜禽养殖业中的应用水平最高，为 41.67%；大田种植业次之，信息技术应用水平为 35.98%；设施栽培业和水产养殖业信息技术应用水平较低，分别为 23.37% 和 23.30%（图 5）。全省信息技术在农业生产领域应用水平综合得分的县域排名情况见表 4。

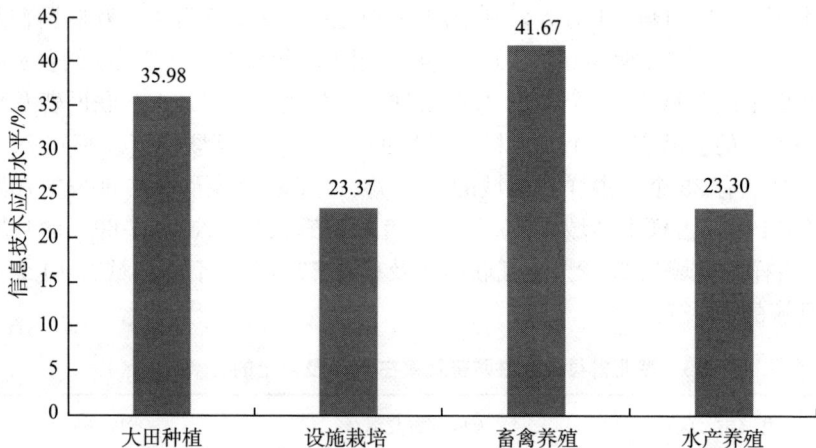

图 5　信息技术在湖北省农业生产各领域应用率

表4　信息技术在农业生产领域应用水平综合得分排行榜

信息技术在大田种植中的应用水平排名前20的县	丹江口市、麻城市、监利县、咸丰县、通城县、沙洋县、巴东县、嘉鱼县、应城市、新洲区、潜江市、黄州区、团风县、孝昌县、利川市、江陵县、猇亭区、随县、竹山县、天门市
信息技术在设施栽培中的应用水平排名前20的县	郧西县、麻城市、监利县、伍家岗区、巴东县、新洲区、鹤峰县、丹江口市、沙洋县、潜江市、远安县、谷城县、咸丰县、黄梅县、大悟县、竹山县、枝江市、江陵县、嘉鱼县、赤壁市
信息技术在畜禽养殖中的应用水平排名前20的县	汉南区、新洲区、竹山县、江夏区、云梦县、沙洋县、崇阳县、宜城市、黄梅县、监利县、麻城市、孝昌县、武穴市、石首市、荆州区、浠水县、伍家岗区、丹江口市、咸安区、京山市
信息技术在水产养殖中的应用水平排名前20的县	巴东县、伍家岗区、新洲区、利川市、枝江市、荆州区、丹江口市、郧西县、应城市、汉川市、当阳市、黄陂区、英山县、蔡甸区、谷城县、襄州区、监利县、蕲春县、梁子湖区、云梦县

（六）农村电子商务蓬勃发展

随着全省县域电商基础设施和服务体系不断完善，"农产品进城"和"工业品下乡"通过网络交易的规模逐年增加，农村电子商务发展不断提速。根据评价数据，92个样本县（市、区）2020年农产品网络零售额达到487.41亿元，占全部农产品销售总额（3 987.87亿元）的比例达到12.22%。各市州农产品网络零售额占比见图6。全省有1.46万个行政村建立了电商服务站点1.70万个，村级电商站点覆盖面近七成，其中丹江口市、郧西县、江夏区、远安县等20个县域的村级电商站点覆盖率达到100%。

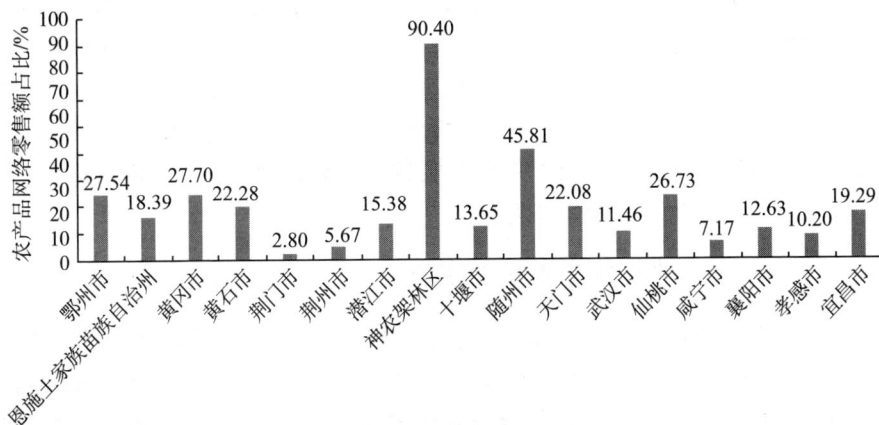

图6　湖北省各市州农产品网络零售额占比分析

（七）农产品质量安全追溯信息化应用不断深入

2020 年全省县域农产品质量安全追溯信息化水平达到 23.33％，位居全国第八，高于全国平均水平。对比纳入统计的大田种植业、设施栽培业、畜牧养殖业、水产养殖业 4 个农业产业领域，设施栽培业的农产品质量安全追溯信息化水平最高，达 33.50％；其次是畜禽养殖业，为 31.56％；水产养殖业和大田种植业农产品质量安全追溯信息化水平较低，分别为 20.78％和18.35％（图 7）。

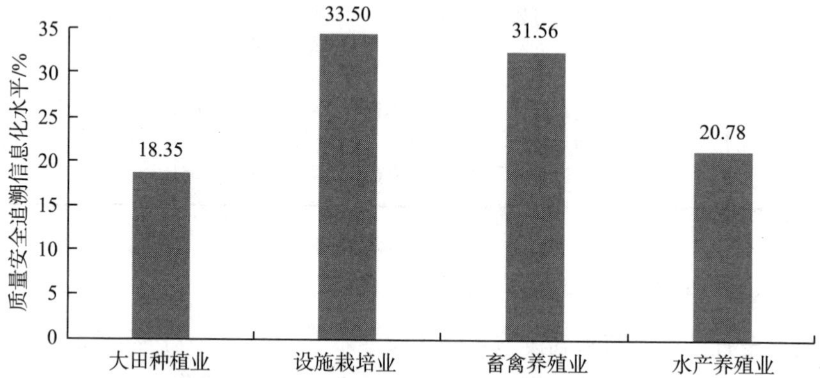

图 7　湖北省各农业领域农产品质量安全追溯信息化水平

（八）乡村治理信息化有序推进

全省农村网络基础设施建设不断加强，村级信息站点覆盖面不断提升，信息员队伍不断扩大，有效推动了乡村治理信息化发展。2020 年，全省 92 个样本县（市、区）中，通过互联网技术和信息化手段实现了党务、村务、财务公开的行政村比例分别达到 86.00％、86.92％和 83.87％。93.67％的行政村实施了"雪亮工程"，越来越多的村民通过信息化参与到乡村治理中来，真正成为乡村发展的参与者和主人翁。信息化有效推动了湖北乡村治理模式的转变和治理方式的创新，为提升农村基层公共服务和社会管理水平，全面推进乡村振兴和加速农业农村现代化奠定了基础。

（九）信息进村入户工程全面实施

按照农业农村部要求，持续推进信息进村入户建设和应用服务工作，印发《湖北省信息进村入户工程整省推进实施方案》，全面推广"政府＋邮乐购站点＋益农信息社"运营模式，整合农业农村部门及邮政公司服务"三农"资源，探索一站多用、共建共用模式，全省电商服务站行政村覆盖率超过 80％。

三、存在问题

(一) 农业农村信息化区域发展不平衡

当前，按照全省"一主引领、两翼驱动、全域协同"的发展战略，武汉市、襄阳市、宜昌市三个重点城市经济总量和发展水平在省内处于领先水平，在农业农村信息化领域的财政投入、基础设施建设、服务应用等方面有一定的比较优势，三地县域农业农村信息化整体发展水平相对靠前。从省内各县域农业农村信息化发展水平看，全省排名靠前的 5 个县域，发展水平均值为62.65%；排名靠后的 5 个县域，发展水平均值为 25.60%。发展水平靠前和发展水平靠后的县域之间差距较大，较为真实和客观地反映了当地党委政府、相关主管部门对农业农村信息化工作的重视程度。

(二) 信息化在农业领域应用深度和广度有待提升

乡村振兴关键在产业振兴，作为推动产业振兴和农业现代化的重要手段，信息技术在全省农业生产领域的应用还不够深入、不够广泛，与农业产业链的融合发展不够充分，信息技术在农业生产中的应用率低于 10% 的县域有 13个，低于 5% 的县域有 8 个。如何补齐弱项短板，推进农业生产领域信息化发展和应用，真正让信息化推动农业节本、增效、降耗，需要重点考虑。

(三) 乡村基础设施建设有待加强

全省 92 个县域整体的互联网普及率虽已达 70.59%，但仍有 10 个县域的互联网普及率低于 50%。特别是广大山区、革命老区和原有的集中连片贫困地区，虽然信息化基础设施条件在持续改善，但受经济发展水平限制，用于农业农村信息化建设的投入有限，整体基础设施仍然比较薄弱，影响了县域农业农村经济快速发展和转型升级。

四、发展建议

(一) 强化组织领导

围绕全省农业农村发展总目标和总要求，加强对农业农村信息化工作的组织领导，形成党委政府主导，农业农村部门牵头，各有关部门协同配合，省、市、县、乡、村一体推进，农民群众、新型农业经营主体和社会各界广泛参与、多元共建的发展新格局。结合湖北省数字农业发展"十四五"规划要求，细化县域农业农村信息化工作方案，建立协同推进机制，推动各类农业农村信息化工程和项目落地落实。

（二）加强数据整合

在现有农业农村信息化应用的基础上，集成建设全省农业农村大数据平台，完善数据资源体系，推动农业农村信息资源和数据的高效采集、整合、共享和服务应用。结合湖北十大农业产业链（优质稻米、菜籽油、茶叶、特色淡水产品、现代种业、柑橘、蔬菜、道地药材、生猪、家禽及蛋制品）创新发展需求，深化大数据在十大农业产业生产、经营、管理、服务及科技成果转化应用等领域的融合创新，构建形成"政务运行一张网、数据调查一张表、为农服务一平台、重点工作一张图、成果应用一个库"的农业农村信息化应用决策体系。

（三）加大资金投入

围绕农业农村信息化建设资金需求实际，建立健全政府主导、企业主体、其他社会资本为补充的农业农村信息化多元化投入机制。力争在省级层面设立农业农村信息化建设相关专项，每年安排一定的财政资金用于支持县域农业农村信息化建设和应用项目。积极引导新型农业经营主体结合自身实际需求，投入自有资金有序开展农业农村信息化建设，服务农业生产经营过程，推动自身加快发展。支持各类社会机构对农业农村信息化领域进行投入，尤其是要引导金融机构加大对农业农村信息化项目建设的信贷支持力度，形成工作合力。

（四）强化人才支撑

一是充分依托湖北省科教大省的优势，通过高等院校、职业技术院校等培养一批农业农村信息化相关领域专业人才，深入实施"一村多名大学生计划"，着力培育一批复合型人才，引导其到新型农业经营主体、农村基层中就业和开展服务，满足新型农业经营主体和基层开展农业农村信息化应用工作对人才的需求。二是依托高素质农民培训、农村致富带头人培训、农业技术培训等相关日常工作，增加农业农村信息化课程和实践内容，提升村"两委"、新型农业经营主体带头人、农户的信息素养和应用服务能力，培养一批农业农村信息化实用新型人才。三是通过政府途径，着力引进和选聘一批农业农村信息化领域高端智库和专家团队，为全省农业农村信息化发展提供高端智力支持。

（五）推进技术创新与示范应用

推进全省农技推广机构、涉农高校院所、信息化企业、农产品电商企业、新型农业经营主体等机构之间的技术协同，打造面向全省重点产业链、政产学研用于一体、农科教相结合的农业农村信息化技术创新体系。充分发挥湖北在"光芯屏端网"等领域的产业和技术优势，推动农业农村信息化领域的技术研发和高效集成，促进5G、物联网、大数据、云计算、人工智能、区块链等新一代信息技术在农业农村领域的示范应用，形成农业农村信息化领域的新产品、新技术和新模式，建立一批农业农村信息化示范基地和数字乡村示范县和示范村，推进信息技术、智能装备与农业农村发展深度融合，为全省乡村振兴和农业农村高质量发展注入新动能。

2021 湖南省县域农业农村
信息化发展水平评价报告

撰稿单位：湖南省农业农村信息中心

撰稿人员：麻剑钧　屈春志　李　勤　夏先亮　谢旭平　刘　阳
刘志杰　赵丽敏　刘　嵩　王　雅　彭文斌

为深入贯彻落实党中央、国务院关于实施数字乡村发展战略的重大决策部署，建立农业农村信息化发展水平监测评价机制，根据农业农村市场与信息化司《关于开展全国农业农村信息化能力监测试点的函》（农市便函〔2021〕154号）的有关要求，2021 年 9 月，湖南省农业农村信息中心组织完成全省农业农村信息化能力监测、数据填报和审核、上传等工作，共涉及 121 个县（市、区），覆盖全部涉农县（市、区）。

2021 全国县域农业农村信息化发展水平评价指标体系涵盖 6 个一级指标、14 个二级指标、20 个三级指标；采取县级农业农村部门采集、市级审核、省级复审、部级复核的方式，力求监测数据客观、真实、准确。

全国共有 2 703 个县（市、区）参与监测评价（有效样本 2 642 个），109个县（市、区）获评"2021 全国县域农业农村信息化发展先进县"。湖南省韶山市、武冈市、石门县、衡东县、永兴县、安化县、嘉禾县、岳阳市云溪区、汨罗市、长沙县、岳阳市君山区、益阳市资阳区 12 个县（市、区）获评"2021 全国县域农业农村信息化发展先进县"。

2021 年 12 月农业农村部市场与信息化司、农业农村部信息中心发布的《2021 全国县域农业农村信息化发展水平评价报告》显示，2020 年湖南省农业农村信息化发展成效显著。

——湖南省农业农村信息化发展水平为 44.5%，在全国排名第五，在中部六省中排名第二。

——湖南省农业生产信息化水平为 31.0%，在全国排名第六。

——湖南县域农产品网络零售额为 387.8 亿元，占全省农产品销售总额的10.6%，在全国排名第十七。

——湖南省农产品质量安全追溯信息化水平为 25.3%，在全国排名第六。

——湖南省应用信息技术实现行政村"三务"综合公开水平为 96.7%，在全国排名第四。

——湖南省"雪亮工程"行政村覆盖率为 86.8%，在全国排名第十一。

——湖南省政务服务在线办事率为 82.1%，在全国排名第六。

——湖南省有 2.4 万个行政村建立电商服务站点 3.1 万个，行政村覆盖率为 95.1%，在全国排名第三。

——湖南省县均财政投入 1 143.8 万元，在全国排名第十；乡村人均财政投入 34.6 元，在全国排名第十。

——湖南省县均社会资本投入 4 104.6 万元，在全国排名第八；乡村人均社会资本投入 124.0 元，在全国排名第六。

——湖南省县级农业农村信息化管理服务机构覆盖率为 90.1%，在全国排名第八。

一、监测数据与方式

（一）指标体系

2021 全国县域农业农村信息化发展水平指标体系包含发展环境、基础支撑、生产信息化、经营信息化、乡村治理信息化和服务信息化一级指标 6 个，二级指标 14 个，三级指标 20 个。

（二）数据来源

本次监测评价数据采取县级农业农村部门自主填报，市级农业农村部门、省农业农村信息中心逐级审核把关，经农业农村部信息中心复核的方式获得。全省 121 个涉农县（市、区）全部纳入监测范围，填报 15 972 个数据。为确保数据来源客观、真实、准确，湖南省农业农村信息中心组织专业团队，开展数据抽查、核对工作。从 133 个填报值中选取 13 个关键填报值，采取实地调查、电话调查、网络调查等方式，科学开展样本核查；样本核查主要包括 9 个填报值数据，涉及 121 个县市区、1 125 个指标数据。

（三）数据分析方法

首先，基于县域填报值计算得出三级指标值；其次，沿用 Min－max 归一化方法对部分数值范围不在 0~1 的三级指标值进行归一化处理；最后，按照权重逐级计算二级指标值、一级指标值及发展总体水平。Min－max 归一化方法如下所示：

$$z_i = \frac{x_i - x_{i,\min}}{x_{i,\max} - x_{i,\min}} \quad i = 1, 2, \cdots, n$$

式中，x_i 为某地区第 i 个指标值，z_i 为该地区第 i 个指标归一化后的指标值，$x_{i,\max}$ 为该地区第 i 个指标在其所在层级（县级/市级/省级）中的最大值，$x_{i,\min}$ 为该地区第 i 个指标在其所在层级（县级/市级/省级）中的最小值。通过在同层级进行归一化处理，使各省区市之间、省内市州之间、省内县（市、区）之间的发展总体水平具有可比性。

二、监测结果

（一）湖南省农业农村信息化总体发展水平

根据有效样本综合测算，2020 年湖南省农业农村信息化发展总体水平为 44.5%，高于全国总体水平（37.9%）和中部地区总体水平（40.8%），在全国排名第五（图 1），在中部六省中排名第二（图 2）。

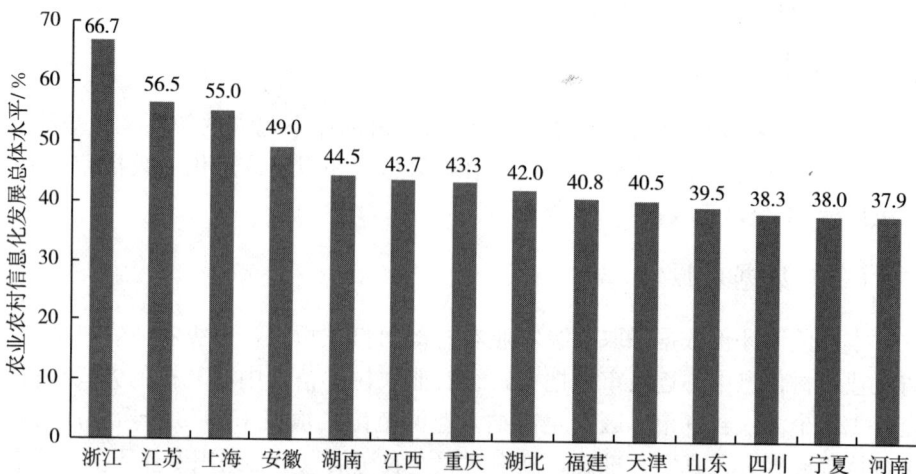

图 1　农业农村信息化发展总体水平高于全国总体水平的省份

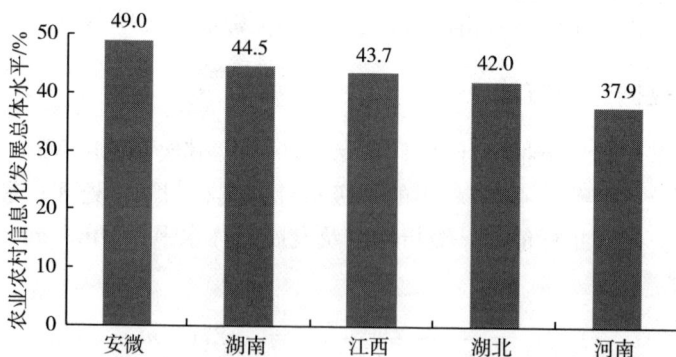

图 2　中部六省农业农村信息化发展总体水平高于全国总体水平的省份

湖南省有 12 个县（市、区）农业农村信息化发展水平位列全国前 100，其平均发展水平达 64.4%，包括韶山市（72.9%）、武冈市（70.7%）、石门县（66.7%）、衡东县（66.5%）、永兴县（66.5%）、安化县（65.6%）、嘉禾县（65.5%）、岳阳市云溪区（65.3%）、汨罗市（65.1%）、长沙县（64.7%）等。

分市州看，全省有 5 个市州农业农村信息化发展水平高于全省发展总体水平（44.5%），其中，湘潭市排名第一，发展总体水平为 55.6%；郴州市排名第二，发展总体水平为 50.9%；岳阳市排名第三，发展总体水平为 49.0%。湖南省各市州农业农村信息化发展总体水平见表 1。

表 1   湖南省各市州农业农村信息化发展总体水平

市州	农业农村信息化发展水平/%
长沙市	43.3
株洲市	38.3
湘潭市	55.6
衡阳市	48.0
邵阳市	43.0
岳阳市	49.0
常德市	44.6
张家界市	38.5
益阳市	41.7
娄底市	40.5
郴州市	50.9
永州市	42.7
怀化市	41.1
湘西土家族苗族自治州	39.6

从县域看，全省农业农村信息化发展水平排名前 10 的县（市、区）平均发展水平为 66.95%（图 3）。

全省共有 19 个县（市、区）农业农村信息化发展总体水平超过 60%，占比 15.7%；18 个县（市、区）处于 50%～60%，占比 14.9%；45 个县（市、区）处于 40%～50%，占比 37.2%；30 个县（市、区）处于 30%～40%，占比 24.8%；9 个县（市、区）低于 30%，占比 7.4%（图 4）。

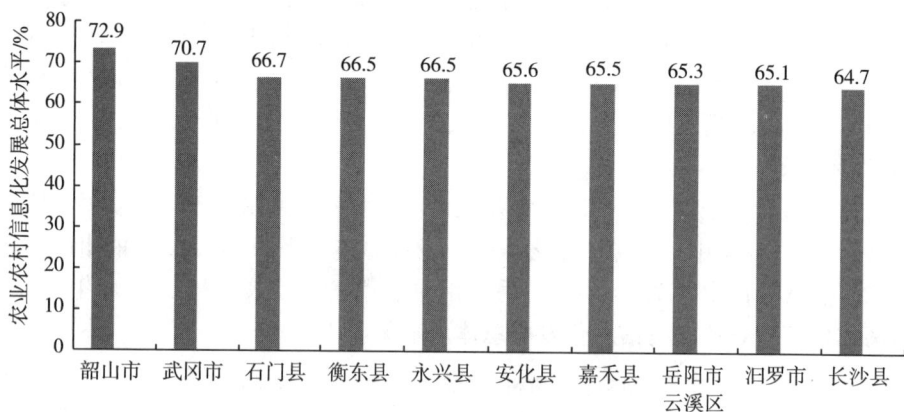

图 3　湖南省农业农村信息化发展水平排名前 10 的县（市、区）

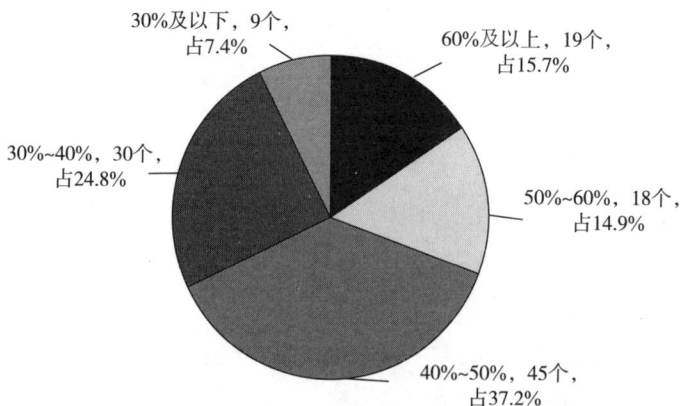

图 4　湖南省各县（市、区）农业农村信息化发展水平分布情况

（二）农业农村信息化发展环境

发展环境评价指标是指农业农村信息化财政投入情况、社会资本投入情况和管理服务机构情况。

1. 农业农村信息化财政投入情况

2020 年全国县域农业农村信息化建设的财政投入总额为 341.4 亿元，县均财政投入 1 292.3 万元，乡村人均财政投入 46.0 元；中部地区县域农业农村信息化建设的财政投入总额为 66.6 亿元，县均财政投入 784.6 万元，乡村人均财政投入 26.0 元。

湖南省农业农村信息化财政投入总额 13.8 亿元，县均财政投入 1 143.8万元，在全国排名第十，低于全国县均投入，高于中部地区县均投入（图5）；

乡村人均财政投入 34.6 元，在全国排名第十，低于全国县均财政投入，高于中部地区县均财政投入（图6）。

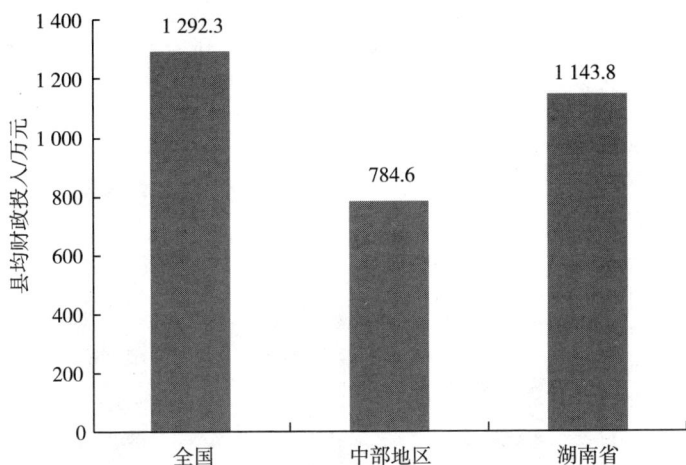

图 5　农业农村信息化县均财政投入对比

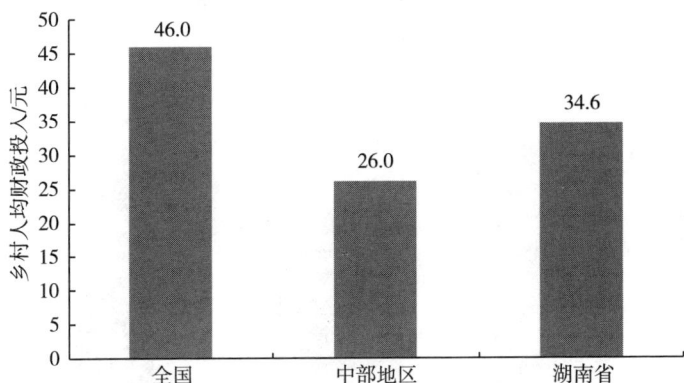

图 6　农业农村信息化乡村人均财政投入对比

从市州看，乡村人均财政投入高于全省乡村人均财政投入（34.6 元）的市州有 4 个，其中常德市为 153.2 元、株洲市为 51.4 元、邵阳市为 42.7 元、湘潭市为 42.2 元。

从县域看，乡村人均财政投入高于全省乡村人均财政投入（34.6 元）的县（市、区）有 32 个，占样本县（市、区）的 26.4%。

2. 农业农村信息化社会资本投入情况

2020 年全国县域农业农村信息化建设的社会资本投入为 809.0 亿元，县均社会资本投入 3 062.3 万元、乡村人均社会资本投入 109.0 元；中部地区农业农村信息化建设的社会资本投入为 204.6 亿元，县均社会投入 2 409.5 万元，乡村人均社会资本投入 79.9 元。

湖南省农业农村信息化社会资本投入为 49.7 亿元，县均社会资本投入 4 104.6 万元，在全国排名第八，高于全国、中部地区县均社会资本投入（图 7）；乡村人均社会资本投入 124.0 元，在全国排名第六，高于全国、中部地区乡村人均社会资本投入（图 8）。

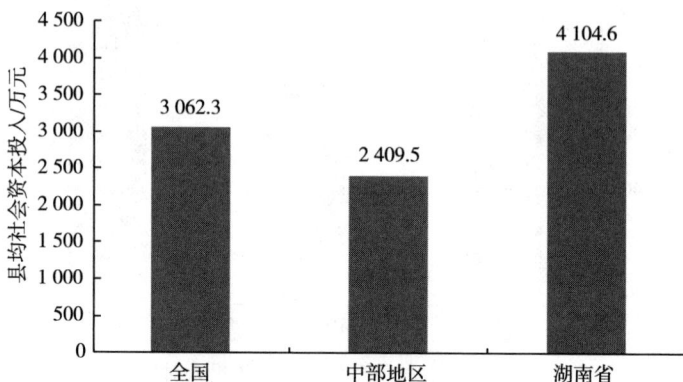

图 7　农业农村信息化县均社会资本投入对比

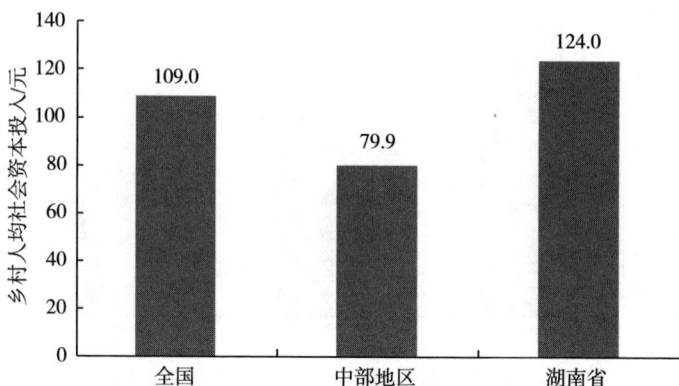

图 8　农业农村信息化乡村人均社会资本投入对比

从市州看，乡村人均社会资本投入高于全省乡村人均社会资本投入（124.0 元）的市州有 4 个，其中邵阳市为 412.6 元、郴州市为 280.8 元、株洲市为 212.9 元、常德市为 206.5 元。

从县域看，乡村人均社会资本投入高于全省乡村人均社会资本投入（124.0 元）的县（市、区）有 17 个，占样本县（市、区）的 14.0%。

综合财政投入和社会资本投入情况来看，湖南省财政投入排名前 3 的市州为常德市、邵阳市和怀化市；社会资本投入排名前 3 的市州为邵阳市、郴州市、常德市（图 9）。湖南省各市州农业农村信息化投入占比分布情况如图 10 所示。

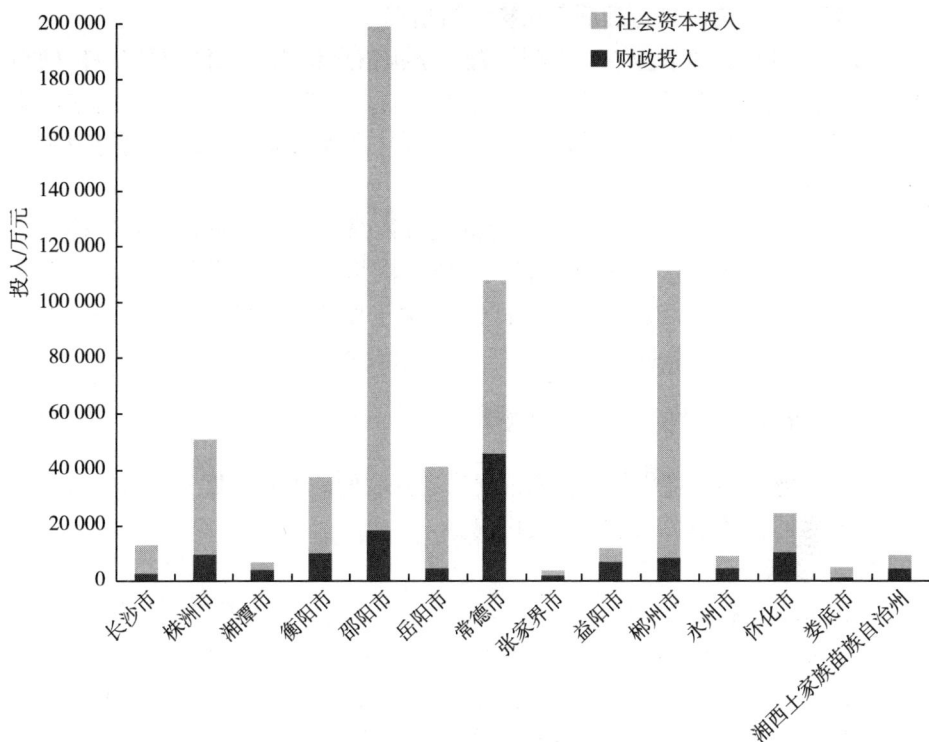

图 9　2020 年湖南省各市州农业农村信息化投入情况

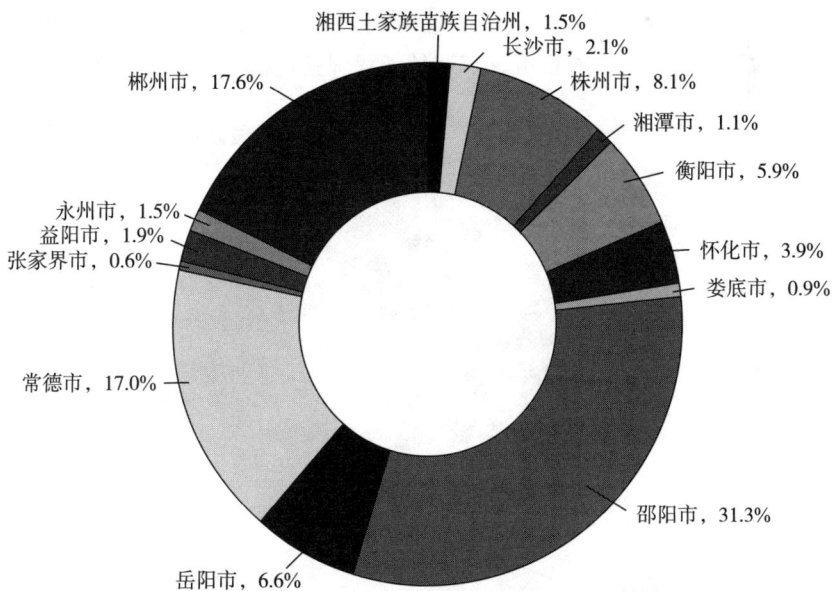

图 10　2020 年湖南省各市州农业农村信息化投入占比分布情况

3. 农业农村信息化管理服务机构设置情况

2020 年湖南县级农业农村部门设置了承担信息化相关工作的行政科（股）或者设置了信息中心（信息站）等事业单位的占比为 90.1%，在全国排名第八，高于全国（78.0%）、中部地区（82.2%）县级农业农村信息化管理服务机构覆盖率。

具体来看，有 85 个县级农业农村局是县网络安全与信息化领导机构成员或组成单位，有 93 个县级农业农村局成立了网络安全与信息化领导机构，有 105 个县级农业农村局设置了承担信息化相关工作的行政科（股），有 68 个县级农业农村局设置了信息中心（信息站）等事业单位。

（三）农业农村信息化基础支撑

县域农业农村信息化基础支撑情况通过互联网的普及程度指标来衡量，具体分为互联网普及率和家庭宽带入户率。

1. 互联网普及率

2020 年湖南省县域网民规模达 4 799.7 万人，县域互联网普及率为 73.5%。

从县域看，互联网普及率达 90% 及以上的县（市、区）有 15 个，占比 12.4%；处于 80%～90% 的县（市、区）有 38 个，占比 31.4%；处于 70%～80% 的县（市、区）有 27 个，占比 22.3%；处于 60%～70% 的县（市、区）有 21 个，占比 17.3%；处于 50%～60% 的县（市、区）有 10 个，占比 8.3%；低于 50% 的县（市、区）有 10 个，分别是临澧县、嘉禾县、永兴县、双峰县、北塔区、隆回县、双清区、吉首市、宁远县和双牌县，占比 8.3%（图 11）。

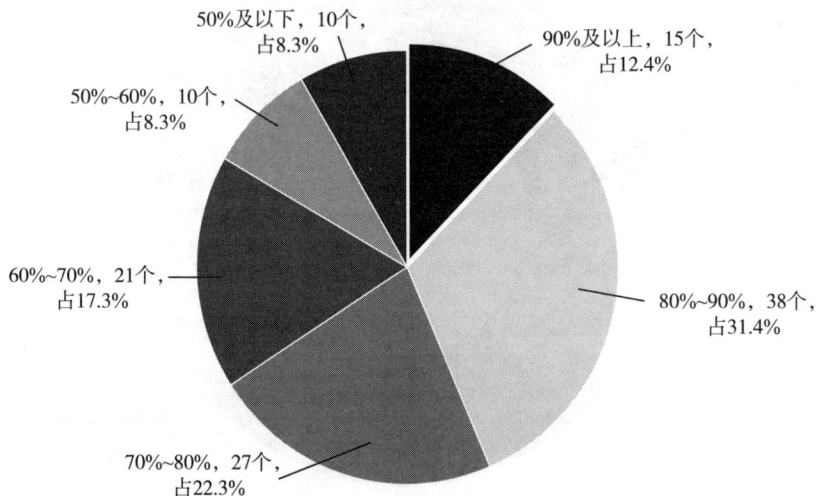

图 11　2020 年湖南省县域互联网普及率

2. 家庭宽带入户率

2020 年湖南省县域固定互联网宽带接入用户数 1 478.8 万户，家庭宽带入户率为 69.0%。

从县域看，家庭宽带入户率高达 90% 及以上的县（市、区）有 25 个，占比 20.7%；处于 80%～90% 的县（市、区）有 20 个，占比 16.5%；处于 70%～80% 的县（市、区）有 14 个，占比 11.6%；处于 60%～70% 的县（市、区）有 21 个，占比 17.4%；处于 50%～60% 的县（市、区）有 17 个，占比 14.0%；低于 50% 的县（市、区）有 24 个，占比 19.8%（图 12）。

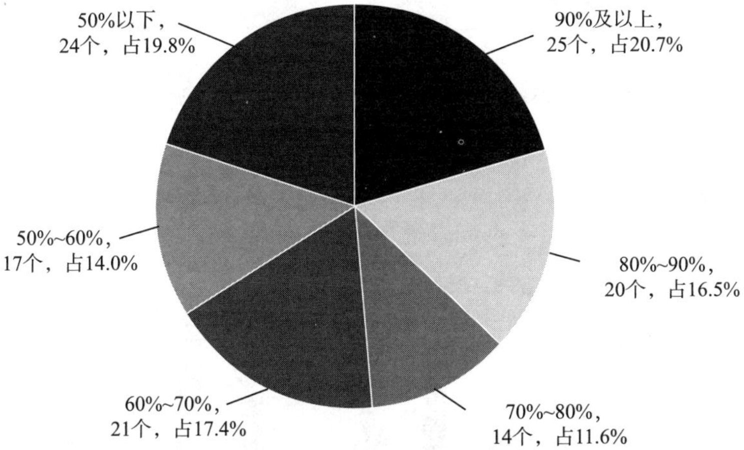

图 12　2020 年湖南省县域家庭宽带入户率

（四）农业生产信息化

农业生产信息化水平分析指标包括大田种植信息化水平、设施栽培信息化水平、畜禽养殖信息化水平和水产养殖信息化水平。

2020 年全国农业生产信息化水平为 22.5%，中部地区为 30.8%；湖南省农业生产信息化水平为 31.0%，在全国排名第六，高于全国、中部地区农业生产信息化水平。

分产业行业看，信息技术在农业各生产领域的应用步伐加快，在大田种植、设施栽培、畜禽养殖和水产养殖 4 个领域，湖南省信息化水平最高的是畜禽养殖，信息化水平为 34.1%；大田种植次之，其信息化水平为 30.4%；设施栽培和水产养殖信息化水平相对较低，分别为 26.2% 和 23.4%（图 13）。

从市州看，湘潭市农业生产信息化水平发展位居第一，为 51.1%；郴州市位居第二，为 50.6%；衡阳市位居第三，为 49.5%。各市州农业生产信息化发展水平如图 14 所示。

图 13　2020 年湖南省农业不同产业生产信息化水平

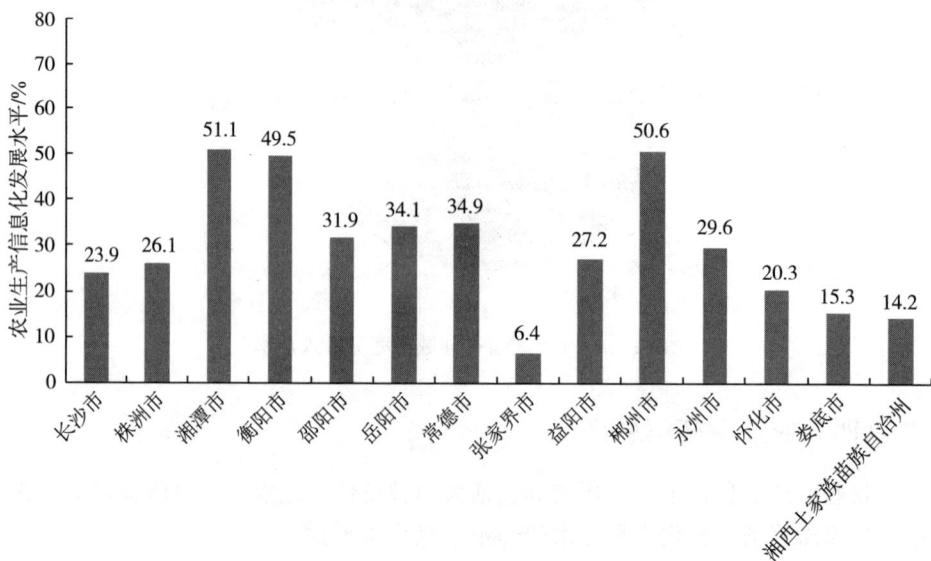

图 14　2020 年湖南省各市州农业生产信息化发展水平

大田种植方面，监测的 11 个主要农作物品种（类）中，稻谷、油料作物、水果（不含设施蔬菜）3 个作物的生产信息化水平总体较高，分别为 37.6%、26.1%和 23.4%。从市州看，郴州市大田种植信息化水平位居第一，为 50.2%；衡阳市位居第二，为 46.4%；湘潭市位居第三，为 44.7%。

设施栽培方面，从市州看，湘潭市设施栽培信息化水平位居第一，为 80.1%；衡阳市位居第二，为 50.7%；常德市位居第三，为 49.3%。

畜禽养殖方面，监测的 3 个主要畜禽品种（类）中，生猪养殖信息化水平最高，为 37.3%。从市州看，畜禽养殖信息化水平超过 50%的有常德市、郴州市、衡阳市、湘潭市 4 个，分别为 56.5%、56.2%、53.8%、53.2%。

水产养殖方面，监测的 4 个主要水产品种（类）中，蟹类的生产信息化水平最高，为 48.2%。从市州看，衡阳市水产养殖信息化水平位居第一，为 45.0%；湘潭市位居第二，为 44.0%；岳阳市位居第三，为 32.5%。

各市州不同产业的生产信息化水平如图 15 所示。

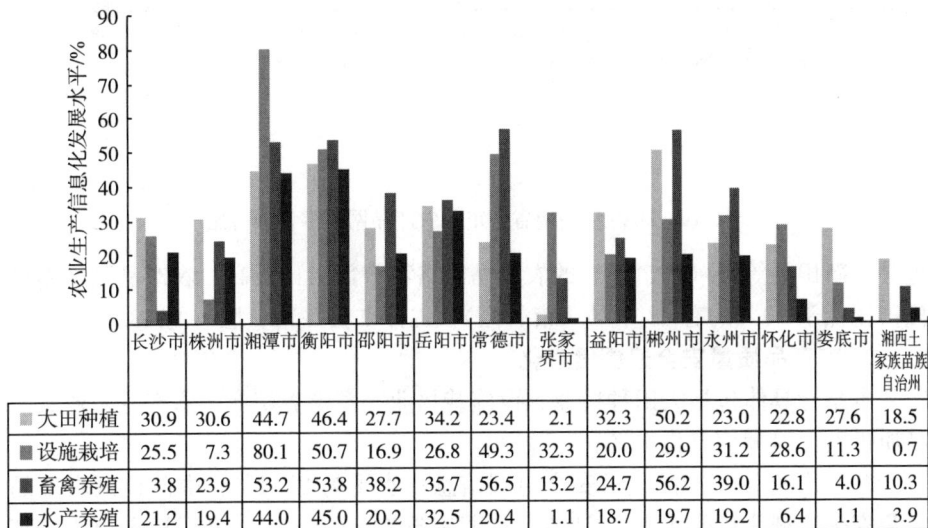

	长沙市	株洲市	湘潭市	衡阳市	邵阳市	岳阳市	常德市	张家界市	益阳市	郴州市	永州市	怀化市	娄底市	湘西土家族苗族自治州
大田种植	30.9	30.6	44.7	46.4	27.7	34.2	23.4	2.1	32.3	50.2	23.0	22.8	27.6	18.5
设施栽培	25.5	7.3	80.1	50.7	16.9	26.8	49.3	32.3	20.0	29.9	31.2	28.6	11.3	0.7
畜禽养殖	3.8	23.9	53.2	53.8	38.2	35.7	56.5	13.2	24.7	56.2	39.0	16.1	4.0	10.3
水产养殖	21.2	19.4	44.0	45.0	20.2	32.5	20.4	1.1	18.7	19.7	19.2	6.4	1.1	3.9

图 15　2020 年湖南省各市州在不同产业生产信息化水平

（五）农产品经营信息化

经营信息化分析指标包括农产品网络零售情况和农产品质量安全追溯信息化水平。

1. 农产品网络零售情况

2020 年全国县域农产品网络零售额为 7 520.5 亿元，占农产品销售总额 13.8%；中部地区农产品网络零售额为 2 628.5 亿元，占比 12.0%；湖南省农产品网络零售额 387.8 亿元，占农产品销售总额的 10.6%，在全国排名第十七。

从市州看，张家界市农产品网络零售额占比位居第一，为 24.0%；岳阳市位居第二，为 22.3%；娄底市位居第三，为 21.4%。各市州农产品网络零售额占比如图 16 所示。

从县域看，农产品网络零售额占比高于全省农产品网络零售额占比（10.6%）的县（市、区）有 67 个，占样本县（市、区）的 55.4%。

县域之间农产品网络零售额占比差异较大。汉寿县、蒸湘区、大祥区、宁

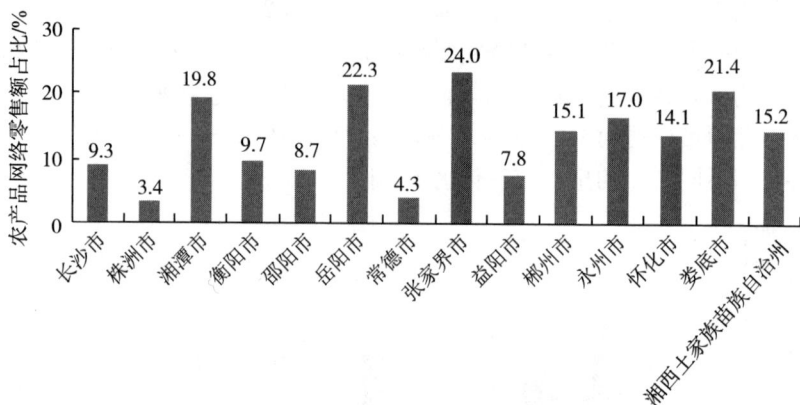

图 16　2020 年湖南省各市州农产品网络零售额占比

远县、新田县等县（市、区）的农产品网络零售额占比较高；农产品网络零售额占比低于 10％的有 53 个县（市、区），占样本县（市、区）的 43.8％。

2. 农产品质量安全追溯信息化

本指标具体包括大田种植业、设施栽培业、畜禽养殖业、水产养殖业农产品质量安全追溯信息化水平。

2020 年全国农产品质量安全追溯信息化水平为 22.1％，中部地区农产品质量安全追溯信息化水平为 18.7％；湖南省为 25.3％，在全国排名第六，高于全国、中部地区农产品质量安全追溯信息化水平。

分行业看，湖南省在大田种植业、设施栽培业、畜禽养殖业和水产养殖业 4 个领域的农产品质量安全追溯信息化水平分别为 21.0％、33.0％、30.7％和 23.4％（图 17）。

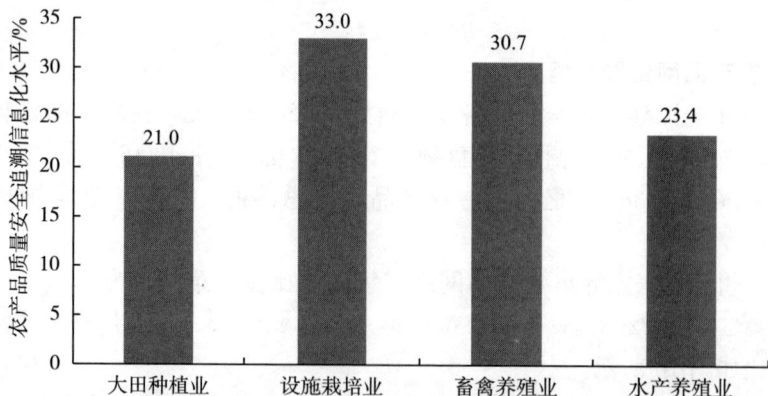

图 17　2020 年湖南省农业不同产业农产品质量安全追溯信息化水平

从市州看，长沙市农产品质量安全追溯信息化水平位居第一，为 41.3％；

株洲市位居第二，为 38.0%；湘潭市位居第三，为 37.5%。各市州农产品质量安全追溯信息化水平如图 18 所示。各市州不同产业农产品质量安全信息化水平如图 19 所示。

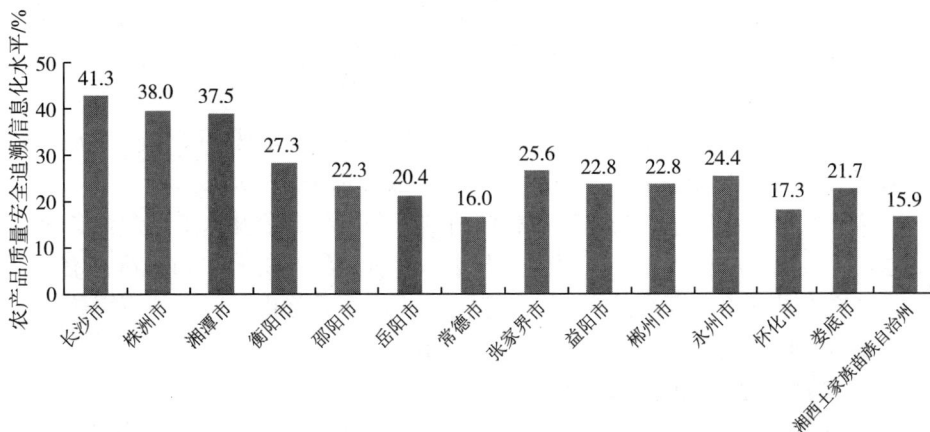

图 18　2020 年湖南省各市州农产品质量安全追溯信息化水平

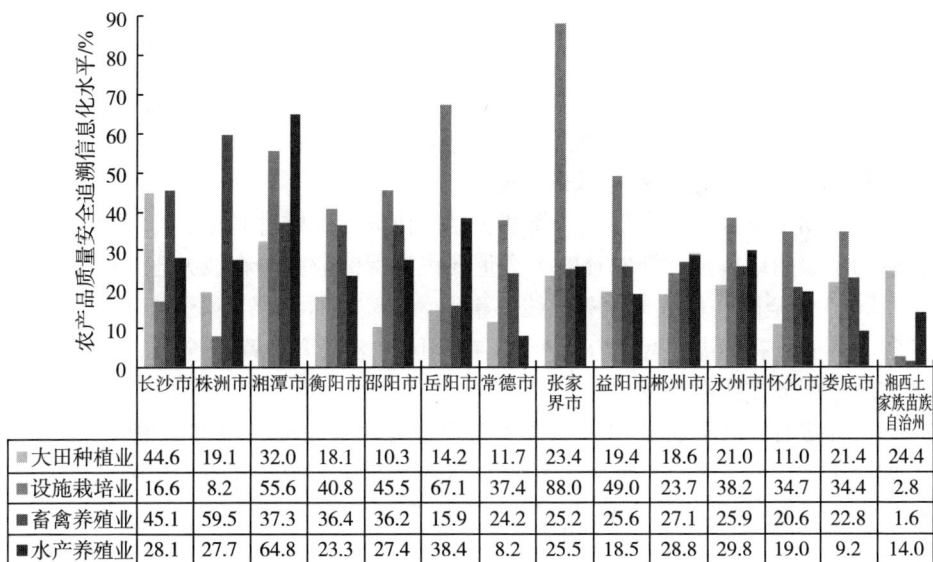

	长沙市	株洲市	湘潭市	衡阳市	邵阳市	岳阳市	常德市	张家界市	益阳市	郴州市	永州市	怀化市	娄底市	湘西土家族苗族自治州
■大田种植业	44.6	19.1	32.0	18.1	10.3	14.2	11.7	23.4	19.4	18.6	21.0	11.0	21.4	24.4
■设施栽培业	16.6	8.2	55.6	40.8	45.5	67.1	37.4	88.0	49.0	23.7	38.2	34.7	34.4	2.8
■畜禽养殖业	45.1	59.5	37.3	36.4	36.2	15.9	24.2	25.2	25.6	27.1	25.9	20.6	22.8	1.6
■水产养殖业	28.1	27.7	64.8	23.3	27.4	38.4	8.2	25.5	18.5	28.8	29.8	19.0	9.2	14.0

图 19　2020 年湖南省各市州不同产业农产品质量安全追溯信息化水平

　　从县域来看，农产品质量安全追溯信息化水平高于全省农产品质量安全追溯信息化水平（25.3%）的县（市、区）有 41 个，占样本县（市、区）的 33.9%。

（六）乡村治理信息化

　　乡村治理信息化分析指标包括农村"互联网＋监督"情况、农村"雪亮工程"覆盖情况和"互联网＋政务服务"情况。随着乡村治理信息化不断推进，基层政府信息公开和办事效率不断提高。

1. 农村"互联网＋监督"情况

2020年全国应用信息技术实现行政村"三务"综合公开水平为72.1%，中部地区为77.5%；湖南省为96.7%，在全国排名第四，高于全国、中部地区应用信息技术实现行政村"三务"综合公开水平。其中，湖南省应用信息技术实现行政村党务公开水平为97.1%，应用信息技术实现行政村村务公开水平为97.6%，应用信息技术实现行政村财务公开水平为95.4%。

从县域看，应用信息技术实现行政村"三务"综合公开水平高于全省应用信息技术实现行政村"三务"综合公开水平（96.7%）的县（市、区）有107个，占样本县（市、区）的88.4%。其中，107个县（市、区）的应用信息技术实现行政村"三务"综合公开水平达到100%。

2. 农村"雪亮工程"覆盖情况

2020年全国"雪亮工程"行政村覆盖率为77.0%，中部地区为83.5%；湖南省为86.8%，在全国排名第十一，高于全国、中部地区"雪亮工程"行政村覆盖率。

从县域看，"雪亮工程"行政村覆盖率高于湖南省"雪亮工程"行政村覆盖率（86.8%）的县（市、区）有99个，占样本县（市、区）的81.8%。其中，92个县市区的"雪亮工程"行政村覆盖率达到100%。

3. 农村"互联网＋政务服务"情况

本指标主要分析社会保险、新型农村合作医疗、婚育登记、劳动就业、社会救助、农用地审批和涉农补贴七类重要民生保障业务的在线办理情况。

2020年全国县域政务服务在线办事率为66.4%，中部地区为70.4%；湖南省政务服务在线办事率为82.1%，在全国排名第六，高于全国、中部地区县域政务服务在线办事率。

从县域看，政务服务在线办事率高于全省政务服务在线办事率（82.1%）的县（市、区）共有86个，占样本县（市、区）的71.1%；其中，77个县（市、区）的在线办事率达到100%。

（七）农业农村服务信息化

服务信息化通过电商服务站建设情况指标来衡量。

2020年全国有40.1万个行政村已建电商服务站点，建有电商服务站点54.7万个，行政村覆盖率为78.9%；中部地区行政村覆盖率为82.8%。

湖南省有2.4万个行政村已建电商服务站点，建有电商服务站点3.1万个，行政村覆盖率为95.1%，在全国排名第三，高于全国、中部地区行政村覆盖率。

从县域看,电商服务站行政村覆盖率达到100%的县(市、区)有94个,占比77.7%;处于80%~100%的县(市、区)有12个,占比9.9%;处于60%~80%的县(市、区)有5个,占比4.1%;低于60%的县(市、区)有10个,占比8.3%(图20)。

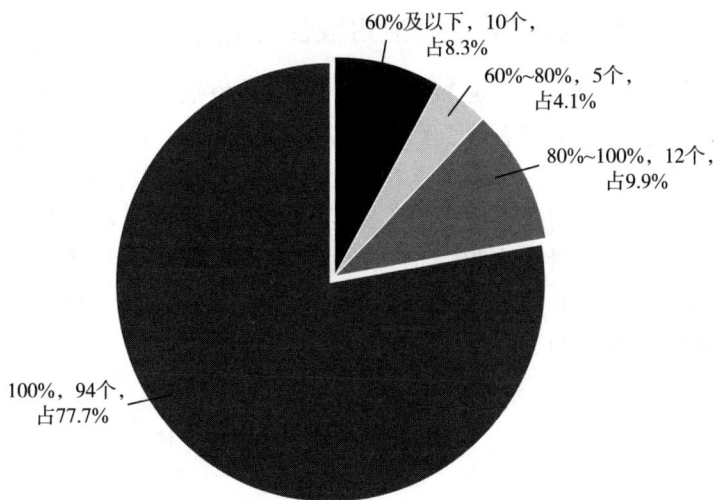

图20 2020年湖南省县市区电商服务站行政村覆盖率

三、存在的困难和问题

(一)对农业农村信息化发展重视不够

总体来看,各级财政投入不足,地区和产业行业差异较大;部分地方党委政府和农业农村部门不够重视,缺乏有力政策举措;基层农业农村信息化工作服务体系不健全,管理服务水平有待提升;生产经营者自主投入积极性不高,社会资本投入缺乏后劲;各地农业农村信息化发展不均衡,总体水平较低。据监测,2020年全省农业农村信息化总投入63.5亿元,乡村人均农业农村信息化财政投入最高达889.8元,但部分市县财政投入、社会资本投入处于极低水平。此外,部分县域农业农村信息化机构、队伍建设未能跟上信息化与农业现代化的融合趋势,仍有9个县(市、区)农业农村局未设置承担信息化工作的行政科(股)或信息中心(信息站)等事业单位。

(二)农业农村信息化基础支撑能力不足

据监测,2020年湖南省县域互联网普及率达73.5%;但各县(市、区)

互联网普及率不均衡，最高的达99.9％，最低的仅为17.9％。农业农村"新基础建设"相对滞后，5G、物联网、卫星遥感、大数据等现代信息技术和装备设施在农业农村领域应用相对滞后，基础支撑能力不足，网络资费、资源共享、机具补贴、示范推广等引导扶持政策机制还不完善，影响产业行业应用场景建设，农业农村信息化发展缺乏活力和后劲。

（三）农业生产经营信息化应用融合度不高

据监测，2020年湖南省县域农业农村信息化发展总体水平处于全国靠前位置，但现代信息技术与农业全产业链缺乏深度融合，产业信息化发展不平衡，业态创新动力不足。从湖南省农业生产信息化水平波士顿矩阵（图21）、农产品质量安全追溯信息化水平波士顿矩阵（图22）分析，全省农业生产信息化水平、农产品质量安全追溯信息化水平偏低。其中，30个县（市、区）农业生产信息化水平低于10％，占比24.8％；57个县（市、区）农产品质量安全追溯信息化水平低于10％，占比47.1％。

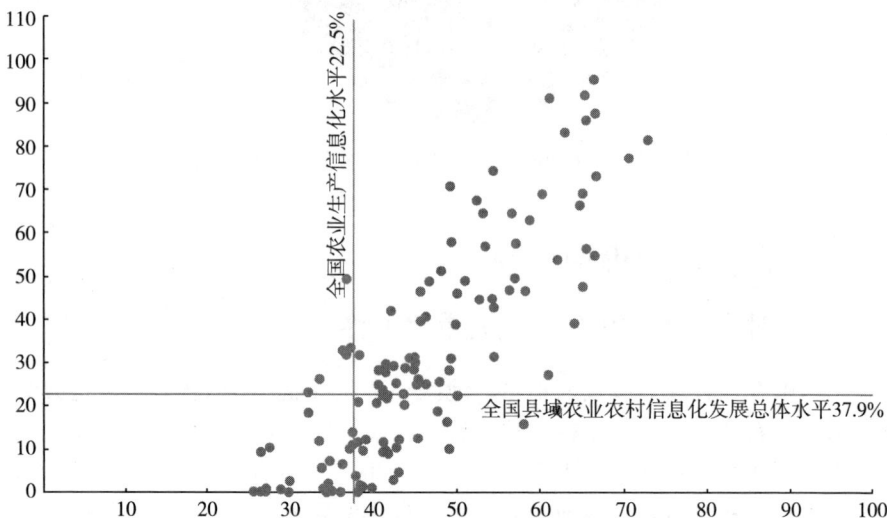

图21　2020年湖南省生产信息化水平波士顿矩阵

（四）农村电子商务带动农产品销售能力不强

据监测，2020年湖南省电商服务站行政村覆盖率为95.1％，在全国排名第三。但是，从湖南省农产品网络零售额占比波士顿矩阵（图23）分析，湖南省农产品网络零售额占比远低于全国总体水平，仅为10.6％。其主要原因是农村地区物流基础设施落后，保鲜、冷链、配送等环节成本高，严重制约农

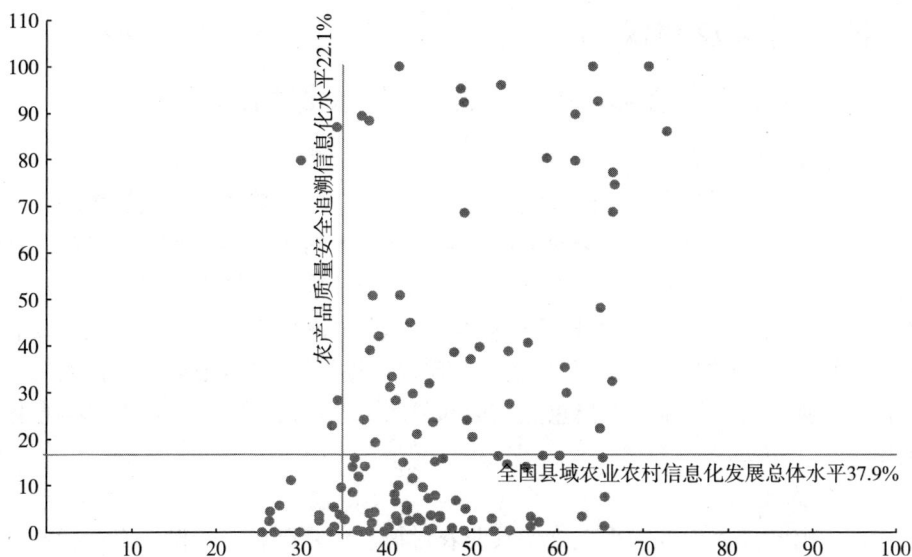

图 22　2020 年湖南省农产品质量安全追溯信息化水平波士顿矩阵

产品电子商务发展；乡村电商服务站运行困难、市场营销能力较弱，农村电商人才缺乏，农产品网络营销推广手段滞后。

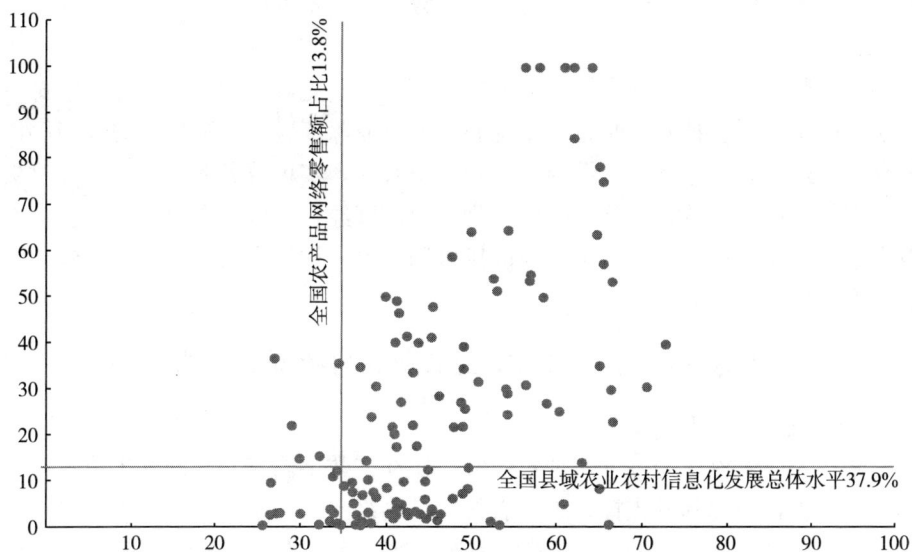

图 23　2020 年湖南省农产品网络零售额占比波士顿矩阵

四、对策及建议

（一）强化政策保障，优化农业农村信息化发展环境

1. 强化组织领导

深入贯彻落实党中央、国务院关于实施数字乡村战略的重大决策部署，坚持将数字农业农村建设作为全面推进产业兴旺、乡村振兴的重要举措来抓。加强组织领导，科学统筹谋划，深入实施《数字农业农村发展规划（2019—2025年）》《"十四五"全国农业农村信息化发展规划》《湖南省"十四五"数字政府建设规划》《湖南省"十四五"农业农村现代化规划》；结合地方实际，明确目标任务，强化政策措施，突出重点领域和薄弱环节，统筹推进农业农村信息化工作。

2. 加大投入力度

加大财政投入力度，重点支持农业农村信息化基础设施建设、产业行业数字化改造、农村电商体系建设和试点示范、教育培训等；将数字化建设重点纳入产业发展、乡村建设、农村治理各个领域，并与现代农业园区、产业集群、农业品牌建设和其他涉及农资金项目挂钩，同规划、同部署、同实施、同考评；实行购置补贴政策，将农业农村信息化设施设备列入农机具购置补贴目录，支持生产经营主体研发、购置、应用数字化装备设施。

3. 健全制度机制

加快制定完善相关技术标准和数据规范，推进先进实用装备设施和信息系统研发应用，推动技术、装备、系统和产业行业深度融合；强化相关部门协作配合，推进涉农信息化基础设施互联和资源共享，实现政务业务信息系统对接和数据共享；出台政策措施，引导鼓励农业新型经营主体自主投入、社会资本投入数字农业农村建设，健全利益链接机制，着力构建多元化投入、共建共享农业农村信息化发展格局。

（二）强化基础支撑，深入实施农业农村新基建行动

1. 推进农村"新基建"

坚持农业农村优先发展，把农业农村摆在"数字新基建"的突出位置，补强发展短板，强化基础支撑；加快农村宽带网络建设，提升行政村光纤网络覆盖水平，提高自然村 4G 网络覆盖率和光纤通达率，推动农村地区千兆网络协同发展；科学统筹规划，加快农村地区 5G 基站建设，优化农业农村 5G 网络部署，筑牢智慧农业新基础；落实农业农村网络通信资费优惠政策；统筹建设农业农村天空地观测网络体系。

2. 推进重点项目建设

加快建设全省农业农村大数据中心、空天地一体化监测体系、智慧渔政监管平台、产业集群信息服务平台、高标准农田建设管理系统、农村宅基地管理信息系统等一批重点项目，强化核心支撑和引领作用，推进智慧农业、数字乡村建设；大力实施"互联网＋现代农业""互联网＋农产品出村进城""互联网＋监管""互联网＋政务服务""互联网＋基层治理"和信息进村入户工程。

3. 推进数字技术应用

突出重点领域和薄弱环节，大力推进5G、大数据、云计算、人工智能、区块链、物联网、卫星遥感等现代信息技术和装备设施在农业农村产业行业领域应用，支持开展下一代互联网在农业农村领域应用示范；强化应用创新和机制创新，大力实施产业行业数字化改造，整体提升农业农村产业发展、行业管理、乡村治理数字化水平。

(三) 强化示范引领，打造农业农村数字化应用场景

1. 强化示范引领作用

突出农业农村数字化应用场景建设，加大试点示范力度，引领推进智慧农业、数字乡村建设；争取政策支持，建设一批国家级智慧农业示范基地，开展国家数字乡村试点；支持建设一批省级5G智慧农业园区、数字农业创新应用基地、数字农业农村创新中心，建成一批引领数字生活体验的智慧田园和智慧村庄，打造一批数字化应用程度高、彰显湖南特点的数字乡村。

2. 推进产业行业应用

将数字技术与农业农村经济深度融合作为主攻方向，以数据为关键生产要素，建立健全农业农村基础数据资源体系，提升数字生产能力；加快生产经营、管理服务数字化改造，大力推进农业农村数字化应用场景建设；强化部门协作配合，推动政府信息系统和公共数据互联开放共享；充分调动各方参与积极性，全面提升农业农村生产智能化、经营网络化、管理高效化、服务便捷化水平。

3. 发展农村数字经济

夯实数字农业基础，推进重要农产品全产业链大数据建设；推进农业数字化转型，促进新一代信息技术与种植业、种业、畜牧业、渔业、农产品加工业全面深度融合应用，打造科技农业、智慧农业、品牌农业；优化农业科技信息服务，创新农村流通服务体系，推动互联网与特色农业深度融合，大力发展乡村共享经济，激发内生动力、增强数字农业农村发展后劲。

（四）强化体系建设，大力培育和发展农村电子商务

1. 推进信息进村入户

创新政策机制，持续推进信息进村入户工程体系建设，提升省级信息进村入户综合平台运营维护能力、县级运营中心运营带动能力和村级益农信息社站点可持续运营能力，健全营运长效机制；科学统筹乡村已有信息服务站点资源，大力推广一站多用；整合现有村级信息服务终端、移动互联网应用软件，面向农民提供一站式、一门式信息服务。

2. 推进产品出村进城

围绕当地农村主导产业、特色产业，建立适应网络销售的供应链体系、运营服务体系和支撑保障体系；加强产地加工、公共仓储、冷链、物流等基础设施建设，支持电商平台建设和网络销售，畅通农业农村产品出村进城线上渠道；支持产业化龙头企业、电商企业抓好品牌建设管理和市场营销服务，提升全产业链辐射带动能力；加强指导帮扶，推动小农户、专业大户、家庭农场、农民专业合作社与各类电商平台的低成本精准对接，大力推进"互联网＋农产品出村进城"。

3. 培育农村电商人才

培育壮大农业农村数字化服务企业和农村电商主体，培育一批"农民网红"，推广短视频、直播带货、VR/AR、微商等新媒体营销模式，推动农村电子商务发展；引导鼓励外出务工青年农民返乡创办电商企业，鼓励创业创新；支持农业职业院校开设农村电商专业课程，将农村电商纳入基层特岗计划、高素质农民培训等，强化农村电商人才支撑。

2021广西壮族自治区县域农业农村信息化发展水平评价报告

撰稿单位：广西壮族自治区农业信息中心
撰稿人员：吴炳科　饶珠阳　廖　勇　黄腾仪

农业农村信息化是实现数字中国建设的重中之重，习近平总书记多次强调，要抓住实施乡村振兴战略的重大机遇，进一步加大信息基础设施向农村地区扩展延伸力度，加快新一代互联网等信息技术在乡村地区的发展。推动新一代信息技术与农业生产全过程深度融合，以数字技术带动乡村新业态融合发展，不断提升农民群众的获得感、幸福感、安全感，推进数字乡村治理新格局。

近年来，广西壮族自治区农业农村厅认真落实党中央国务院、农业农村部、自治区党委政府关于农业农村信息化的各项部署，紧扣"互联网＋现代农业"发展目标，以广西农业云平台和广西农业农村大数据平台建设为核心，聚焦数字资源与农业农村全面融合，按照"1234＋N"（打造一个中心，建设两大体系、三大平台，强化四个支撑，实现多项应用）建设总框架，打造广西农业农村大数据中心，构建面向农业农村的综合信息服务体系，助力现代农业高质量发展。为贯彻落实《中共中央 国务院关于实施乡村振兴战略的意见》《数字乡村发展战略纲要》和自治区关于加快数字广西建设等系列文件精神，促进互联网、云计算、大数据、人工智能等新一代信息技术与乡村经济发展深度融合，开创新时代城乡融合新格局，自治区出台了一系列政策性文件，特别是《广西数字农业发展三年行动计划（2018—2020年）》《广西数字经济发展规划（2018—2025年）》《广西加快数字乡村发展行动计划（2019—2022年）》等，深化了大数据在农业生产、经营、管理和服务等方面的创新应用，为政府部门管理决策和各类市场主体生产经营活动提供更加完善的数据服务，全面提升全区农业农村数字化、网络化、智能化水平，为实现"四化"同步和乡村全面振兴注入新动力。

2021年，为贯彻落实党中央、国务院及中共中央网络安全和信息化委员会办公室、农业农村部有关实施数字乡村发展战略的决策部署，在农业农村部市场与信息化司、农业农村部信息中心等相关单位的指导和支持下，广西壮族自治区农业信息中心总结历年经验，围绕发展环境、基础支撑、生产信息化、经营信息化、乡村治理信息化、服务信息化6个维度在全区范围内开展了县域农业农村信息化发展水平评价工作，撰写了《2021广西壮族自治区县域农业农村信息化发展水平评价报告》。报告分析了广西县域农业农村信息化发展的总体水平与特点，总结了全区县域农业农村信息化发展的亮点以及存在的问题和不足，阐述了全区农业农村信息化未来的发展建议。

一、评价说明

（一）指标体系

为更准确、全面、客观地评价广西壮族自治区县域农业农村信息化发展水平，自治区农业信息中心严格按照《2021全国县域农业农村信息化发展水平评价指标体系》开展评价工作。本着评价指标的科学性、系统性和实用性，在考虑数据的可获得性、操作性和便捷性的基础上，本次评价选取发展环境、基础支撑、生产信息化、经营信息化、乡村治理信息化、服务信息化6个一级指标，14个二级指标，20个三级指标构建起县域农业农村信息化发展水平评价指标体系，随着填报指标的进一步细化，数据填报更趋于准确。

（二）数据来源

本次评价数据采用县（市、区）农业农村部门填报的方式获取，共收集到111个县（市、区）2020年的基础指标数据。从填报数据规模和质量来看，参与评价范围实现县域全覆盖，其中桂东地区24个、桂南地区31个、桂西地区23个、桂北地区17个，桂中地区16个[①]，111个县域的全部有效数据纳入评价范围。

（三）评价方法

本次评价采用Min－max标准化方法对数据进行归一化处理，将数据按比例缩放，消除量纲和数据取值范围的影响，按照既定权重逐级计算二级、一级指标值及发展总体水平。

---

① 按地理环境、经济发展、政治因素、历史原因等多种因素将广西壮族自治区划分为桂东、桂南、桂西、桂北及桂中地区。其中，桂东地区包括梧州市、贺州市、玉林市和贵港市，桂南地区包括南宁市、崇左市、北海市、钦州市、防城港市，桂西地区包括百色市、河池市，桂北地区为桂林市，桂中地区包括柳州市、来宾市。

二、广西县域农业农村信息化发展现状

（一）广西县域农业农村信息化发展总体水平为 34.2%

党的十八大以来，自治区党委、政府高度重视县域农业农村信息化发展，大力推进农业农村现代化、信息化、高质量发展，并取得了显著的成效，但广西农业农村信息化基础差、底子薄、弱质性特征明显，与先进省份相比，存在较大的差距，目前仍处于起步阶段。经综合测算，2020 年广西县域农业农村信息化发展总体水平为 34.2%，略高于西部地区总体发展水平，比全国总体发展水平低 3.7 个百分点。

分地市看，高于广西发展总体水平的有 6 个地级市，其中，贵港市在广西处于领先地位，发展水平为 40.67%，钦州市和贺州市位列第二、第三，发展水平分别为 40.23% 和 40.01%（图 1）。

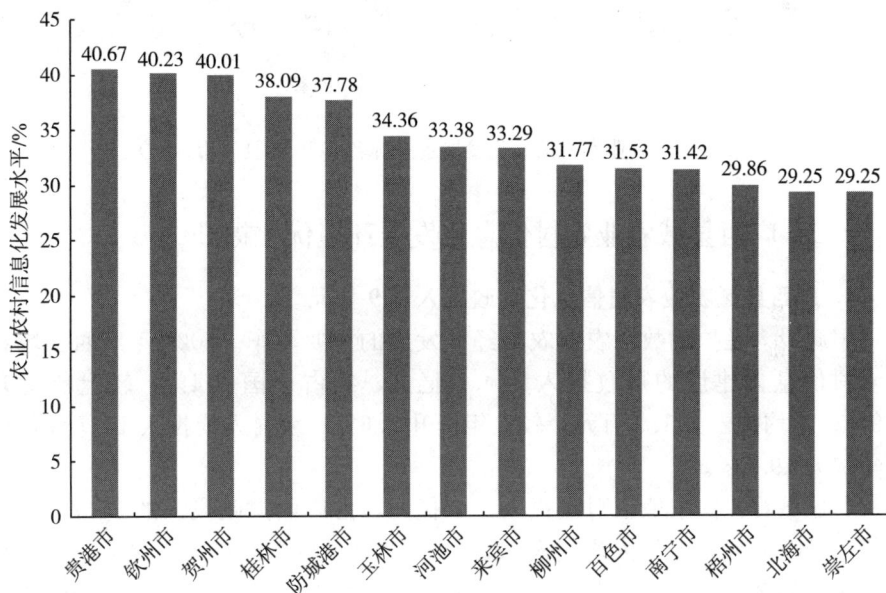

图 1 广西各地级市农业农村信息化发展水平

从县域看，全区县域农业农村信息化发展水平排名进入全国前 500 的有 7 个，排名前 1 000 的有 30 个。如图 2 所示，融安县以 57.1% 排名全区首位，全国第 207 名；阳朔县以 54.4% 排名全区第二，全国第 273 名；凭祥市以 53.4% 排名全区第三，全国第 306 名。发展水平排名全区前 10 的县（市、区）平均发展水平为 51.0%，排名全区前 50 的县（市、区）平均发展水平为 43.4%。全区发展水平超过 50% 的县（市、区）有 5 个，占比为 4.5%；处于

30%～50%的有 76 个，占比为 68.5%；低于 30%的有 30 个，占比为 27.0%。高于广西发展总体水平的县（市、区）有 57 个，占比为 51.3%。高于全国发展总体水平的县（市、区）有 45 个，占比为 40.5%。

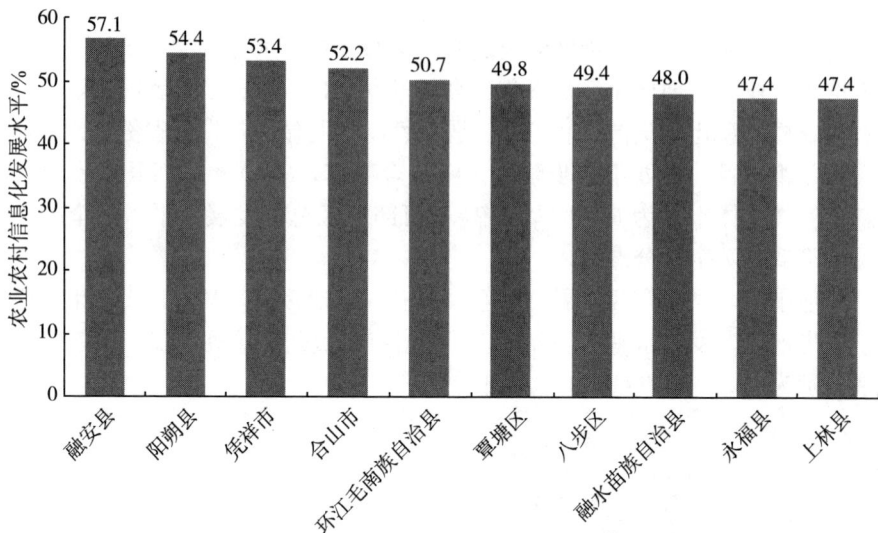

图 2　广西农业农村信息化发展水平排名前 10 的县（市、区）

（二）广西县域农业农村信息化发展环境优化提升

1. 广西县域农业农村信息化财政投入 4.9 亿元

财政投入是拉动数字农业农村经济发展的重要马车。2020 年广西县域农业农村信息化建设的财政投入为 4.9 亿元、约占全国 1.4%，较上年提升 8.9%；县均投入 441.3 万元，较上年提升 8.6%；乡村人均投入 13.7 元，较上年提升 19.1%。

分区域看，桂东地区财政投入 1.8 亿元，占广西财政投入的 36.7%，县均投入 743 万元，乡村人均投入 13.7 元；桂南地区财政投入 1 亿元，占广西财政投入的 20.4%，县均投入 324.8 万元，乡村人均投入 10.2 元；桂西地区财政投入 0.4 亿元，占广西财政投入的 8.2%，县均投入 171.8 万元，乡村人均投入 6.7 元；桂北地区财政投入 0.8 亿元，占广西财政投入的 16.3%，县均投入 477 万元，乡村人均投入 26 元；桂中地区财政投入 0.9 亿元，占广西财政投入的 18.4%，县均投入 563.8 万元，乡村人均投入 23.2 元。

分地市看，农业农村信息化县均财政投入高于全区平均水平的有贺州市、来宾市、南宁市、梧州市、贵港市、钦州市、桂林市 7 个地级市，其中贺州市高达 1 558.8 万元，来宾市、南宁市、梧州市分别为 968.7 万元、609.5 万元和 595.5 万元（图 3）。农业农村信息化乡村人均财政投入高于全区平均水平的有贺州市、来宾市、桂林市、南宁市、梧州市、柳州市 6 个地级市，其中贺州市高达 46.3 元，来宾市、桂林市、南宁市分别为 29.7 元、25.9 元和 19.9 元（图 4）。

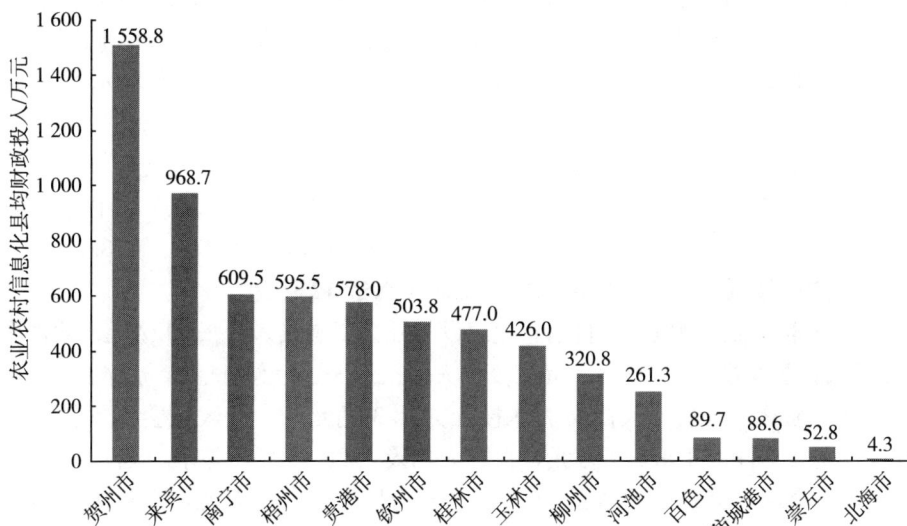

图 3　广西各地级市农业农村信息化县均财政投入

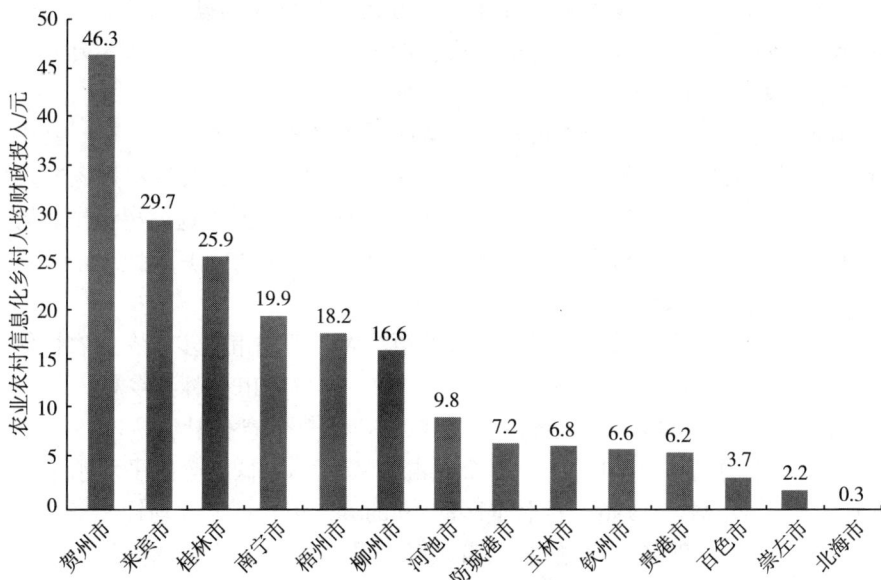

图 4　广西各地级市农业农村信息化乡村人均财政投入

从县域看，县域农业农村信息化财政投入低于全区平均水平的县（市、区）有 84 个，占比 75.7%；低于全国平均水平的县（市、区）有 99 个，占比 89.2%。该指标排名全区前 10 的县（市、区）县均财政投入为 2 796.1 万元，排名前 50 的县（市、区）县均财政投入为 942.9 万元。农业农村信息化发展水平排名全区前 10 的县（市、区）县均财政投入为 957.5 万元，排名前 50 的县（市、区）县均财政投入为 591.4 万元。乡村人均财政投入低于全区平均水平的县（市、区）有 83 个，占比 74.8%；低于全国平均水平的县（市、区）有 103 个，占比 92.8%。该指标排名全区前 10 的县（市、区）乡村人均财政投入为 145.5 元，排名前 50 的县（市、区）乡村人均财政投入为 42.2 元。农业农村信息化发展水平排名全区前 10 的县（市、区）乡村人均财政投入为 27.2 元，排名前 50 的县（市、区）乡村人均财政投入为 18.9 元。

2. 广西县域农业农村信息化社会资本投入近 12 亿元

2020 年广西县域农业农村信息化建设的社会资本投入为 11.9 亿元，约占全国 1.5%，县均投入 1 072.3 万元，乡村人均投入 33.3 元，较上年提升 4%。

分区域看，桂东地区社会资本投入为 3.3 亿元，占全区社会资本投入的 27.7%，县均投入 1 378.7 万元，乡村人均投入 25.4 元；桂南地区投入为 3.1 亿元，占全区社会资本投入的 26.1%，县均投入 999.1 万元，乡村人均投入 31.4 元；桂西地区投入为 2.1 亿元，占全区社会资本投入的 17.6%，县均投入 891.6 万元，乡村人均投入 34.9 元；桂北地区投入为 2.4 亿元，占全区社会资本投入的 20.2%，县均投入 1 439.4 万元，乡村人均投入 78.2 元；桂中地区投入为 1 亿元，占全区社会资本投入的 8.4%，县均投入 624.3 万元，乡村人均投入 25.7 元。

分地市看，县均社会资本投入超过全区平均水平的有 5 个地级市，其中贺州市县均社会资本投入最高，为 4 183.6 万元。乡村人均社会资本投入超过广西平均水平的有 5 个地市，贺州市一枝独秀，为 124.4 元，远远超过排名第二的桂林市。除贺州市乡村人均社会资本投入超过 100 元外，其余地级市乡村人均社会资本投入均未超过 100 元。

从县域看，全区各县社会资本投入差距较大，贺州市八步区农业农村信息化社会资本投入最高，达 14 808.5 万元（图 5）；百色市田林县乡村人均社会资本投入最高，为 545.8 元（图 6）。县域农业农村信息化社会资本投入低于全区平均水平的县（市、区）有 86 个，占比 77.5%；低于全国平均水平的有 99 个，占比 89.2%。该指标排名全区前 10 的县（市、区）县均社会资本投入为 7 166.7 万元，排名前 50 的县（市、区）县均社会资本投入为 2 344.0 万元。农业农村信息化发展水平排名全区前 10 的县（市、区）县均社会资本投入为 1 580.6 万元，排名前 50 的县（市、区）县均社会资本投入为 1 910.3 万

元。乡村人均社会资本投入低于广西平均水平的县（市、区）有 84 个，占比
75.7%；低于全国平均水平的有 98 个，占比 88.3%。该指标排名全区前 10
的县（市、区）乡村人均社会资本投入为 267.2 元，排名前 50 的县（市、区）
乡村人均社会资本投入为 86.8 元。农业农村信息化发展水平排名全区前 10 的
县（市、区）乡村人均社会资本投入为 87.8 元，排名前 50 的县（市、区）乡
村人均社会资本投入为 44.9 元。

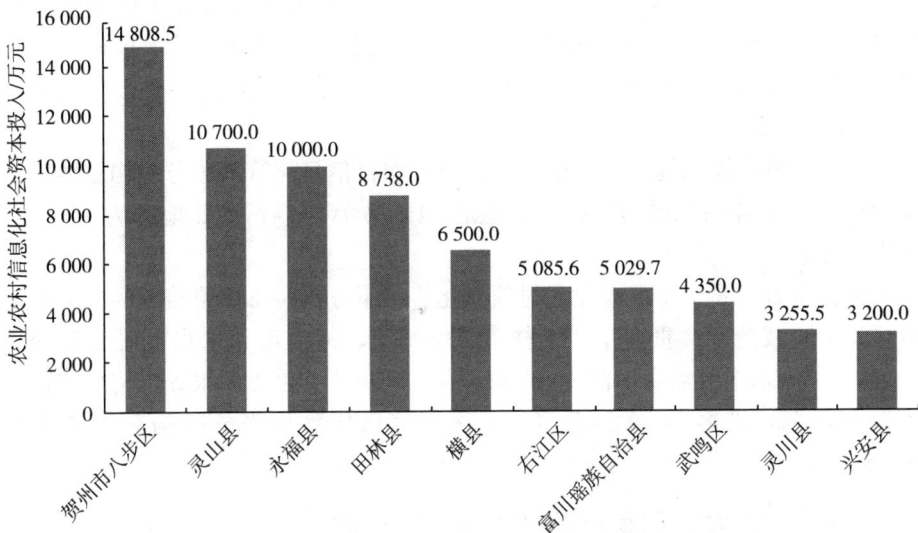

图 5　广西农业农村信息化社会资本投入排名前 10 的县（市、区）

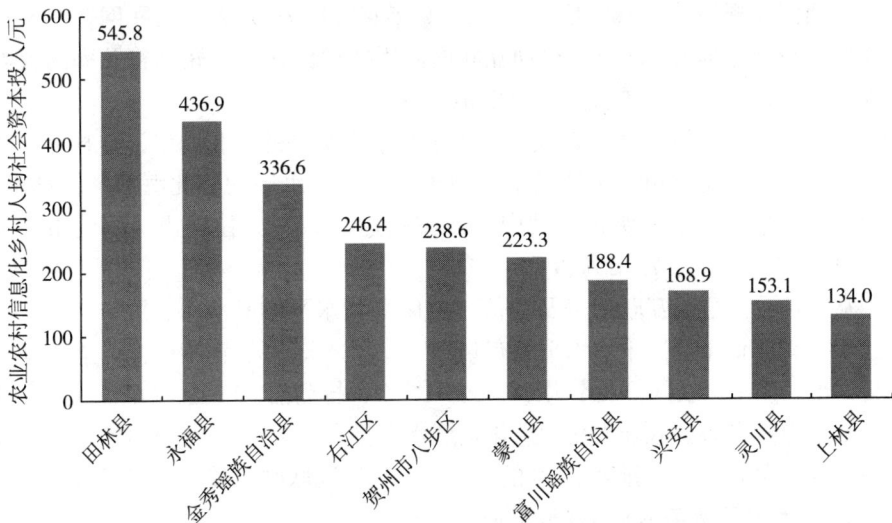

图 6　广西农业农村信息化乡村人均社会资本投入排名前 10 的县（市、区）

3. 广西县级农业农村信息化管理服务机构覆盖率 79.3%

县级农业农村信息化管理服务机构是数字农业农村建设与推广的重要内容和载体，是农村信息化的主要引导力量。2020年广西县级农业农村部门设置了承担信息化相关工作的行政科（股）或者设置了信息中心（信息站）等事业单位的占比为79.3%，较上年提升了0.9%。

全区有81.1%的县（市、区）农业农村局为所在县级网络安全与信息化领导机构成员单位；有74.8%的县（市、区）农业农村局成立了网络安全与信息化领导机构；有73.9%的县（市、区）农业农村局设置了承担信息化相关工作的行政科（股）；有40.5%的县（市、区）农业农村局设置了信息中心（信息站）等事业单位。

分区域看，桂东地区县（市、区）农业农村信息化管理服务机构总体覆盖率为67.0%，桂南地区为58.9%，桂西地区为76.1%，桂北地区为76.5%，桂中地区为61.0%。

分地市看，高于全区农业农村信息化管理服务机构总体覆盖率的有7个地市，其中防城港市、贵港市、玉林市、钦州市、河池市和来宾市覆盖率均为100%。发展水平排名全区前10的县（市、区）信息化管理服务机构总体覆盖率为82.5%，排名前50的县（市、区）信息化管理服务机构总体覆盖率为78.0%。

（三）广西农业信息化基础支撑不断夯实

1. 广西县域互联网普及率 66.0%

广西网民规模达3 763万人，较2019年底增长74万人，互联网普及率达66.0%，较上年提升1.6%。移动互联网使用持续深化，互联网普及率的提高为农业农村信息化的发展提供了坚实的支撑。

分地市看，县域互联网普及率高于全区平均水平的有北海市、桂林市、河池市、玉林市、柳州市5个地级市，高于全国平均水平的有北海市、桂林市、河池市、玉林市4个地级市，其中北海市高达82.3%，桂林市、河池市、玉林市分别为73.1%、70.6%和70.5%。

从县域看，县域互联网普及率低于全区平均水平的县（市、区）有51个，占比45.9%；低于全国平均水平的有62个，占比55.9%。该指标排名全区前10的县（市、区）互联网普及率为94.6%（图7），排名前50的县（市、区）互联网普及率为81.9%。农业农村信息化发展水平排名全区前10的县（市、区）互联网普及率为78.7%，排名前50的县（市、区）互联网普及率为68.1%。

2. 广西家庭宽带入户率 65.8%

良好的农业农村信息化发展势头背后，离不开农业农村信息基础设施的稳

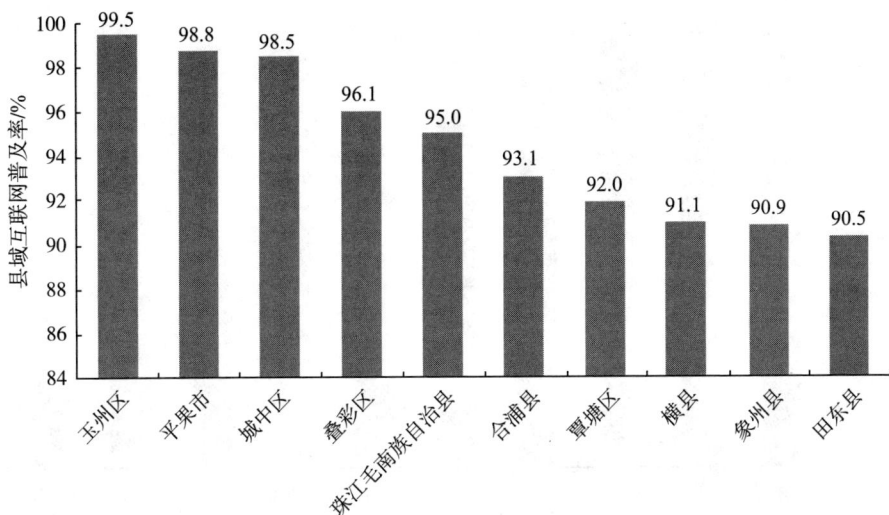

图 7 广西县域互联网普及率排名前 10 的县（市、区）

步提升。广西总家庭户为 1 698.8 万户，固定互联网宽带接入用户 1 117.7 万户，家庭宽带入户率 65.8%。

分地市看，家庭宽带入户率高于全区平均水平的有崇左市、桂林市、贺州市、柳州市、玉林市、河池市、北海市、钦州市 8 个地级市，高于全国平均水平的有崇左市、桂林市、贺州市、柳州市、玉林市、河池市 6 个地级市，其中崇左市高达 83.0%，桂林市、贺州市、柳州市分别为 78.6%、75.1% 和 73.9%。

从县域看，家庭宽带入户率低于全区平均水平的县（市、区）有 43 个，占比 38.7%；低于全国平均水平的有 51 个，占比 45.9%。该指标排名全区前 10 的县（市、区）家庭宽带入户率为 98.7%（图 8），排名前 50 的县（市、区）家庭宽带入户率为 88.7%。农业信息化发展水平排名全区前 10 的县（市、区）家庭宽带入户率为 75.8%，排名前 50 的县（市、区）家庭宽带入户率为 70.8%。

（四）广西农业生产信息化水平为 15.5%

农业生产信息化是促进传统农业向现代化农业跨越的桥梁，是广西由农业大区迈向农业强区的必经之路。2020 年广西农业生产信息化水平为 15.5%，较上年降低 2.8%。

分地市看，农业生产信息化水平高于全区平均水平的有贺州市、玉林市、崇左市、钦州市、桂林市、贵港市、防城港市 7 个地级市，高于全国平均水平

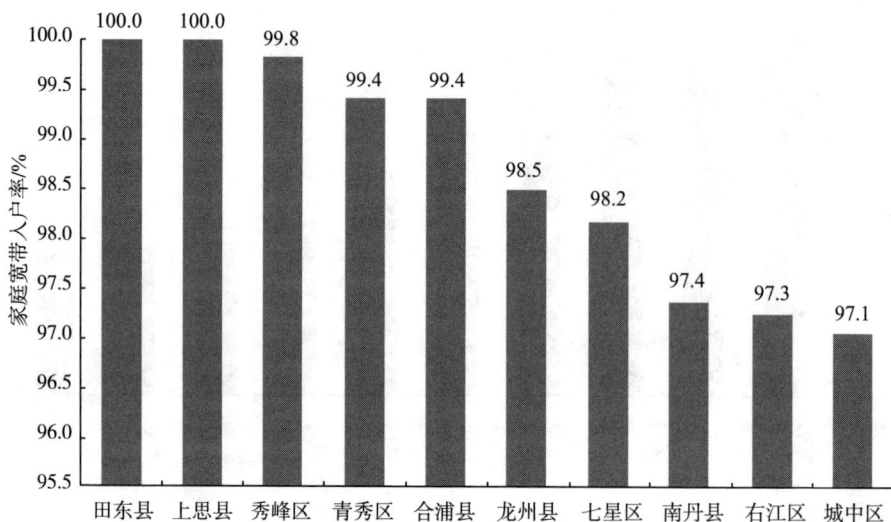

图 8　广西家庭宽带入户率排名前 10 的县（市、区）

的仅有贺州市、玉林市 2 个地级市，其中贺州市为 23.8%，玉林市、崇左市、钦州市分别为 22.5%、21.7% 和 20.1%（图 9）。

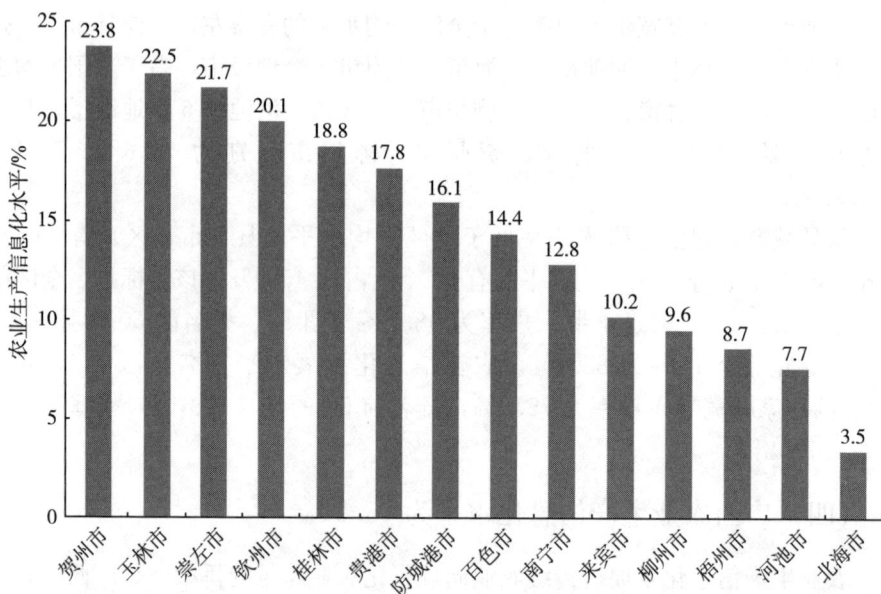

图 9　广西各地级市农业生产信息化水平

　　分行业看，广西畜禽养殖信息化水平为 24.5%，水产养殖、大田种植和设施栽培的信息化水平分别为 15.6%，12.0% 和 10.9%。

1. 广西大田种植水肥药精准控制技术应用较为广泛

大田种植方面，在监测的 11 个主要农作物品种（类）中，稻谷、玉米、糖料 3 个作物的生产信息化水平相对较高，分别为 15.8%、14.8% 和 13.3%。从主要信息技术应用看，水肥药精准控制技术在大田作物生产过程中应用较为广泛，"四情监测"技术、农机作业信息化技术也均得到较多应用。从地市看，崇左市大田种植信息化水平最高，为 20.7%。大田种植信息化水平超过全区平均水平的地级市有崇左市、贺州市、钦州市、桂林市、防城港市、百色市 6 个，高于全国平均水平的仅有崇左市、贺州市、钦州市 3 个地级市。

从县域看，大田种植信息化水平低于全区平均水平的县（市、区）有 72 个，占比 64.9%；低于全国平均水平的有 82 个，占比 73.9%。该指标排名全区前 10 的县（市、区）大田种植信息化水平为 69.8%，排名前 50 的县（市、区）大田种植信息化水平为 29.7%。农业农村信息化发展水平排名全区前 10 的县（市、区）大田种植信息化水平为 37.6%，排名前 50 的县（市、区）大田种植信息化水平为 20.0%。

2. 广西设施栽培水肥一体化智能灌溉技术应用较为广泛

设施栽培方面，水肥一体化智能灌溉技术和设施环境信息化监测技术应用较为广泛。从地市看，防城港市设施栽培信息化水平最高，为 64.2%。设施栽培信息化水平低于全区平均水平的地级市有贵港市、北海市、南宁市、钦州市 4 个，高于全国平均水平的有防城港市、贺州市、来宾市、百色市、梧州市 5 个地级市。

从县域看，设施栽培信息化水平低于全区平均水平的县（市、区）有 58 个，占比 52.3%；低于全国平均水平的有 63 个，占比 56.8%。该指标排名全区前 10 的县（市、区）设施栽培信息化水平为 85.7%，排名前 50 的县（市、区）设施栽培信息化水平为 48.3%。农业农村信息化发展水平排名全区前 10 的县（市、区）设施栽培信息化水平为 36.7%，排名前 50 的县（市、区）设施栽培信息化水平为 35.2%。

3. 广西畜禽养殖疫病信息化防控技术应用较为广泛

畜禽养殖方面，在监测的 4 个主要畜禽品种（类）中，生猪和家禽养殖的信息化水平均超过 20%，分别为 29.9% 和 20.6%。疫病信息化防控技术的应用较为广泛。贺州市的畜禽养殖信息化水平居全区首位，达 36.0%；玉林市和崇左市排名第二、第三，分别为 34.6% 和 34.5%。

从县域看，畜禽养殖信息化水平低于全区平均水平的县（市、区）有 71 个、占比 64.0%；低于全国平均水平的有 81 个，占比 73.0%。该指标排名全区前 10 的县（市、区）畜禽养殖信息化水平为 81.7%，排名前 50 的县（市、区）畜禽养殖信息化水平为 45.2%。农业农村信息化发展水平排名全区前 10

的县（市、区）畜禽养殖信息化水平为47.1%，排名前50的县（市、区）畜禽养殖信息化水平为28.7%。

4. 广西水产养殖信息化增氧技术应用较为广泛

水产养殖方面，在监测的4个主要水产品种（类）中，虾类的生产信息化水平最高，为18.1%；蟹类和鱼类的生产信息化水平分别为17.5%和15.8%，均高于水产养殖信息化水平；贝类最低，信息化水平为13.1%。信息化增氧技术的应用最为广泛。贵港市的水产养殖信息化水平位居全区首位，达46.0%；钦州市和河池市排名第二、第三，分别为41.9%和35.0%。

从县域看，水产养殖信息化水平低于全区平均水平与全国平均水平的县（市、区）均为82个，占比73.9%。该指标排名全区前10的县（市、区）水产养殖信息化水平为80.7%，排名前50的县（市、区）水产养殖信息化水平为32.5%。农业农村信息化发展水平排名全区前10的县（市、区）水产养殖信息化水平为43.7%，排名前50的县（市、区）水产养殖信息化水平为23.4%。

（五）广西农业经营信息化保持稳定

1. 农产品网络零售额占比8.0%

网络销售、直播带货等线上销售方式可以拓宽农产品的消费渠道、缓解农产品滞销、推动全区农产品稳价保供、增加农民收入，为带动全区产业脱贫起到了积极的作用。2020年广西县域农产品网络零售额为183亿元，占全区农产品销售总额的8.0%，较上年降低0.3个百分点。

分区域看，桂东地区农产品网络零售额为42.7亿元，占桂东地区农产品销售总额的6.0%；桂南地区为50.9亿元，占比10.7%；桂西地区为15.9亿元，占比7.3%；桂北地区为58.3亿元，占比9.4%；桂中地区为15.2亿元，占比5.9%。

分地市看，该指标排名前5的地级市，其农产品网络零售额占比超过了全区平均水平。钦州市农产品网络零售额占比最高，该市农产品网络零售额达37.3亿，占比41.6%，河池市、北海市位列第二、第三，分别为20.8%和12.0%（图10）。此外，贺州市和桂林市的占比也超过全区平均水平。

从县域看，农产品网络零售额占比高于全区平均水平的县（市、区）有50个，占45.0%；高于全国平均水平的县（市、区）有39个，占35.1%。农业农村信息化发展水平排名全区前10的县（市、区）农产品网络零售额占比为39.1%，排名前50的县（市、区）农产品网络零售额占比为29.7%。

2. 农产品质量安全追溯信息化水平10.8%

农产品质量安全追溯是提升农产品质量安全监管能力的有效途径，是信息化与产业发展深度融合的创新举措，对提升农业产业整体素质和提振消费信心

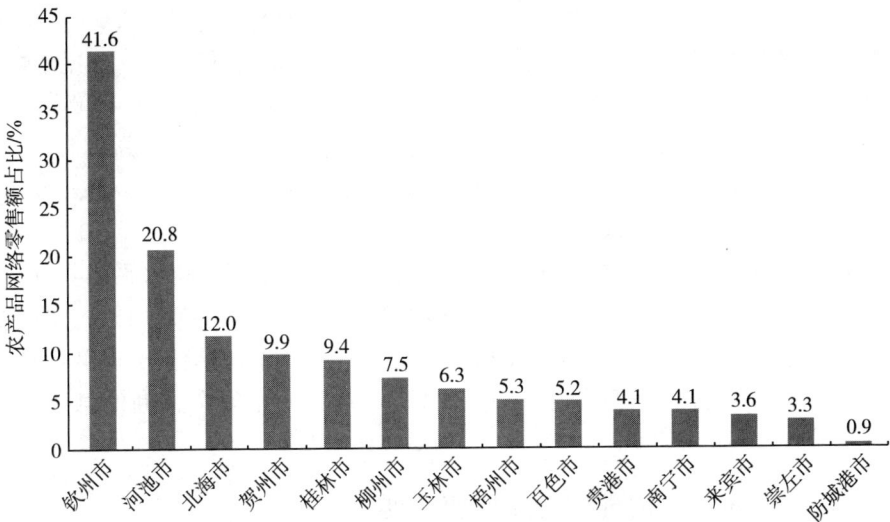

图 10 广西各地级市农产品网络零售额占比

具有重大意义。2020 年全区通过接入自建或公共农产品质量安全追溯平台，实现质量安全追溯的农产品产值占比为 10.8%，较上年降低 0.3%。分区域看，桂东、桂南、桂西、桂北、桂中地区农产品质量安全追溯信息化水平分别为 15.8%、9.2%、8.8%、8.1%、11.4%。

分地市看，农产品质量安全追溯信息化水平高于全区平均水平的有贵港市、钦州市、柳州市、贺州市、玉林市、桂林市 6 个地级市（图 11），高于全国平均水平的仅有贵港市 1 个地级市，其中贵港市为 23.3%，钦州市、柳州市、贺州市分别为 17.2%、15.6% 和 15.3%。

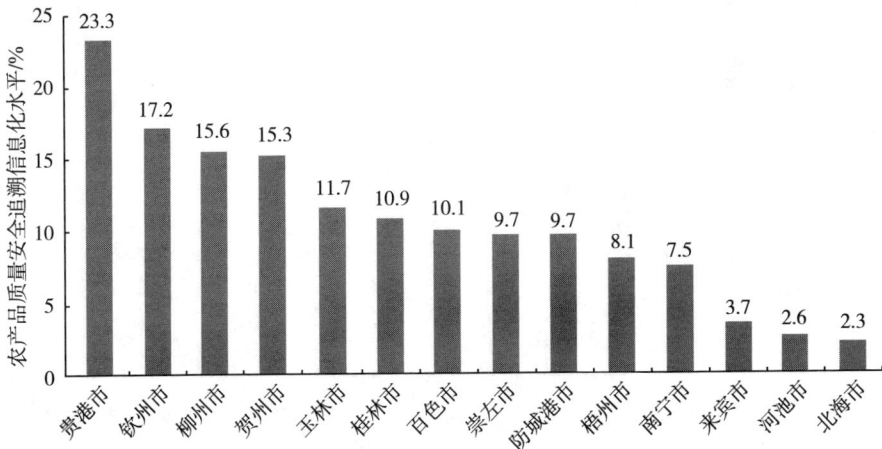

图 11 广西各地级市农产品质量安全追溯信息化水平

分行业看，畜禽养殖业农产品质量安全追溯信息化水平为18.0%，设施栽培业、水产养殖业和大田种植业分别为13.5%，10.7%和7.5%。以上4个行业的质量安全追溯信息化水平高于全区平均水平的县（市、区）数量分别为34个、37个、28个、25个，分别占总数的30.6%、33.3%、25.2%、22.5%；高于全国平均水平的县（市、区）数量分别为27个、29个、19个、13个，分别占24.3%、26.1%、17.1%、11.7%。

从县域看，农产品质量安全追溯信息化水平高于全区平均水平的县（市、区）有40个，占36.0%；高于全国平均水平的有16个，占14.4%。农业农村信息化发展水平排名全区前10的县（市、区）农产品质量安全追溯信息化水平为19.7%，排名前50的县（市、区）农产品质量安全追溯信息化水平为13.1%。

（六）广西乡村治理信息化快速发展

1. 应用信息技术实现行政村"三务"综合公开水平62.5%

通过应用信息技术实现行政村"三务"公开，更加有利于落实广大群众的知情权、参与权、表达权、监督权。2020年全区应用信息技术实现行政村"三务"综合公开水平为62.5%，较上年提升12.7个百分点，其中，党务公开水平64.7%，村务公开水平为63.6%，财务公开水平为59.1%。分区域看，桂东、桂南、桂西、桂北、桂中地区行政村"三务"综合公开水平分别为60.5%、58.2%、57.8%、54.3%、60.6%。

分地市看，应用信息技术实现行政村"三务"综合公开水平排名前8的地级市均超过了全区以及全国平均水平，贵港市和防城港市行政村"三务"综合公开水平已达100%（图12）。

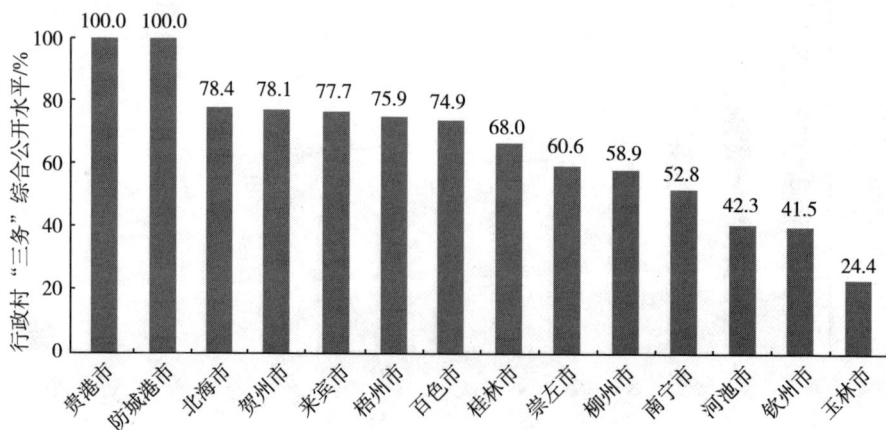

图12 广西各地级市应用信息技术实现行政村"三务"综合公开水平

从县域看，应用信息技术实现行政村"三务"综合公开水平高于全区平均水平的县（市、区）共 64 个，占 57.7%；高于全国平均水平的县（市、区）共 61 个，占 55.0%。农业农村信息化发展水平排名前 10 的县（市、区）行政村"三务"综合公开水平为 75.2%，排名前 50 的县（市、区）行政村"三务"公开水平为 77.2%。全区共有 53 个县（市、区）的行政村"三务"综合公开水平达到了 100%。

2. "雪亮工程"行政村覆盖率 81.0%

2020 年全区"雪亮工程"行政村覆盖率为 81.0%，较上年提升 15 个百分点。分区域看，桂东、桂南、桂西、桂北、桂中地区行政村"雪亮工程"行政村覆盖率分别为 81.2%、66.5%、66.6%、99.0%、98.3%。

分地市看，全区有 8 个地级市"雪亮工程"行政村覆盖率超过 80%，贵港市和贺州市已实现 100% 全覆盖，来宾市、柳州市、桂林市、防城港市覆盖率均超过 90%（图 13）。

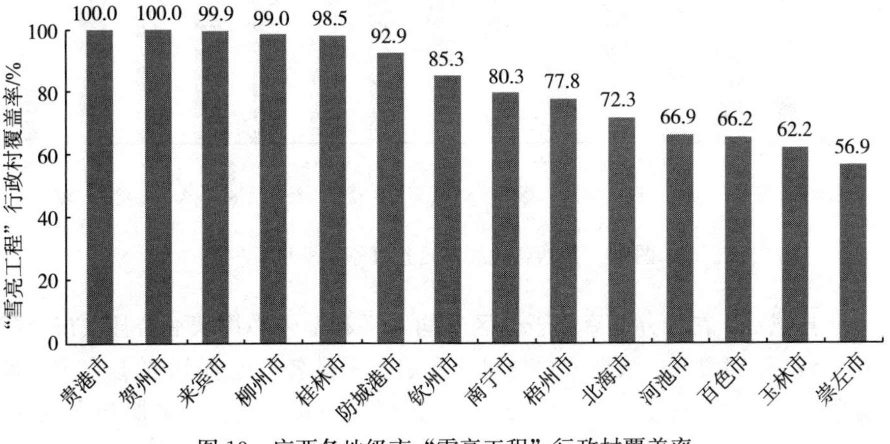

图 13 广西各地级市"雪亮工程"行政村覆盖率

从县域看，"雪亮工程"行政村覆盖率高于全区平均水平与全国平均水平的县（市、区）均为 86 个，占 77.5%。农业农村信息化发展水平排名全区前 10 的县（市、区）"雪亮工程"行政村覆盖率为 99.9%，排名前 50 的县（市、区）"雪亮工程"行政村覆盖率为 90.6%。全区共有 73 个县（市、区）的"雪亮工程"行政村覆盖率达到了 100%。

3. 县域政务服务在线办事率 65.3%

推进"互联网＋政务服务"有利于优化政府服务，提高政府效率和透明度。2020 年全区县域政务服务在线办事率为 65.3%。分区域看，桂东、桂南、桂西、桂北、桂中地区在线办事率分别为 66.3%、57.6%、67.1%、68.9%、69.6%。

分地市看，全区有5个地级市县域政务服务在线办事率达到80％及以上（图14）。防城港市在线办事率最高，七类重要民生保障业务均可实现在线办理；贵港市和河池市次之，在线办事率分别为88.6％和81.8％。防城港市大力推行"互联网＋政务服务"，以防城港市人民政府门户网站上的"在线办事"作为统一入口，推进网上办事纵深发展，努力为企业和群众提供"最多跑一次"的优质高效政务服务，真正做到让企业和群众少跑腿、好办事、不添堵，逐步实现面向企业和群众的政务服务事项一窗受理、协同办理、一事通办、一次办成，达到利企便民目标，建设人民满意的服务型政府。

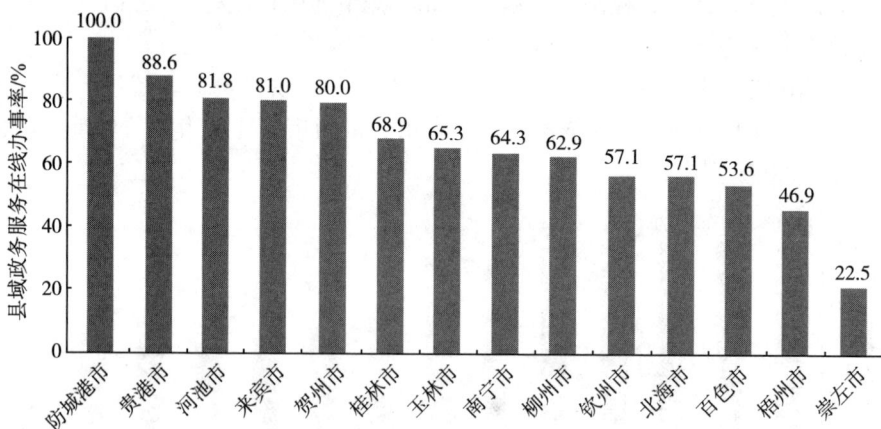

图14 广西各地级市政务服务在线办事率

从县域看，在线办事率高于全区平均水平和全国平均水平的县（市、区）有60个，占54.1％。农业农村信息化发展水平排名全区前10的县（市、区）政务服务在线办事率为75.7％，排名前50的县（市、区）政务服务在线办事率为79.1％。全区有38个县（市、区）的在线办事率达到100％。

（七）广西服务信息化稳步提升

2020年全区已建有电商服务站的行政村共1.4万个，电商服务站行政村覆盖率达到93.6％，较上年提升4.7％，在全国排名第五、在西部地区排名第一。全区共有电商服务站3.6万个，约占全国的6.6％。分区域看，桂东、桂南、桂西、桂北、桂中地区的电商服务站行政村覆盖率分别为99.2％、90.9％、91.1％、94.7％、89.0％。

分地市看，该指标排名前9的地级市电商服务站行政村覆盖率均超过了全区平均水平，防城港市和贺州市已经实现电商服务站行政村100％全覆盖；贵港市、玉林市和梧州市次之，平均水平分别为99.4％、99.2％和

99.1%（图 15）。

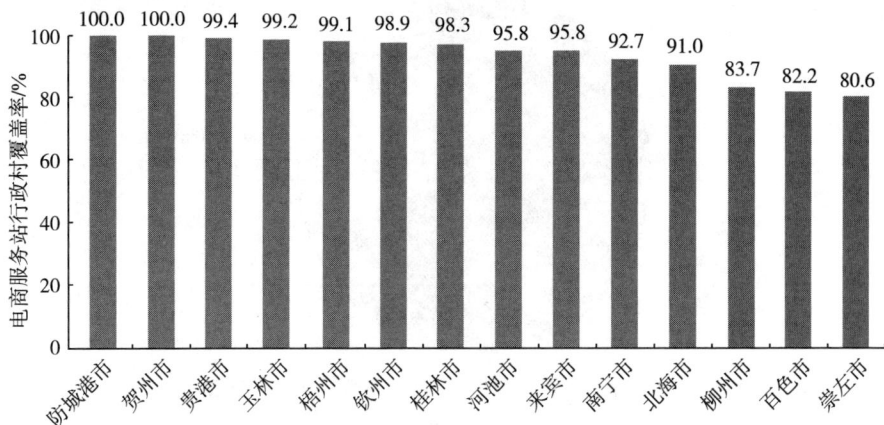

图 15　广西各地级市电商服务站行政村覆盖率

从县域看，全区有 78 个县（市、区）实现电商服务站行政村全覆盖，占 70.3%；行政村覆盖率超过 90% 的县（市、区）有 92 个，占 82.9%，超过 80% 的有 96 个，占 86.5%。农业农村信息化发展水平排名前 10 的县（市、区）电商服务站行政村覆盖率为 90.5%，排名前 50 的县（市、区）电商服务站行政村为 96.7%。

三、广西县域农业农村信息化发展亮点

（一）广西财政投入与社会资本投入逐年增加

广西各级政府高度重视基层农业农村信息化管理保障体系建设，持续加大财政资本投入，多举措引导社会资本投入，为县域农业农村信息化发展营造了良好的环境氛围。

2020 年广西县域农业农村信息化建设的财政投入为 4.9 亿元，较上年提升 8.9%；县均投入 441.3 万元，较上年提升 8.6%。87 个县（市、区）有农业农村信息化财政投入，占全部参评县的 78.4%，其中金秀瑶族自治县财政投入最高，达 5 002.4 万元。财政投入在 1 000 万元及以上的县（市、区）有 13 个，在 87 个有农业农村信息化财政投入的县（市、区）中占比为 14.9%；投入在 500 万~1 000 万元的有 14 个，占比 16.1%；投入 500 万元及以下的有 60 个，占比 69.0%（图 16）。全区乡村人均农业农村信息化财政投入 13.7 元，较上年提升 19.1%，其中，桂中、桂北地区的乡村人均投入高达 42.8 元和 33.7 元，明显高于桂东、桂南和桂西地区。

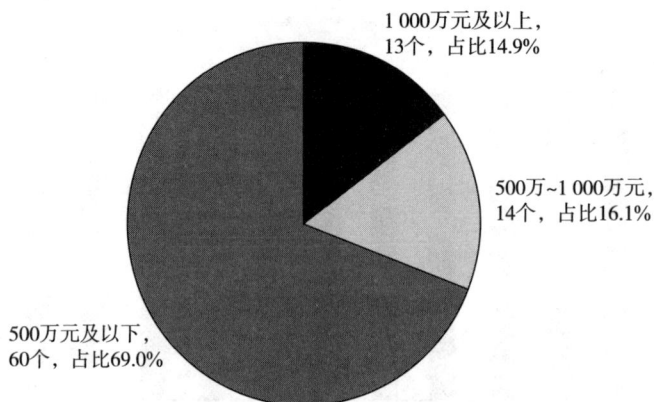

图16 广西县域农业农村信息化财政投入额分布情况

社会资本的引入进一步激活了县域农业农村信息化的发展动能。2020年广西县域农业农村信息化建设的社会资本投入为11.9亿元，县均投入1 072.3万元。78个县（市、区）有农业农村信息化社会资本投入，占全部参评县的70.3%，其中贺州市八步区社会资本投入最高，接近1.5亿元。社会资本投入在1亿元及以上的县（市、区）有3个，在78个有农业农村信息化社会资本投入的县（市、区）中占比为3.8%；投入在5 000万~1亿元的有4个，占比5.1%；投入在1 000万~5 000万元的有19个，占比24.4%；投入在500万~1 000万元的有9个，占比11.5%；投入500万元及以下的有43个，占比55.1%（图17）。全区乡村人均农业农村信息化人均社会资本投入33.3元，较上年提升4个百分点，其中，桂北、桂西地区的人均投入高达65.8元和47.2元，明显高于桂东、桂南和桂中地区。

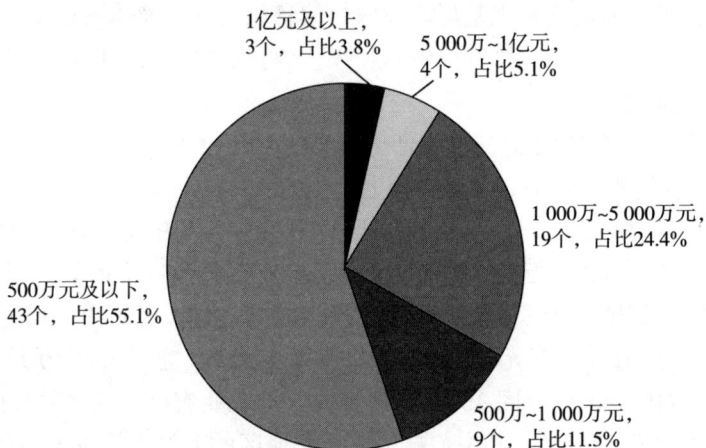

图17 广西县域农业农村信息化社会资本投入额分布情况

（二）广西畜禽与水产养殖信息化技术应用步伐加快

2020 年广西农业生产信息化应用具有典型的区域产业特点，畜禽养殖信息化水平和水产养殖信息化水平分别为 24.5％、15.6％。本指标构成较 2019年有较大调整，从忽略指标调整看趋势的角度分析，广西畜禽养殖与水产养殖信息化技术应用步伐逐年加快。畜禽养殖生产信息化水平最高，水产养殖信息化水平增长速度最快，这说明信息化技术在广西畜禽养殖与水产养殖的应用较为广泛。

畜禽养殖方面，广西贺州市、玉林市、崇左市的生产信息化水平高于全国平均水平，分别为 36.0％、34.6％、34.5％（图 18）。其中，高于全区平均水平的县（市、区）有 40 个，占比 36.0％；高于全国平均水平的有 25 个，占比 22.5％。凭祥市畜禽养殖信息化水平为 100％，柳南区和良庆区次之，分别为 95.7％和 86.6％。

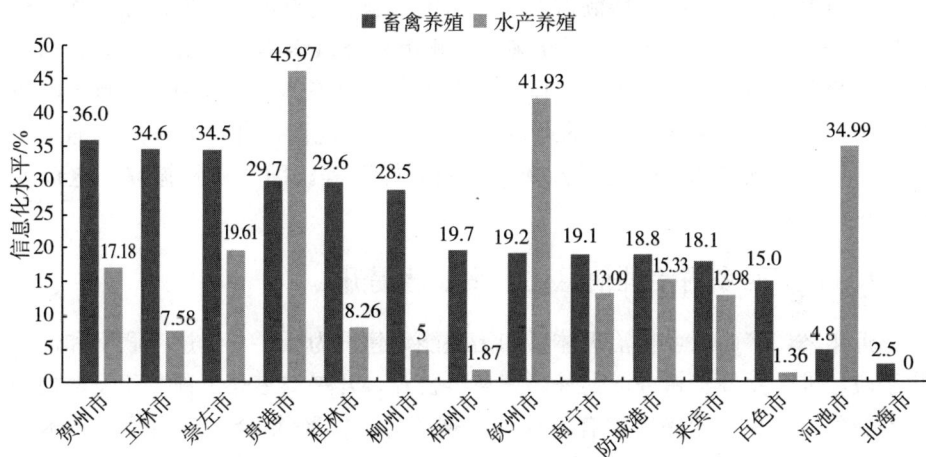

图 18　广西各地级市畜禽养殖和水产养殖信息化水平

水产养殖方面，广西生产信息化水平基本与全国平均水平持平，其中贵港市、钦州市、河池市、崇左市和贺州市的生产信息化水平高于全国平均水平（图 18）。高于全区和全国平均水平的县（市、区）有 29 个，占比 26.1％。凭祥市水产养殖信息化水平为 100％，覃塘区和金秀瑶族自治县次之，分别为 94.6％和 85.6％。

凭祥市畜禽养殖与水产养殖信息化水平均为 100％。该市农业农村局紧盯县域农业农村信息化发展战略要求，依托凭祥市淘宝大学先进的数字化教学条件，组织开展各类农业种养培训班，培育了大批高素质农民；实施了"兴边富民　农商共享"物联网平台项目，引导四季恋歌、燕语莺歌、华夏龟谷等一批农业种养基地开展农业智能设备远程控制、农业环境数据监测、投入品管理、农产品质量安全追溯等农业物联网应用，构建现代农业生产体系，促进凭祥农业转型升级。

（三）广西农业农村电子商务发展成效显著

2020年全区电商服务站行政村覆盖率排名全国第五，比全国平均水平（78.9%）高14.7个百分点，比西部地区平均水平（71.9%）高21.7个百分点，比上年全区平均水平（88.9%）高3.7个百分点。全区有78个县（市、区）实现电商服务站行政村全覆盖，占70.3%，已实现年农产品网络零售额183亿元。广西不断推进农业电子商务与农业农村发展相结合，农业电子商务基础设施明显改善，制度体系基本健全，引进培育了一批具有重要影响力的农业电子商务企业和品牌，电子商务在农产品流通中的比重明显上升，在推动农民创业就业、带动农村扶贫开发等方面取得明显成效。

钦州市农产品网络零售额占农产品销售总额的比重最高，农产品网络零售额达37.3亿，占比41.6%。近年来，钦州市积极探索实践、精心施策、加快健全配套电子商务支撑体系，建设完善电子商务发展体系，成为全区首个电商服务站行政村覆盖率达100%的地级市，有效促进电商产业蓬勃发展，涌现出全国"三农"领域的标杆网红人物"巧妇9妹"等，助力乡村振兴、电商扶贫、村民增收。

（四）广西乡村治理信息化水平显著提升

近年来，广西以乡村治理体系和治理能力建设为抓手，通过互联网和信息化手段，推进党务、村务、财务"三务"公开，开展"雪亮工程"建设，提升政务服务，为乡村振兴提供有力保障。据统计，2020年全区应用信息技术实现行政村"三务"综合公开水平、"雪亮工程"行政村覆盖率、在线办事率均为100%的县（市、区）有19个，占全区参评县域总数的17.1%，较上年增加了6个，其中贵港市应用信息技术实现行政村"三务"综合公开水平和"雪亮工程"行政村覆盖率均达到100%。

贵港市乡村治理信息化位居全区前列。港北区严格要求高质量完成区、乡、村级政务公开专区示范点建设，进一步拓宽政务公开渠道，增强政务公开工作实效，推进基层政务公开标准化规范化。政务公开专区示范点以融合为目标，以统筹推进政务公开线上与线下、政务公开与政务服务相结合为抓手，通过不断扩大服务公开的范围，进一步推动办事服务公开标准化和基层政务公开规范化建设，推动"互联网＋政务服务"深入开展，打通服务群众"最后一公里"。覃塘区以"数字网格＋智慧治理"建设治理平台，不断推动乡村治理体系和治理能力现代化。该区实施"雪亮工程",安装高清监控探头 3.2 万多路,实现全区域覆盖,大幅提升治安管理能力;强力推进维稳基石工程,依托区、乡、村综治中心实体化运行,强化社会综合治理;2015 年以来,共排查调处矛盾纠纷 5 800 多件,调解成功率达 99%,人民群众安全感不断提升,连续 6 年排名全广西前列、贵港市第一。

(五)广西农业农村大数据建设持续推进智慧农业发展

为了加速农业的数字化转型,近年来,广西农业农村部门紧紧围绕"互联网+现代农业"全面发力,以建设智慧农业为目标,在全国率先建设广西农业大数据中心,打造"广西农业云",积极推进大数据、云计算、人工智能、物联网、3S 技术等在农业全产业链的应用。启动全国农业农村大数据示范省(区)建设,应用推广包括农业生产指挥调度、农业地籍信息管理、农情报送、农产品价格采集、土地确权、产业扶贫信息系统在内的一批农业智能化应用系统,实现"互联网+"与农业生产、经营、管理、服务的有效融合。

通过广西农业农村大数据的建设,形成统一的标准和规范体系,增强了全区农业农村信息化水平,提高政府监管效能,推动信息服务不断向基层延伸,建立健全区、市、县、乡、村五级联动数据采集体系,通过信息化手段精准地解决问题,从而提升"三农"服务质量。南宁市上林县高度重视农业农村信息化的建设,不断加大投入,乡村人均农业农村信息化财政投入达 123.6 元,乡村人均农业农村信息化社会资本投入达 134.0 元;通过建立上林县农情上报系统,是首个实现区、市、县、乡、村五级联动数据采集体系的县域,为农业农村信息化的发展起到了示范带动作用。

四、广西县域农业农村信息化发展存在的问题与不足

(一)广西县域农业农村信息化发展总体水平有待提高

广西县域农业农村信息化虽然在局部区域和部分领域取得了一定的成绩,但总体仍处于起步阶段,发展水平较低,还未形成成熟的、可推广的经验和模式。广西县域农业农村信息化发展总体水平为 34.2%,低于全国总体水平(37.9%)3.7 个百分点,全国排名第二十一,比全国排名第一的浙江省低32.5 个百分点。

与全国比较,除了县级农业农村信息化管理服务机构覆盖率、糖料作物种植信息化水平、贝类养殖信息化水平、"雪亮工程"行政村覆盖率和电商服务站行政村覆盖率等部分指标高于全国平均水平之外,其他指标均低于全国平均水平,尤其是乡村人均农业农村信息化财政投入、乡村人均农业农村信息化社

会资本投入和农产品质量安全追溯信息化水平差距最大，分别比全国平均水平低 32.3 元、75.7 元和 11.26 个百分点。

广西农业农村信息化发展水平位于西部地区前列，但与东部地区省份差距较大。东部地区在发展环境、基础支撑、生产信息化、经营信息化、乡村治理信息化和服务信息化各方面大幅领先。2020 年广西乡村人均农业农村信息化财政投入和乡村人均农业农村信息化社会资本投入分别为 13.7 元和 33.3 元，而东部地区高达 67.3 元和 182.14 元，差距较大。据数据分析，总体发展水平与资金的投入有很大的相关性，广西仍存在财政投入与社会资本投入不足的问题，亟须进一步加大财政投入，激发社会资本投资活力。

(二) 广西农业生产信息化在不同行业的应用发展不平衡

全区农业生产信息化水平整体较低，比全国平均水平低了 7 个百分点，其中畜禽养殖、水产养殖、大田种植和设施栽培的信息化水平分别低于全国平均水平 5.7 个、0.1 个、6.5 个和 12.6 个百分点，应用率不足 1% 的县（市、区）分别占 22.5%、51.4%、38.7% 和 45.0%；且不同行业差异较大，畜禽养殖与水产养殖这两个经济效益较好的行业信息化发展水平相对较高，分别为 24.5% 和 15.6%，大田种植与设施栽培这两个行业的信息化发展水平亟待提升。

据数据显示，除了糖料作物种植、贝类养殖和其他品种养殖信息化水平高于全国平均水平，广西其他品类生产信息化水平均低于全国平均水平，其中大田种植信息化水平各品类差距最为明显，低于全国平均水平 14.8 个百分点。全区畜禽养殖信息化水平遥遥领先，生猪养殖和家禽养殖均超过 20%，分别为 30.0% 和 20.6%。广西农业规模化生产水平较低，以小农经济为主，规模效益难以体现，虽然局部技术已经日益精进，但是广西的农业物联网技术并未全覆盖，智能化水平不高，仍处于初期探索阶段。面对物联网设备高昂的价格，个体农户采用物联网技术缺乏积极性，再加上资金投入的风险，农业物联网项目的实施代价较高，与农业生产带来的增量相比，难以摊薄成本。

(三) 广西各区域农业农村信息化发展水平差异较大

纵观广西农业农村信息化发展态势，发展不均衡不充分问题依然突出，各区域各自为战，总体发展水平最高的县域与最低的县域相差接近 4 倍，差异较大。这种区域发展不平衡需要采取强有力的政策举措予以调整，以实现全区农业农村信息化发展齐头并进、共同发展。农业农村信息化发展水平排名全区前 10 的县（市、区）平均发展水平为 51.0%，排名后 10 的县（市、区）平均发展水平为 20.7%；排名前 3 的地级市平均发展水平为 40.3%，排名后 3 的地级市平均发展水平为 29.5%。桂东、桂北地区平均发展水平较高,桂西地区则相对较低,同一经济区域内县域发展水平也不平衡。总体来看,农业农村信息化发展水平与县域农业生产经营规模化、集约化程度和信息化资金投入力度呈高度正相关。

据数据分析,全区县域发展水平正态曲线基本对称,呈"钟形"分布,县域发展水平大部分集中在 30%~40%,极高、极低数据较少,说明数据基本满足正态分布,县域发展相对均衡。全区县域发展水平在全国排名虽然总体呈正态分布,但更趋向于偏态,排名靠后数据相对多,且正态曲线形状较"矮胖",排名在均值附近分布少,排名分布比较离散,这说明全区县域在全国范围内发展水平相对不平衡,且相对落后。

(四)广西农业经营信息化相对薄弱

广西农业经营信息化较全国平均水平有一定差距,2020 年全区农产品网络零售额占比为 8.0%,但对于县域农产品销售总额 2 289.2 亿元的规模来说,还是显得规模偏小,并且网络零售额占比还没有达到全国的平均水平(13.8%),与其他先进省份还有较大差距。农产品网络零售额占比低于全区平均水平的县(市、区)有 61 个,占 55.0%;低于全国平均水平的县(市、区)有 72 个,占 64.9%。

2020 年全区县域农产品质量安全追溯信息化水平比全国平均水平(22.1%)低 11.3 个百分点。从不同行业看,大田种植业、设施栽培业、畜禽养殖业和水产养殖业的农产品质量安全追溯信息化水平分别比全国 16.6%、29.7%、28.3%、24.5%的水平低 9.1 个、16.2 个、10.3 个和 13.7 个百分点。以上 4 个行业农产品质量安全追溯信息化水平低于 1%的县(市、区)分别占 52.3%、55.0%、51.4%和 59.5%,且畜禽养殖业和设施栽培业这两个行业的农产品质量安全追溯信息化水平均高于大田种植业和水产养殖业。2020年随着农产品合格证制度的推广,农产品质量安全追溯工作持续开展,但实施的企业仍占少数,且大都是在政府相关部门监督和财政扶持刺激下实施,农业企业不积极主动,推广起来困难重重。究其原因,除了广西农产品生产企业多元化、生产规模小、经营分散、标准化生产程序不高等诸多原因之外,还存在信息技术、管理理念、资金成本等方面的问题,同时各方资源没有得到有效整合而造成追溯信息关注度、分享度不高,进一步影响了农产品质量安全追溯的发展。

(五)广西乡村治理信息化短板较为突出

2020 年全区应用信息技术实现行政村"三务"综合公开水平和"雪亮工

程"行政村覆盖率较上年提升了 12.7 个和 15 个百分点,进一步推进现代农业农村发展,提升了农村基层公共服务和社会管理水平。但 2020 年全区县域应用信息技术实现行政村"三务"综合公开水平低于全国平均水平 9.7 个百分点。在县域政务服务在线办事方面,2020 年政务服务在线办事率低于全区与全国平均水平的县(市、区)有 51 个,占比 46.0%;有 38 个县(市、区)在线办事率为 100%;有 12 个县(市、区)在线办事率为 0%,区域差距明显。显然,全区乡村治理信息化短板较为突出,广西需持续深化"放管服"改革,全面推行审批服务"马上办、网上办、就近办、一次办",形成区、市、县、乡四级联动的格局,推动群众办事"最多跑一次"目标的实现。

五、广西县域农业农村信息化发展建议

(一)提高对农业农村信息化重要性的认识

由于数字经济建设前期投入较大,部分地区政府不够重视,数字经济带来的效益不能充分体现,农民群众参与积极性不高,建议切实提高基层政府对农业农村信息化建设重要性的认识,各地要把农业农村信息化作为数字县域的优先行动,依据《广西加快数字乡村发展行动计划(2019—2022 年)》等政策文件,结合县域实际,做好整体规划设计,研究重大政策、重要工程和重要举措、督促落实各项任务,形成工作合力。同样应在干部配备上优先考虑,在要素配置上优先满足,在资金投入上优先保障,在公共服务上优先安排,加快补齐农业农村信息化短板,缩小城乡数字鸿沟,发展壮大农业农村数字经济。

(二)夯实数字化基础设施建设成果

进一步提高乡村网络覆盖率,采取有效措施解决乡村"信息贫困"问题,真正实现"村村通光纤,户户有网络",让数字技术为乡村振兴提供强有力的支撑和保障。在广大乡村还须大力推广人工智能、5G、大数据等新一代互联网技术,进而逐渐弥合城乡之间的"数字鸿沟",让广大农民能够切切实实享受到数字乡村建设带来的"红利"。抓住应用端,把农村网络基础设施建设的重点转向田间、圈舍、鱼塘、车间,大力发展农业物联网,探索推进北斗星导航系统、5G 在农业生产中的应用,为农业农村信息化发展打下坚实的物质基础。

(三)采取积极有效措施加快推进农业生产信息化

广西粮食、蔬菜、水果、畜禽产品等主要农产品产量位居前列,但是农业生产信息化应用水平却较低。当前,大数据、人工智能、物联网等信息技术已在农业生产各环节得到应用，各级农业农村部门要加强与科研院所、农业企业的合作，强化数字农业技术研究，突出试点示范，及时总结应用模式和成功案例，注重宣传推广，促进农业生产信息化在大田种植、畜禽养殖、水产养殖、设施栽培等领域广泛应用，着力提升农业生产信息化水平，实现节本增效。

（四）加强农产品质量安全追溯体系的建设

构建农产品全程可识别系统，全面推进数字技术特别是互联网、移动互联网、物联网、人工智能、大数据及区块链等技术在农产品质量安全领域的应用，实现生产、收购、贮藏、运输等环节的全程可追溯。加快培育"三品一标"农产品，组织各类试点、示范，加快全区农产品质量安全追溯应用步伐，探索采用区块链技术推动农产品质量安全追溯管理。

（五）不断丰富农业经营信息化服务

全面推进农产品电商发展，大力培育乡村新业态，为乡村振兴助力。实施"互联网＋"农产品出村进城工程，培育和壮大农产品电子商务市场主体，培育一批"农民网红"，用好用活直播带货模式，带动农产品销售。加速推进农产品标准化、品牌化、规模化发展，建设网络销售农产品集中产区和产业带，引导优势特色产业与农产品电子商务融合发展。同时，在农村地区加大公共仓储、冷链等配套建设，改善交通、物流等设施条件，提升农产品电商服务效率。

（六）全力加快数字乡村建设的步伐

数字乡村是乡村治理的重要内容，在推动农业农村高质量发展上发挥着越来越重要的作用。加强乡村公共服务和基础设施的规划建设，利用信息化和数字化技术为农村居民改善生活环境，提升生活品质，提高生活生产便利性。建设乡村治理服务平台，完善农村基本公共服务体系，推进现代公共服务向农村下沉，协同推进医疗、教育、生态环保、交通运输、快递物流等各领域信息化，提供"互联网＋"涉农便民服务，实行"一门式办理、一站式服务"。同时，要着力培育数字乡村人才，通过他们的"传帮带"去带动广大农民致富、振兴乡村。

2021重庆市县域农业农村
信息化发展水平评价报告

撰稿单位：重庆市农业信息中心
撰稿人员：陈　渝　李奉轩　刘美伶

按照农业农村部市场与信息化司《关于开展全国农业农村信息化能力监测试点的函》（农市便函〔2021〕154号）工作安排，重庆农业农村信息化能力监测工作在农业农村部市场与信息化司和部信息中心的指导下，在重庆市农业农村委员会的领导下，在全市39个涉农区县农业农村主管部门的参与下，经过区县农业农村主管部门数据采集、填报，市级部门审核，农业农村部审定，共收集到39个区县① 2020年的有效样本数据。按照指标体系中各级指标计算要求，利用 Min－max 数据处理方法，对填报数据综合测算、客观分析，从发展环境、基础支撑、生产信息化、经营信息化、乡村治理信息化和服务信息化六个方面全面梳理重庆市农业农村信息化发展现状和短板，最终形成全市县域农业农村信息化发展水平评价报告。

一、发展现状

（一）重庆市县域农业农村信息化发展总体水平较好

经综合测算，2020年，重庆市县域农业农村信息化发展总体水平为43.3％，较2019年增加了3个百分点，超出西部地区发展总体水平9.2个百分点，居全国第七位。

分区县看，各区县发展水平值主要在（35％，40％〕和（40％，45％〕两个区间集中分布，其中有12个区县高于重庆市农业农村信息化发展总体水平。分地域看，主城都市区②（除渝中区）平均发展水平最高，渝东北三峡库区城

---

① 渝中区不含涉农行政村（社区），故未参与此次监测。
② 包含渝中区、大渡口区、江北区、沙坪坝区、九龙坡区、南岸区、北碚区、渝北区、巴南区、两江新区、涪陵区、长寿区、江津区、合川区、永川区、南川区、綦江区、大足区、璧山区、铜梁区、潼南区、荣昌区、万盛经开区。

镇群①平均发展水平居第二位，渝东南武陵山区城镇群②平均发展水平居第三位。

（二）重庆市农业生产信息化水平比较低

2020 年，全市农业生产信息化水平为 22.72%，其中大田种植信息化水平为 22.91%，设施栽培信息化水平为 21.75%，畜禽养殖信息化水平为 23.47%，水产养殖信息化水平为 16.37%。

分区县看，生产信息化水平排名前 10 的区县如图 1 所示，其中秀山土家族苗族自治县、南川区、铜梁区生产信息化排名前 3。

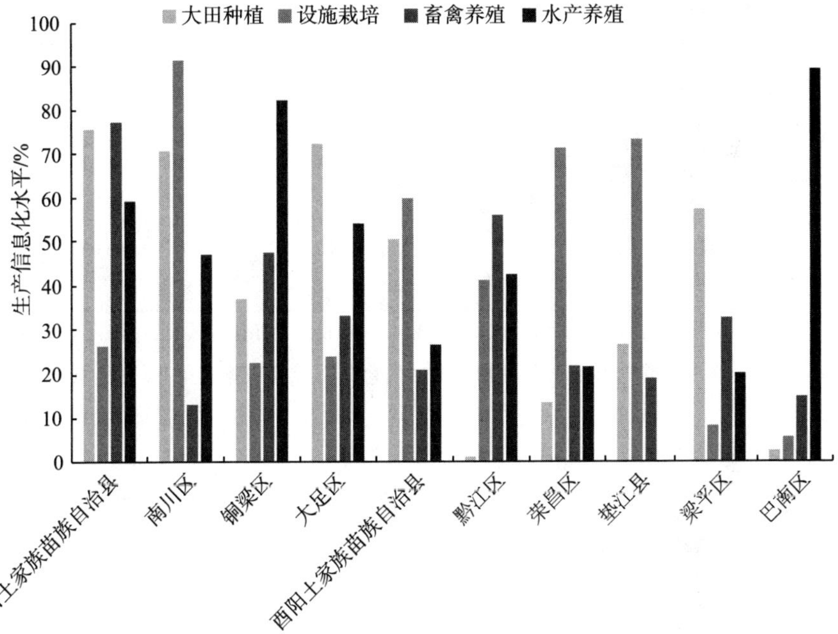

图 1　重庆市生产信息化水平排名前 10 的区县不同行业生产信息化水平

（三）重庆市农业农村发展环境情况

2020 年，全市农业农村信息化财政投入共计 17.62 亿元，乡村人均财政投入为 99.34 元，较 2019 年增加 17.34 元；农业农村信息化社会资本投入共计 19.39 亿元，乡村人均社会资本投入为 109.35 元，较 2019 年减少 28.65 元；县级农业农村

---

①　包含万州区、开州区、梁平区、城口县、丰都县、垫江县、忠县、云阳县、奉节县、巫山县、巫溪县。

②　包含黔江区、武隆区、石柱县、秀山县、酉阳县、彭水县。

信息化管理服务机构综合设置率为83.33%，较2019年增加5.04个百分点。

分区县看，20个区县农业农村信息化管理服务机构综合设置率已达到100%，12个区县为75%～99%，7个区县为50%～74%。乡村人均农业农村信息化财政投入排名前10的区县如图2所示。荣昌区以人均财政投入854.16元位于首位，其余9个区县除万州区以外，人均投入均超过100元。乡村人均农业农村信息化社会资本投入排名前10的区县如图3所示。九龙坡区以人均社会资本投入831.75元位于首位，其余9个区县人均社会资本投入均超过100元。

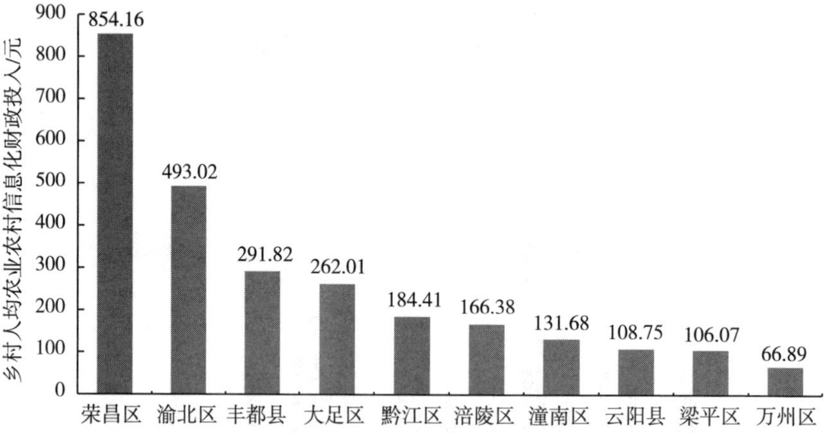

图2　重庆市乡村人均农业农村信息化财政投入排名前10的区县

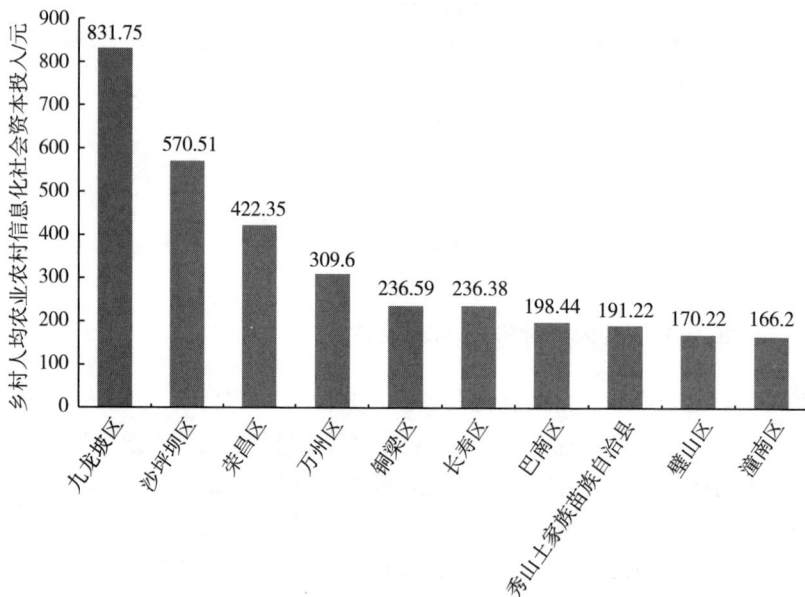

图3　重庆市乡村人均农业农村信息化社会资本投入排名前10的区县

（四）重庆市农业农村信息化基础支撑情况

2020 年，全市互联网普及率为 82.44％，较 2019 年增加了 4.04 个百分点，家庭宽带入户率为 82.75％。

分区县看，互联网普及率和宽带入户率在区县中普遍较高，其中互联网普及程度排名前 10 的区县如图 4 所示。

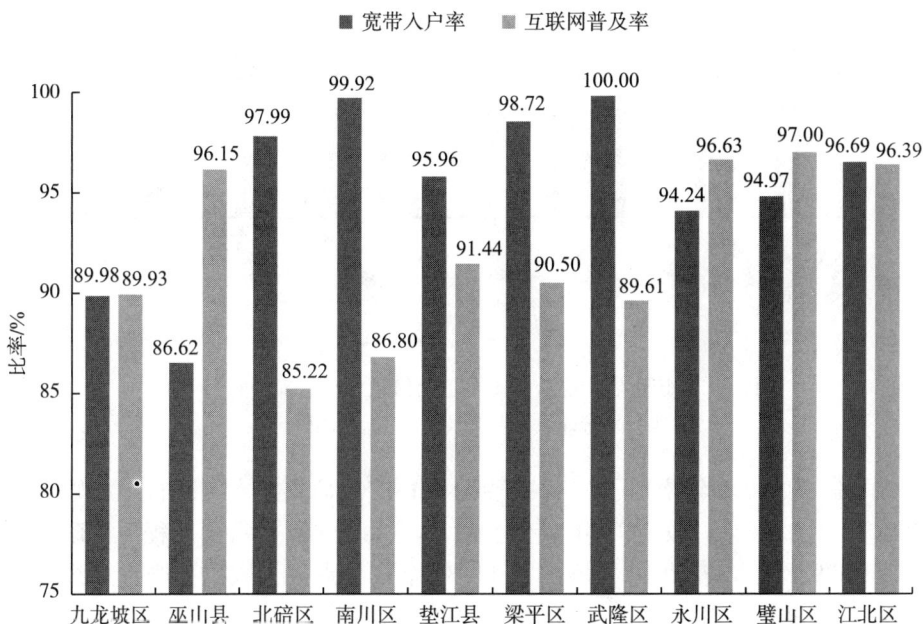

图 4 重庆市互联网普及程度排名前 10 的区县

（五）重庆市农业农村经营信息化情况

2020 年，全市农产品网络零售额占比为 11.27％，较 2019 年下降了 1.04 个百分点，农产品质量安全追溯信息化水平为 13.57，其中农产品质量安全追溯信息化在大田种植业、设施栽培业、畜牧养殖业、水产养殖业中的水平值分别为 12.56％、35.19％、13.65％、6.81％。

分区县看，全市农产品质量安全追溯信息化水平排名前 10 的区县农产品质量安全追溯情况如图 5 所示。

（六）重庆市乡村治理信息化情况

2020 年，全市应用信息技术实现行政村党务公开水平为 97.48％，较 2019 年增加了 3.67 个百分点；应用信息技术实现行政村村务公开水平为

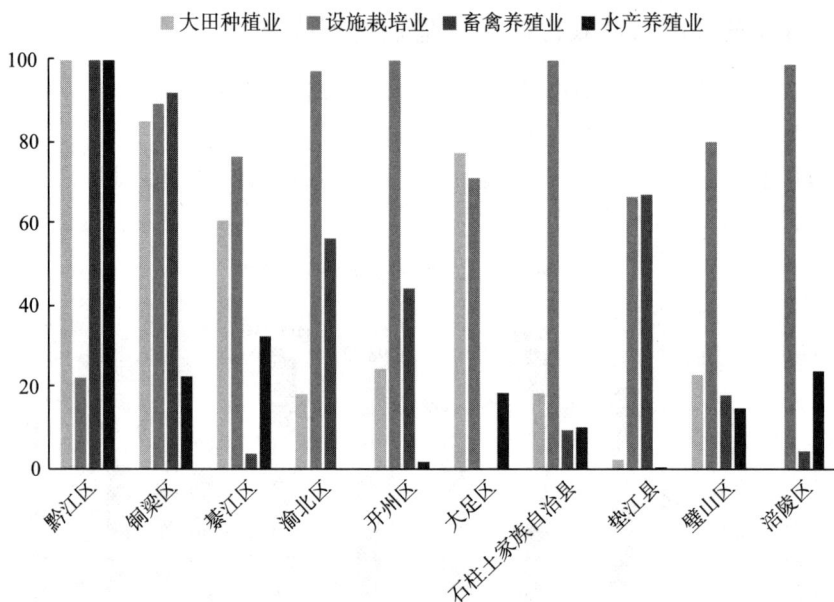

图5　重庆市农产品质量安全追溯信息化水平排名前10的
区县不同行业农产品质量安全追溯情况

95.01％，较 2019 年增加了 2.47 个百分点；应用信息技术实现行政村财务公开水平为 91.28％，较 2019 年减少了 0.53 个百分点。"雪亮工程"行政村覆盖率为 79.85％，较 2019 年增加了 11.37 个百分点，县域政务服务在线办事率为 94.14％。

分区县看，全市各涉农区县"三务"公开占比情况如图 6 所示。其中，万

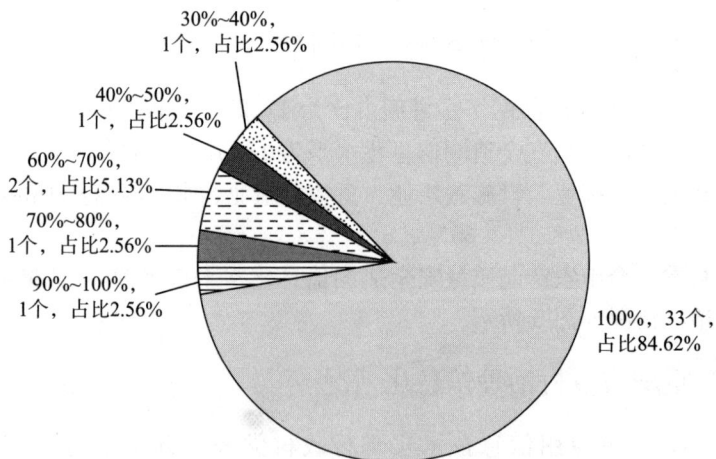

图6　重庆市涉农区县"三务"公开水平分布情况

州区、涪陵区、云阳县等33个区县应用信息技术实现"三务"公开水平达到100%，占比84.62%；永川区公开水平超过90%；潼南区公开水平超过70%；沙坪坝区、彭水苗族土家族自治县公开水平超过60%；江津区、酉阳土家族苗族自治县公开水平未超过50%。

（七）重庆市农业农村服务信息化情况

截至2020年底，全市行政村（包括涉农社区）共计9 204个，电商服务站总数共计13 034个，建有电商服务站的行政村数量共计8 857个，全市电商服务站行政村覆盖率为96.23%，较2019年增加了3.61个百分点。

分区县看，全市涉农区县电商服务站行政村覆盖率占比情况如图7所示。其中，涪陵区、江北区、沙坪坝区等31个区县电商服务站行政村覆盖率已达到100%，占比79.49%；云阳县、奉节县两个区县覆盖率超过90%；黔江区、铜梁区两个区县覆盖率超过80%；万州区、南岸区两个区县覆盖率超过70%；巫溪县、大渡口区两个区县覆盖率超过60%。

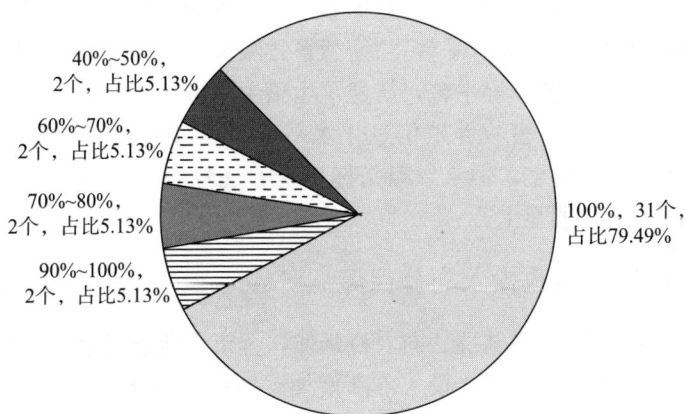

图7 重庆市涉农区县电商服务站行政村覆盖率分布情况

二、发展亮点

（一）县域农业农村信息化发展总体水平稳步上升

近年来，重庆市认真贯彻落实党中央、国务院有关农业农村建设、大数据战略和数字乡村战略等一系列重大部署安排，印发《重庆市乡村振兴战略规划（2018—2022年）》《重庆市推进农业农村现代化"十四五"规划（2021—2025年）》等文件，坚持农业农村优先发展的总方针，聚焦高质量、供给侧、智能化，加大数字技术赋能农业农村创新发展，不断强化产业数字化、数字产业化转型，奋力开创全市农业农村现代化建设新局面。按照《重庆市智慧农业发展实施方案（试行）》工作要求，大力实施"智慧农业·数字乡村"建设工程，持续推进农业数字化转型升级。自2019年来，重庆市连续3次参与全国县域农业农村信息化发展水平评价，3年来发展总体水平稳步上升，数字乡村建设成效不断提高。

（二）生产信息化短板持续补齐

重庆市生产信息化水平一直是评价指标体系中的弱项，但近年来，全市着力补齐生产信息化短板，聚焦智能化与产业发展深度融合，以产业链关键环节改造提升为重点，坚持集成示范、推广应用相结合。截至2020年底，全市已建成市级智慧农业试验示范基地200个，区块链、物联网、大数据、人工智能新型信息技术和农业机器人、智能农机等创新技术成果逐步投入数字农业建设，在大田种植、设施栽培、畜禽养殖、水产养殖中持续提升信息化应用面积，尤其在畜牧养殖方面，重庆（荣昌）生猪大数据中心从生猪全产业链角度出发，激活各环节数据资源，通过数据采集分析挖掘与建模，开发出"全产业链数据监测平台""数字监管平台""智慧畜牧服务平台""猪肉溯源平台""畜禽粪污资源化利用系统"等平台，搭建了生猪单品种全产业链各环节的大数据应用场景，极大提升了畜牧养殖信息化水平。2020年农业生产信息化指标构成较2019年有较大调整，但从忽略指标调整看趋势的角度分析，全市生产信息化水平较2019年明显上升。

（三）信息化财政投入充分保障

随着数字经济逐步向基层、向农村延伸，全市农业农村信息化事业日益壮大，专项信息化建设财政资金投入不断增加。按照《数字乡村发展战略纲要》《重庆市智慧农业发展实施方案（试行）》等相关文件部署要求，全市积极实施智慧农业"四大行动"推广应用项目，并制定相应申报指南，全面规范项目实施，保障农业农村信息化建设快速发展。2020年，全市39个涉农区县在农业农村信息化建设方面，财政资金投入共计17.62亿元，较2019年增加3.62亿元，乡村人均农业农村信息化财政投入从2019年人均82元增加到了人均99.34元。

（四）互联网普及程度逐年提升

通信基础设施是农业农村信息化建设的重要基础。近年来，重庆市不断完善农村通信和信息基础设施建设，加快推进农村宽带通信网、移动互联网、数字电视网由行政村向自然村延伸覆盖，分类分阶段推进城乡关键节点的5G网

络覆盖，大幅提升了乡村网络设施水平，全市行政村通光纤率已达 100％，4G
无线网络覆盖率已达 100％，信息网络全面延伸，基本实现"村村通宽带、户
户有信号"，网络在农村区县得到深入应用，村民网络意识逐步提升，农村区
县网民数快速增长。截至 2020 年底，网民数达到 2 815.58 万人，互联网普及
率也再次提升，首次达到了 82.44％，接近全国先进省市水平。

（五）"互联网＋"治理成效明显

近年来，重庆市积极推动乡村治理数字化转型，编制了《重庆市涉农补贴
领域政务公开标准指引》，健全农村政务公开管理体系，全面推进基层政务公
开标准化规范化工作。2020 年，全市通过互联网技术和信息化手段，实现党
务、村务、财务公开的行政村数量占比达到了 94.59％，"互联网＋监督"乡
村治理成效显著，其中 33 个区县信息技术实现行政村财务公开水平达到
100％，35 个区县信息技术实现行政村村务公开水平达到 100％，36 个区县
信息技术实现行政村党务公开水平达到 100％，社情民意全面畅通。各区县
依托"渝快办"等一体化在线政务服务平台和数据共享交换体系，加强推广
"最多跑一次""不见面审批"等改革模式。截至 2020 年底，全市民生事项
网上办理率达到了 94.14％，其中 30 个区县在线办事率达到了 100％，在线
政务服务应用逐步全面下沉到乡镇、村居，提升了农村社会综合治理现代化
水平。

（六）电商服务站行政村基本覆盖

自实施农产品出村进城工程试验示范工程以来，重庆市以培育壮大区县级
农产品产业化运营主体为抓手，以基础设施建设和网络销售服务前移到镇到村
为重点，聚焦优质特色农产品电商供应链构建，选取具备一定的资源禀赋和产
业比较优势的区县、乡镇和村社开展建设试点工作，加快实现农产品电商物流
覆盖全部行政村。截至 2020 年底，全市近 80％的区县电商服务站覆盖率已达
到了 100％，其余区县覆盖率普遍处于较高水平，全市电商服务站行政村基本
完成覆盖。

三、存在问题

（一）重视程度不够高

县域对推动数字乡村建设的认识不足，对信息化工作重视程度不高、机构
设置人员配备不完备。目前，有 7 个区县农业农村委非本区县网络安全与信息
化领导机构成员或组成单位，有 3 个区县的农业农村委没有成立网络安全与信

息化领导机构，有 14 个区县农业农村委未设置信息中心或者信息站，甚至有 2 个区县的农业农村委未设置承担信息化相关工作的行政科室，已设置相关机构和科室的区县还存在信息化专业人才支撑不足的问题。

（二）信息化发展不均衡

根据评价结果，各区县信息化发展不均衡问题依然突出。由于各地政策、建设基础和发展资源的差异性，各区县信息化发展水平参差不齐，指标值差距明显，部分区县信息化水平达到全国先进县域队列，但部分区县信息化建设较为薄弱，发展步伐严重滞后。

（三）社会资本投入亟待加强

资金投入是建设数字乡村的重要支撑力量。目前全市乡村人均农业农村信息化财政投入稳步增长，但社会资本投入下降明显，2020 年乡村人均社会资本投入较 2019 年下降了 28.65 元，其中 11 个区县的社会资本投入较前两年呈明显下降趋势，3 个区县的农业农村信息化社会资本投入仍为 0，亟须撬动多方资金投入，以保障数字乡村建设快速发展。

（四）农产品网络零售额占比有待提高

农产品网络零售作为一种高效的营销渠道，具有良好的市场发展前景，对于扩展农产品市场、发展农村经济具有不可估量的作用。目前，全市大部分特色农产品已着手开展网络营销，31 个区县电商服务站已基本实现行政村全覆盖，但农产品网络零售额占比普遍较低，23 个地区网络零售额占比未超过 10%，农产品网络销售转换仍停留在较低的应用水平。在网络销售运作中也存在较多问题，如网络营销意识淡薄、网络营销人才缺乏、物流配送体系不健全、缺乏有效的推广策略等。

（五）农产品质量安全追溯信息化水平普遍较低

农产品质量安全追溯是解决农产品质量安全问题的内在要求。目前，全市农产品质量安全追溯信息化水平较低，仅为 13.57%，低于西部地区 2.07 个百分点，尤其是水产养殖业农产品质量安全追溯信息化水平仅为 6.81%，低于西部地区 5.99 个百分点。部分区县受制于投入成本高、经营主体意愿不强等因素，农产品质量安全追溯仍处于较低水平，其中 9 个区县畜牧养殖业农产品质量安全追溯信息化水平为 0，10 个区县水产养殖业农产品质量安全追溯信息化水平为 0。

（六）"雪亮工程"行政村覆盖两极分化

随着乡村现代化已进入快速发展期，乡镇、村的规模不断膨胀，人口密集度和流动性增加，"雪亮工程"已成为乡村治理的重要抓手。但目前，全市"雪亮工程"行政村覆盖率呈两极分化，其中 24 个区县覆盖率已达到 100％，但其余区县覆盖率普遍较低，仍有 10 个区县覆盖率未超过 60％，1 个区县覆盖率为 0。

四、发展建议

（一）提高信息化工作认识，强化县域组织领导

市级层面要加大对信息化建设的重视程度，按照《重庆市以大数据智能化为引领的创新驱动发展战略行动计划（2018—2020 年)》《重庆市智慧农业发展实施方案（试行)》《重庆市数字乡村发展行动计划（2020—2025 年)》等政策文件，结合实际情况，在信息化建设方面，做到财政上优先保障、人才上优先配备、项目上优先建设。县域层面要健全组织机构，设立具体的信息化科室，落实主体责任，细化工作方案，促进信息化工作制度化、规范化，加强与各职能部门的协同合作，高效推动信息化工作。

（二）探索差异化发展路径，推进县域协调发展

综合考虑各区县的信息化发展现状、区位条件和资源禀赋，立足自身特色，探索数字乡村多样化、差异化发展路径，编制出本域内的数字乡村发展规划。对发展水平相对滞后的区县加大政策和财政扶持力度，设立数字乡村专项资金。结合特色农产品优势区、农业园区、"一村一品"示范乡镇，依托物联网、大数据、人工智能在特色农业上的应用场景，打造农业特色优势明显、产业基础好、发展潜力大、带动能力强的农业特色互联网示范小镇，基于示范点丰富的实践经验，逐步形成系统的、可推广的成功典型案例模式，为全市数字乡村建设提供参考借鉴，形成以点带面的发展趋势，整体推进数字乡村发展。

（三）加大数字乡村宣传力度，吸引多方关注和支持

以此次信息化能力监测为契机，通过多种渠道广泛宣传全市农业农村信息化建设成效，引发社会关注和政府重视，获得资金投入和政策支持。政府要严格按照《社会资本投资农业农村指引》，结合各地农业农村实际发展情况，加大政策引导，加深扶持力度，开辟独资、合资、合作、联营、租赁等多元化融资渠道，激发社会资本投入，扩大农业农村有效投资。

（四）全面推进农产品电商发展，大力培育乡村新业态

继续深入实施"互联网＋"农产品出村进城工程，培育和壮大农产品电子商务市场主体。加速推进农产品标准化、品牌化、规模化发展，建设网络销售农产品集中产区和产业带，引导优势特色产业与农产品电子商务融合发展，建设生猪、柑橘、榨菜、脆李等国家级、区域性专业农（副）产品交易大数据中心。推进新业态多元化发展，支持发展以市场需求为导向的数字化、标准化订单农业，鼓励发展众筹农业、定制农业等基于互联网的新业态。积极开拓批发电商、分销电商渠道，大力发展农产品社交电商、直播电商等新模式，打造一批重点生产基地和产地直播基地。

（五）深化大数据生产应用，强化农产品质量安全追溯体系

加强农产品质量安全追溯体系建设，优化市级农产品质量安全追溯综合管理信息平台建设与管理，积极融入全国追溯"一张网"。加强市、县、乡、村四级农产品质量安全监管服务体系建设。围绕山地特色高效农业，促进大数据技术在质量安全追溯环节融合应用，建设一批大田种植、设施园艺、畜禽养殖、水产养殖智慧示范基地，熟化一批农业智能化关键技术和成套设备，推广一批节本增效智慧农业应用模式，形成集标准化生产、规范化控制、品牌化营销和信息化服务为一体的可复制的现代农产品质量安全追溯模式。

（六）全域覆盖"雪亮工程"死角，打通村民安全感"最后一米"

在"雪亮工程"覆盖率较低的区县，广泛宣传农村"雪亮工程"相关知识和作用，动员各部门和基层组织共同参与"雪亮工程"建设，积极向运营商争取费用优惠，对宽带安装和视频设备采购适当补贴，以最优惠的资费，用上性能稳定的无线网络，形成村民支持、社会参与、政策补贴的建设氛围，加快推进重要交通路口、重点场所、人员聚集地全方位监控，实现农村覆盖无死角，将农村"雪亮工程"建设任务完成情况纳入年度工作考核，确保工作取得实效，提升村民安全感。

2021四川省县域农业农村
信息化发展水平评价报告

撰稿单位：四川省农业农村厅市场与信息化处、信息中心，
四川农业科学院农业信息与农村经济研究所
撰稿人员：刘　娜　冷奕光　陈　挚　秦　宇
蒋　艺　高文波　胡　亮

一、评价说明

（一）工作背景

党中央、国务院高度重视农业农村信息化建设，中共中央办公厅、国务院办公厅出台了《数字乡村发展战略纲要》，国家有关部门先后出台了《数字农业农村发展规划（2019—2025年）》《2020年数字乡村发展工作要点》《数字乡村建设指南1.0》等一系列重大方针政策，为新阶段推进农业农村信息化建设指明了方向。四川省委、省政府深入贯彻落实党中央、国务院关于农业农村信息化工作的决策部署，紧紧抓住数字经济为乡村振兴赋能的新机遇，相继出台了《四川省"十四五"推进农业农村现代化规划》《四川省落实〈数字乡村发展战略纲要〉重点任务分工方案》等文件，为四川省全面实施乡村振兴战略、推进农业农村信息化发展提供了政策指引和行动指南。

四川省立足抢占农业农村信息化战略制高点，广泛运用物联网、云计算、大数据、人工智能等信息化技术，加快提升农业农村信息化水平。2020年四川省开展了3个国家级"互联网＋"农产品出村进城工程试点县、4个国家级数字乡村试点县建设，在广汉市、达州市通川区试点探索数字"三农"建设机制，坚持数字产业化和产业数字化两条主线，稳步推进农业农村大数据体系建设。结合农业农村部市场与信息化司《关于开展全国农业农村信息化能力监测试点的函》（农市便函〔2021〕154号）的有关要求，立足四川省实情，紧密围绕关键绩效理念，从发展环境、基础支撑、生产信息化、经营信息化、乡村治理信息化和服务信息化6个维度，对四川省涉农县（市、区）农业农村信息化发展现状进行了研究分析，形成了《2021四川省县域农业农村信息化发展

水平评价报告》。

开展全国农业农村信息化能力监测工作，打造农业农村信息化发展的"坐标系"，既顺应了数字经济快速发展的时代要求，也必将促进四川省各级党委、政府，特别是县级党委、政府在数字农业建设和数字乡村发展中能够比较科学、准确地找准自己在全国、全省的坐标位置。通过对比，帮助各地找准差距和问题、明确努力方向，从而补短板、强优势，在数字农业、乡村治理信息化和涉农部门数字政府建设等领域找准着力点，打造推动农业农村数字化转型的"新引擎"，推动全省农业农村信息化快速、健康发展。

（二）数据来源及相关说明

本次评价工作中，四川省 183 个县（市、区）中有 173 个参评，县域参评率达到 94.54%。因成都市所辖锦江区、成华区、武侯区、金牛区、青羊区不涉农，阿坝藏族羌族自治州九寨沟县、南充市阆中市以及凉山彝族自治州布拖县、甘洛县和雷波县存在异常数据，上述 10 个县域未参评。报告根据四川省的地形地貌等自然条件和农业农村工作特点，将全省参评县域划分为 4 个区域：成都平原及安宁河平原区（43 个参评县）、盆东丘陵低山区（69 个参评县）、盆周及川西南山地区（35 个参评县）和川西北高原地区（26 个参评县）。报告采用了农业农村部 2021 年推出的指标体系，使用的基础指标数据为 2020 年度数据，并对部分数值范围不在 0～1 的三级指标值用 Min - max 标准化方法进行归一化处理。

二、评价结果

（一）四川省县域农业农村信息化发展总体水平

2020 年四川省县域农业农村信息化发展总体水平为 38.3%，高于全国平均 37.9% 的发展水平，高出西部地区综合发展水平 4.2 个百分点。四川省县域农业农村信息化发展水平排名前 3 的市（州）分别是成都市、眉山市和资阳市（图 1）。

从地域方面分析，全省 4 个区域农业农村信息化总体发展水平全部高于 30%。其中：成都平原及安宁河平原区农业农村信息化发展水平最高，为 49.7%，显著高于全省其他区域；盆周及川西南山地区和盆东丘陵低山区紧随其后，分别为 39.7% 和 39.6%；川西北高原地区发展水平最低，为 31.7%，低于全国平均发展水平（表 1）。

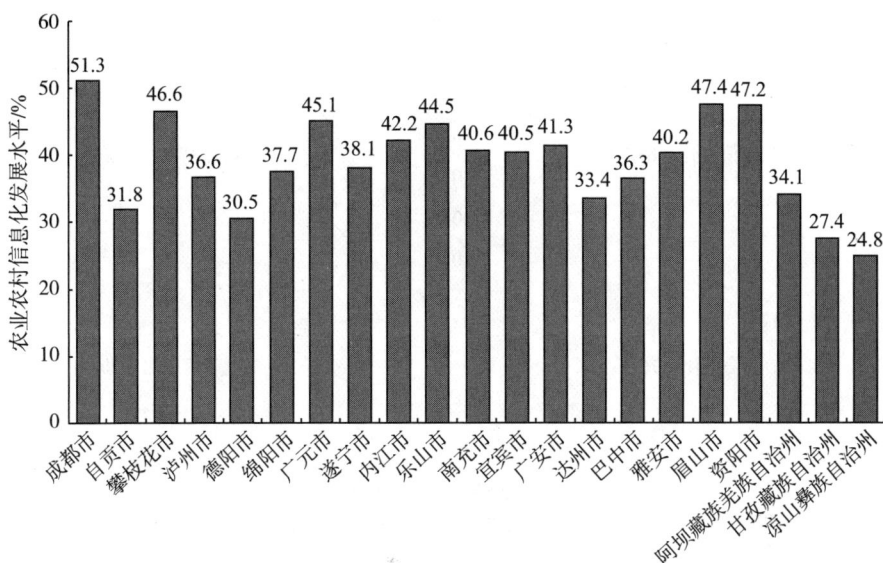

图 1　2020 年四川省各市（州）农业农村信息化发展水平

表 1　2020 年四川省按地形分区各区域农业农村信息化发展水平统计

地形分区	县（市、区）数量/个	乡村人口数/万人	农业农村信息化发展水平/%
成都平原及安宁河平原区	43	1 234.0	49.7
盆东丘陵低山区	69	3 380.1	39.6
盆周及川西南山地区	35	744.4	39.7
川西北高原地区	26	132.5	31.7

　　从 6 个维度分析四川省农业农村信息化发展水平，可以看出，四川省在发展环境、基础支撑、乡村治理信息化和服务信息化方面水平均高于全国平均水平，但生产信息化和经营信息化发展相对滞后（图 2）。

　　从 6 个维度分析各个区域的特点，成都平原及安宁河平原区农业农村信息化发展较好，6 个维度的指标均高于全国平均水平；盆东丘陵低山区发展环境、基础支撑、乡村治理信息化和服务信息化 4 个维度的指标好于全国平均水平，但生产信息化和经营信息化两个指标分别比全国平均水平低 1 个和 3.3 个百分点；盆周及川西南山地区发展环境、经营信息化和乡村治理信息化 3 个维度高于全国平均水平，但基础支撑、生产信息化和服务信息化 3 个维度分别低于全国平均水平 2.1、6.6 和 1.5 个百分点；川西北高原地区在发展环境方面优于全国平均水平，但其他 5 个维度的指标均低于全国平均水平。

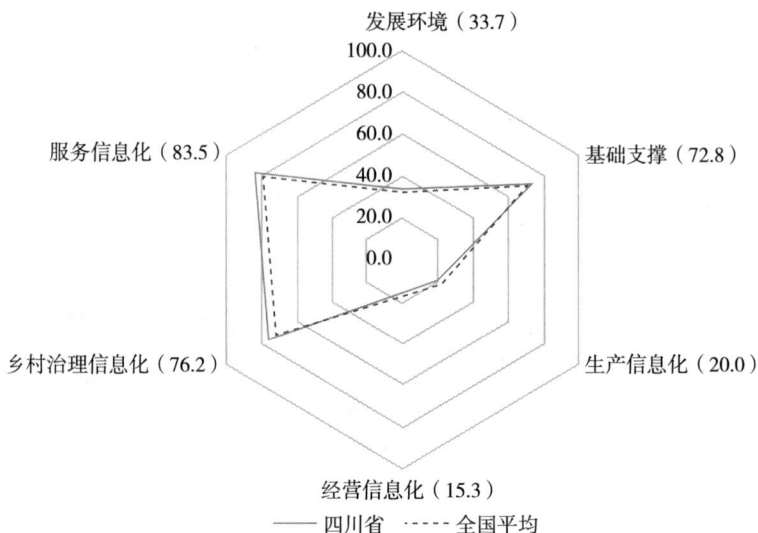

图2　2020年四川省农业农村信息化6个维度的发展水平雷达图

从各县域农业农村信息化发展水平来看，各县域差异较大。雅安市芦山县以70.79%排在首位；其和成都市所辖彭州市、温江区、大邑县，南充市所辖顺庆区，眉山市所辖丹棱县、洪雅县，资阳市所辖安岳县，乐山市所辖井研县以及遂宁市所辖射洪市在此次评价中位居四川省县域农业农村信息化发展水平前10。其中，位于成都平原及安宁河平原区的县（市、区）5个，位于盆东丘陵低山区的县（市、区）4个，位于盆周及川西南山地区的县（市、区）1个。排名全省前10的县（市、区）平均发展水平为61.66%，排名全省后10的县（市、区）平均发展水平为20.12%（图3）。发展水平超过50%的县（市、区）共计23个，其中成都平原及安宁河平原区8个，盆东丘陵低山区10个，盆周及川西南山地区5个；发展水平高于全国平均水平（37.9%）的县（市、区）有94个，其中位于成都平原及安宁河平原区、盆东丘陵低山区、盆周及川西南山地区、川西北高原地区的县（市、区）分别占参评县（市、区）总数的34.04%、39.36%、18.09%和8.51%。

（二）四川省农业农村信息化"六维"发展水平

根据指标体系，对四川省涉农县（市、区）农业农村信息化发展环境、基础支撑、生产信息化、经营信息化、乡村治理信息化和服务信息化6个维度分析如下。

1. 发展环境情况分析

2020年，四川省各县域用于农业农村信息化建设的总体投入资金较2019

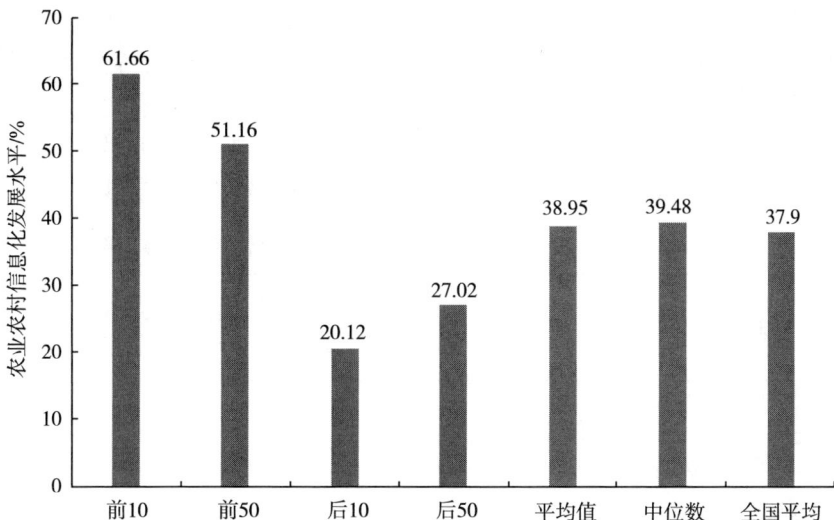

图 3　2020 年四川省县域农业农村信息化发展水平

年增长幅度较大，排名前 3 的市（州）分别为成都市、雅安市和南充市。

　　2020 年，全省乡村人均农业农村信息化财政投入 40.1 元，乡村人均农业农村信息化社会资本投入 73.8 元，分别比全国平均水平低 5.9 元和 35.2 元。从市（州）层面分析，财政投入排名前 3 的市（州）分别为成都市、雅安市和南充市，社会资本投入排名前 3 的市（州）分别为成都市、宜宾市和达州市。成都市、雅安市和阿坝藏族羌族自治州人均财政投入位居前 3，全省仅有成都市、雅安市、阿坝藏族羌族自治州、甘孜藏族自治州和乐山市的人均财政投入高于全国平均水平。乡村人均农业农村信息化社会资本投入仅有攀枝花市、成都市和宜宾市高于全国平均水平，分别为 260.2 元、245.4 元和 207.4 元（图 4）。

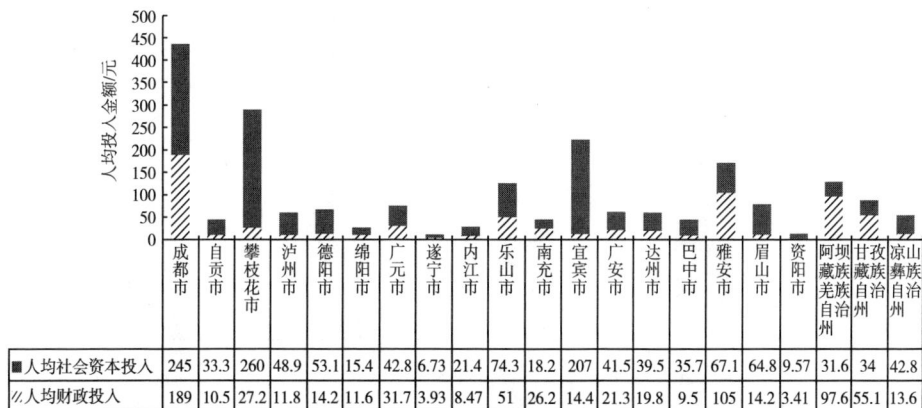

	成都市	自贡市	攀枝花市	泸州市	德阳市	绵阳市	广元市	遂宁市	内江市	乐山市	南充市	宜宾市	广安市	达州市	巴中市	雅安市	眉山市	资阳市	阿坝藏族羌族自治州	甘孜藏族自治州	凉山彝族自治州
人均社会资本投入	245	33.3	260	48.9	53.1	15.4	42.8	6.73	21.4	74.3	18.2	207	41.5	39.5	35.7	67.1	64.8	9.57	31.6	34	42.8
人均财政投入	189	10.5	27.2	11.8	14.2	11.6	31.7	3.93	8.47	51	26.2	14.4	21.3	19.8	9.5	105	14.2	3.41	97.6	55.1	13.6

图 4　2020 年四川省各市（州）乡村人均农业农村信息化资金投入

从不同区域的分析结果来看，成都平原及安宁河平原区乡村人均农业农村信息化投入较多，人均财政投入和人均社会资本投入水平均高于全国平均水平；盆东丘陵低山区和盆周及川西南山地区的乡村人均农业农村信息化投入相对偏少，人均财政投入和人均社会资本投入均低于全国平均水平；川西北高原地区乡村人均农业农村信息化财政投入较多，但人均社会资本投入较少（表2）。

表2 2020年四川省按地形分区各区域农业农村信息化平均发展水平统计

地形分区	乡村人均农业农村信息化财政投入/元	乡村人均农业农村信息化社会资本投入/元	县级农业农村信息化管理服务机构覆盖率/%
成都平原及安宁河平原区	102.2	152.1	75.0
盆东丘陵低山区	18.8	48.5	77.5
盆周及川西南山地区	34.6	73.6	76.4
川西北高原地区	50.2	22.6	68.3
四川省	40.1	73.8	74.4
全国平均	46.0	109.0	68.5

2020年，四川省县级农业农村信息化管理服务机构覆盖率为74.4%，比全国平均水平高5.9个百分点，除川西北高原地区略低于全国平均水平以外，其余地区均高于全国平均水平（表2）。全省有146个县（市、区）农业农村局被列为县（市、区）网络安全与信息化领导机构成员或组成单位，137个县（市、区）农业农村局成立了网络安全与信息化领导机构，141个县（市、区）农业农村局设置了承担信息化相关工作的行政科（股），97个县（市、区）农业农村局设置了信息中心或信息站等事业单位（图5）。这些管理服务机构成为四川省县域农业农村信息化建设发展重要管理保障力量。

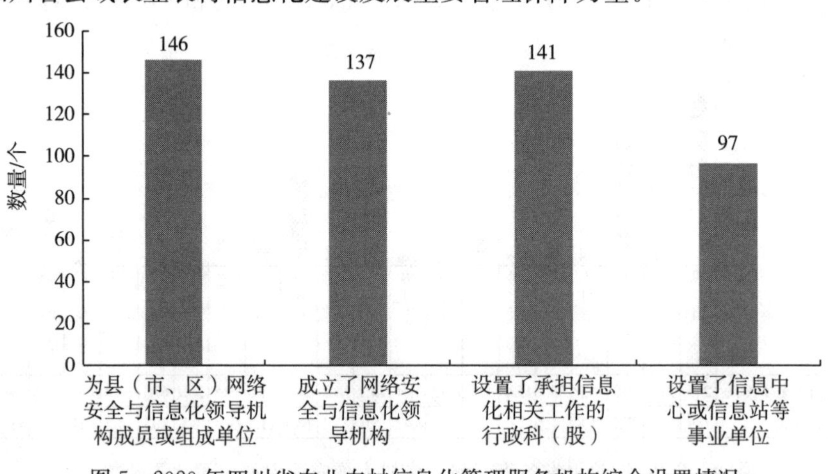

图5 2020年四川省农业农村信息化管理服务机构综合设置情况

2. 基础支撑情况分析

截至 2020 年底，四川省涉农县网民数总计达到 6 120.2 万人，互联网宽带接入用户约 2 181.5 万户，互联网普及率和家庭宽带入户率分别为 72.44% 和 73.22%，分别高出全国平均水平 2.1 和 1.9 个百分点。

全省互联网普及率高达 90% 的县（市、区）共计 24 个，占比 14%；互联网普及率 80%～90% 的县（市、区）37 个，占比 21%；互联网普及率 70%～80% 的县（市、区）47 个，占比 27%；互联网普及率 60%～70% 的县（市、区）31 个，占比 18%；互联网普及率 60% 及以下县（市、区）34 个，占比 20%。分地区来看，成都平原及安宁河平原区共有 32 个的县（市、区）互联网普及率在 70% 及以上，占该区域县域总数的 75%；盆东丘陵低山区互联网普及率在 70% 及以上的县（市、区）有 43 个，占该区域县域总数的 62.32%；盆周及川西南山地区互联网普及率在 70% 及以上的县（市、区）有 23 个，占该区域县域总数的 65.71%；川西北高原地区互联网普及率在 70% 及以上的县（市、区）仅 10 个，占比约 38%。

全省农村家庭宽带入户率超过 90% 的县（市、区）共计 48 个，占比 28%；家庭宽带入户率 80%～90% 的县（市、区）33 个，占比 19%；家庭宽带入户率 70%～80% 的县（市、区）20 个，占比 11%；家庭宽带入户率 60%～70% 的县（市、区）24 个，占比 14%；家庭宽带入户率 60% 及以下的县（市、区）48 个，占比 28%。分地区来看，成都平原及安宁河平原区共有 33 个的县（市、区）互联网普及率在 70% 及以上，占该区域县域总数的 76.7%；盆东丘陵低山区互联网普及率在 70% 及以上的县（市、区）有 37 个，占该区域县域总数的 53.6%；盆周及川西南山地区有 18 个县（市、区）互联网普及率在 70% 及以上，占该区域县域总数的 51.4%；川西北高原地区互联网普及率在 70% 及以上的县（市、区）仅有 13 个，占比 50%。

3. 生产信息化情况分析

农业生产信息化水平主要涵盖大田种植、设施栽培、畜禽养殖及水产养殖领域。2020 年四川省农业生产信息化水平为 20.02%，低于全国平均水平 2.44 个百分点。四川省农业生产信息化水平排名前 3 的市（州）分别为资阳市、眉山市和乐山市。此外，处于全国农业生产信息化平均水平以上的市（州）还有广安市、达州市、绵阳市、南充市、成都市和广元市（图 6）。

四川省大田种植信息化、设施栽培信息化、畜禽养殖信息化和水产养殖信息化水平分别为 17.05%、28.26%、24.30% 和 9.10%（表 3）。四川省各市（州）农业不同领域生产信息化水平见图 7。大田种植领域，全省排名前 3 的市（州）是乐山市、眉山市和资阳市；设施栽培领域，广元市、乐山市和达州

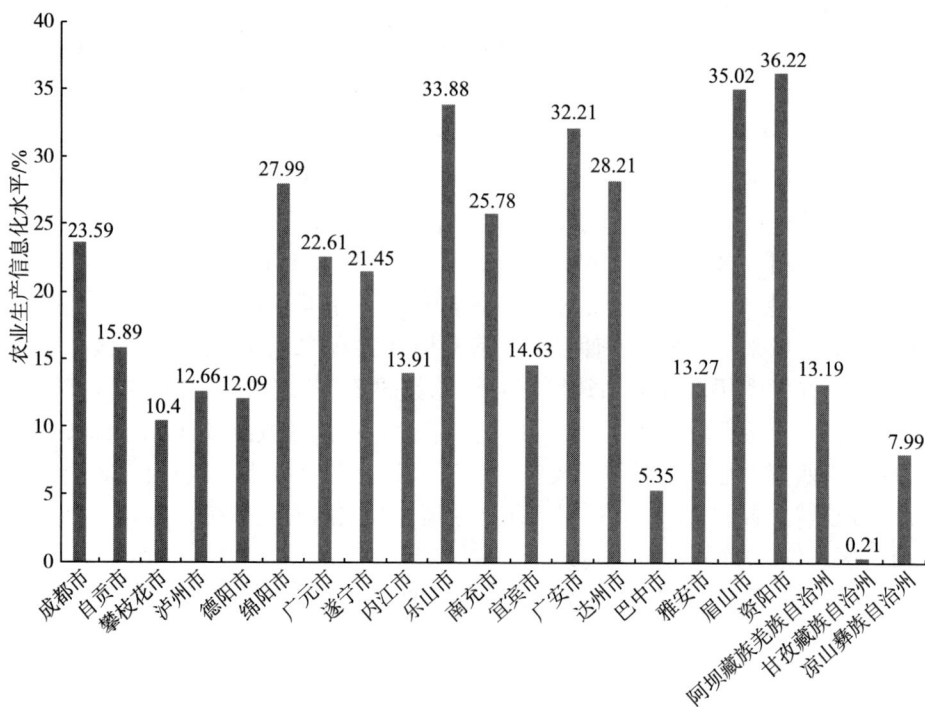

图6 2020年四川省市（州）农业生产信息化发展水平

市位列前3；畜禽养殖领域，资阳市、广安市和眉山市的畜禽养殖信息化水平领先于全省其他市（州）；水产养殖领域，全省排名前3的市（州）是乐山市、绵阳市和眉山市（图7）。

表3 2020年四川省按地形分区各区域农业生产信息化水平

地形分区	农业生产信息化水平/%	大田种植信息化水平/%	设施栽培信息化水平/%	畜禽养殖信息化水平/%	水产养殖信息化水平/%
成都平原及安宁河平原区	23.01	20.53	28.62	26.75	20.81
盆东丘陵低山区	21.53	17.03	24.69	27.55	15.84
盆周及川西南山地区	15.92	10.74	22.79	22.21	14.61
川西北高原山地区	5.97	4.21	22.22	6.69	0.00
四川省	20.02	17.05	28.26	24.30	9.10
全国平均	22.46	18.54	23.45	30.18	15.74

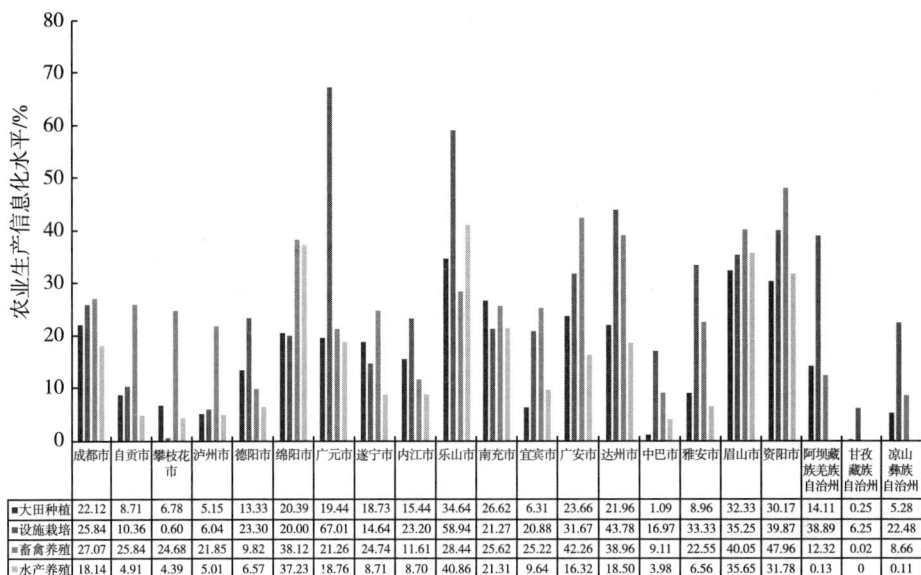

	成都市	自贡市	攀枝花市	泸州市	德阳市	绵阳市	广元市	遂宁市	内江市	乐山市	南充市	宜宾市	广安市	达州市	中巴市	雅安市	眉山市	资阳市	阿坝藏族羌族自治州	甘孜藏族自治州	凉山彝族自治州
■大田种植	22.12	8.71	6.78	5.15	13.33	20.39	19.44	18.73	15.44	34.64	26.62	6.31	23.66	21.96	1.09	8.96	32.33	30.17	14.11	0.25	5.28
■设施栽培	25.84	10.36	0.60	6.04	23.30	20.00	67.01	14.64	23.20	58.94	21.27	20.88	31.67	43.78	16.97	33.33	35.25	39.87	38.89	6.25	22.48
■畜禽养殖	27.07	25.84	24.68	21.85	9.82	38.12	21.26	24.74	11.61	28.44	25.62	25.22	42.26	38.96	9.11	22.55	40.05	47.96	12.32	0.02	8.66
▨水产养殖	18.14	4.91	4.39	5.01	6.57	37.23	18.76	8.71	8.70	40.86	21.31	9.64	16.32	18.50	3.98	6.56	35.65	31.78	0.13	0	0.11

图 7　2020 年四川省市（州）分行业农业生产信息化水平

全省除了成都平原及安宁河平原区以外，其余地区生产信息化水平均低于全国平均水平。成都平原及安宁河平原区的大田种植、设施栽培和水产养殖信息化水平高于全国平均水平，畜禽养殖信息化水平比全国平均水平低 3.43 个百分点；盆东丘陵低山区的设施栽培和水产养殖信息化水平高于全国平均水平，而大田种植和畜禽养殖信息化水平分别比全国水平低 1.51 和 2.63 个百分点；盆周及川西南山地区和川西北高原山地区 4 个领域的信息化水平均低于全国相应领域的平均水平（表 3）。

4. 经营信息化情况分析

2020 年四川省农产品网络零售额占比为 13.55％，农产品质量安全追溯信息化水平为 19.29％，分别比全国平均水平低 0.25 和 2.76 个百分点。全省农产品网络零售额占比排名前 3 的市（州）分别是攀枝花市、资阳市和内江市（图 8）；遂宁市、南充市和成都市位列全省农产品质量安全追溯信息化水平前 3（图 9）。

四川省大田种植业、设施栽培业、畜禽养殖业和水产养殖业农产品质量安全追溯信息化水平分别为 15.22％、36.05％、23.96％和 12.14％（表 4）。大田种植业农产品质量安全追溯信息化水平全省排名前 3 的市（州）是遂宁市、成都市和南充市；设施栽培业农产品质量安全追溯信息化水平排名前 3 的是达州市、乐山市和德阳市；遂宁市、南充市和成都市的畜禽养殖业农产品质量安全追溯信息化水平领先于全省其他市（州）；水产养殖业农产品质量安全追溯信息化水平方面，全省排名前 3 的市（州）是达州市、资阳市和乐山市（图 10）。

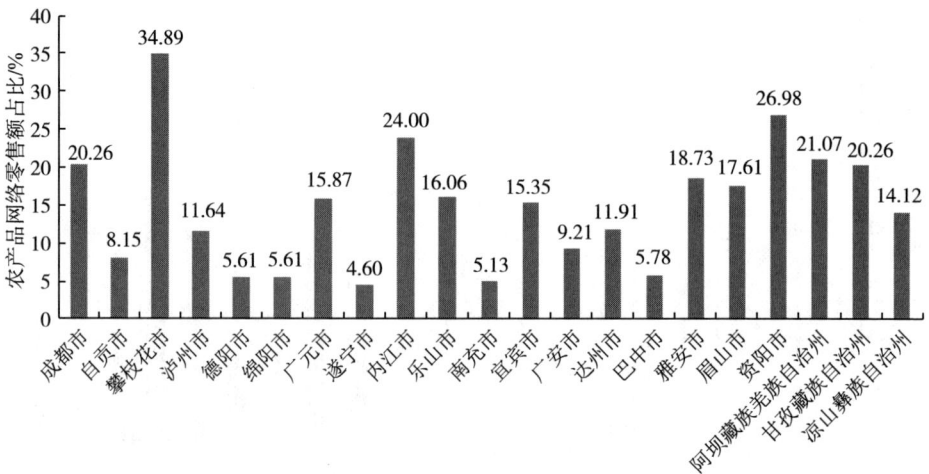

图8　2020年四川省市（州）农产品网络零售额占比

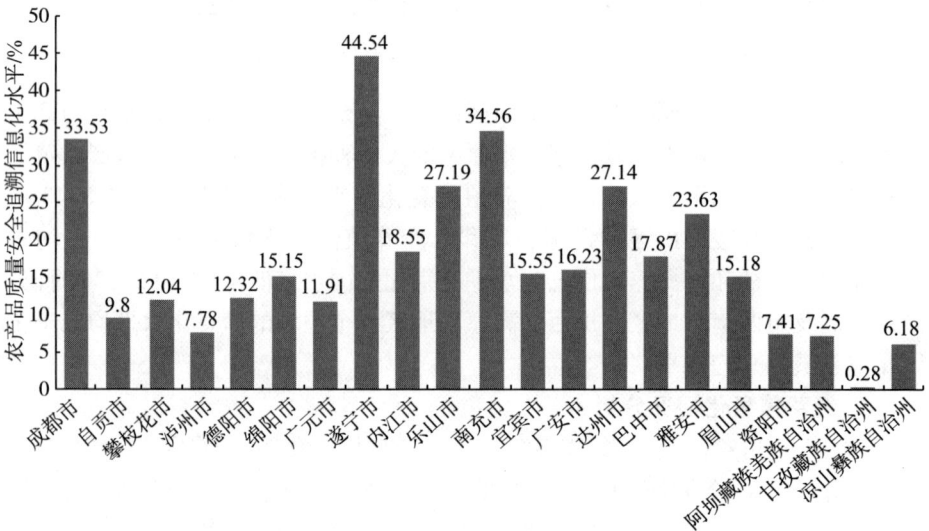

图9　2020年四川省市（州）农产品质量安全追溯信息化水平

表4　2020年四川省按地形分区各区域农业经营信息化情况

地形分区	农产品网络零售额占比/%	农产品质量安全追溯信息化水平/%	大田种植业农产品质量安全追溯信息化水平/%	设施栽培业农产品质量安全追溯信息化水平/%	畜禽养殖业农产品质量安全追溯信息化水平/%	水产养殖业农产品质量安全追溯信息化水平/%
成都平原及安宁河平原区	15.54	23.47	20.85	28.83	27.52	21.10

（续）

地形分区	农产品网络零售额占比/%	农产品质量安全追溯信息化水平/%	大田种植业农产品质量安全追溯信息化水平/%	设施栽培业农产品质量安全追溯信息化水平/%	畜禽养殖业农产品质量安全追溯信息化水平/%	水产养殖业农产品质量安全追溯信息化水平/%
盆东丘陵低山区	10.30	19.36	12.56	46.53	25.87	23.82
盆周及川西南山地区	24.15	18.08	17.63	33.60	16.98	20.35
川西北高原山地区	18.40	3.27	3.32	11.98	3.08	0.00
四川省	13.55	19.29	15.22	36.05	23.96	12.14
全国平均	13.80	22.05	16.63	29.66	28.30	24.45

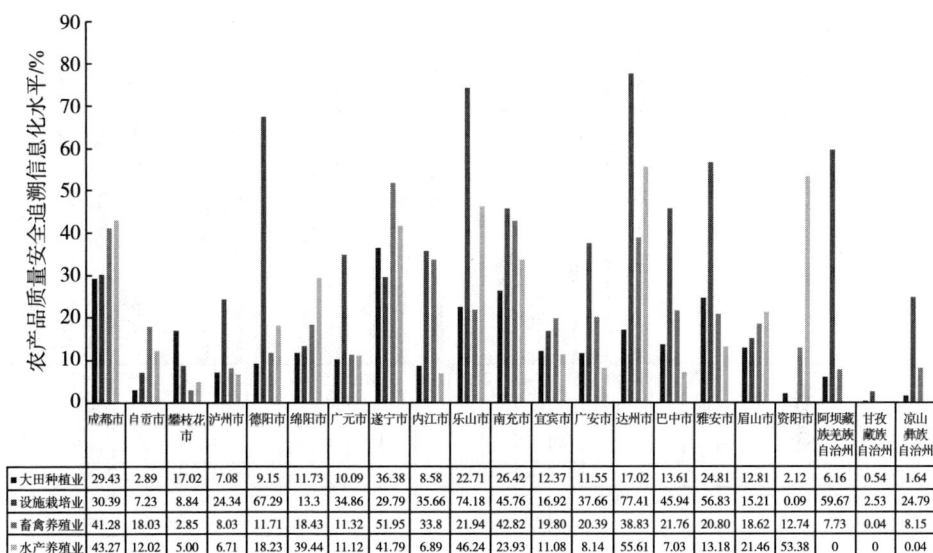

	成都市	自贡市	攀枝花市	泸州市	德阳市	绵阳市	广元市	遂宁市	内江市	乐山市	南充市	宜宾市	广安市	达州市	巴中市	雅安市	眉山市	资阳市	阿坝藏族羌族自治州	甘孜藏族自治州	凉山彝族自治州
大田种植业	29.43	2.89	17.02	7.08	9.15	11.73	10.09	36.38	8.58	22.71	26.42	12.37	11.55	17.02	13.61	24.81	12.81	2.12	6.16	0.54	1.64
设施栽培业	30.39	7.23	8.84	24.34	67.29	13.3	34.86	29.79	35.66	74.18	45.76	16.92	37.66	77.41	45.94	56.83	15.21	0.09	59.67	2.53	24.79
畜禽养殖业	41.28	18.03	2.85	8.03	11.71	18.43	11.32	51.95	33.8	21.94	42.82	19.80	20.39	38.83	21.76	20.80	18.62	12.74	7.73	0.04	8.15
水产养殖业	43.27	12.02	5.00	6.71	18.23	39.44	11.12	41.79	6.89	46.24	23.93	11.08	8.14	55.61	7.03	13.18	21.46	53.38	0	0	0.04

图 10　2020 年四川省市（州）分行业农产品质量安全追溯信息化水平

全省除了盆东丘陵低山区以外，其余地区农产品网络零售额占比均高于全国平均水平，其中盆周及川西南山地区农产品网络零售额占比达到 24.15%，居全省首位。全省除了成都平原及安宁河平原区以外，其余地区农产品质量安全追溯信息化水平均低于全国平均水平。其中：成都平原及安宁河平原区的大田种植业农产品质量安全追溯信息化水平高出全国平均水平 4.22 个百分点，其他产业均低于全国平均水平；盆东丘陵低山区的设施栽培业农产品质量安全追溯信息化水平高出全国平均水平 16.87 个百分点，其他产业均低于全国平均水平；盆周及川西南山地区的大田种植业和设施栽培业农产品质量安全追溯信息化水平分别高出全国平均水平 1.00 个和 3.94 个百分点，畜禽养殖业和水产养殖业农产品质量安全追溯信息化水平均低于全国平均水平；川西北高原山地区 4 个产业的农产品质量安全追溯信息化水平均低于全国平均水平（表 4）。

5. 乡村治理信息化情况分析

2020 年四川省应用信息技术实现行政村"三务"综合公开水平、"雪亮工程"行政村覆盖率和县域政务服务在线办事率分别为 74.80％、84.91％和 69.02％，分别高于全国平均水平 2.68、7.94 和 2.64 个百分点。其中：应用信息技术实现行政村"三务"综合公开水平排名前 3 的市（州）是攀枝花市、广元市和巴中市，以上 3 市应用信息技术实现行政村"三务"综合公开水平均为 100％；"雪亮工程"行政村覆盖率 100％的市（州）有广元市、巴中市、泸州市、遂宁市和资阳市；县域政务服务在线办事率位居前 3 的市（州）为自贡市、巴中市和雅安市（图 11）。

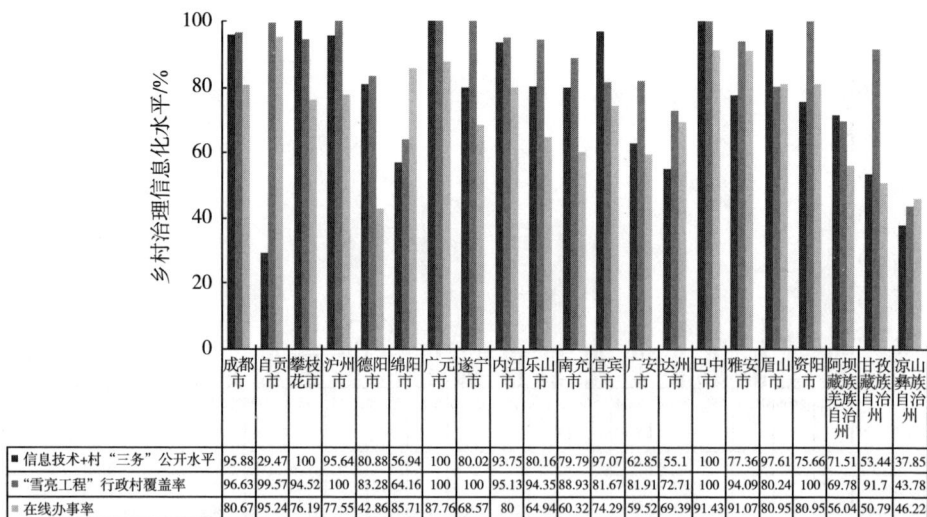

	成都市	自贡市	攀枝花市	泸州市	德阳市	绵阳市	广元市	遂宁市	内江市	乐山市	南充市	宜宾市	广安市	达州市	巴中市	雅安市	眉山市	资阳市	阿坝藏族羌族自治州	甘孜藏族自治州	凉山彝族自治州
■信息技术+村"三务"公开水平	95.88	29.47	100	95.64	80.88	56.94	100	80.02	93.75	80.16	79.79	97.07	62.85	55.1	100	77.36	97.61	75.66	71.51	53.44	37.85
■"雪亮工程"行政村覆盖率	96.63	99.57	94.52	100	83.28	64.16	100	100	95.13	94.35	88.93	81.67	81.91	72.71	100	94.09	80.24	100	69.78	91.7	43.78
■在线办事率	80.67	95.24	76.19	77.55	42.86	85.71	87.76	68.57	80	64.94	60.32	74.29	59.52	69.39	91.43	91.07	80.95	80.95	56.04	50.79	46.22

图 11　2020 年四川省市（州）乡村治理信息化情况

2020 年四川省按地形分区各区域乡村治理信息化情况见表 5。除盆周及川西南山地区和川西北高原山地区以外，其他区域应用信息技术实现行政村"三务"综合公开水平和县域政务服务在线办事率均高于全国平均水平；各区域的"雪亮工程"行政村覆盖率均大于 80％，高于全国平均水平。

表 5　2020 年四川省按地形分区各区域乡村治理信息化情况

地形分区	应用信息技术实现行政村"三务"综合公开水平/％	"雪亮工程"行政村覆盖率/％	县域政务服务在线办事率/％
成都平原及安宁河平原区	83.37	86.01	73.09

（续）

地形分区	应用信息技术实现行政村"三务"综合公开水平/%	"雪亮工程"行政村覆盖率/%	县域政务服务在线办事率/%
盆东丘陵低山区	76.74	86.16	77.64
盆周及川西南山地区	71.68	82.28	65.71
川西北高原山地区	63.94	85.38	52.20
四川省	74.80	84.91	69.02
全国平均	72.12	76.97	66.38

6. 服务信息化情况分析

2020 年四川省电商服务站行政村覆盖率达 83.5％，高出全国平均水平 4.58 个百分点。其中，泸州市、巴中市和眉山市位列全省前 3（图 12）。

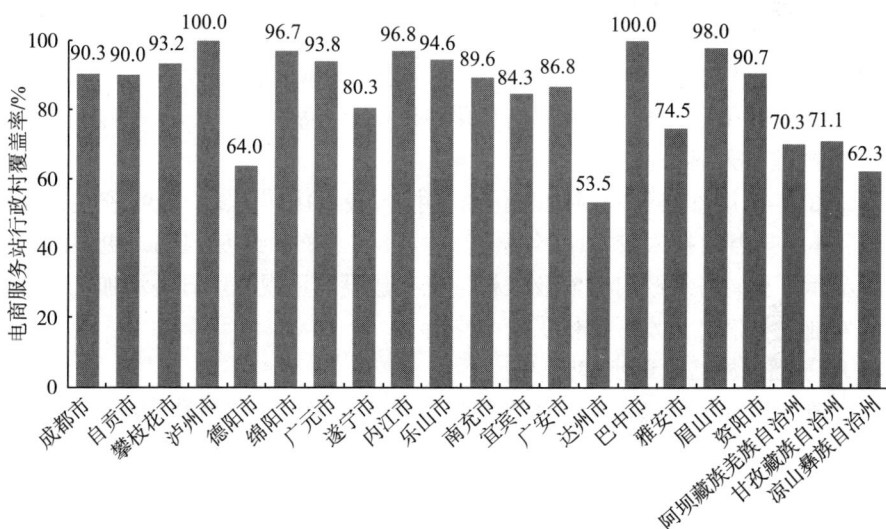

图 12　2020 年四川省市（州）县域电商服务站行政村覆盖率

成都平原及安宁河平原区电商服务站行政村覆盖率达 88.00％；盆东丘陵低山区电商服务站行政村覆盖率为 86.90％；盆周及川西南山地区电商服务站行政村覆盖率为 77.40％；川西北高原山地区电商服务站行政村覆盖率为 71.40％（表 6）。

表 6　2020 年四川省按地形分区各区域电商服务站行政村覆盖率

地形分区	电商服务站行政村覆盖率/%
成都平原及安宁河平原区	88.00

(续)

地形分区	电商服务站行政村覆盖率/%
盆东丘陵低山区	86.90
盆周及川西南山地区	77.40
川西北高原山地区	71.40
四川省	83.50
全国平均	78.92

三、评价结果分析

（一）主要特点

1. 发展水平稳步提升

根据有效样本数据综合测算，2020 年四川省县域农业农村信息化发展水平为 38.3%，较 2019 年提升了 6.7 个百分点，反映出全省农业农村信息化发展水平持续提升，全省农业农村信息化建设成效初显。

2. 财政投入显著增长

2020 年四川省农业农村信息化财政投入较 2019 年增长幅度较大；全省173 个样本县财政投入较 2019 年县均财政投入增长了约 60.1%。更多的财政投入显示了全省各级政府对农业农村信息化建设的重视程度日益增加，为推动全省农业农村信息化发展提供了有力支持。

3. 基础设施建设逐步健全

随着四川省在信息化基础建设的持续投入以及 4G 网络和光纤网络普及、5G 网络的快速发展，全省农业农村信息化基础设施条件稳步提升。截至 2020年末，全省 173 个样本县互联网普及率达到 72.44%，较 2019 年增长了 2.84个百分点。

4. 生产信息化改造提速扩面

2020 年，全省农业生产信息化发展水平显著提升。农业生产信息化指标构成较 2019 年有较大调整，从忽略指标调整看趋势的角度分析，大田种植、设施栽培和畜禽养殖信息化水平均呈现快速发展的态势。

5. 乡村治理信息化建设成效显著

2020 年，四川省各地充分借助信息化技术，推动行政村党务、村务和财务实现阳光公开，应用信息技术实现行政村"三务"综合公开水平由 2019 年的 67% 提升到了 2020 年的 74.8%。"雪亮工程"行政村覆盖率和县域政务服务在线办事率均显著高于全国平均水平。

（二）主要问题

1. 农业农村信息化发展人均投入不足

尽管 2020 年四川省农业农村信息化财政投入显著增长，但乡村人均农业农村信息化财政投入和乡村人均农业农村信息化社会资本投入均低于全国水平，尤其是盆东丘陵低山区和盆周及川西南山地区涉农县农业农村信息化建设人均投入明显偏低。

2. 不同领域信息化水平发展不平衡凸显

四川省各地农业农村信息化发展水平在发展环境、基础支撑、乡村治理信息化和服务信息化等方面均高于生产领域和经营领域。在农业生产领域和农业经营领域方面，设施栽培信息化水平和畜禽养殖信息化水平要显著高于大田种植信息化水平和水产养殖信息化水平。

3. 县域、区域信息化发展水平不均衡

四川省县域农业农村信息化发展水平评价结果分差幅度较大，发展水平较高、中等、较差的县（市、区）分布大致呈纺锤形，其中总体水平在 30%～50% 的占比近 66%。成都平原及安宁河平原区发展水平最好，6 个维度的指标均高于全国平均水平；盆东丘陵低山区发展水平次之；盆周及川西南山地区和川西北高原山地区信息化发展相对滞后。

4. 农业生产和农产品质量安全追溯信息化水平有待提高

2020 年，四川省农业生产信息化和农产品质量安全追溯信息化水平较全国平均水平低，主要原因是大田种植业、畜禽养殖业以及水产养殖业农产品质量安全追溯信息化水平相对滞后。

四、对策及建议

推进农业农村信息化发展，要坚持政府主导、市场主体相结合的原则，加大试点、示范力度，加强政策与宣传引导，体系化推动数字技术与生产、经营、管理、治理、服务等全过程深度融合，建议扎实抓好以下重点工作。

（一）从投入入手，统筹推进区域协调发展

区域农业农村信息化发展水平不平衡已成为四川省乡村全面振兴发展和农业农村信息化全面发展的阻碍，因此需要进一步完善支持政策。建议政府相关部门加大对农业农村信息化建设的资金投入，分区域、分产业、分环节制定相适应的扶持政策，尤其对发展水平相对滞后的地区、产业以及环节加大财政支持力度和社会资金扶持力度；同时积极推广示范县（市、区）成功经验，以点

连线带面,整体协调推进农业农村信息化发展。

(二)从基础入手,提高农业农村现代化支撑力

推进农业农村信息化建设,首先要解决基础支撑的问题。应持续推进农村光纤宽带和4G网络深度覆盖,加速5G落地农村。加强信息化装备建设。加强农田水利设施、畜禽水产工厂化养殖、农产品加工贮运、冷链物流、农机装备等基础设施的信息化建设,加快推进北斗导航系统在农业农村中的应用。加强农业农村信息化发展所需的人才队伍建设,加大农业农村系统干部职工信息化培训,培育一批数字化农业专业型、复合型管理和技术人才;加强农民信息化培育,利用现有培训项目,动员企业、行业协会等社会参与,加快培育扶持一大批既懂互联网、物联网,又懂农业农村的高素质农民。

(三)从生产入手,提高农业农村信息化水平

提升农业生产信息化水平是农业农村信息化的首要任务。建议开展产业试验示范。以现代农业园区为抓手,利用互联网、物联网、大数据、空间信息、智能装备等现代信息技术,加快对种植业、畜牧业、渔业、农产品加工业生产过程进行数字化改造,发展精准农业、智慧农业,实现节本增效、绿色发展。应强化关键技术攻关,组织成立农业农村信息化技术创新团队,加强标准规范研制,强化科技创新,重点突破农业农村信息化关键技术、装备研发。创新推广应用机制,开发创新应用场景,加大推广力度,扩大应用规模,尽快把使用成本降下来,确保农民用得起、用得上、有效益,发挥信息化应用节本增效的作用。

(四)从经营入手,持续推进"互联网+"农产品出村进城

农业农村电子商务是农产品流通的重要方式,是引导生产、调整优化资源配置的重要手段。建议按照3~5年建设20个省级"互联网+出村进城"试点的工作目标,组织市(州)积极开展省级"互联网+"农产品出村进城工程试点县申报工作,优中选优择出部分区(县)作为省级试点并授牌,全力推进国家级"互联网+"农产品出村进城试点建设。大力培育电商产品知名品牌,加快培育农产品品牌、企业品牌和区域性品牌,推进农业品牌向互联网品牌延伸。利用"直播+短视频"等新媒体内容的优势,搭建四川农产品网红孵化平台,深入挖掘包括地理标志、绿色食品在内的四川本土特色农产品文化底蕴,以天府之国、巴山蜀水为特征,讲好四川农耕故事,卖"四川文化"、卖"四川品质"。

（五）从服务入手，提高信息传播便捷化

持续推进数字"三农"大数据信息平台建设，完善数字"三农"协同应用平台，构建农业农村数据资源体系，建立乡村重要资源天空地一体化全域地理信息"一张图"。全面提高乡村治理能力和治理体系现代化水平，拓展农村民生领域信息化应用。加强信息公益便民服务，结合做好全省合乡并村两项改革"后半篇文章"，通过科学调整益农信息社点位布局、优化配置信息员队伍、持续开展培训、丰富完善益农平台服务内容、举办专题营销推广活动等方式，提升益农信息社运营和服务能力，探索持续运营长效机制，充分发挥益农服务产业带动作用，提高益农信息社可持续发展能力，持续打通农业农村信息化的"最后一公里"。

2021 陕西省县域农业农村
信息化发展水平评价报告

撰稿单位：陕西省农业宣传信息中心
撰稿人员：程晓东　殷　华　王晓坤　艾　青

为贯彻落实数字乡村发展战略的决策部署，按照农业农村部市场与信息化司《关于开展全国农业农村信息化能力监测试点的函》（农市便函〔2021〕154号）要求，陕西省依据全国农业农村信息化能力监测的 6 个维度指标，对 87 个有效样本县（市、区）的县域农业农村信息化发展水平进行评价，以期准确把握差距与短板、明确努力方向，推动县域农业农村信息化快速健康发展。

一、评价说明

（一）数据来源

本次监测评价数据采取县（市、区）农业农村部门自愿填报、市级农业农村部门审核的方式获得，共收集到陕西省 101 个县（市、区）2020 年的基础指标数据，占陕西省县（市、区）总数的 97.12%。经审核、清洗，纳入本次监测评价的有效样本县（市、区）为 87 个，占到陕西省县（市、区）总数的 83.65%。本报告中的"陕西省"指有效样本县（市、区）总数。

（二）指标体系

在前两年开展全国县域数字农业农村发展水平评价工作的指标体系基础上，对农业生产信息化指标进行了细化。本次监测指标体系分为发展环境、基础支撑、生产信息化、经营信息化、乡村治理信息化、服务信息化 6 个一级指标，农业农村信息化财政投入情况、互联网普及程度、大田种植信息化等 14 个二级指标和 20 个三级指标。

（三）评价方法

基于县域填报值计算得出三级指标值，其次对部分数值范围不在 0～1 的三级指标值进行归一化处理，最后按照权重逐级计算二级、一级指标值及发展总体水平。

二、评价结果

（一）总体水平位居全国中游

2020 年陕西省县域农业农村信息化发展总体水平为 36.2％，位居全国第16，低于全国发展总体水平 1.7 个百分点，高于西部地区发展总体水平 2.1 个百分点。其中，关中 41.35％、陕南 35.7％、陕北① 31.05％。

分市（区）看，铜川市发展水平最高，为 55.6％；杨凌区、咸阳市发展水平次之，分别为 41.1％和 40.7％（图1）。

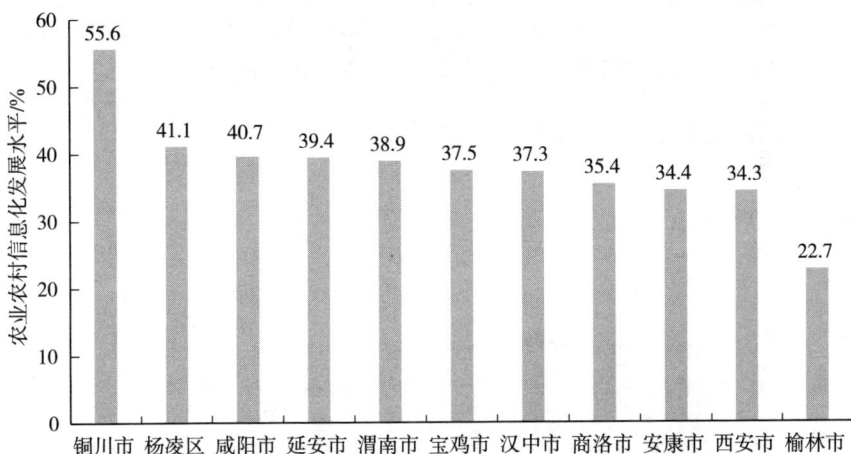

图 1　陕西省各地级市县域农业农村信息化发展水平

从县域看，全省排名第一是泾阳县（图2），位列全国 2 703 个县（市、区）的第 41，乾县、安塞区、扶风县、宝塔区分别排名全省第43、第167、第181 和第274，远高于全国发展总体水平。全省低于全国发展总体水平的县（市、区）有 43 个，占比 49.43％。

（二）农业生产信息化提质增效

2020 年陕西省农业生产信息化水平为 30％，高于全国平均水平 7.5 个百分点，居全国第九位。其中，关中 37.11％、陕北 29.67％、陕南 28.13％。

分市（区）看，陕西省农业生产信息化水平较高的为铜川市、咸阳市和延安市，分别为 67.31％、56.94％和 44.14％（图3）。有 4 个地级市低于全国

---

① 关中包括西安市、咸阳市、宝鸡市、渭南市、铜川市、杨凌区；陕南包括汉中市、安康市、商洛市；陕北包括延安市、榆林市。

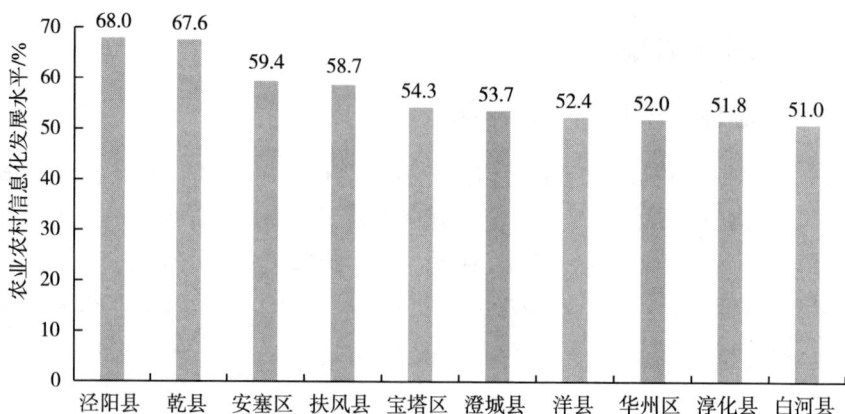

图 2　陕西省农业农村信息化发展总体水平排名前 10 的县（市、区）

农业生产信息化水平，最低的为 11.22％。

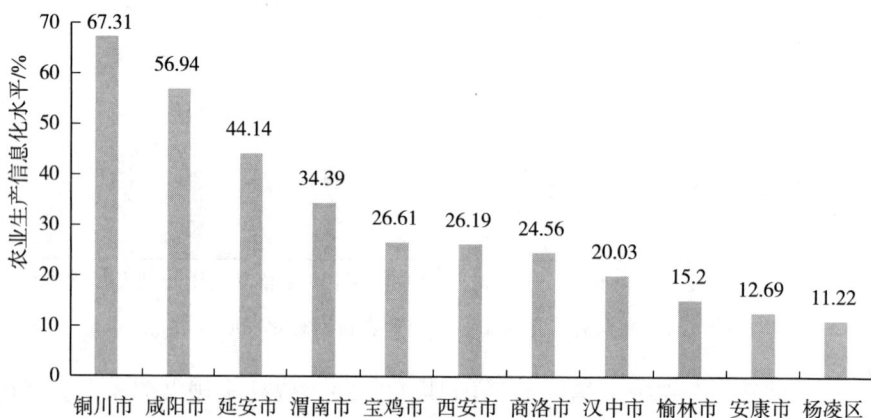

图 3　陕西省各地级市农业生产信息化水平

分行业看，全省农业生产信息化水平中，畜禽养殖信息化水平最高，为 34.77％，居全国第八位。其次是大田种植信息化水平 29.45％，设施栽培信息化水平 21.03％，水产养殖信息化水平最低，为 19.73％。

畜禽养殖方面，在监测的 3 个主要畜禽品种（类）中，家禽养殖信息化水平最高，为 44.40％；生猪养殖信息化水平次之，为 40.05％；牛养殖信息化水平最低，为 25.85％。

大田种植方面，在监测的 11 个主要农作物品种（类）中，信息化水平较高的是小麦、玉米、水果和蔬菜，分别为 42.56％、34.79％、31.97％和 26.1％。

设施栽培方面，设施环境信息化监测控制技术和水肥一体化智能灌溉技术应用最为广泛。

水产养殖方面,在监测的3个主要水产品种(类)中,虾类的养殖信息化水平最高,为27.67%,鱼类为20.21%,蟹类为5.31%。

(三)县域农村电子商务高速增长

1. 全省县域农产品网络零售额占农产品销售总额的18.67%

2020年,全省农产品网络零售额达197.9亿元,占全省农产品销售总额的18.67%,高于全国4.87个百分点,居全国第五位。蓬勃兴起的电商平台、直播带货,已经成为陕西省农产品销售的重要渠道。

分区域看,关中农产品网络零售额占比33.91%、陕南13.64%、陕北8.14%。分市(区)看,杨凌区、铜川市、渭南市农产品网络零售额占比位居全省前列,分别为78.25%、61.22%、27.21%(图4)。从县域看,农产品网络零售额占比高于全国平均水平的县(市、区)有46个,占有效样本县(市、区)的52.87%。

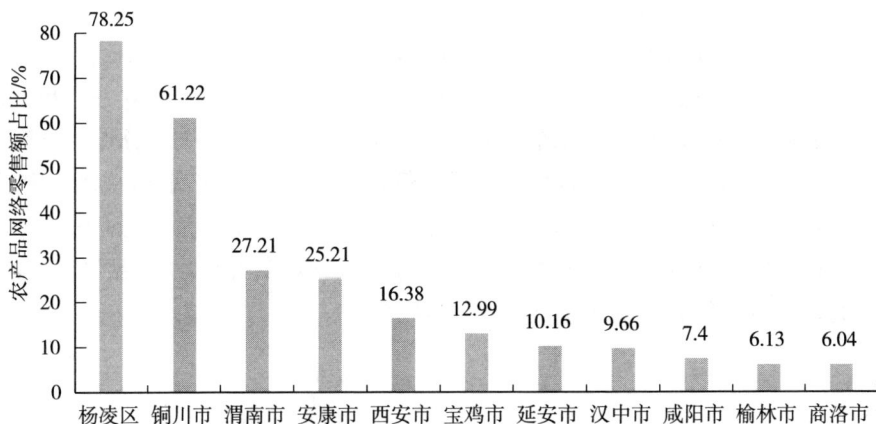

图4 陕西省各地级市农产品网络零售额占比

2. 农产品质量安全追溯信息化水平为13.86%

近年来,全省大力推广应用农产品质量安全追溯平台,实现质量安全追溯的农产品产值占比为13.86%,比全国平均水平低8.19个百分点,居全国第25位。分区域看,关中12.14%、陕南27%、陕北11.75%。分市(区)看,农产品质量安全追溯信息化水平位居全省前列的是商洛市、宝鸡市、安康市,分别为53.23%、23.06%和18.71%。分行业看,水产养殖业农产品质量安全追溯信息化水平略高于全国水平,为31.19%,畜禽养殖业、设施栽培业和大田种植业农产品质量安全追溯信息化水平均低于全国平均水平,分别为23.45%、11.83%和10.11%(图5),需加快步伐补齐短板。

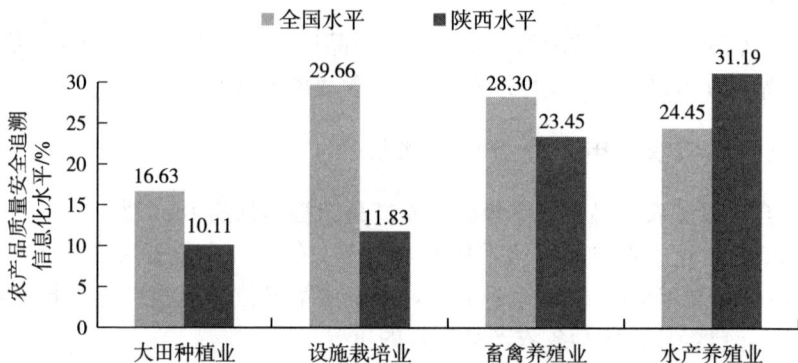

图 5　陕西省农产品质量安全追溯信息化水平与全国水平比较

（四）乡村治理信息化水平仍有差距

1. 应用信息技术实现行政村"三务"综合公开水平为 59.09%

2020 年，全国应用信息技术实现行政村"三务"综合公开水平达到
72.1%，陕西省应用信息技术实现行政村"三务"综合公开水平仅为
59.09%，比全国低 13.03 个百分点，居全国第 22 位，其中农村党务公开、村
务公开、财务公开水平分别比全国低 11.5、12.11 和 15.47 个百分点。分区域
看，关中行政村"三务"综合公开水平最低，为 46.3%，陕南 60.84%，陕北
72.31%。分市（区）看，位居全省前列的是延安市、汉中市、宝鸡市，分别
为 99.53%、80.68%、79.56%（图 6）。分县域看，全省有 39 个县（市、区）
行政村"三务"综合公开水平达到 85% 以上。

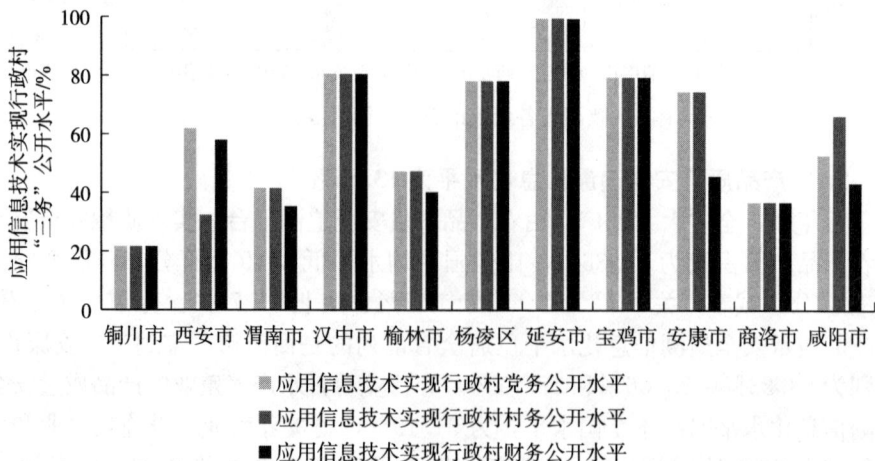

图 6　陕西省各地级市应用信息技术实现行政村"三务"公开情况

2. 县域政务服务在线办事率为 60.68%

2020 年，全省县域政务服务在线办事率为 60.68%，比全国水平低 5.7 个百分点，居全国第 22 位。分区域看，关中在线办事率为 59.69%，陕北 50.96%，陕南 64.9%。分市（区）看，铜川市、杨凌区、宝鸡市政务服务在线办事率位居全省前 3，分别为 92.86%、85.71%、82.14%。分业务看，陕西省在线办事主要以新型农村合作医疗业务和社会保险业务实现网上办理最多，分别为 82.2% 和 80.2%；社会救助业务、劳动就业业务在线办事率分别为 63.4% 和 61.4%；婚育登记业务和农用地审批业务实现网上办理最少，分别为 47.5% 和 33.7%（图 7）。

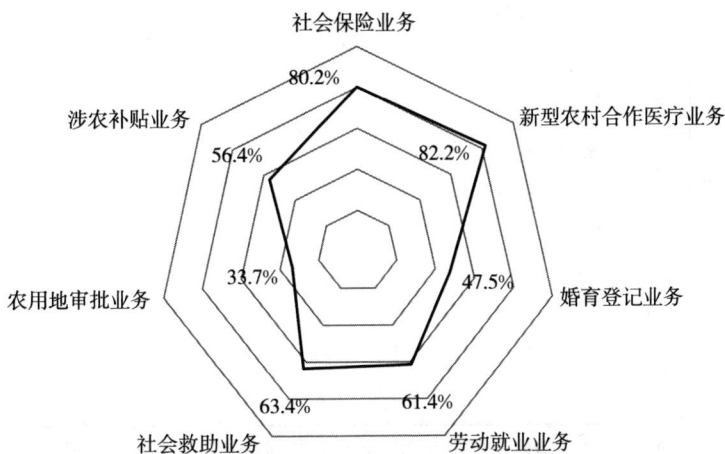

图 7　陕西省县域政务服务在线办事情况

3. "雪亮工程" 行政村覆盖率为 54.54%

2020 年，陕西省 "雪亮工程" 行政村覆盖率为 54.54%，比全国平均水平低 22.43 个百分点，居全国第 24 位。全省有 41 个县 "雪亮工程" 实现了行政村全覆盖，占比 47.13%。

（五）农业农村电商服务区域分化

全省建有电商服务站点的行政村共 10 018 个，电商服务站行政村覆盖率为 63.39%，比全国水平低 15.53 个百分点，居全国第 24 位。分区域看，关中、陕北、陕南的电商服务站行政村覆盖率分别为 59.74%、45.51% 和 83.54%。

分市（区）看，排名全省前 3 的汉中市、铜川市、西安市覆盖率均高于全国平均水平。从县域看，全省有 26 个县（市、区）实现了电商服务站行政村全覆盖，全省占比 29.88%。数据表明，电商服务站行政村覆盖率较高的县

（市、区），其电商经济也较为发达。电商服务站建设有力地支撑了农产品网络零售业的快速发展。

（六）信息化发展环境有待优化

1. 财政投入县均220万元

2020年，全省县域农业农村信息化财政投入1.9亿元，县均220万元，乡村人均9.1元，比全国人均财政投入低80.21%。分市（区）看，财政投入位列全省前3的分别是宝鸡市、安康市、榆林市（图8），乡村人均投入分别为18.80元、19.27元、12.10元，均低于全国乡村人均水平。有13个县（市、区）无财政投入，占比14.94%。

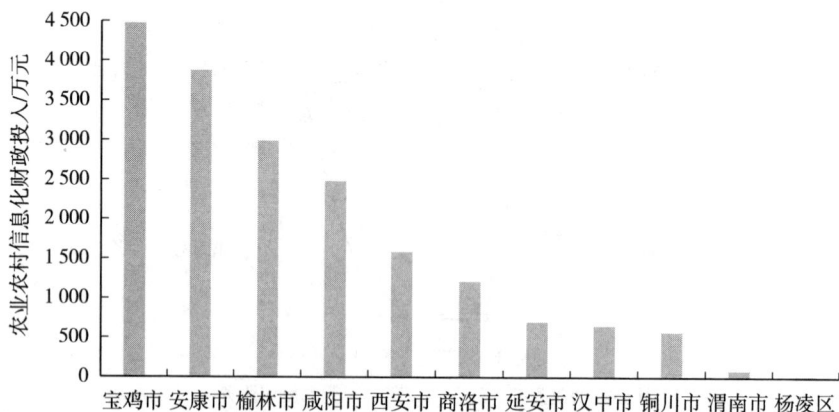

图8　陕西省各地级市农业农村信息化财政投入情况

2. 社会资本投入县均约1 199万元

全省社会资本积极投入农业农村信息化建设，市场配置资源效率明显提高。2020年全省县域农业农村信息化建设的社会资本投入为10.43亿元，县均1 198.85万元、乡村人均108.98元，比全国乡村人均社会资本投入低54.47%。分市（区）看，社会资本投入位列全省前3的分别是安康市、汉中市、渭南市（图9），人均投入分别为306.32元、75.48元、24.11元。有26个县（市、区）无社会资本投入，占比29.89%。

3. 县级农业农村信息化管理服务机构覆盖率为86.2%

2020年，陕西省县级农业农村信息化管理服务机构覆盖率为86.2%。2020年全省设置承担信息化相关工作的行政科（股）或信息中心、信息站等事业单位的有75个，占比86.2%。其中关中地区农业农村信息化管理服务机构覆盖率为92.68%，陕北86.96%，陕南82.61%。具体看，有87.36%的县（市、区）农业农村局成立了网络安全与信息化领导机构，有77.01%的县

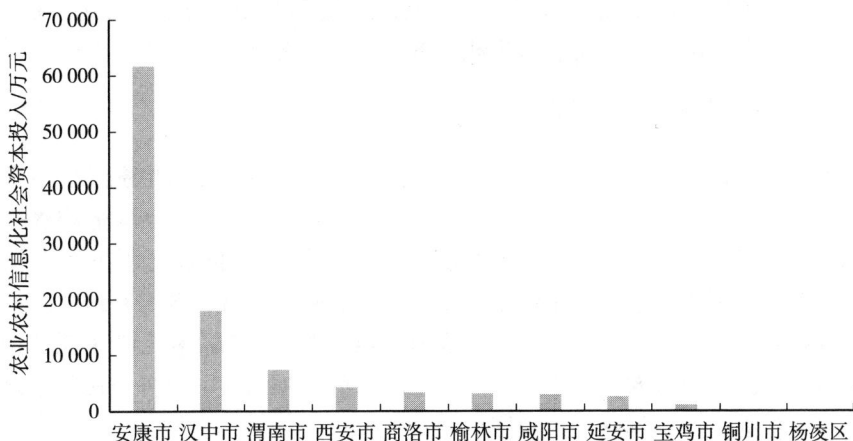

图 9 陕西省各地级市农业农村信息化社会资本投入情况

（市、区）农业农村局设置了承担信息化工作的行政科（股），有 55.17％的县（市、区）农业农村局设置了信息中心（信息站）等事业单位。

三、突出问题和弱项

综合以上农业农村信息化发展情况分析，陕西省"十三五"期间农业农村信息化虽然取得显著成效，但仍存在总体发展不平衡、基施设施落后、乡村治理信息化手段落后等问题，主要表现在以下四个方面。

（一）信息化基础设施建设滞后

陕西省县域互联网普及率为 64.97％，比全国平均水平低 5.3 个百分点。家庭宽带入户率为 62.22％，比全国水平低 12.73％。4G 和 5G 基站主要分布在市（区）、县（市、区）和人口较集中的乡镇，农村信息基础设施严重滞后于城镇。面向农业农村的大数据中心、数据资源、业务系统、遥感卫星、北斗导航、物联网、农机智能装备等信息基础设施在研发、制造、推广应用等方面，还不能满足农业农村现代化发展的需要。

（二）信息化发展水平不平衡不充分

陕西省县域农业农村信息化发展总体水平不均衡，陕北信息化发展总体水平仅为 31.05％，比关中低 10.3 个百分点，比陕南低 4 个百分点。排名第一和最后的市（区）平均发展水平差距高达 32.9 个百分点。信息化发展水平区域间的差距大，县域间的差距更为明显。生产信息化水平排在前 5 的县与排在后 5 的县平均发展水平相差 83.72 个百分点。农产品网络销售额占比排在前 5 的县与排在后 5 的县平均发展水平相差 84.27 个百分点。

（三）信息化建设协同应用能力偏弱

陕西省行政村"三务"综合公开水平为 59.09%，政务服务在线办事率 60.68%，农产品质量安全追溯信息化水平 13.86%，分别比全国平均水平低 13%、5.7% 和 8.19%。陕西省农业农村信息化发展受行政资源下沉开发不足，信息系统利用不够、技术供给不足等因素影响，政务公开与在线办理的功能配置还停留在"网站公告"阶段。农村普惠性服务平台和核心业务系统推广应用不足，缺乏与涉农服务主体生产生活需求的精准对接，服务农民的信息系统针对性不强、操作不够灵活便捷。

（四）资金投入不足的问题较为突出

农业农村信息化发展需要财政投入和社会资本的高效协同、双向发力。2020 年陕西省农业农村信息化财政投入 1.9 亿元，居全国第 30 位，相比 2019 年下降 24.17%。县均财政投入 220 万元，相比全国平均 1 292.3 万元，仅为 1/6，另有 13 个县（市、区）无信息化财政投入，占比 14.94%。社会资本投入方面，陕西省农业农村信息化社会资本投入 10.43 亿元，县均社会资本投入 1 198.85 万元，相比全国平均 3 062.3 万元，仅接近四成。

四、发展建议

（一）加强顶层设计，缩小县域信息化鸿沟

加强省、市、县三级涉农信息化部门间的工作协同，形成统筹发展、部门联动、制度完善、体系健全、集约共享、安全可靠的工作格局。建设完善陕西省农业农村大数据中心，逐步实现"系统通、数据通、服务通"，全面提升信息化在产业发展、市场监管、乡村治理、为农服务等领域的创新作用。

（二）推进信息化与农业现代化的深度融合

推动以云计算、物联网、大数据、移动互联、北斗导航为代表的信息技术在农业生产各领域的广泛应用，引领农业产业转型升级。深化和普及乡村 4G、5G 创新应用，广泛推进物联网应用，培育一批叫得响、质量优、特色显的农村电商产品品牌，进一步提高农产品产量和质量，基本形成乡村智慧物流配送体系，实现运输过程智能化控制、农产品可跟踪追溯。

（三）加快完善乡村数字治理体系

推动"互联网＋党建"，建设完善农村基层党建信息平台，推动党务、村务、财务网上公开，畅通社情民意。推动"互联网＋社区"向农村延伸，提高村级综合服务信息化水平，推动乡村建设和规划管理信息化。加快推进实施农村"雪亮工程"，深化平安乡村建设，依托全国一体化在线政务服务平台，加快推广"最多跑一次""不见面审批"等改革模式，推动政务服务网上办、马上办、少跑快办，提高群众办事便捷程度。

（四）健全体制机制，强化财政资金保障

加强组织领导，强化资金保障力度，持续加大财政投入，力争多渠道、多方式统筹整合涉农资金。在推动财政投入稳定增加的同时，进一步优化农村营商环境，积极引导金融和社会资本加大投入，加快形成多方投入合力的局面。同时提升乡村建设投入力度，加快补齐农业农村发展短板，为实施乡村振兴战略夯实基础。

2021甘肃省县域农业农村
信息化发展水平评价报告

撰稿单位：甘肃省农业信息中心
撰稿人员：高兴明　秦来寿　张　昕　杨鑫环

一、评价说明

（一）工作背景

为贯彻习近平新时代中国特色社会主义思想特别是网络强国战略思想和"三农"工作重要论述，积极响应党中央、国务院及中共中央网络安全和信息化委员会办公室、农业农村部有关实施数字乡村发展战略的决策部署，认真落实农业农村信息化发展水平监测评价机制，甘肃省农业信息中心在总结前两年开展全省县域数字农业农村发展水平评价工作经验的基础上，结合2021全国农业农村信息化能力监测试点工作的新特点，进一步加强组织管理，扩大采集范围，强化评估审核，形成了《2021甘肃省县域农业农村信息化发展水平评价报告》。

本报告采用2021全国县域农业农村信息化发展水平评价指标体系，以发展环境、基础支撑、生产信息化、经营信息化、乡村治理信息化和服务信息化6个指标为基础，以全省86个县（市、区）为单位，全面分析评价2020年度甘肃省农业农村信息化发展情况。

（二）数据来源

本次监测评价数据继续采取县（市、区）农业农村部门自愿填报，市级及省级农业信息部门逐级审核把关的方式获得，共收集到86个县（市、区）2020年的基础指标数据，共覆盖13个地级市，15 974个行政村，1 809.2万乡村人口。与往年相比，本次报告体现两大变化，一是按照农业农村部监测评价指标体系同步优化调整了个别指标；二是扩大数据填报范围，由往年的76个涉农县扩大到全省86县（市、区），覆盖范围100%，以全面反映本省农业农村信息化发展情况。

二、评价结果

(一)甘肃省县域农业农村信息化发展总体水平 34.2%

2020 年甘肃省县域农业农村信息化发展总体水平为 34.2%,居全国第 20 位,增长速度有所提升,发展差距有所缩小。相比 2019 年(31.2%)增长 3 个百分点,与西部地区水平基本持平,但与全国水平相比仍有差距。从增长幅度看,以 2019 年发展总体水平为基准,2020 年全国水平较 2019 年(36.0%)提升了 1.9 个百分点,2020 年甘肃省水平较 2019 年(31.2%)提升了 3.0 个百分点,甘肃省发展总体水平的增幅高于全国。从与全国的差距看,2020 年甘肃省较全国水平低 3.7 个百分点,而 2019 年甘肃省较全国水平低 4.8 个百分点,与全国的差距有所收窄。从排名位次看,2020 年甘肃省在全国排名第 20,比 2019 年(第 21)上升一个位次。总体而言,甘肃农业农村信息化基础比较薄弱,发展水平较为落后,但取得了一定的发展,与全国的差距在逐步缩小。

全省农业农村信息化发展平均水平排名前 3 的地级市分别是武威市、陇南市和金昌市(图 1)。2020 年,全省有 23 个县(区、市)平均发展水平超过了全国平均发展水平,占总县域的 26.74%,其中,西峰区、康县、西和县、民勤县、玉门市、文县、皋兰县、成县、两当县、庄浪县位居全省前 10,发展水平均超 44%。

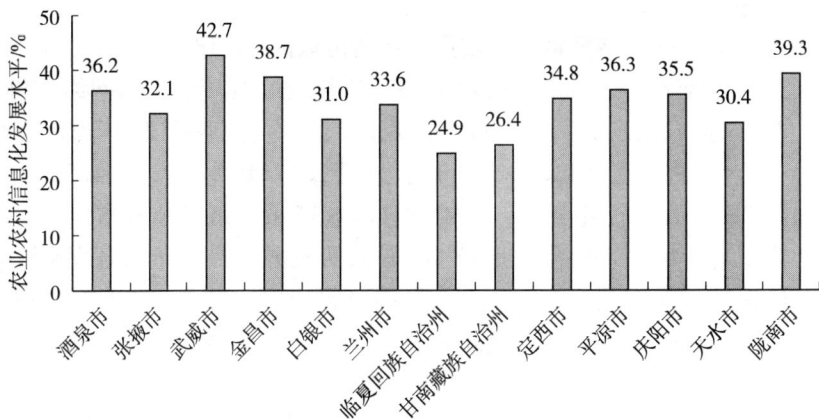

图 1　2020 年度甘肃省地级市农业农村信息化发展水平

(二)农业生产信息化水平稳步推进

经综合测算,2020 年甘肃省农业生产信息化水平为 19.92%,位居全国第

21，同期全国农业生产信息化水平为 22.46%，东部地区 25.63%，中部地区 30.79%，西部地区 19.62%。甘肃省略高于西部地区，与全国平均水平相比仍有差距。

分地区看，全省农业生产信息化水平极不均衡，呈现明显的地域性特点，即西部高于东部，北部高于南部。作为经济发展的助推器，农业生产信息化水平与全省涉农区县的经济发展水平具有明显的正相关性。

分行业看，大田种植信息化水平在全国的排序最为靠前，随后是畜禽养殖信息化水平、设施栽培信息化水平和水产养殖信息化水平。大田种植信息化水平为 20.20%，居全国第 21 位。其中，马铃薯种植信息化水平为 20.10%，居全国第 11 位；蔬菜（不含设施蔬菜）种植信息化水平为 21.15%，居全国第 12 位；小麦种植信息化水平为 23.95%，居全国第 16 位；玉米种植信息化水平为 21.43%，居全国第 21 位。

畜禽养殖信息化水平为 22.17%，居全国第 22 位。其中，家禽养殖信息化水平为 32.79%，居全国第 10 位；生猪养殖信息化水平为 29.23%，居全国第 14 位，牛养殖信息化水平为 16.58%，居全国第 17 位。

设施栽培信息化水平为 8.53%，居全国第 26 位。

水产养殖信息化水平为 1.96%，居全国第 26 位。其中，蟹类养殖信息化水平为 7.84%，居全国第 17 位；鱼类养殖信息化水平为 2.78%，居全国第 26 位；虾类养殖信息化水平为 0.07%，居全国第 27 位。

（三）经营信息化水平不断提升

1. 县域农产品网络零售额占农产品销售总额的 12.13%

2020 年，全省农产品交易总额为 761.25 亿元，县域农产品网络零售额为 92.35 亿元，县域农产品网络零售额占农产品交易总额的 12.13%，较 2019 年增加 0.63 个百分点（11.5%），低于全国 1.67 个百分点（13.80%），位居全国第 13。与 2019 年相比，甘肃省县域农产品网络零售额占农产品交易总额的比重有所增加，但排位下降了 6 位，可见农产品电子商务发展速度落后于全国速度。从地域分析，农产品网络销售额占比高于全省平均水平的地级市分别是武威市 27.83%、陇南市 23.30%、庆阳市 17.45% 和白银市 12.62%。

2. 农产品质量安全追溯信息化水平为 17.54%

2020 年，甘肃省县域农产品质量安全追溯信息化水平为 17.54%，较 2019 年增加了 4.24%（13.3%），位居全国第 17。畜禽养殖业、设施栽培业、大田种植业和水产养殖业质量安全追溯信息化水平和在全国的排名分别为 18.40%（第 23）、36.37%（第 7）、14.29%（第 12）和 32.02%（第 8）。

（四）信息化基础支撑持续向好

1. 全省互联网普及率为 72.92%

2020 年，全省网民总数 1 958.57 万人，同比上涨 24.04%（1 579.0 万人）；互联网普及率为 72.92%，位居全国第 8，与 2019 年相比上涨 5.52%（67.4%），互联网基础设施进一步完善，互联网普及势头良好，首次超过全国平均互联网普及率（70.32%）。

2. 家庭宽带入户率为 74.06%

2020 年，全省固定互联网宽带接入用户数 591.72 万户，家庭宽带入户率 74.06%，位居全国第 9，超过全国宽带互联网平均入户率（71.30%）。

（五）乡村治理水平跻身前列

1. 应用信息技术实现行政村"三务"综合公开水平达 89.7%

2020 年，甘肃省应用信息技术实现行政村"三务"综合公开水平为 89.70%，较上年增加 5.30 个百分点（84.40%），位列全国第 8，超过全国 72.12% 的平均水平。其中，党务公开水平为 93.84%，村务公开水平为 92.04%，财务公开水平为 83.22%，分别比上年提升 5.14、3.24、7.62 个百分点。

分地域看，除武威市、临夏回族自治州和甘南藏族自治州外，其余地级市应用信息技术实现行政村"三务"综合公开水平均超过全国平均水平。张掖市、金昌市、庆阳市和天水市已达 100%（图 2）。

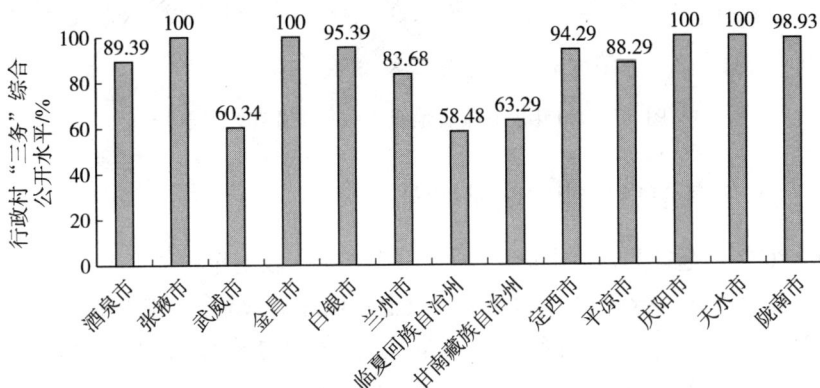

图 2 2020 年甘肃省地级市应用信息技术实现行政村"三务"综合公开水平

从县域看，应用信息技术实现行政村"三务"综合公开水平高于全国平均水平的县（市、区）共 67 个，占比为 77.91%。

2. "雪亮工程"行政村覆盖率为 56.43%

2020 年，全省完成和正在实施"雪亮工程"的行政村数量为 9 014 个，

"雪亮工程"行政村覆盖率为 56.43%，较上年提升 16.83 个百分点，但仍低于全国 76.97%的平均水平。

分地域看，各地"雪亮工程"发展不够平衡，陇南市、平凉市、天水市和武威市实施"雪亮工程"的行政村数量分别为 1 464 个、1 283 个、1 201 个和1 112 个，合计占全省的 56.13%。

3. 全省县域政务服务在线办事率为 66.61%

2020 年全省政务服务在线办事率为 66.61%，略高于全国平均水平（66.38%），位居全国第 16。

分地域看，全省共有 7 个地级市县域政务服务在线办事率超过全国平均水平，其中，定西市达到 93.88%，居首位；酒泉市和张掖市次之，分别为85.71%、71.43%（图3）。政务服务在线办事率高于全国平均水平的县（市、区）共 49 个，占比 56.98%。

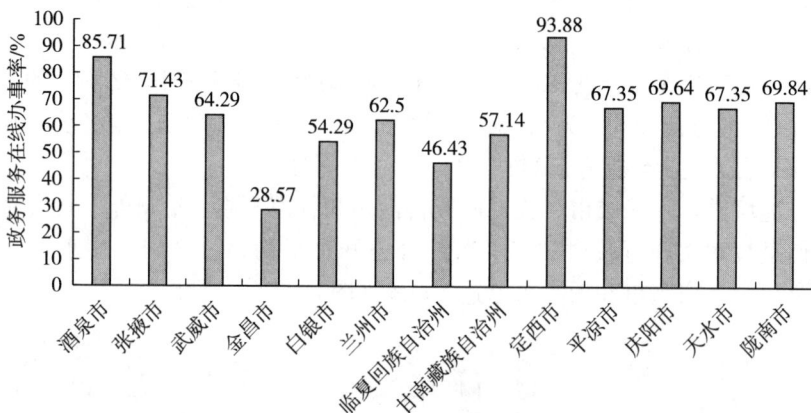

图 3　2020 年度甘肃省地级市政务服务在线办事率

（六）服务信息化能力明显增强

2020 年，全省共建成电商服务站 12 553 个，较上年增加 2 494 个服务站；建有电商服务站的行政村 11 583 个，较上年增加 1 498 个；电商服务站行政村覆盖率为 72.51%，居全国第 21 位，低于全国电商服务站行政村覆盖率（78.92%），但略高于西部地区水平（71.89%）。

（七）发展环境大幅改善

1. 县级农业农村信息化管理服务机构覆盖率为 53.49%

2020 年，全省共有 64 个农业农村局为县网络安全与信息化领导机构成员或组成单位，较 2019 年净增 15 个；57 个农业农村局成立了网络安全与信息化领导机构，较 2019 年净增 15 个；45 个农业农村局设置了承担信息化相关工作的行政科（股），较 2019 年净增 4 个，16 个农业农村局设置了信息中心（信息站）等事业单位，较 2019 年净增 4 个。虽然全省县级农业农村信息化管理服务机构设置不断优化，但与全国平均水平相比，还有很大差距，特别是县级农业农村信息化管理服务机构覆盖率还远低于全国平均水平。

2. 全省县域农业农村信息化财政投入 2.37 亿元

2020 年，甘肃省县域农业农村信息化建设的财政投入为 2.37 亿元，同比增长 39.41%，乡村人均投入 13.09 元，同比增长 36.35%。甘肃省县域农业农村信息化建设的财政投入较低，县域投入呈现不平衡、不均等的特点，全省仅有 5 个县（市、区）农业农村信息化财政投入超过 1 000 万元，分别是康乐县、安定区、碌曲县、康县和甘州区。

3. 全省县域农业农村信息化社会资本投入 2.78 亿元

2020 年，甘肃省县域农业农村信息化建设的社会资本为 2.78 亿元，同比增长 208.89%，乡村人均投入 15.39 元，同比增长 220.63%，共有 11 个县（市、区）农业农村信息化社会资本投入额迈入 1 000 万元大关。与 2019 年相比，甘肃省农业农村信息化社会资本投入大幅提升，首次超过了财政投入，取得了可喜的进步，社会资本的积极投入将为财政投入缓解压力，为市场优化配置资源提供保障，但甘肃省乡村人均农业农村信息化社会资本投入仅是全国平均水平的 14.12%，社会参与度仍有待提高。

三、甘肃省农业农村信息化发展的亮点与短板

为对比甘肃省农业农村信息化发展水平与全国综合水平，形成了 2020 年甘肃省农业农村信息化发展水平与全国综合水平对比雷达图（图 4），具体做法是将 6 个一级指标作为六个维度，将二级指标、三级指标分别加权平均，得出甘肃省 2020 年度农业农村信息化发展水平，并将全国同期发展水平作为基准，展开对比分析。

综观全省农业农村信息化发展情况，不平衡、不均等的问题较为突出。

发展环境方面，与全国发展水平的差距十分明显，约为全国发展水平的 39.94%，资本投入尤其是社会资本的不足严重掣肘甘肃省农业农村信息化发展；同时，全省县域农业农村信息化管理服务机构覆盖不够全面，县域农业农村信息化工作缺乏带动引领。

基础支撑方面，全省发展水平约为全国的 103.78%，略高于全国平均水平。甘肃省互联网和宽带的普及略占优势，为全面推进乡村振兴、加快农业农村现代化提供坚实网络支撑。

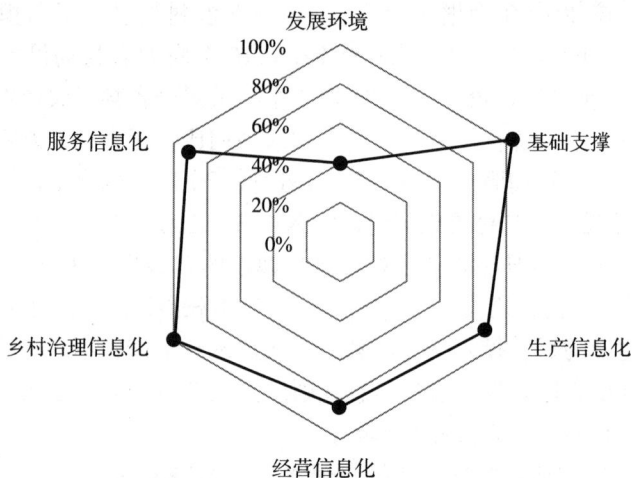

图4　2020年甘肃省农业农村信息化发展水平与全国综合水平对比雷达图

生产信息化方面，全省发展水平约为全国的88.69%。近年来，全省农业农村信息化技术纵深拓展，向农业生产、经营、管理和服务等各个领域渗透，取得了明显提升，但资金投入严重缺乏，基础设施不够完善，生产信息化仍是全省农业信息化发展的"牛鼻子"。

经营信息化方面，全省发展水平约为全国的83.72%，与全国相比相对落后。农产品质量安全追溯信息化水平亟待提高，应加快构建统一权威、职责明确、协调联动、运转高效的农产品质量安全追溯体系。农产品网络营销发展基础良好，涌现了陇南地区等先进典型，但近年来整体增速较慢，典型辐射带动效应不够明显。

乡村治理信息化方面，全省发展水平约为全国的99.35%，发展水平与全国基本持平。甘肃省对于"三务"公开、在线办事进行了积极探索，效果显著，比如省委组织部建设的甘肃党建学习平台等，对提高乡村治理水平具有重要意义，同时，全省"雪亮工程"的覆盖率虽有了极大提高，但发展速度相对迟缓。

服务信息化方面，全省发展水平约为全国的91.88%，略低于全国平均发展水平。电商服务站作为服务信息化的风向标，对于农产品电子商务具有较大促进作用，而目前甘肃省电商服务站覆盖不够广泛，应统筹农村地区资源，补齐农村电商基础设施短板，加快服务信息化体系建设。

四、甘肃省农业农村信息化发展建议

好风凭借力，扬帆正当时。当前，数字农业的东风已经吹起，应把握机遇，不断改善发展环境，提升发展动力，夯实发展基础，推动全省农业农村信息化高质量发展。

（一）优化发展环境

积极探索建立政府引导、市场主体、社会参与的协同推进机制，加强宣传引导，鼓励企业投入，动员社会参与，形成共创共建的合力。统筹农业农村信息化机构队伍建设，不断优化机构设置，配齐配强专业队伍，加大农业信息化专业技能培训。加大对农业信息化财政投入，着力推进农业生产数字转型，用信息技术突破农业农村现代化瓶颈，引领驱动乡村振兴。

（二）驱动发展动力

以加快信息技术与农业深度融合为主线，以生产信息化、经营信息化和服务信息化为发力点，加强数字生产能力建设，加快农业农村生产、经营和服务的数字化改造，强化关键技术装备创新和重大工程设施建设，着力建设基础数据资源体系，全面提升农业农村生产智能化、经营网络化、管理高效化、服务便捷化水平，为实现乡村全面振兴提供有力支撑。

（三）巩固发展基础

深入贯彻落实网络强国战略、宽带中国战略，不断提高互联网基础设施在农业农村的覆盖率，构架高速畅通、覆盖城乡、质优价廉、服务便捷的互联网、宽带等网络基础设施，加大对全省农村和边缘地区网络基础设施建设和运营维护的支持力度，为广大农民朋友提供用得上、用得起、用得好的信息服务。

2021 青海省县域农业农村
信息化发展水平评价报告

撰稿单位：青海省农业农村厅信息中心
撰稿人员：韩国福　刘晓军　马昌龙　李小梅　庞　瑾

民族要复兴，乡村必振兴。2021 年，青海省农业农村厅信息中心按照农业农村部市场与信息化司《关于开展全国农业农村信息化能力监测试点的函》（农市便函〔2021〕154 号）部署安排，认真组织开展全省农业农村信息化能力监测工作。全省共有 8 个市（州）44 个县（市、区）参与并按时完成了数据填报工作，数据填报质量较上年有大幅提高。

一、评价说明

（一）指标体系

采用农业农村部信息中心在 2020 年评价工作基础上修改和完善的生产信息化、发展环境、基础支撑、经营信息化、乡村治理信息化、服务信息化 6 个一级指标，大田种植信息化、农业农村信息化财政投入情况等 14 个二级指标和乡村人均农业农村信息化财政投入等 20 个三级指标，以此作为青海省 2021 年全省农业农村信息化能力监测评价指标体系。

（二）数据来源

本次评价数据采用县（市、区）农业农村部门自愿填报、市级农业农村部门初审、省农业农村厅信息中心审核把关的方式获得，共收集全省 44 个县（市、区）的指标数据。

（三）评价方法

首先对填报项进行计算得出三级指标值，其次采用 Min - max 标准化方法对部分三级指标值进行归一化处理，最后按照既定权重逐级计算二级、一级指标值及总的发展水平值。

二、评价工作开展情况

(一)加强组织领导,建立工作机制

一是下发农业农村部市场与信息化司《关于开展全国农业农村信息化能力监测试点的函》(农市便函〔2021〕154号),明确要求各市(州)、县(市、区)有专人负责此项工作,明确要求上报的数据必须数出有据,省农业农村厅信息中心成立专项工作组,扎实做好部署、推动和落实工作。二是组织各市(州)、县(市、区)农业农村部门参加由农业农村部信息中心召开的视频培训会,要求各地充分认识开展农业农村信息化能力监测工作的重要性。三是建立"青海省农业农村信息化能力监测试点"微信交流群,共同解决遇到的问题,分享填报经验,同时实时掌握填报进度,提高工作效率。

(二)加强指导,提高填报质量

一是按照要求为各市(州)、县(市、区)发放账号和密码,通过电话、微信工作群等方式与各单位加强沟通联系,确保填报系统的正确使用。二是根据部信息中心的填报要求和注意事项,及时通知各单位负责填报人员,确保填报数据真实有效。三是积极帮助解决各单位在系统操作和指标填报时遇到的问题,确保填报工作顺利进行。四是对各单位填报的数据严把审核关,对于异常数据及时联系填报人进行确认,确保数据的真实性。

三、青海省农业农村信息化发展情况

(一)全省农业农村信息化发展情况

近几年,青海省委、省政府高度重视农业农村信息化发展,农业农村信息化发展取得了历史性成就,但是青海省农业农村信息化基础差、底子薄、起步晚,与全国发展总体水平相比还存在一定差距,目前还处于起步阶段。经综合测算,2020年青海省县域农业农村信息化发展总体水平为20.7%,低于全国平均水平17.2个百分点。

从全省来看,高于全省发展总体水平的市(州)有3个,分别为西宁市、海东市和海南藏族自治州,发展水平分别为24.8%、22.4%和22.2%,但依然低于全国平均水平(图1)。

从县域来看,高于全省发展水平的县(市、区)有18个,占比40.9%;高于全国发展总体水平的县(市、区)有4个,分别为平安区、贵德县、互助土族自治县和门源回族自治县,发展水平分别为48.35%、45.74%、42.71%

和 38.55%（图 2）。

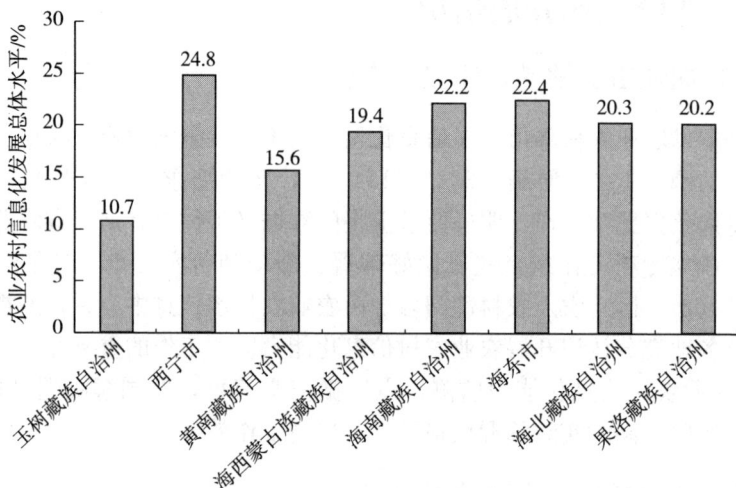

图 1　青海省各市（州）农业农村信息化发展总体水平

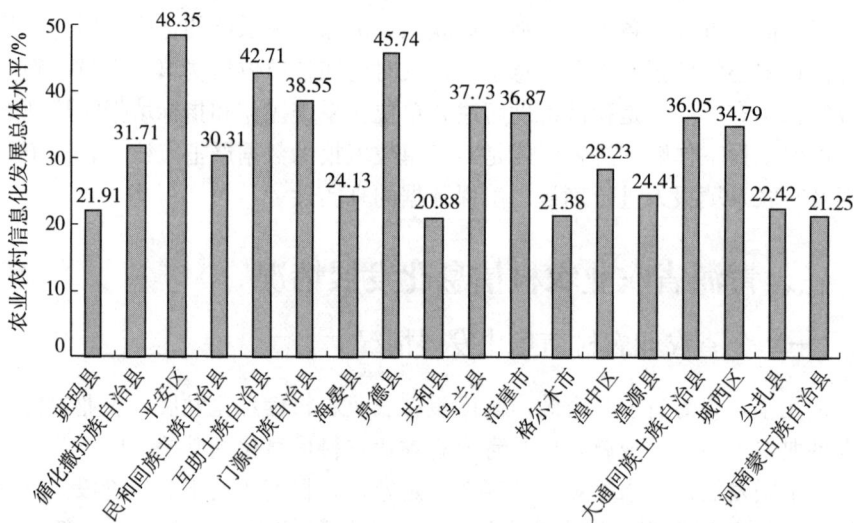

图 2　青海省农业农村信息化发展水平高于全省发展水平的县（市、区）

（二）全省农业生产信息化水平

生产信息化水平分析指标包括大田种植信息化、设施栽培信息化、畜禽养殖信息化和水产养殖信息化。2020 年青海省农业生产信息化水平为 10.5%（全国水平为 22.46%），各市（州）农业生产信息化水平对比情况见图 3。2020 年青海省大田种植、设施栽培、畜禽养殖和水产养殖 4 个行业的信息化

率分别为 15.4％、9.7％、9％和 4.9％，全省各市（州）不同行业生产信息化
情况详见图 4。青海省的主要大田农作物是小麦、马铃薯、油料作物和蔬菜，
其中小麦种植信息化水平为 17.6％、马铃薯种植信息化水平为 10.5％、油料
作物种植信息化水平为 15.1％、蔬菜（不含设施蔬菜）种植信息化水平为
24％。青海省主要畜禽种类为猪、牦牛和藏羊，其中生猪养殖信息化水平为
9.9％、牛养殖信息化水平为 8.1％、家禽养殖信息化水平为 16％。

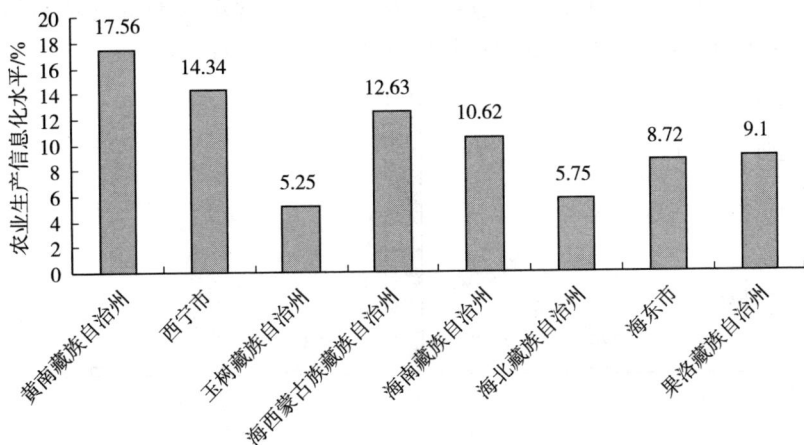

图 3　青海省各市（州）农业生产信息化水平对比情况

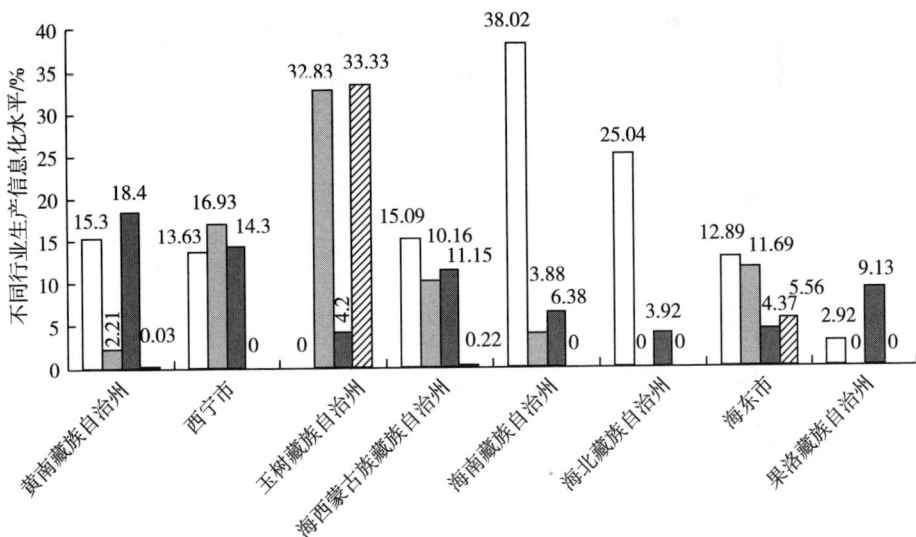

□大田种植信息化水平　▨设施栽培信息化水平　■畜禽养殖信息化水平　▨水产养殖信息化水平

图 4　青海省各市（州）不同行业生产信息化情况

（三）农业农村信息化发展环境有待改善

2020年，青海省乡村人均农业农村信息化财政投入为34元。各市（州）乡村人均农业农村信息化财政投入对比情况见图5。乡村人均农业农村信息化社会资本投入为5.6元。各市（州）乡村人均农业农村信息化社会资本投入对比情况见图6。县级农业农村信息化管理服务机构覆盖率为27.32%，远低于全国平均水平。各市（州）县级农业农村信息化管理服务机构覆盖情况见图7。综上所述，全省农业农村信息化发展环境还有待改善。

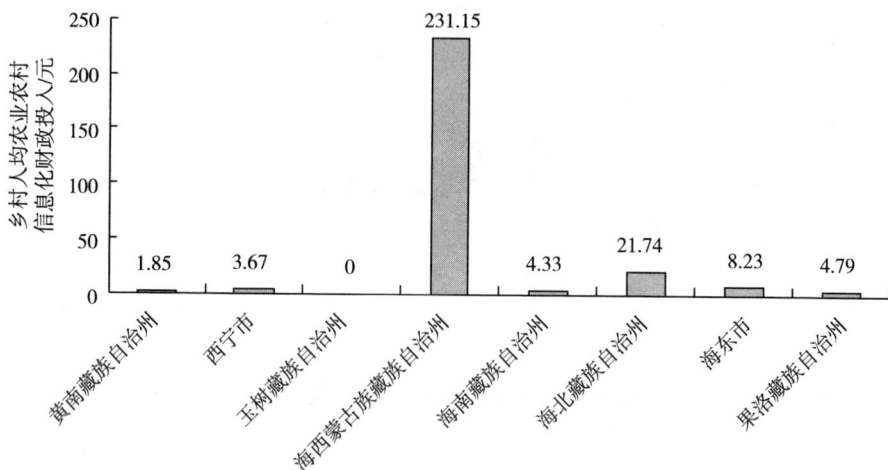

图5　青海省各市（州）乡村人均农业农村信息化财政投入

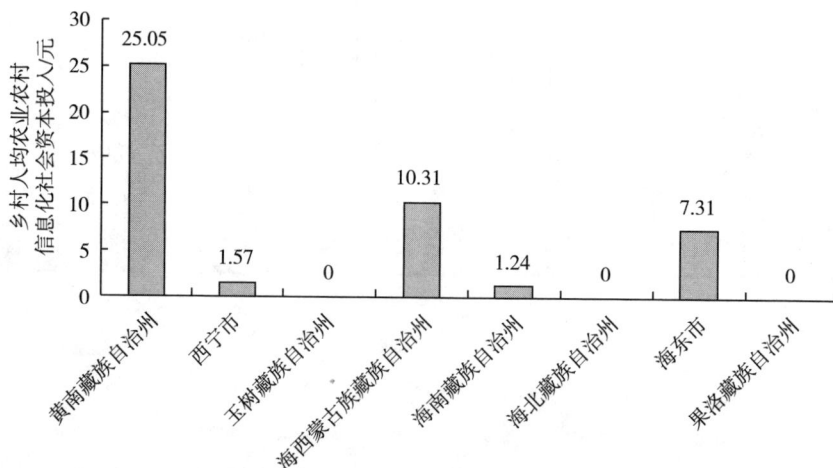

图6　青海省各市（州）乡村人均农业农村信息化社会资本投入

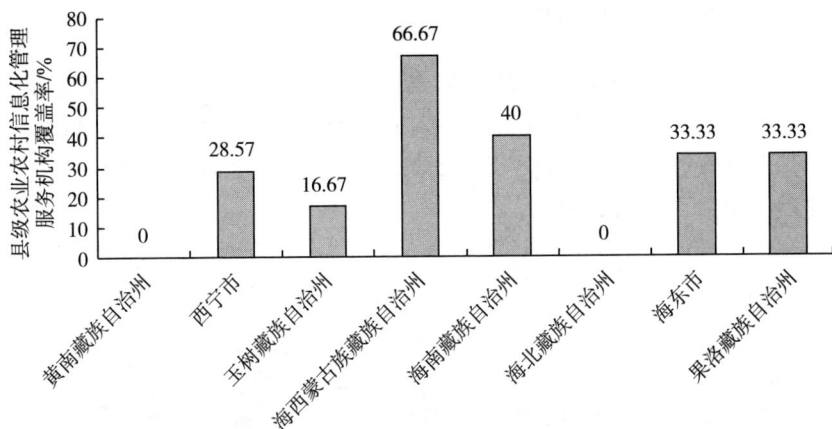

图7　青海省各市（州）县级农业农村信息化管理服务机构覆盖率

（四）经营信息化较全国平均水平有一定差距

2020年全省农产品网络零售额占比为12.4%，比全国平均水平低1.4个百分点；农产品质量安全追溯信息化水平为10.1%。各市（州）农产品质量安全追溯信息化水平见图8。其中，大田种植业农产品质量安全追溯信息化水平为15.2%，设施栽培业农产品质量安全追溯信息化水平为31.4%，畜禽养殖业农产品质量安全追溯信息化水平为8%。除设施栽培业农产品质量安全追溯信息化水平高于全国分行业水平外，其余指标均低于全国分行业平均水平。

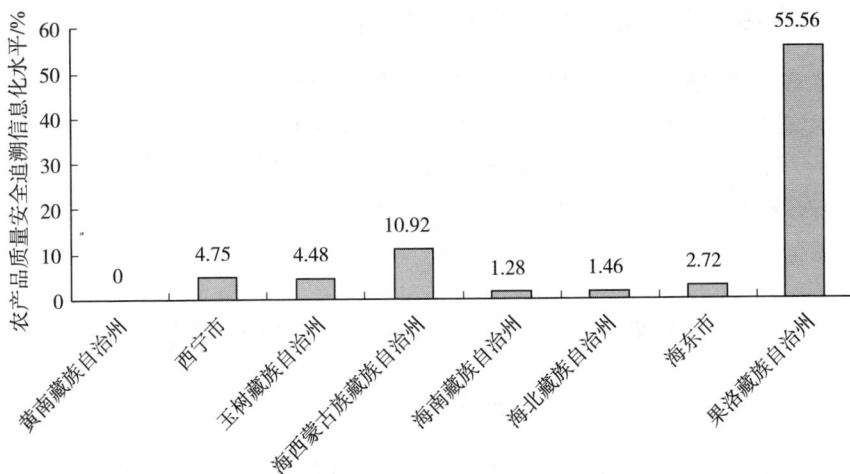

图8　青海省各市（州）农产品质量安全追溯信息化水平

（五）基础支撑投入还不够

2020 年全省县域互联网普及率为 57.42%，距全国平均普及率相差 12.9
个百分点；家庭宽带入户率为 58.9%，同样低于全国平均水平。基础支撑投
入不够是全省农业农村信息化发展总体水平滞后的一个重要原因。各市（州）
基础支撑详细情况如图 9 所示。

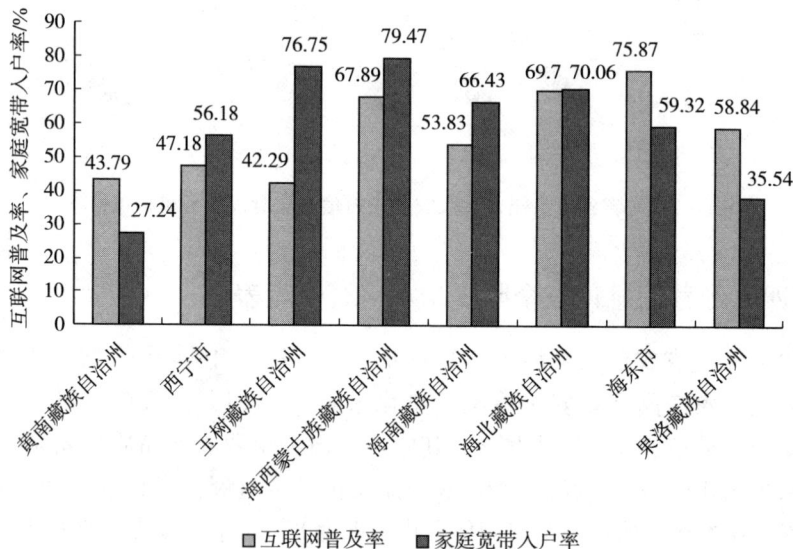

图 9　青海省各市（州）基础支撑详细情况

（六）乡村治理信息化水平有待提高

全省应用信息技术实现行政村"三务"综合公开水平为 43.6%，应用信
息技术实现行政村党务公开水平为 44.7%，应用信息技术实现行政村村务公
开水平为 47.7%，应用信息技术实现行政村财务公开水平为 38.4%；"雪亮工
程"行政村覆盖率为 31.5%，电商服务站行政村覆盖率为 35.5%。以上水平
及覆盖率均与全国平均水平有较大差距。

四、青海省推进农业农村信息化采取的措施

（一）推进农牧业管理高效化

青海省省级层面建设"互联网＋"高原特色智慧农牧业大数据平台，构建
"1＋14＋N"模式，智慧畜牧、兽医、粮油、经济作物、农业机械、农业经

济、渔业、农畜产品质量安全、政务协同、综合信息服务、智慧乡村和产业扶贫等应用板块及系统建成使用。市（州）层面建设藏区六州菜篮子"互联网＋"信息平台，打造"1＋N"模式。青海省农牧业管理方式进入大数据数字化时代，印发《青海省农业农村厅关于开展 2021 年智慧农牧业大数据平台应用考核工作的通知》，采取季度通报制，推进智慧农牧业大数据平台应用更广范围、更深程度、更高水平。

（二）推进农牧业生产智能化

一是开展农牧业物联网应用示范。围绕牛羊肉、冷水鱼、设施农业等优势特色产业，依托规模化种养殖场、现代农牧业示范园区、大型生产基地等，累计建设农牧业物联网应用示范基地 302 个，配备视频监控、远程控制、自动采集传感、质量追溯、自动饲喂等设备，物联网技术应用在农牧业生产节本增效、优质安全等方面示范引领作用明显。二是开展农机智能化应用。扩大补贴农牧业机具范围，已将自动饲喂等畜牧业设备纳入补贴范围，开展农用北斗终端农机购置补贴新产品试点。

（三）推进农牧业经营网络化

一是在京东开设青海特色品牌农产品专营店 2 个，入驻青海特色农牧业品牌 10 个，配合省内农牧业企业在京东平台开展线上营销推介。二是举办青海绿色有机农畜产品产销对接活动，37 家农牧企业利用现场推介、电商销售、直播带货等形式，实现现场销售额 198 万元，网络直播销售额 243 万元。

（四）强化农畜产品质量安全保障

继续推进牦牛藏羊可追溯体系建设，工程范围扩大到 8 个市（州）39 个县的牦牛藏羊养殖合作社及规模养殖场。按照统一追溯模式、统一追溯标识、统一业务流程、统一编码规则、统一信息采集的要求，建成省州县牦牛藏羊追溯一体化管理平台和全省牦牛藏羊数据枢纽中心，实现牦牛藏羊环境、牧户、兽医、屠宰、认证、加工、产品信息等溯源数据和保险数据的采集、传输、汇总、分析和处理。目前 6 万多养殖户、合作社和牧场的 420 余万头（只）牦牛藏羊实现可追溯。

五、存在问题

（一）农牧信息化发展基础薄弱

农牧业与工业制造业相比，信息化发展起步较晚，农牧区信息化基础设施薄弱，农牧业生产规模普遍偏小，集中化、产业化程度低，生产环境复杂多变，投资回报周期长，信息技术应用效率不高，关键数字技术基础研究较弱，农牧业信息化想做大做强还需要更多资金和政策支持。

（二）农牧业信息化发展不平衡

从地区来看，东部农业区优于牧区六州，县域之间发展不平衡现象较为突出，关键资源分配不均且呈现进一步集中的趋势。从行业来看，信息化与农牧业融合渗透深度不够，服务业消费与流通以及工业领域明显高于农业领域。

（三）农牧业信息化领域人才不足

信息化是新技术与农牧产业的深度融合，信息技术更新迭代较快、专业性较强，对人力资本的专业性、复合性和实用性水平的要求较高，同时还需具备全局视角、战略思维、深度分析能力以及敏锐的市场洞察力，满足能力要求的农牧业信息化人才供应严重不足。

（四）信息化发展制度体系不完备

作为信息化治理体系重要组成部分的制度建设相对缺乏以及监管理念相对落后，行业间数据共享权责边界模糊，数据安全监管体系不足。由于不同的业务框架和系统，使得数据联通、整合与共享不足，导致出现"数据孤岛"现象。

六、对策及建议

深入实施数字乡村发展战略总体部署，推进信息技术与农业农村深度融合，加快农业农村生产经营、管理服务数字化改造，推动政府信息系统互联开放共享，提升农业农村生产智能化、经营网络化、管理高效化、服务便捷化水平。

（一）培育农产品网络经营新业态

利用青洽会、农交会等知名涉农展会和各类产销对接会，开展线上青海特色农畜产品营销推广活动，探索"短视频＋订单农牧业"、农畜产品直播带货、定制农业等基于互联网的新业态、新模式，促进产销顺畅衔接，拓宽农民就业增收渠道。

（二）强化农产品质量安全监管

积极推进使用农产品达标合格证制度，严格农牧业投入品在线生产管理。

做好农畜产品质量安全追溯工作，继续推进牦牛藏羊原产地可追溯工程建设，持续完善省、州、县三级追溯体系，建设养殖、移动、屠宰和加工等环节的信息采集点，对县域内牦牛藏羊和种畜的统一佩戴追溯标识。

（三）推进"互联网＋"农产品出村进城工程试点

发挥"互联网＋"在推进农产品生产、加工、储运、销售各环节高效协同和产业化运营中的作用，推动农产品产销顺畅衔接，提升优化产业链、供应链。建设提升农产品生产加工和仓储物流基础设施，构建适应网络销售的农产品供应链体系，加强农产品品牌建设和网络营销，建立适应农产品网络销售的运营服务体系和支撑保障体系。加强统筹协调，调动各方力量，加大投入力度，用好相关政策项目支持试点县开展试点，督促试点县打造具备强大网络营销能力、产加销一体化的本地龙头企业。充分发挥试点参与企业和支撑企业的积极性，从开设网店、销售补贴、政策性贷款、线上线下服务等方面，为产业发展提供支持。

（四）争取国家数字农业农村创新应用基地建设项目

积极争取中央预算内国家数字农业农村创新应用基地建设项目，选择信息化水平较高的重要农产品生产区、特色农产品优势区、现代农业示范区所在县市，聚焦单个品种或具有相同技术需求的品类，围绕设施栽培、禽畜养殖、水产养殖等领域，开展数字技术和产品集成应用示范。

APPENDIX

附 录

附录一

2020 全国县域数字农业农村
发展水平评价报告

一、评价说明

（一）工作背景

发展数字农业农村是顺应信息化进入大数据新阶段的必然要求，是抢占农业农村现代化制高点的迫切需要，是创新推动农业农村信息化发展的现实选择。2018 年中央 1 号文件首次提出大力发展数字农业，实施数字乡村战略。2018 年以来，党中央、国务院相继印发了《乡村振兴战略规划（2018—2022年）》《数字乡村发展战略纲要》等文件，为加快发展数字农业农村指明了方向，提供了遵循。农业农村部会同中央网络安全和信息化委员会办公室编制印发了《数字农业农村发展规划（2019—2025 年）》，提出了新时期推进数字农业农村建设的总体思路、发展目标和重点任务。要走好具有中国特色的数字农业农村发展道路，我们不仅要进一步摸清当前数字农业农村发展的程度和水平，更要找到发展的短板和问题，促使县级党委和政府更加重视数字农业农村发展，让更多社会资本流向数字农业农村领域。只有这样，我们才能不断地强弱项、补短板、增优势，为抢占农业农村现代化的制高点提供强劲的内生动力。

为贯彻落实党中央、国务院和农业农村部党组有关推进数字乡村发展战略的决策部署，农业农村部信息中心 2019 年组织开展了首次全国县域数字农业农村发展水平评价工作。2020 年，在农业农村部市场与信息化司的领导下，总结上年成功经验，坚持关键绩效理念，适当调整完善个别指标，继续开展评价工作，以期进一步打造形成推动农业农村数字化建设的有力杠杆。

（二）数据来源

本次评价数据继续采用县（市、区）农业农村部门自愿填报，地（市、州）、省（自治区、直辖市）农业农村部门信息中心逐级审核把关的方式获得，共收集到 2 440 个县（市、区）2019 年的基础指标数据。经审核、清洗，纳入本次评价的有效样本县（市、区）为 2 329 个，基本实现了涉农县域全覆盖，其中东部地区 505 个、中部地区 818 个、西部地区 1 006 个，覆盖 45.5 万个行政村。本报告中的"全国"指有效样本县（市、区）总数，另作说明者除外。

二、数字农业农村发展现状

（一）全国县域数字农业农村发展总体水平

党的十八大以来，数字农业农村建设扎实推进，取得了历史性成就。但是农业农村信息化基础差、底子薄、弱质性特征明显，目前仍处于起步阶段。经综合测算，2019 年全国县域数字农业农村发展总体水平达 36.0%，其中东部地区为 41.3%，中部地区为 36.8%，西部地区为 31.0%。

分省份看①，如图 1 所示，高于全国发展总体水平的有 13 个省份，其中，浙江省在全国处于明显领先地位，发展水平为 68.8%，上海市和江苏省分居第二、第三位，发展水平分别为 51.0%和 47.7%。

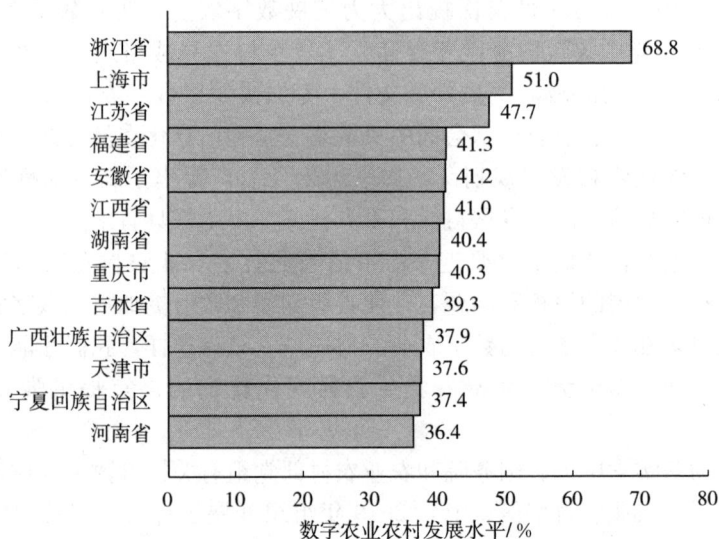

图 1　数字农业农村发展水平高于全国发展总体水平的省份

从县域看，发展水平排名全国前 100 的县（市、区）平均发展水平为 69.2%，排名全国前 500 的县（市、区）为 52.5%。发展水平超过 60%的县（市、区）有 122 个，占比为 5.2%；处于 30%~60%的有 1 453 个，占比为 62.4%；低于 30%的有 754 个，占比为 32.4%。高于全国发展总体水平的县

---

　① 新疆生产建设兵团未参与本次评价工作，山东省、广东省、辽宁省县域参与本次评价工作程度较低，故以上均不计入省级排名。

（市、区）有 1 192 个，占比为 51.2%。

（二）县级农业农村信息化管理服务机构覆盖率

县域是"三农"工作的主战场，县级农业农村信息化管理服务机构是推进农业农村数字化的"排头兵"。2019 年全国县级农业农村部门设置了承担信息化相关工作的行政科（股）或者设置了信息中心（信息站）等事业单位的占比为 75.5%。

据数据分析，有 78.6% 的县（市、区）农业农村局为所在县级网络安全与信息化领导机构成员单位；有 72.6% 的县（市、区）农业农村局成立了网络安全与信息化领导机构；有 70.1% 的县（市、区）农业农村局设置了承担信息化相关工作的行政科（股）；有 43.5% 的县（市、区）农业农村局设置了信息中心（信息站）等事业单位。

分区域看，东部地区县（市、区）农业农村信息化管理服务机构总体覆盖率为 85.7%，中部地区为 79.7%，西部地区为 66.9%。发展水平排名全国前 100 的县（市、区）信息化管理服务机构总体覆盖率为 98.0%，排名前 500 的为 94.0%。

（三）全国县域农业农村信息化财政投入

财政投入是推动农业农村信息化建设不可或缺的重要支持。2019 年全国县域农业农村信息化建设的财政投入为 182.1 亿元，县均投入 781.8 万元，乡村人均投入 25.6 元。

分区域看，东部地区县均投入 1 616.9 万元，乡村人均投入 43.9 元；中部地区县均投入 575.6 万元，乡村人均投入 16.6 元；西部地区县均投入 530.2 万元，乡村人均投入 22.0 元。

分省份看，如图 2 所示，县均财政投入高于全国平均水平的有 7 个省份，其中浙江省投入最高，达 6 350.3 万元；如图 3 所示，乡村人均财政投入高于全国平均水平的有 5 个省份，其中浙江省投入最高，达 217.1 元。重庆市、新疆维吾尔自治区、宁夏回族自治区等西部省份乡村人均财政投入均高于全国平均水平。

从县域看，县域农业农村信息化财政投入低于全国平均水平的县（市、区）有 1 904 个，占比为 81.8%。该指标排名前 100 的县（市、区）县均财政投入为 9 932.5 万元，排名前 500 的为 3 204.7 万元。发展水平排名全国前 100 的县（市、区）县均财政投入为 5 558.4 万元，排名前 500 的为 2 088.9 万元。乡村人均财政投入低于全国平均水平的县（市、区）有 1 821 个，占比为 78.1%。发展水平排名全国前 100 的县（市、区）乡村人均财政投入为 179.1 元，排名前 500 的为 59.5 元。该指标排名前 100 的县（市、区）乡村人均财政投入为 389.4 元，排名前 500 的为 108.9 元。

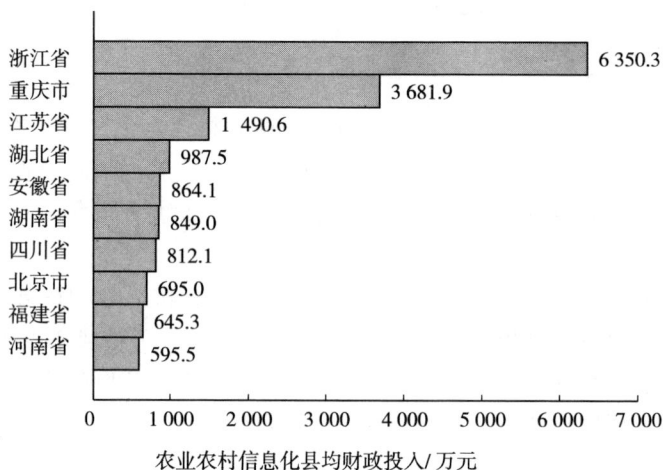

图 2　农业农村信息化县均财政投入排名前 10 的省份

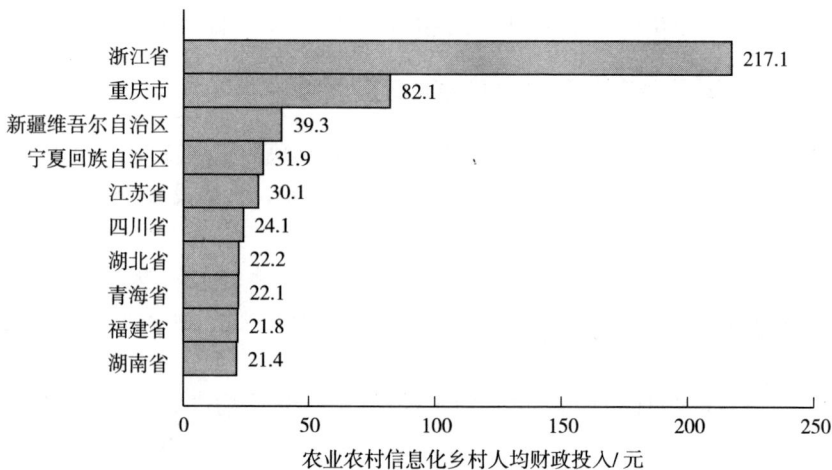

图 3　农业农村信息化乡村人均财政投入排名前 10 的省份

（四）全国县域农业农村信息化社会资本投入

2019 年全国县域农业农村信息化建设的社会资本投入为 478.5 亿元，县均投入 2 054.6 万元，乡村人均投入 67.2 元。

分区域看，东部地区社会资本投入为 247.5 亿元，占全国社会资本投入的 51.7%，县均投入 4 900.7 万元，乡村人均投入 133.0 元；中部地区投入为 94.1 亿元，县均投入 1 150.2 万元，乡村人均投入 33.1 元；西部地区投入为 136.9 亿元，县均投入 1 361.3 万元，乡村人均投入 56.5 元。

　　分省份看，如图 4 所示，县均社会资本投入超过全国平均水平的有 6 个省份；如图 5 所示，乡村人均社会资本投入超过全国平均水平的仅 5 个省份，浙江省一枝独秀，远远超过排名第二的重庆市。除浙江省之外，乡村人均社会资本投入超过 100 元的，仅有重庆市和内蒙古自治区，分别为 138.1 元和 105.0 元。

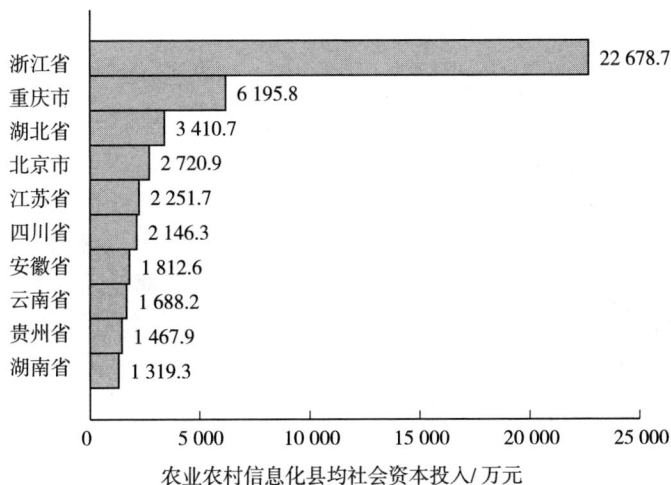

图 4　农业农村信息化县均社会资本投入排名前 10 的省份

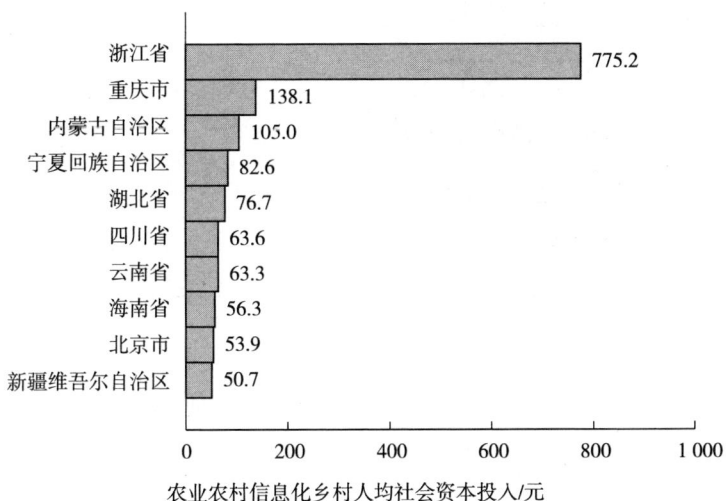

图 5　农业农村信息化乡村人均社会资本投入排名前 10 的省份

　　从县域看，县域农业农村信息化社会资本投入低于全国平均水平的县（市、区）有 2 008 个，占比为 86.2%。该指标排名前 100 的县（市、区）县均社会资本投入为 33 001.4 万元，排名前 500 的县（市、区）为 9 031.9 万

元。发展水平排名全国前 100 的县（市、区）县均社会资本投入为 18 600.0
万元，排名前 500 的为 5 737.5 万元。乡村人均社会资本投入低于全国平均水
平的县（市、区）有 1 666 个，占比为 71.5%。该指标排名前 100 的县（市、
区）乡村人均社会资本投入为 1 204.2 元，排名前 500 的县（市、区）为
288.6 元。发展水平排名全国前 100 的县（市、区）乡村人均社会资本投入为
599.38 元，排名前 500 的为 161.7 元。

（五）农业生产数字化水平

农业生产的数字转型是解决"谁来种地，怎么种地"的战略举措，是我国
由农业大国迈向农业强国的必经之路。近年来，我国农业生产数字化改造快速
推进，2019 年全国农业生产数字化水平为 23.8%[①]。分区域看，东部地区农
业生产数字化水平为 25.5%，中部地区为 25.5%，西部地区为 18.5%。

分省份看，如图 6 所示，高于或等于全国农业生产数字化水平的有 9 个省
份，其中，浙江省农业生产数字化水平居全国首位，接近 60%，吉林省和天
津市分居第二、第三位，分别为 31.4% 和 30.7%。

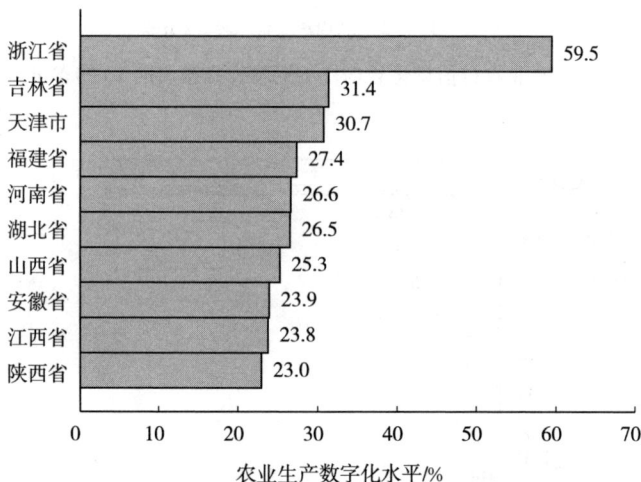

图 6 农业生产数字化水平排名前 10 的省份

从行业看，信息技术在设施栽培、畜禽养殖、种植业和水产养殖中的应用
率分别为 41%、32.8%、17.4% 和 16.4%。

---

① 农业生产数字化包括种植业信息化、设施栽培信息化、畜禽养殖信息化和水产养殖信息化，
权重根据各行业产值占比动态调整。畜禽养殖信息化水平计算的是本地某一具有代表性的主导产业的
信息化水平。

从县域看，农业生产数字化水平高于全国平均水平的县（市、区）共 777 个，占比为 33.4%；不足 5% 的县（市、区）共 844 个，占比为 36.2%。发展水平排名全国前 100 的县（市、区）农业生产数字化水平为 66.4%，排名前 500 的为 36.8%。

（六）县域农产品网络销售情况

电商平台、直播带货等在线销售方式，日益成为农产品销售的重要渠道，对畅通农产品销售、拓展消费市场、增加农民收入，特别是对产业扶贫发挥了重要作用。2019 年县域农产品网络零售额为 6 087.1 亿元，占农产品交易总额的 10.0%。

分区域看，东部地区农产品网络零售额为 2 529.9 亿元，占东部地区农产品交易总额的 12.3%；中部地区为 2 232.7 亿元，占比 9.1%；西部地区为 1 324.5 亿元，占比 8.4%。

分省份看，如图 7 所示，该指标排名前 10 的省份均超过了全国平均水平，其中，浙江省农产品网络零售额占全省农产品交易总额的比重最高，为 27.6%，江苏省、安徽省分居第二、第三位，分别为 16.6% 和 15.8%。西部地区中，重庆市、甘肃省、宁夏回族自治区和四川省的占比均超过全国平均水平。

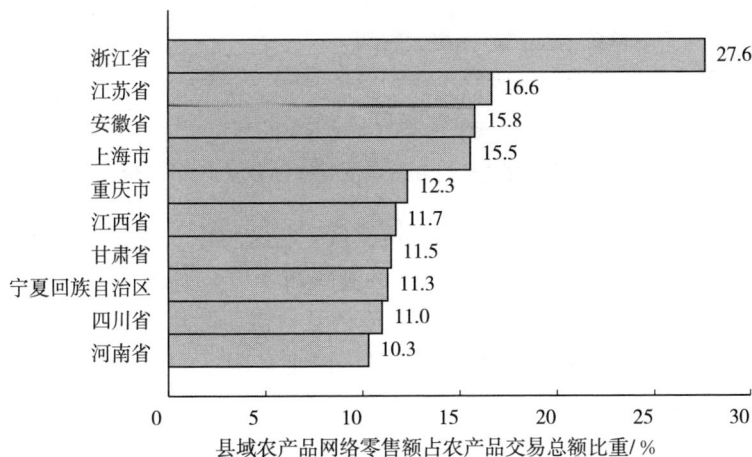

图 7　县域农产品网络零售额占农产品交易总额比重排名前 10 的省份

从县域看，农产品网络零售额占比高于全国平均水平的县（市、区）有 1 032 个，占比为 44.3%。发展水平排名全国前 100 的县（市、区）农产品网络零售额占比为 29.3%，排名前 500 的为 17.6%。

此外，国定贫困县[①]农产品网络零售额占比为 9.4%。农产品网络零售额占比高于全国平均水平的贫困县（市、区）有 314 个，占有效样本县（市、区）中贫困县总数的 41.6%。

（七）行政村电子商务站点覆盖率

2019 年已建有电子商务服务站点的行政村共 33.6 万个，行政村覆盖率达到 74.0%，共有电商服务站点 44.2 万个。分区域看，东、中、西部地区的覆盖率分别为 79.6%、76.0%、66.9%。

分省份看，如图 8 所示，该指标排名前 10 的省份覆盖率均超过了全国平均水平，上海市已经实现行政村电子商务站点 100% 全覆盖，浙江省、江苏省和重庆市的覆盖率均超过 90%。

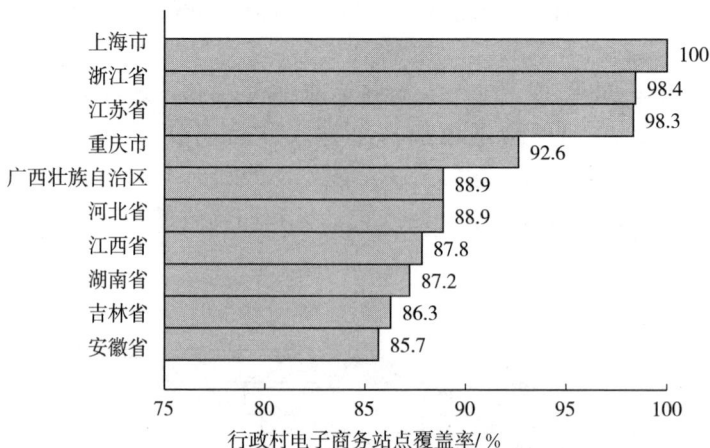

图 8　行政村电子商务站点覆盖率排名前 10 的省份

从县域看，全国已有 867 个县（市、区）行政村电子商务站点全覆盖，占比为 37.2%；行政村覆盖率超过 90% 的县（市、区）有 1 074 个，超过 80% 的有 1 278 个。发展水平排名全国前 100 的县（市、区）行政村电子商务站点覆盖率 95.3%，排名前 500 的为 89.7%。国定贫困县的行政村电子商务站点覆盖率达到 69.4%。

（八）县域农产品质量安全追溯信息化水平

农产品质量安全追溯是创新农产品质量安全监管方式的有效手段，是区块链、大数据等现代信息技术在民生领域应用的重要场景。2019 年通过接入自

---

① 有效样本县（市、区）中共有 755 个国定贫困县，下同。

建或公共农产品质量安全追溯平台，实现质量安全追溯的农产品占比为
17.2%。分区域看，东部地区县域农产品质量安全追溯信息化水平为 26.4%，
中部地区为 14.6%，西部地区为 12.4%。

分行业看，设施栽培、畜牧业、水产养殖和种植业农产品质量安全追溯信
息化水平分别为 27.8%、21.7%，18.5%和 13.1%。设施栽培、畜牧业、水
产养殖及种植业质量安全追溯信息化水平高于全国平均水平的县（市、区）数
量分别为 702 个、1 045 个、802 个、973 个，分别占总数的 30.1%、44.9%、
34.4%、41.8%。

从县域看，农产品质量安全追溯信息化水平高于全国平均水平的县（市、
区）有 644 个，占比 27.7%。发展水平排名全国前 100 的县（市、区）农产
品质量安全追溯信息化水平为 50.0%，排名前 500 的为 26.5%。

（九）应用信息技术实现行政村"三务"综合公开水平

通过应用信息技术实现农村"三务"公开，更加有利于落实广大群众的知
情权、参与权、表达权、监督权。2019 年应用信息技术实现行政村"三务"
综合公开水平为 65.3%，其中，实现党务公开的行政村为 66.7%，实现村务
公开的为 65.6%，实现财务公开的为 63.7%。分区域看，东、中、西部地区
行政村"三务"综合公开水平分别为 65.9%、69.5%、60.4%。

分省份看，如图 9 所示，该指标排名前 10 的省份均超过了全国平均水平，
其中，上海市行政村"三务"综合公开水平已达 100%，湖南省、浙江省、江
苏省、宁夏回族自治区和重庆市等省份行政村"三务"综合公开水平均超过
了 90%。

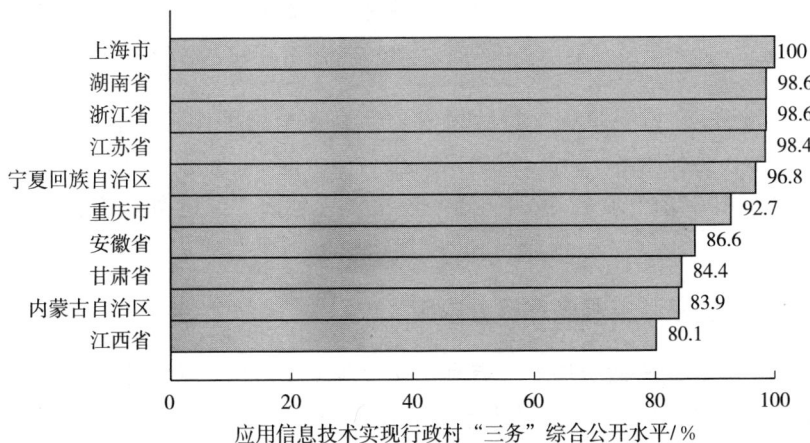

图 9 应用信息技术实现行政村"三务"综合公开水平排名前 10 的省份

从县域看，应用信息技术实现行政村"三务"综合公开水平高于全国平均水平的县（市、区）共1 475个，占比为63.3%。发展水平排名全国前100的县（市、区）综合公开水平为97.4%，排名前500的为90.4%。该指标排名前500的县（市、区）综合公开水平为100%。

（十）"雪亮工程"行政村覆盖率

2019年我国"雪亮工程"行政村覆盖率为66.7%。分区域看，东部地区"雪亮工程"行政村覆盖率为69.4%，中部地区为73.2%，西部地区为57.4%。

分省份看，如图10所示，全国有8个省份"雪亮工程"行政村覆盖率超过80%，其中，上海市已实现100%全覆盖，浙江省、江苏省、新疆维吾尔自治区和湖北省覆盖率均超过90%。

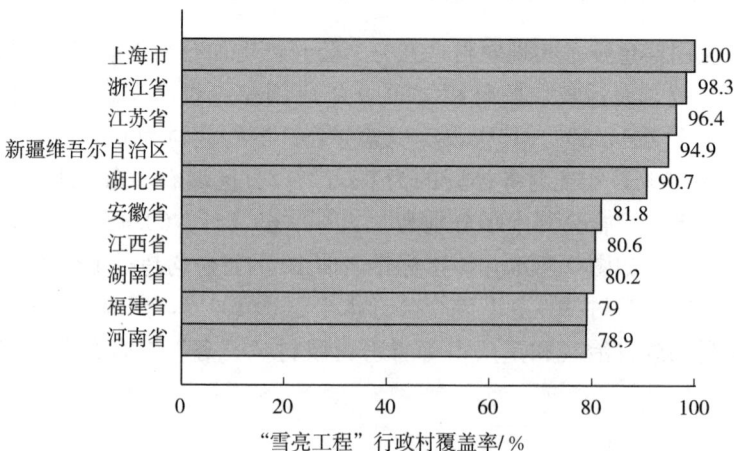

图 10 "雪亮工程"行政村覆盖率排名前10的省份

从县域看，"雪亮工程"行政村覆盖率高于全国平均水平的县（市、区）共1 425个，占比为61.2%。发展水平排名全国前100的县（市、区）覆盖率为96.0%，排名前500的为90.6%。该指标排名前500的县（市、区）覆盖率均为100%。

（十一）县域政务服务在线办事率

推进"互联网＋政务服务"有利于建设服务型政府，为民众提供更为便捷高效的政务服务。2019年县域政务服务在线办事率为25.4%。分区域看，东部地区在线办事率为49.0%，中部地区为26.8%，西部地区为22.2%。

从县域看，在线办事率高于全国平均水平的县（市、区）共1 545个，占比为 66.3%。发展水平排名全国前 100 的县（市、区）政务服务在线办事率为 69.2%，排名前 500 的为 63.3%。

三、数字农业农村发展亮点

（一）各级政府重视程度大幅提升

各级政府高度重视发展数字农业、建设数字乡村。从省级层面来看，河北、辽宁、江西、河南、湖南、广西、重庆、云南、陕西等省份配套出台了相关文件①，特别是江苏已将县域数字农业农村发展水平纳入乡村振兴绩效评估指标体系，浙江正在积极争取。从县域层面看，数字农业农村发展水平排名全国前 500 的县（市、区）平均发展水平从 2018 年的 45.1% 增长到 2019 年的 52.5%，呈现出快速发展的态势。从评价工作看，各级农业农村部门和县级党委、政府对全国县域数字农业农村发展水平评价工作高度重视并积极参与，与上年相比，自愿参与的县域数量稳步增加、涉农县域基本全覆盖、数据质量进一步提升。

（二）信息化向基层基础快速延伸

随着 4G 和光纤网络在农村地区有效覆盖的不断扩大和电信普遍服务的深入推进，2019 年全国县域互联网普及率达到 68.9%，东、中、西部地区县域互联网普及率分别为 73.5%、68.2%、65.9%，总体差距较小。数字化为乡村治理现代化插上"翅膀"，为全面提升乡村治理数字化能力和水平奠定了基础。现代信息技术让党务、村务、财务更加透明公开。"雪亮工程"成为平安乡村建设的重要抓手。农村电子商务基础条件持续改善，农村电子商务站点和益农信息社覆盖范围不断扩大，农业农村信息服务效能持续提升。

（三）农业生产数字转型加快推进

虽然我国数字农业农村发展水平还处于初级阶段，但农业生产数字转型正在加速推进，现代信息技术与农业生产加速融合。2019 年我国农业生产数字化水平比上年提升了 5.2 个百分点。中部地区的生产数字化水平与东部地区齐

---

① 《河北省数字乡村建设试点示范工作方案》《辽宁省数字乡村发展规划》《江西省实施数字乡村发展战略的意见》《河南省人民政府办公厅关于加快推进农业信息化和数字乡村建设的实施意见》《湖南省数字乡村发展行动方案（2020—2022 年）》《广西加快数字乡村发展行动计划（2019—2022 年）》《重庆市人民政府办公厅关于印发重庆市智慧农业发展实施方案（试行）的通知》《中共云南省委办公厅、云南省人民政府办公厅关于加快推进数字乡村建设的实施意见》《陕西省加快数字乡村发展三年行动计划（2020—2022 年）》等。

平，信息化正在助力中部地区现代农业发展"弯道超车"。信息技术在设施栽培和畜禽养殖中的应用率相对较高，特别是在生猪生产恢复中，智能化大型养猪场成为生猪产能增长的主力，2019年我国畜禽养殖信息化水平已超过30%。

（四）市场主体正在成为数字农业农村建设的重要力量

2019年社会资本在县域农业农村信息化建设中的总投入是财政总投入的2.6倍。发展水平排名全国前100的县（市、区）中，社会资本投入186.0亿元，是财政投入的3.3倍；排名前500的县（市、区）中，社会资本投入284.0亿元，是财政投入的2.7倍。在全国范围内，社会资本投入超过财政投入的县域有962个。数字农业农村建设政府引导、市场主体、社会参与的协同推进机制开始发挥作用，企业主动投入、农民和新型农业经营主体广泛参与的共建格局正在形成。

四、数字农业农村发展存在的问题与不足

（一）发展不平衡不充分问题依然突出

从地区发展总体水平来看，东强中西弱、区域失衡的总体格局一时难以改变。浙江、上海、江苏等东部省份数字农业农村发展水平远高于西部省份，但即使在浙江、江苏等发展水平较高的省份，也存在县域之间的发展不平衡现象。在财政投入、社会资本投入、生产经营信息化及在线办事率等方面，省与省之间、县与县之间差距非常显著。此外，数字化发展水平较高的地区通常在机构设置、市场环境、财政投入等方面也都明显领先于发展水平较低的地区。从不同行业生产信息化水平看，行业间发展不平衡、行业内应用不充分的问题依然比较突出，信息技术在种植业、设施栽培、畜禽养殖、水产养殖中的应用率不足1%的县（市、区）分别占总数的39.0%、32.5%、32.3%和52.2%，信息技术在设施栽培和畜禽养殖中的应用率则远高于种植业和水产养殖。

（二）财政投入力度明显不足

据测算，2019年县域数字农业农村建设的财政投入仅占全国农林水财政支出的0.8%。农业农村信息化年财政投入不足1万元的县（市、区）高达310个，不足10万元的县（市、区）有536个。据分析，县域农业农村信息化财政投入与县域数字农业农村发展水平呈明显正相关，充分说明在数字农业农村快速发展初期，财政投入对推动农业数字转型、提升乡村治理数字化能力和水平至关重要，需要各级政府加大财政投入，尽快补齐发展短板，缩小城乡数字鸿沟。

（三）基层农业农村信息化推进专门机构覆盖不足

与 2018 年相比，2019 年全国县（市、区）农业农村信息化管理服务机构覆盖率略有降低，有近三成的县（市、区）农业农村局未设置承担信息化相关工作的行政科（股），有近六成的县（市、区）农业农村局未设置信息中心（信息站），有的也在新一轮机构改革中受到冲击和影响。据分析，信息中心（信息站）这类信息化推进专门机构与县域数字农业农村发展水平呈正相关，发展水平排名全国前 500 的县（市、区），其农业农村信息中心（信息站）的覆盖率为 69.4%，排名前 100 的覆盖率为 86.0%，均远高于全国平均水平。为此，应顺应信息化与农业现代化的融合趋势，加强农业农村信息化机构队伍建设。

（四）农产品质量安全追溯信息化水平亟待提升

当前，我国农产品质量安全监管坚持"产管"并重原则，抽检监测和执法力度逐年加大，农产品质量安全水平逐年提高，总体合格率已达 97.7%。但在农产品质量安全追溯中，二维码、射频识别、区块链等现代信息技术应用明显不足，低于生产信息化水平。除水产养殖质量安全追溯信息化水平高于该行业生产信息化水平之外，其他行业的追溯信息化水平均低于生产信息化水平，特别是设施栽培和畜禽养殖的追溯信息化水平与生产信息化水平差距较大。未来，要加快利用现代信息技术，强化农产品从"田间"到"餐桌"全程追踪和供应链管理协作协同，实现农产品追溯信息可查询、来源可追溯、去向可跟踪、责任可追究。

五、数字农业农村发展展望

（一）数字农业农村将迎来加快发展的历史性机遇

从社会发展看，人类经历了农业革命、工业革命，正在经历信息革命，大数据作为信息化发展新阶段的特征日益凸显，世界各农业大国都把数字农业作为国家发展战略重点和优先发展方向。从国家发展战略看，党的十九大提出建设网络强国、数字中国、智慧社会，十九届四中全会首次把"数据"列入生产要素，五中全会明确提出建设智慧农业，为加快补齐农业农村信息化短板提供了前所未有的良好环境和政策支撑。从科技发展趋势看，新一轮科技革命和产业变革日新月异，信息技术与生物技术加速交叉融合。总的看，在社会主义现代化建设的新征程中，信息化与农业现代化形成历史性交汇，为数字农业农村发展带来了历史性机遇。

（二）数字技术将加快向农业农村渗透融合

县域是数字农业农村发展的主阵地。随着数字乡村战略的深入实施，数字技术将为乡村振兴提供日益强大的新动能。从数字农业看，传统农业全方位、全角度、全链条的数字化改造将进一步加速，互联网、大数据、人工智能与农业的融合将加快由消费向生产、加工延伸，智慧农业建设将开启新的局面。从数字乡村看，网络基础设施建设将得到明显加强，城乡互联网普及率的差距将明显缩小。"互联网＋政务服务"将深入推进，数字化、网络化、智能化将为乡村治理体系和治理能力现代化建设提供强有力的支撑。

（三）农业农村数字经济潜力将呈现加快释放的趋势

当今时代，数字经济是高质量发展的新引擎，是经济发展的新的增长点。农业数据资源最为丰富，农民对数字技术的需求最为迫切，农村数字经济发展潜力最为巨大。从农业产业数字化看，农业大数据将呈蓬勃发展的态势，农产品全产业链大数据建设将加快推进，将为实现农业高质量发展提供不可或缺的创新动力，以此推动农业产量、质量、效益和竞争力的全面提升。从数字产业化看，农业农村大数据中心等新型基础设施建设将加快推进，数字农业新技术新产品新业态新模式将不断涌现，北斗、5G、物联网将加速在农村布局，农业专用传感器、智能装备制造有望成为战略性新兴产业的重要组成部分。

附件 1　指标体系

本次评价指标体系的确定，坚持"大稳定、小调整"原则，在上年度指标体系的基础上，为充分体现党中央、国务院关于"数据要素市场化"和"推进国家治理体系和治理能力现代化"等战略部署，调整确定了发展环境、基础支撑、生产信息化、经营信息化、乡村治理信息化及服务信息化 6 个一级指标，以及 15 个二级指标和 20 个三级指标。调整内容主要包括：

（1）新增"农业农村信息化社会资本投入""农村'雪亮工程'覆盖情况""互联网＋政务服务"3 个二级指标及其对应的三级指标。

（2）删除了原"信息消费"一级指标。主要是考虑微信等免费通信服务已十分普遍，在"提速降费"的大背景下，不再专门收集分析信息消费水平数据。

（3）细化了"农业农村信息化管理服务机构""农产品质量安全追溯信息

化水平""农村'互联网＋监督'"3 个二级指标。

（4）调整了"生产信息化"下二级指标和"农产品质量安全追溯信息化水平"下三级指标的权重，改为由产值占比决定的动态权重。

本次评价指标体系如附表所示。

附表　2020 全国县域数字农业农村发展水平评价指标体系

一级指标	二级指标	三级指标
发展环境	农业农村信息化财政投入	乡村人均农业农村信息化财政投入/元
	农业农村信息化社会资本投入	乡村人均农业农村信息化社会资本投入/元
	农业农村信息化管理服务机构	县级农业农村信息化管理服务机构综合设置情况
基础支撑	互联网普及程度	互联网普及率/%
生产信息化	种植业信息化	信息技术在种植业中的应用率/%
	设施栽培信息化	信息技术在设施栽培中的应用率/%
	畜禽养殖信息化	信息技术在畜禽养殖中的应用率/%
	水产养殖信息化	信息技术在水产养殖中的应用率/%
经营信息化	农产品网络销售情况	农产品网络销售率/%
	农产品质量安全追溯信息化水平	种植业农产品质量安全追溯信息化水平/%
		设施栽培农产品质量安全追溯信息化水平/%
		畜牧业农产品质量安全追溯信息化水平/%
		水产养殖农产品质量安全追溯信息化水平/%
乡村治理信息化	农村"互联网＋监督"	应用信息技术实现行政党务公开水平/%
		应用信息技术实现行政村村务公开水平/%
		应用信息技术实现行政村财务公开水平/%
	农村"雪亮工程"覆盖情况	"雪亮工程"行政村覆盖率/%
	"互联网＋政务服务"	在线办事率/%
服务信息化	信息进村入户建设	信息进村入户村级信息服务站行政村覆盖率/%
	电商服务站建设	电商服务站行政村覆盖率/%

附件 2　评价方法

首先基于县域填报值计算得出三级指标值，其次对部分数值范围不在 0～1 的三级指标值进行归一化处理，最后按照权重逐级计算二级指标值、一级指标值及总的发展水平值。

本次评价采用的 Min‑max 归一化方法如下所示：

$$Z_i = \frac{(X_i - X_{\min})}{(X_{\max} - X_{\min})}$$

式中，Z_i 是归一化后的指标值，X_i 是该地区的某项指标值，$X_{\max}$ 为某指标前 m 项的平均值，$X_{\min}$ 为某指标后 n 项的平均值，本次评价 m 和 n 取值均为 100。

附录二

2019 全国县域数字农业农村发展
水平评价报告

2018 年 4 月 20 日，习近平总书记在全国网络安全和信息化工作会议上强调，信息化为中华民族带来了千载难逢的机遇，必须敏锐抓住信息化发展的历史机遇。《中共中央　国务院关于实施乡村振兴战略的意见》和《乡村振兴战略规划（2018—2022 年）》提出，要大力发展数字农业，实施数字乡村战略。建设数字农业农村，是贯彻落实习近平新时代中国特色社会主义思想特别是关于"三农"工作和网络强国重要论述的重大任务，是抓住机遇的必然选择，是迎接挑战的责任担当，是顺应大势的主动作为。开展全国县域数字农业农村发展水平评价工作，就是运用绩效管理的理念方法，打造县域数字农业农村发展"指挥棒"，不断地强弱项、补短板、增优势，推动县域数字农业农村快速健康发展。

一、评价说明

（一）首次开展县域评价

本次全国县域数字农业农村发展水平评价工作系首次开展，目的是深入贯彻落实习近平总书记网络强国战略思想，推动信息化与农业现代化融合发展，以数字化引领驱动农村经济社会高质量发展。同时，也为数字乡村战略的实施营造良好社会氛围，以期引起县级党委、政府的高度重视，加大机构、人员、资金等保障力度，进一步撬动更多社会资本投向数字农业农村领域。同时，还首次开展了全国县域数字农业农村发展创新项目评价工作。

（二）指标体系

在准确把握农业农村发展现状与特点的基础上，对标"十三五"农业农村信息化发展规划主要指标，结合农业农村部机构职能调整拓展，引入关键绩效（KPI）理念，设计了发展环境、基础支撑、信息消费、生产信息化、经营信息化、乡村治理信息化、服务信息化 7 个一级指标、13 个二级指标和 13 个三级指标。下一步还将与时俱进地不断完善指标体系。

（三）数据来源

本次评价数据采用县（市、区）农业农村部门自愿填报、省级农业农村部门信息中心审核把关的方式获得，共收集2 364个县（市、区）2018年的基础指标数据，经审核、清洗，纳入本次评价的有效样本县（市、区）为2 094个，其中东部地区563个、中部地区724个、西部地区807个，共覆盖44.31万个行政村。本报告中的"全国"指有效样本县（市、区）总数，另作说明除外。

（四）评价方法

采用层次分析法（AHP）。首先对填报项进行计算得出三级指标值，其次对三级指标值进行归一化处理，最后按照既定权重逐级计算二级指标值及总的发展水平值。

二、基本结论

（一）全国县域数字农业农村发展总体水平处于起步阶段

党的十八大以来，党中央、国务院高度重视农村互联网发展，推动数字农业农村取得了历史性成就，但是农业农村信息化基础差、底子薄、起步晚，与工业、服务业和城市信息化水平相比差距较大，与农业农村经济社会发展水平和基础地位极不相称。经综合测算，全国县域数字农业农村发展总体水平为33%，其中东部地区为36%，中部地区为33%，西部地区为30%。发展水平排名全国前100的县（市、区）平均发展水平为62.2%，发展水平排名全国前500的县（市、区）为45.1%。从有效样本县看，数字农业农村发展水平超过60%的县（市、区）81个，占比为3.9%，处于30%~60%的有1 185个，占比为56.5%，低于30%的有828个，占比为39.6%。

（二）设立农业农村信息化专门机构的县（市、区）近八成

县域党委、政府对农业农村信息化机构建设比较重视，全国77.7%的县（市、区）设立了农业农村信息化管理服务机构，其中东部为79.8%，中部为80.8%，西部为73.6%。

（三）全国县域农业农村信息化财政投入近130亿元

农业农村信息化财政投入不足。全国县域2018年用于农业农村信息化建设的财政投入为129亿元，县均投入616万元。分地区看，东部地区为53亿元，县均938万元，该项指标东部排名前100的县（市、区）平均投入3 570

万元；中部地区为 39 亿元，县均 535 万元，排名前 100 的县（市、区）平均投入 1 044 万元；西部地区为 37 亿元，县均 464 万，排名前 100 的县（市、区）平均投入 1 904 万元。从县域看，排名前 100 的县（市、区）平均投入为 4 403 万元，排名前 500 的县（市、区）平均投入为 1 721 万元。

（四）全国县域城乡居民人均电信消费超过 500 元

随着 4G 和光纤网络有效覆盖的不断扩大，电信消费已经成为县域城乡居民一项必不可少的生活消费支出。2018 年人均电信消费额为 507.53 元，占县域城乡居民人均可支配收入的 2.2%。从地区看，东部地区人均电信消费额为 680 元，占县域城乡居民人均可支配收入的 2.1%；中部地区人均电信消费额为 419 元，占比 1.9%；西部地区人均电信消费额为 572 元，占比 2.7%。从整体看，该项指标全国排名前 100 的县（市、区）人均电信消费额为 939 元，占县域城乡居民人均可支配收入的 3.1%，全国排名前 500 的县（市、区）人均电信消费额为 726 元，占比为 2.7%。电信消费成为信息消费乃至整个社会消费的重要组成部分和拉动消费新的增长点。

（五）农业生产数字化水平接近 20%

农业生产数字化改造快速起步，2018 年农业生产数字化水平[①]达到 18.6%。分行业看，种植业信息化水平为 16.2%，设施栽培信息化水平为 27.2%，畜禽养殖信息化水平为 19.3%，水产养殖信息化水平为 15.3%。分地区看，东部地区为 20.6%，中部地区为 19.3%，西部地区为 13.9%。该项指标全国排名前 100 的县（市、区）发展水平为 35.8%，全国排名前 500 的县（市、区）为 24.2%。从整体看，发展水平超过 80% 的有 27 个县（市、区），超过 60% 的有 88 个，超过 40% 的有 286 个，低于 20% 的有 1 331 个。

（六）行政村电子商务站点覆盖率超过六成

农村电子商务基础条件加快改善，已建有电子商务服务站点的行政村为 28.34 万个，共有电子商务服务站点 39.1 万个，电子商务站点覆盖率达到 64.0%，与第三次全国农业普查数据相比，提升了 38.9 个百分点。分地区看，东、中、西部地区的覆盖率分别为 65.4%、66.5%、59.8%。分县域看，全国已有 606 个县（市、区）实现行政村全覆盖，占比为 28.9%；县域行政村覆盖率超过 90% 的县（市、区）有 746 个，超过 80% 的有 893 个。该项指标

---

① 农业生产数字化包括农作物种植信息化、设施栽培信息化、畜禽养殖信息化和水产养殖信息化，其所占比重分别为 30%、15%、30%、25%。

全国排名前 100 的县（市、区）覆盖率达到 78.7%，全国排名前 500 的县（市、区）覆盖率为 74.2%。

（七）县域农产品网络零售额接近农产品交易额的 10%

农产品电子商务已经成为农产品交易的重要渠道，2018 年县域农产品网络零售额为 5 542 亿元，占农产品交易总额的 9.8%。从天猫、淘宝、京东、苏宁、拼多多、饿了么、美团、美团团购、大众点评 9 个主要电商平台监测到的县域农产品网络零售额为 2 176.3 亿元。分地区看，东部地区县域农产品网络零售额为 2 624 亿元，占比 12.1%；中部地区为 1 912 亿元，占比 9.0%；西部地区为 1 006 亿元，占比 7.5%。832 个贫困县占比为 9.8%。分县域看，占比超过 20% 的有 199 个县（市、区），超过 30% 的有 137 个。同时，通过接入自建或公共农产品质量安全追溯平台，实现农产品质量安全追溯的农产品交易额占农产品交易总额的 10.7%。

（八）已建成益农信息社覆盖行政村近一半

信息进村入户工程建设取得显著成效。经过 4 年的持续建设，已在有效样本县建成益农信息社 26.83 万个，行政村覆盖率达 49.7%。18 个整省①推进省份共建成益农信息社 22.36 万个，其中覆盖率超过 80% 的县域有 640 个，占 18 个省份 1 441 个县域的 44.4%，超过 90% 的县域有 530 个，占比 36.8%，实现全覆盖的县域有 429 个，占比 29.8%。

（九）实现"三公开"的行政村超过六成

信息化提升农村基层党务、村务、财务透明度的作用凸显，63.1% 的行政村实现了"三公开"，其中党务公开的行政村为 65%，村务公开的为 64%，财务公开的为 61%。分地区看，东、中、西部地区实现"三公开"的行政村占比分别为 67.8%、65.7%、55.5%。分县域看，公开率超过 80% 的有 1 206 个县（市、区），占比 57.6%，公开率达到 100% 的有 1 060 个县（市、区），占比 50.6%。

三、主要特点

（一）县域数字农业农村发展水平与地区经济发展程度呈高度正相关

从地区发展水平来看，东、中、西部地区依次递减。从 100 个 2018

---

① 指四川省、河南省、浙江省、广西壮族自治区、湖南省、江苏省、河北省、辽宁省、云南省、黑龙江省、重庆市、江西省、广东省、福建省、贵州省、吉林省、山东省、天津市。

年度全国县域数字农业农村发展水平评价先进县也可看出，绝大部分先进县都是经济较为发达的县，且政府投入、城乡居民可支配收入都相对较高。

（二）农产品电子商务发展呈现"群雁效应"

东部地区发展农产品电商的"头雁效益"明显，中西部地区紧跟其后，发展程度差距很小，"群雁矩阵"形态明显，尤其是随着电商扶贫的大力推进，贫困地区农产品电商发展成效显著，为"互联网＋"农产品出村进城工程的实施打下了良好基础。

（三）信息进村入户工程推动信息服务落地见效

2014 年信息进村入户工程启动以来，特别是 2017 年开始，在中央财政转移支付资金的支持下，相继在 18 个省份整省推进，益农信息社建设成效显著，信息进村入户村级益农信息社排名靠前的省份，其电子商务服务站点也比较靠前。这充分说明信息进村入户工程不仅是一项信息惠民工程，也是一项推动农村电商发展的基础性工程。

（四）高效种养业数字技术应用水平明显较高

设施栽培和畜禽养殖信息化水平相对较高，充分说明数字技术在生产环境监测、体征监测、农作物病虫害和动物疫情精准诊断及防控等方面应用较为广泛。数字技术在农业中的应用推广呈现出率先在经济效益较高的行业实现突破的明显特征。

（五）互联网公共服务普惠成效明显

随着 4G 和光纤网络在农村地区有效覆盖的不断扩大和电信普遍服务的深入推进，东、中、西部地区县域城乡互联网普及率分别为 67.1％、62.9％、63.6％，总体差距较小，甚至西部地区略微超过中部地区。县域电信消费占城乡居民消费额比例各地差距较小，西部地区还略高。

（六）数字创业创新的火种已在农业农村点燃

共有 358 个县（市、区）提交创新项目，涉及农业农村各行业各领域各环节。从创新领域来看，主要集中在智慧种养业、数字化管理、电子商务和信息服务方面；从地域分布看，东部县域的项目占比超过四成，西部接近四成，中部仅占两成；从创新主体看，企业是数字农业农村的创新主体，占项目总数六成以上。其中最值得关注的是，以县域为单位的农产品全产业链大数据建设开始起步。这些都为农村一二三产业融合发展、农业农村数字经济的"无中生有"播下了火种。

四、存在问题

（一）认识还不够到位

数据采集未实现全样本，尽管有 2 364 个县（市、区）提交了基础数据，但与全国县级区划总数相比，还有近 500 个县（市、区）未提交数据。即使提交了数据，也存在基础数据不扎实的问题。据对相关数据分析，一些县（市、区）对数据驱动农业高质量发展的认识还有待提升，在县级农业农村信息化机构、人员保障上还不到位，有 22.3% 的县（市、区）未设置相应机构。在财政投入上，2018 年投入高于 500 万元的县（市、区）仅有 419 个，高于 100 万元的只有 994 个，还有 527 个投入低于 10 万元。

（二）地区发展不平衡不充分

从地区综合发展水平来看，东强中西弱，区域失衡，浙江的农业农村数字化水平最高，东部地区在人均年财政投入、农产品网络零售、农产品质量安全追溯应用等方面大幅领先，比中西部地区高一倍以上。从省域发展情况来看，浙江、重庆的年人均信息化财政投入远高于全国平均水平，西藏等省份的电子商务服务站覆盖率远低于全国平均水平。

（三）生产信息化应用广度和深度有待拓展

行政村电子商务站点建设、"三公开"和信息进村入户信息化水平相对较高。但是在农业生产领域，现代信息通信技术与种植业、畜牧业、渔业融合不充分，其中又以经济效益相对较低的大田作物的信息化应用程度最低。如何发展数字农业，目前既缺乏顶层设计，又未明确建设路径。在提交的 358 个创新项目中，生产类创新项目占比不足一半。

（四）农村基础设施建设相对滞后

据本次填报数据测算，全国县域城乡互联网普及率已达 64.5%，虽然网络进了村，但仍有不少家庭农场、规模化养殖场、养殖池塘等还没有覆盖，制约了生产信息化的应用普及。特别是边远贫困地区，网络和农产品加工流通等基础设施落后，物流成本高，影响农产品电子商务发展，导致不少地方的绿色优质特色农产品营销方式没有跟上电子商务快速发展的步伐。

五、发展建议

(一)加强组织领导

县委、县政府应把数字农业农村作为数字县域的优先行动,依据 2018 年和 2019 年的中央 1 号文件,以及《乡村振兴战略规划(2018—2022 年)》等政策文件,结合县域实际,抓紧制定实施方案。同样应在干部配备上优先考虑,在要素配置上优先满足,在资金投入上优先保障,在公共服务上优先安排,加快补齐农业农村信息化短板,弥合城乡数字鸿沟,发展壮大农业农村数字经济。特别要用好本次县域评价成果,找到位置和差距,形成争先进位的竞相发展态势。建议 2020 年对进步大的县(市、区)予以表扬。

(二)大力发展数字农业

要以农业供给侧结构性改革为主线,加快建设数字农田,利用遥感、物联网等现代信息技术构建农情监测系统,完善农业生产智能监测体系;发展智慧畜牧和智慧水产,推进现代信息技术在畜禽养殖、水产养殖中的集成应用,加强动植物疫情远程精准诊断和防控;围绕县域主导特色产业,开展重要农产品全产业链大数据建设,从生产、加工、流通、销售、消费等关键环节加快数字化改造,打通数据链、重构供应链、提升价值链,促进农业农村一二三产业融合发展,以数据驱动农业高质量发展。

(三)加快建设数字乡村

推进"互联网＋党建",加强基层组织建设,深入推进党务、村务、财务网上公开,畅通社情民意。推进民生领域信息化应用,深入发展"互联网＋教育""互联网＋医疗""互联网＋便民服务",大力拓展互联网、大数据、人工智能在就业、社保、文化、旅游、社会治安等领域的应用,促进城乡公共服务均等化。开展智慧绿色乡村建设,大力加强山水林田湖草数据采集与利用,探索开展农村人居环境整治综合监测,促进资源循环利用和可持续发展,提升美丽乡村建设水平。

(四)加强农村信息服务

加快推进农村信息化服务普及,创新发展农业生产性服务业,以手机终端为重点,组织开发适应"三农"特点的信息技术产品和应用软件。加大农民手机应用技能培训力度,推动信息技术与生产、经营等环节融合,让手机尽快成为广大农民的"新农具"。全面推进县级融媒体中心建设,加大数字广播电视户户通和智慧广电建设力度。统筹推进城乡信息资源整合共享与利用，完善民生保障信息化服务，让农民有更多获得感、幸福感、安全感。

（五）夯实基础设施

要巩固提升乡村宽带工程建设成果，持续推进提速降费和电信普遍服务，扩大 4G 网、光纤网在农村的有效覆盖，进一步把网络服务延伸到户，大幅提升农村互联网普及率。要抓住应用端，把农村网络基础设施建设的重点转向田间、圈舍、鱼塘、车间，大力发展农业物联网，探索推进北斗卫星导航系统、5G 在农业生产中的应用，为数字农业农村发展打下坚实的物质基础。

附录三

数字乡村发展行动计划（2022—2025 年）

数字乡村是乡村振兴的战略方向，也是建设数字中国的重要内容。"十四五"时期是乘势而上开启全面建设社会主义现代化国家新征程、向第二个百年奋斗目标进军的第一个五年，也是全面推进乡村振兴、建设数字中国的发力期。为贯彻落实《中华人民共和国国民经济和社会发展第十四个五年规划和2035 年远景目标纲要》《数字乡村发展战略纲要》《"十四五"国家信息化规划》部署要求，加快推进数字乡村建设，充分发挥信息化对乡村振兴的驱动引领作用，整体带动和提升农业农村现代化发展，促进农业全面升级、农村全面进步、农民全面发展，特制定本行动计划。

一、总体要求

（一）指导思想

以习近平新时代中国特色社会主义思想为指导，全面贯彻党的十九大和十九届历次全会精神，深入贯彻中央经济工作会议、中央农村工作会议精神，坚持稳中求进工作总基调，立足新发展阶段、贯彻新发展理念、构建新发展格局、推动高质量发展，促进共同富裕，坚持和加强党对"三农"工作的全面领导，牢牢守住保障国家粮食安全和不发生规模性返贫两条底线，以解放和发展数字生产力、激发乡村振兴内生动力为主攻方向，着力发展乡村数字经济，着力提升农民数字素养与技能，着力繁荣乡村网络文化，着力提高乡村数字化治理效能，为推动乡村振兴取得新进展、农业农村现代化迈出新步伐、数字中国建设取得新成效提供有力支撑。

（二）基本原则

坚持深化改革、创新驱动。围绕农业农村现代化目标，进一步深化农业农村改革，发挥新一代信息技术创新引领作用，推动制度、机制、模式和技术创新，培育发展数字乡村新产业、新业态、新模式。

坚持以人为本、内生驱动。始终把维护好农民根本利益、促进农民农村共同富裕作为数字乡村建设的出发点和落脚点，充分发挥农民主体作用，激发农民积极性、主动性、创造性，让广大农民成为数字乡村建设的参与者、受益者。

坚持统筹协调、城乡融合。强化资源整合、部门协同和上下联动，坚持数字乡村与新型智慧城市一体设计、协同实施，推动城乡信息基础设施互联互通、产业生态相互促进、公共服务共建共用。

坚持规划引领、分类推进。科学规划、合理安排数字乡村建设重点任务和工程，结合各地发展基础、区位条件、资源禀赋，按照不同类型村庄发展规律，分类有序推进数字乡村发展，按需建设信息化设施，防止形象工程、铺张浪费。

（三）行动目标

到2023年，数字乡村发展取得阶段性进展。网络帮扶成效得到进一步巩固提升，农村互联网普及率和网络质量明显提高，农业生产信息化水平稳步提升，"互联网＋政务服务"进一步向基层延伸，乡村公共服务水平持续提高，乡村治理效能有效提升。

到2025年，数字乡村发展取得重要进展。乡村4G深化普及、5G创新应用，农业生产经营数字化转型明显加快，智慧农业建设取得初步成效，培育形成一批叫得响、质量优、特色显的农村电商产品品牌，乡村网络文化繁荣发展，乡村数字化治理体系日趋完善。

二、重点任务

（一）数字基础设施升级行动

1. 推进乡村信息基础设施优化升级

持续实施电信普遍服务，开展农村地区4G基站补盲建设，逐步推动5G和千兆光纤网络向有条件、有需求的乡村延伸。持续推进城市农村"同网同速"，优化提升农村宽带网络质量。探索运用卫星等多种手段，提升农村及偏远地区学校、医院网络接入水平和质量。深入实施智慧广电建设工程，依托有线电视网络承载智慧乡村服务。优化广播电视业务网络，推动广播电视服务走向"终端通""人人通"。优化农村信息服务基础设施建设，有序推进农业农村、商务、民政、邮政、供销等部门农村信息服务站点的整合共享，推广"多站合一、一站多用"。鼓励开发适应"三农"特点的信息终端、技术产品、移动互联网应用（App）软件，不断丰富"三农"信息终端和服务供给。

2. 推动乡村传统基础设施数字化改造升级

完善农村公路基础数据统计调查制度，强化电子地图定期更新，提升农村公路管理数字化水平，推动"四好农村路"高质量发展。加快农村电网数字化改造，实施农村电网巩固提升工程，补强农网薄弱环节。加快农村水利工程智慧化、水网智能化，进一步加强全国河长制湖长制管理信息系统建设和应用，推动各类信息共享和联动更新。支持国家骨干冷链物流基地、区域性农产品冷链物流设施、产地冷链物流设施等建设，补齐冷链物流短板。

专栏1　乡村基础设施数字化改造提升工程

继续实施无线数字化覆盖工程。推进农村地区中央广播电视节目无线数字化覆盖，满足广大人民群众收看收听数字广播电视节目的需求。

推进农村地区中小型水利设施智能化改造。完善雨水情测报和工程安全监测体系，全面提升中小型水利工程的信息感知能力，落实工程安全管理责任制，充分利用信息技术手段，逐步推进农村地区中小型水利工程全生命周期的仿真运行管理，实现智能化、自动化监管。

（二）智慧农业创新发展行动

3. 加快推进农业农村大数据建设应用

建立健全农业数据资源目录，以第三次全国国土调查成果为基础，加快建设全国农业农村基础数据库，构建全国农业农村数据资源"一张图"。以粮、棉、油、果、菜、茶、糖、生猪、奶牛、水产等重要农产品为重点，深入推进单品种全产业链大数据建设，提升数据分析应用能力。加强大数据采集、传输、存储、共享、安全等标准体系建设，提高农业农村数据流通、使用效率。建立健全重要农产品市场监测预警体系，为政府和市场主体提供公共数据服务。打造惠农数字粮食服务平台，构建粮食产购储加销大数据体系，以数字技术赋能优质粮食工程。推动建成全国农田建设数字化监管平台，完善自然资源调查监测、国土空间规划、永久基本农田等数据库，建设自然资源三维立体"一张图"。

4. 建设天空地一体化农业观测网络

统筹使用国家民用空间基础设施中长期发展规划卫星及民商遥感卫星等资源，构建农业天基网络，形成常规监测与快速响应的农业遥感观测能力。开发适合我国农业生产特点和不同地域需求的无人机导航飞控、作业监控、数据快速处理平台，构建航空观测网络，提升区域高精度观测和应急响应能力。整合利用各类农业园区、基地的物联网数据采集设施，逐步推动数据汇集。

5. 加快农业生产数字化改造

建设一批智慧农场、智慧牧场、智慧渔场，推动智能感知、智能分析、智能控制技术与装备在农业生产中的集成应用。推进无人农场试点，通过远程控制、半自动控制或自主控制，实现农场作业全过程的智能化、无人化。大力推进数字育种技术应用，建设数字育种服务平台，加快"经验育种"向"精确育种"转变，逐步发展设计育种。完善国家农产品质量安全追溯管理信息平台，推进农产品质量安全信息化监管，探索建立追溯管理与风险预警、应急召回联动机制。

6. 加快智慧农业技术创新

制定智慧农业技术发展路线图，重点突破智慧农业领域基础技术、通用技术和关键技术，超前布局前沿技术。加强专用传感器、动植物生长信息获取及生产调控机理模型等关键共性技术攻关，重点推进适用各种作业环境的智能农机装备研发，推动农机农艺和信息技术集成研究与系统示范。加强农机装备技术创新，逐步突破200马力无人驾驶拖拉机、大型液压翻转犁、精密播种机械、复式作业机具等整机和机具。

7. 加强农业科技信息服务

完善农业科技信息服务体系，支持培育一批面向新型农业经营主体和小农户的信息综合服务企业，引导社会主体开展以数据为关键要素的农业生产社会化服务。建立完善科技特派员综合信息服务平台，支持科技特派员开展在线指导答疑和交流工作经验。

专栏2 智慧农业建设工程

建设国家农业农村大数据平台。改造提升农业农村云基础设施，升级完善农业农村数据采集系统，建设农业农村数据"一张图"和农业农村大数据分析通用系统。

建设国家数字农业农村创新中心。围绕关键共性技术攻关、战略性前沿性技术超前布局、技术集成应用与示范，建设国家数字农业农村创新中心和分中心。

建设国家数字农业创新应用基地。在数字化水平领先的地区，建设一批国家数字农业创新应用基地，对接国家数字农业农村创新中心和分中心，实现相关技术产品集成应用、中试熟化、标准验证、示范推广等，推进数字技术在农业生产经营中的综合应用和集成示范。

（三）新业态新模式发展行动

8. 深化农产品电商发展

深入实施"互联网＋"农产品出村进城工程。支持农业龙头企业、农民专业合作社以及种养殖大户、家庭农场等新型农业经营主体通过网络销售区域特色农产品。扩大农村电商覆盖面。持续实施"数商兴农"，积极打造农产品网络品牌，支持地方开展特色农产品认证和市场推广，以品牌化带动特色产业发展。加快农村寄递物流体系建设，分类推进"快递进村"工程。建立完善农村物流共同配送服务规范和运营机制，发展县乡村物流共同配送，实现统一仓储、分拣、运输、揽件。持续发展"巾帼电商"，培育"巾帼电商"品牌，开展面向农村妇女的电商培训。引导电商平台规范有序开拓电商分销渠道，用好社交电商、直播电商等新模式。

9. 促进农村消费升级

畅通"工业品下乡"通道，促进农村居民生活用品、农资农具、生产经营服务的线上购买。丰富农村信息消费内容，发展乡村数字文化消费新场景。合理引导农村居民在网络娱乐、网络视听内容等领域的消费。加强农村信息消费市场监管，严肃查处制假售假、违法生产经营等行为，切实保护农村居民的消费权益。瞄准农村信息消费重点领域和产品，开展消费品质量安全"进社区、进校园、进乡镇"消费者教育活动，提高农村居民消费品质量安全意识。

10. 加快培育农村新业态

推进乡村旅游智慧化发展，打造一批设施完备、功能多样、智慧便捷的休闲观光园区、乡村民宿、森林人家和康养基地，线上推荐一批乡村旅游精品景点路线。推进创意农业、认养农业、健康养生等基于互联网的新业态发展，探索共享农场、云农场等网络经营新模式。通过网络传播农村各类非物质文化遗产资源，促进乡村特色文化产业发展。引导在线旅游、电子商务、位置信息服务、社交媒体、智慧金融等平台企业将产品和服务下沉到乡村，健康有序发展农村平台经济。

专栏3　农村电商优化升级工程

深入推进"互联网＋"农产品出村进城工程。发挥"互联网＋"在推进农产品生产、加工、储运、销售各环节高效协同和产业化运营中的作用，培育出一批具有较强竞争力的县级农产品产业化运营主体，完善农村物流配送体系，健全适应农产品网络销售的供应链体系、运营服务体系和支撑保障体系。

持续实施"快递进村"工程。在县乡两级基础上进一步延伸服务网络，推进直投到村，鼓励采用邮快合作、快快合作、驻村设点、交快合作、快商合作等多种方式。建设农村邮政普遍服务惠农公共平台，推动有条件的地区建设村级寄递物流综合服务站，培育邮政服务农特产品出村进城项目和快递服务现代农业金牌项目。

（四）数字治理能力提升行动

11. 完善农村智慧党建体系

推进全国党员干部现代远程教育系统优化升级，扩大网络党课在农村党员教育中的应用。丰富党建信息化综合平台功能，加快基层党组织"上云"。综合运用重点新闻网站、政务网站、"两微一端"等平台，积极稳妥、依法依规推动党务、村务、财务等信息网上公开，拓宽党群沟通渠道，畅通社情民意。

12. 推动"互联网＋政务服务"向乡村延伸

完善全国一体化政务服务平台，推动实现网上政务服务省、市、县、乡、村五级全覆盖，提高涉农事项全程网上办理比例，推动政务服务"网上办、掌上办、一次办"。推进电子政务外网向乡镇、村延伸，扩大乡村基层便民服务中心、服务站点部署范围，推进线上线下深度融合。建立健全政务数据共享协调机制，稳步扩大涉农政务信息资源共享范围。深化农村综合服务网点覆盖，推进农村地区数字社区服务圈建设，提升政务、商超、养老等综合服务功能，做好乡村服务"最后一百米"。建设农村工程建设项目管理信息化平台，实现农村工程建设项目"一网统管"和"一网通办"。

13. 提升村级事务管理智慧化水平

推广村级基础台账电子化，建立统一的"智慧村庄"综合管理服务平台。推广村级事务"阳光公开"监管平台，推进村级事务及时公开、随时查看。进一步丰富村民自治手段，推进村民在线议事、在线监督。加快农村集体资产监督管理平台建设，促进建成便民快捷、管理高效、上下联动、部门共享的农村集体资产大数据库。

14. 推动社会综合治理精细化

逐步完善"互联网＋网格治理"服务管理模式，打造基层治理"一张网"，推广"一张图"式乡村数字化治理模式。深入推进公共法律服务网络平台、实体平台、热线平台三大平台融合发展，整合法律服务网与司法行政 App、小程序功能。推广运用智能移动调解系统，拓展利用移动端开展法律服务，为农民群众提供在线法律咨询、法律援助、维权指引、视频调解等线上服务。高质量建成涵盖所有县、乡、村的公共安全视频图像应用体系，进一步加大农村地区公共安全视频图像应用系统建设。引导各级各类社会化视频图像接入公共安全视频图像信息共享交换平台，积极推动视频图像资源与网格中社会治理基础数据有效融合、开放共享。

15. 加强农村智慧应急管理体系建设

依托天空地一体化监测体系，加强自然灾害综合监测预警，对乡村地质灾害、洪涝灾害、林牧区森林草原火灾等灾害及生产生活安全进行监测预警。依托应急资源管理平台，合理调度防灾救灾物资，做好乡村受灾人群应急救援和保障服务。完善覆盖全面、实时监测、全局掌控的乡村数字化公共卫生安全防控体系，建立突发事件风险监测与预警信息共享平台，引导村民开展自我卫生管理和卫生安全防控。完善农村气象灾害智能预报系统，构建广覆盖、立体化的预警信息发布体系，建立精细到乡镇的气象预报和灾害性天气短时临近预警业务，推动预警信息到村到户到人。加快应急广播体系建设，推进基层应急广播主动发布终端覆盖，建立应急广播快速传达通道。

专栏4　乡村数字治理体系打造工程

开展乡村治理数字化建设。加快推进农村地区数字基础设施、系统平台和应用终端建设，强化系统集成、数据融合和网络安全保障。因地制宜加强农村地区便民服务软件建设，提高乡村治理数字化、智能化、便捷化水平。推进农村地区数据资源整合，实行一次综合采集、多方共享利用。

推进农村地区"智慧法援"建设。推进"云公共法律服务中心""云律所"建设，利用远程视频系统为农村地区提供线上法律援助、咨询等服务。支持在每个行政村设立法律援助联络点，依托村（居）法律顾问和法律明白人设立联络员，配备实现宽带接入的计算机、打印机、复印机等设备设施。定期组织对法律援助联络员的业务培训，提升法律援助服务能力。

巩固提升农村地区公共安全视频图像信息系统建设。积极推进农村公共安全视频图像信息系统建设和智能化示范应用。充分发挥公共安全视频图像信息系统基础平台和海量视频资源优势，探索在维护国家安全和社会稳定、农村治安防控和社会治理、生态建设与保护、疫情防控和防灾减灾等方面的智能应用。

构建农村地区智慧化气象灾害预警体系。构建由地面观测调查、无人机摄影测量、雷达监测以及卫星遥感等综合互补的一体化、智慧化农业农村气象灾害观测探测体系。发展精细化、动态化农业气象灾害预报预警技术和农用天气预报技术，面向农业农村气象灾害高风险区域、灾害高敏感对象，建立灾害影响速判决策支撑系统。

推进农村地区应急广播主动发布终端覆盖。聚焦基层应急广播主动发布终端建设，做强应急广播"最后一公里"，建设质量高、抗毁灭能力强的应急广播大喇叭主动发布终端，推动应急信息精准传递。

（五）乡村网络文化振兴行动

16. 筑牢乡村网络文化阵地

完善县级融媒体中心功能，拓展党建服务、政务服务、公共服务、增值服务等服务。持续开展县级融媒体中心东西部协作交流。强化乡村网络文明建设，大力宣传弘扬社会主义核心价值观和中华优秀传统文化。加大对"三农"题材网络视听节目的支持，增强优质内容资源供给。规范互联网宗教信息服务，通过网络在农村地区开展涉及宗教的法律法规和政策的宣传普及工作。遏制不良网络信息在农村传播，加强农村少年儿童不良信息防范教育。

17. 推进乡村文化资源数字化

推进实施国家文化数字化战略和国家文化大数据体系建设。按照国土空间基础信息平台数据标准，推进全国文物信息资源数据库建设，及时将文物资源空间信息纳入同级国土空间基础信息平台，加强农村文物资源的数字化保护。依托中华优秀传统文化传承发展工程，组织开展中华文化资源普查、传统村落保护利用、非物质文化遗产资源数字化、农耕文化传承保护工作。用数字化手段保存农村地区国家级非遗代表性传承人技艺。加快推进历史文化名镇、名村数字化工作，完善中国传统村落"数字博物馆"。加大文物资源数字化展示传播与进村力度，推出一批"数字文物资源库"和"数字展览"。推进农村基层文化服务机构信息化，提高乡镇综合文化站、村（社区）综合性文化服务中心等基层公共文化设施数字化服务水平。加快建设数字农家书屋。

专栏5　乡村文化设施和内容数字化改造工程

深入推进乡村核心文化资源数字化。汇集乡村文物、非物质文化遗产、地方戏曲剧种、农耕文明遗址等数据资源，丰富中国文化遗产标本库，实现乡村核心文化资源的数字化保存。

实施云上民族村寨工程。在全面普查基础上，对已命名的中国少数民族特色村寨进行数字化留存，建立涵盖特色村寨基本信息、历史文化、民族记忆、虚拟现实/增强现实（VR/AR）展示、影像资料、相关规划、保护机制等信息的数据库，建设形成智慧村寨数据平台和信息管理系统。

（六）智慧绿色乡村打造行动

18. 提升乡村生态保护信息化水平

强化山水林田湖草沙冰系统治理数据收集与分析，实现农村生态系统的动态监测、智慧监管。建设全国农村生态环境综合管理系统，开展农业面源污染排放特征监测分析、畜禽（水产）养殖监测分析、农村生活污水治理调查分析、黑臭水体排查整治分析、农用地面积和环境质量监测分析。综合应用卫星遥感、无人机、高清视频等技术对农村生态系统脆弱区和敏感区开展常态化、自动化监测。构建秸秆焚烧管控管理平台，加强对农作物秸秆焚烧火电监控监测。利用 4G/5G、北斗卫星、云计算等技术构建林草生态网络感知系统。基于第三次全国国土调查成果数据和国土空间规划，建设林草资源"图库数"和林草资源云，纳入国土空间规划"一张图"。建设林草信息化示范区。

19. 加强农村人居环境数字化监管

建立农村人居环境问题在线受理机制，引导农村居民通过 App、小程序等方式参与人居环境网络监督。完善农村环境监测体系，选择重点和一般类监控村庄开展环境监测。综合应用无人机、高清视频、物联网等技术手段，对农村房屋、道路、河道、特色景观等公共生活空间进行监测，为维护村容村貌提供管理依据。建立农村供水工程数字管理平台，打造全国农村集中供水信息化管理"一张图"，提升千吨万人工程自动化监测覆盖率。

专栏 6　乡村生态和人居环境数字化管理提升工程

深化农村环境质量监测点位覆盖。明确农村环境监测范围，选择全国有代表性的 500 个重点监控村庄和 2 500 个一般监控村庄，开展环境空气、地表水、土壤、生态质量监测，基本实现全国区县级农村环境质量监测点位全覆盖。

补齐农业面源污染监测短板。通过农业面源污染入水体量监测和小流域农业面源污染野外定位观测相结合，拓展全国农业面源污染监测范围。

加强农村地区饮用水重点监测。推进重点监管对象常规监测，开展农村千吨万人饮用水水源地水质、日处理能力 20 吨及以上的农村生活污水处理设施出水水质以及灌溉规模 10 万亩及以上的农田灌溉水水质监测，不断加强农村环境质量监测工作。

（七）公共服务效能提升行动

20. 深化乡村"互联网＋教育"

继续夯实农村地区教育信息化基础，协同推进教育专网建设，加快推动农村地区学校数字校园建设，持续改善农村地区薄弱学校网络教学环境。完善互联互通、开放灵活、多级分布、覆盖全国、共治共享、协同服务的国家数字教育资源公共服务体系，优化国家中小学网络云平台，深化普及"三个课堂"应用，助力农村地区学校师生共享优质教育资源。深入开展农村教师信息技术应用能力培训，不断提高教师信息化教学能力和信息素养。面向农村重点群体开发涉农教学资源，开展各类涉农信息技术、农村电商、信息产品使用、劳务品牌等专题培训，促进农村劳动者就业创业。继续开展民族语文信息化研究工作，进一步推动现有民族语文信息化成果的规范管理。

21. 推进"互联网＋医疗健康"

推进信息技术在乡村基本医疗和公共卫生服务中的融合应用，推动各地完善县域卫生健康信息平台，加强乡村医疗卫生机构信息化建设。建立覆盖县级医院的远程医疗专网，规范信息技术标准、通信资源、居民健康档案数据存储和使用规则。构建远程医疗协同体系，逐步实现医疗机构间电子病历、检查检验结果共享。推进全国统一的医保信息平台落地应用，推广医保电子凭证在农村地区全面应用，推动农村医保经办服务网上办理，实现医保政务服务"全程网办""一网通办"。稳步推进中医馆健康信息平台建设，提升中医药服务能力。

22. 完善农村社保与就业服务

稳步推进乡镇、村基层社保公共服务平台建设，同步推进社保服务事项下沉，充分依托村镇基层平台开展社保经办服务。推广电子社保卡普及应用，扩大便民服务终端覆盖范围，将就业、社保服务与农村普惠金融服务相结合，增强"就近办、线上办"能力。持续推进全国社保关系转移和待遇资格认证系统建设，依托国家社会保险公共服务平台，实现城乡居民养老保险关系转移网上办理。建立健全全国统一的农民工综合信息系统，加强农民工外出务工等形势分析。加强乡村公共就业服务信息化建设，依托"金保工程"和各地公共招聘网络渠道，面向农村居民提供就业信息服务。

23. 提升面向农村特殊人群的信息服务水平

加快推广应用全国社会救助信息系统，完善全国养老服务信息系统、全国儿童福利系统、残疾人两项补贴信息系统，加强农村留守老年人信息管理，简化农村"三留守"人员、残疾人补贴申请受理流程。依托全国低收入人口动态监测信息平台，加强全国低收入妇女信息管理。发展"互联网＋助残"，推动残疾人基本公共服务项目纳入农村政务服务"一网通办"平台，推动社保卡等加载残疾人服务功能。引导面向老年人、残疾人等群体的各类应用开展适老化、无障碍化改造升级，加快推进无障碍产品和服务技术推广应用。加强对乡村特殊群体的法律援助。

24. 深化农村普惠金融服务

深入开展农村支付服务环境建设，推进移动支付便民工程在农村特色产业、农产品收购等领域的应用，创新助农服务模式。在有条件的地区逐步建立涉农信用信息平台，推动涉农信用信息集中整合，支持市县构建域内共享的涉农信用信息数据库。引导当地涉农金融机构提升农户建档评级和授信覆盖面。引导银行业金融机构在依法合规、风险可控前提下，基于大数据和特定场景进行自动化审批，提高信贷服务效率。鼓励保险机构探索利用互联网、卫星遥感、远程视频等技术，开展农业保险的线上承保理赔。

专栏 7　乡村惠民便民服务提升工程

深入实施全国中小学教师信息技术应用能力提升工程。依托现有各类教育资源平台，开发集教师能力测评、学习资源精准推送、学习效果跟踪反馈为一体的功能应用，分层分类汇聚优质学习资源，供农村教师在内的所有教师自主选择使用，不断提高农村教师信息化教学能力和信息素养。扩大人工智能助推教师队伍建设试点行动，构建利用智能技术支持教师发展、优化教师管理的新模式。

开展县域远程医疗专网建设。建立县域一体化远程医疗服务平台，通过覆盖县级医院的远程医疗专网，集合远程会诊、远程培训、双向转诊、互联网诊疗等功能，支撑县域医疗共同体的整体运行和协同。县域远程医疗专网逐步与国家级、省级、地市级医院远程医疗系统联通。鼓励在县级医院统一建立互联网医院，有条件的地区可将互联网诊疗平台向乡镇卫生院和村卫生室延伸。

实施金融科技赋能乡村振兴示范工程。推动构建"线上线下打通、跨金融机构互通、金融与公共领域融通"的新型服务渠道，建立"一点多能、一网多用"的惠农综合服务平台，推出"惠农版""大字版""民族语言版"等智慧金融 App，提升农村居民金融服务普惠水平。加大供应链金融服务供给力度，实现金融服务对农业重点领域和关键环节的"精准滴灌"。加快金融与民生系统互通，建立健全农村金融标准规则体系和风险联防联控机制，全面提升"三农"资金与信息安全水平。

（八）网络帮扶拓展深化行动

25. 巩固拓展脱贫攻坚成果

健全防止返贫动态监测和帮扶机制，依托防止返贫大数据监测平台，对脱贫不稳定户、边缘易致贫户，以及因病因灾因意外事故等刚性支出较大或收入大幅缩减导致基本生活出现严重困难户进行常态化监测帮扶。继续大力实施消费帮扶，支持脱贫地区探索消费帮扶新业态新模式，带动脱贫人口和农村低收入人口增收致富。鼓励中央单位在定点帮扶工作中推动数字乡村项目建设，加强基础设施建设、运营模式创新和利益联结覆盖。依托"万企兴万村"行动，引导民营企业积极参与数字乡村建设。

26. 做好网络帮扶与数字乡村建设有效衔接

支持脱贫地区因地制宜开展数字乡村建设，鼓励和动员社会力量积极参与数字乡村聚力行动。继续加大对脱贫地区信息基础设施建设力度。统筹推进脱贫地区县、乡、村三级物流体系建设，强化农村邮政体系作用，引导电商、快递、物流企业向中西部农村地区深入拓展。探索通过线上线下相结合的培训方式，着力提升脱贫地区农村人口的数字素养与技能。进一步拓宽网络公益渠道，加大公益项目网络筹资力度，开发面向脱贫地区和脱贫人口特别是青少年群体的公益捐赠、学业资助、创业扶持、就业促进、医疗救助、智志双扶、素质提升、社区服务、生态环保、妇女儿童保护与发展、扶弱助残等方面的公益项目。

三、保障措施

（一）加强组织领导

建立健全各级数字乡村发展统筹协调机制，整合各部门数字乡村相关配套政策和资源，形成工作合力。整体规划数字乡村发展重点方向和年度工作要点，统筹推动解决数字乡村建设过程中跨部门、跨行业的重大问题。深入推进国家数字乡村试点工作，鼓励各地开展省级试点工作。

（二）加强政策支持

充分发挥财政资金引导作用，按规定统筹利用现有涉农政策与资金渠道，支持数字乡村重点项目建设。综合利用通信、公路、水利、电力等渠道资金，支持乡村信息基础设施建设和传统基础设施数字化改造升级。利用好生态保护修复资金支持智慧绿色乡村建设。通过中央支持地方公共文化服务体系建设补助资金等渠道支持国家公共数字文化建设。利用改善学校办学条件、推进"三个课堂"应用等渠道资金重点支持农村中小学信息化建设。加强金融服务对数字乡村基础设施、智慧农业、农村电商、乡村新业态等领域和新型农业经营主体的信贷、融资支持。

（三）加强人才支撑

瞄准数字乡村发展需求，引导高校合理设置农业智能装备工程、智慧农业等相关专业。鼓励涉农高校用生物技术、信息技术、工程技术等改造提升传统农科专业。持续派强用好驻村第一书记和工作队，充分发挥其在网络、信息、技术等方面的知识储备优势和派出单位的资源优势。鼓励和引导大中专毕业生、退伍军人、返乡就业人员等参与数字乡村建设。推动各地依托区域内高校、农业龙头企业等资源，培养实用型农村信息技术人才。积极开展农村创业、科技服务、生产经营、电商服务、劳务品牌等领域人才培训活动。

（四）加强指导监督

统筹推进数字乡村标准体系建设，制定出台数字乡村领域标准规范，持续完善数字乡村建设指南。建立数字乡村发展动态监测机制，加强实施过程管理和督促检查。建立数字乡村发展评价指标体系，开展数字乡村评价工作。

（五）加强安全保障

加强农业农村数据安全保护，落实涉农关键信息基础设施安全保护制度和网络安全等级保护制度，开展网络安全监督检查专项行动。继续强化农村地区电信广播电视设施安保工作，大力打击盗窃破坏电信广播电视设施的违法行为。依法打击涉农信贷、保险及网贷平台等领域中的互联网金融诈骗行为，做好互联网金融风险防范宣传工作。组织开展面向农村居民的网络安全教育培训，提升个人信息保护意识。

（六）加强宣传引导

充分利用融媒体、党建信息平台、"两微一端"、直播平台等渠道，宣传数字乡村建设政策措施和进展成效，讲好乡村振兴故事，为全面实施乡村振兴战略凝聚共识、汇聚力量。做好数字乡村发展行动相关公益广告制播工作，积极开展数字乡村建设交流活动，及时总结推广典型经验，营造全社会关注、参与数字乡村建设的浓厚氛围。

附录四

"十四五"全国农业农村信息化发展规划

一、规划背景

(一)发展现状

"十三五"时期,农业农村部会同各地区、各部门大力推进农业农村信息化发展,推动现代信息技术向农业农村各领域渗透融合,取得了阶段性成效,为"十四五"时期加快发展奠定了良好基础。

信息化基础设施明显改善。"十三五"末,全国行政村通光纤和通 4G 比例均超过 98%,5G 加速向农村地区覆盖,电信普遍服务试点地区平均下载速率超过 70M,基本实现农村城市"同网同速"。农村宽带用户总数达 1.42 亿户,农村网民规模达 3.09 亿,农村居民平均每百户拥有移动电话 261.2 部,农村地区互联网普及率达 55.9%,城乡互联网普及率差距较 2015 年末缩小逾 10 个百分点。首颗农业高分观测卫星成功发射,为高精度、定量化监测农业生产过程和农业资源环境要素提供了有效支撑。

智慧农业建设取得初步成效。截至"十三五"末,累计投资建设 81 个数字农业试点项目,认定 210 个全国农业农村信息化示范基地,推广 426 项农业物联网应用成果和模式,带动物联网、大数据、人工智能等新一代信息技术在农业生产经营各领域各环节融合应用。超过 60 万台拖拉机、联合收割机配置基于北斗定位的作业监测和智能控制终端。植保无人驾驶航空器保有量突破 7 万台,作业面积近 2.2 亿亩。升级改造海洋渔船通导与安全装备 14 万余台(套),建设数字渔业岸台基站 240 座。建设应用国内首个作物育种云平台,建成国家农产品质量安全追溯管理信息平台。

农产品电商快速发展。部署实施农业电子商务试点、农业电子商务发展行动计划,2020 年起组织实施"互联网+"农产品出村进城工程,农产品电商支持政策体系不断完善。开展电商"平台对接"专项行动,组织电商企业开展"庆丰收消费季"等系列促销活动。实施农产品仓储保鲜冷链物流设施建设工程,新增产地冷藏保鲜设施仓容近 500 万吨。创建国家级特色农产品优势区,建立中国农业品牌目录制度。2020 年全国农产品网络零售额 5 758.8 亿元,比2015 年增长 2.8 倍。

农业农村大数据逐步应用。推进政务信息资源整合共享，建设一批数据综合平台和专题数据库，初步构建农业农村大数据体系。粮、棉、油、糖、畜禽产品、水产品、蔬菜、水果等8类15个品种的全产业链大数据试点取得初步成效，总结推广38项农业农村大数据实践案例。在农业农村部网站开设数据频道，编制发布全国农产品批发价格200指数。连续举办中国农业展望大会，覆盖农产品主要品种的农业监测预警体系基本形成。

数字乡村建设起步良好。实施数字乡村发展战略，开展国家数字乡村试点，探索数字乡村发展模式。开展形式多样的数字乡村治理实践，"互联网＋政务服务"加快向乡村延伸，"互联网＋党建"在农村基层全面铺开。初步建成全国农村集体资产监督管理平台，集体资产实现在线管理、审核、监控。信息进村入户工程深入实施，截至"十三五"末，共建成运营益农信息社45.4万个，累计提供各类服务6.5亿人次。开展农民手机应用技能培训，"十三五"期间累计受众近1亿人次。

创新能力持续提升。推进农业农村部重点实验室"农业信息技术学科群"和"农业遥感学科群"建设，建成21个重点实验室和科学观测实验站。建设8个国家数字农业农村创新中心、分中心，推动信息化技术装备研发创新。水产集约化养殖精准测控、家畜智能饲喂装备等一批关键技术装备取得重大突破。在21个现代农业产业技术体系中增设智慧农业岗位专家。成立农业信息化标准化技术委员会，加强标准制修订。

（二）机遇与挑战

从发展机遇看，新一轮科技革命如火如荼，现代信息技术创新空前活跃，新产业、新业态、新模式不断涌现，为农业农村信息化发展提供了技术支撑。农民收入水平不断提高，农村居民消费不断升级，农业农村经济快速发展，为农业农村信息化提供了市场机遇。近年来，党中央、国务院高度重视，大力推进智慧农业和数字乡村建设，各地区、各部门出台了一系列支持政策，资金投入和政策支持力度不断加大，为农业农村信息化发展提供了政策环境。

从面临挑战看，我国农业农村信息化发展仍处于起步阶段，还存在几个方面的短板。一是网络基础设施不足，一些偏远的农业生产区域尚未实现网络覆盖；二是创新能力不足，关键核心技术亟待突破，先进适用的信息化产品装备缺乏；三是有效数据不足，用数据支撑生产经营和管理决策的作用不够；四是人才不足，缺乏既懂"三农"又懂信息技术的复合型人才。

二、总体要求

(一) 指导思想

以习近平新时代中国特色社会主义思想为指导，全面贯彻落实党的十九大和十九届历次全会精神，立足新发展阶段、贯彻新发展理念、构建新发展格局、推动高质量发展，按照保供固安全、振兴畅循环的工作定位，持续抓好保供、衔接、禁渔、建设、要害、改革重点任务，充分发挥数据生产要素作用，解放和发展数字化生产力，全面推动现代信息技术与农业农村各领域各环节深度融合，统筹推进智慧农业和数字乡村建设，促进农业全产业链数字化转型，提升乡村治理和公共服务信息化水平，以信息化引领驱动农业农村现代化、助力乡村全面振兴。

(二) 工作原则

创新驱动，数字赋能。坚持把创新作为引领发展的第一动力，不断推动农业农村信息化技术产品创新、融合应用创新和体制机制创新，积极培育新产业新业态新模式，用现代信息技术赋能农业农村高质量发展。

需求导向，以人为本。践行以人民为中心的发展思想，聚焦农业生产、农村发展和农民生活中的实际需求，推广经济适用好用的技术装备，强化公共信息服务供给，让广大农民分享互联网发展红利。

协作协同，共建共享。坚持统筹协调，强化部门协同、上下联动、政企协作，调动各地方各部门积极性，引导各类社会主体广泛参与，完善共建共享机制，推动资源整合，避免重复建设，产生新的信息孤岛。

安全可控，有序推进。坚持发展和安全并重，强化网络安全和数据安全保障能力，守住安全底线，全面提升发展的持续性和稳定性。坚持数量服从质量、进度服从实效、求好不求快，科学规划、试点先行，因地制宜推进农业农村信息化建设。

(三) 发展目标

到 2025 年，农业农村信息化发展水平明显提升，现代信息技术与农业农村各领域各环节深度融合，支撑农业农村现代化的能力显著增强。

智慧农业发展迈上新台阶。智慧农业技术、产品初步实现产业化应用，农业生产信息化率达到 27%，农产品年网络零售额超过 8 000 亿元。建设 100 个国家数字农业创新应用基地，认定 200 个农业农村信息化示范基地。

农业农村大数据体系基本建立。建成国家农业农村大数据平台，政务信息资源开放共享全面实现，农业农村数据资源"一张图"基本形成，大数据应用场景不断丰富，数据要素价值逐步显现。

数字乡村建设取得重要进展。数字化成为完善乡村治理的重要手段，"互联网＋政务服务"进一步向乡村延伸，农村信息服务体系不断健全，农民数字化素养大幅提升。

信息化创新能力显著增强。农业农村信息化创新体系进一步健全，自主创新能力不断提升，关键核心技术与产品取得新突破。建成 60 个以上国家数字农业农村创新中心、分中心和重点实验室。

三、主要任务

（一）发展智慧农业，提升农业生产保障能力

1. 发展智慧种业

加快种业创新攻关、种质资源保护、市场监管等领域数字化应用。开展种质资源表型与基因型精准鉴定，构建全国统一的农业种质资源数据库和 DNA 分子指纹数据库，强化育种创新基础。引导科研院所、高校、互联网企业与种业龙头企业协同攻关，构建数字化育种平台，探索"表型＋基因型"的智能育种技术体系，加快"经验育种"向"精确育种"转变。推进数字化动态监测、信息化监督管理。

2. 发展智慧农田

建设全国农田建设综合监测监管平台和全国农田建设"一张图"，集成全国国土调查数据、耕地质量等级数据、高标准农田建设数据、多源遥感数据等，实现数据驱动的农田建设项目立项实施、竣工验收、管护利用等全程动态数字化监管。建设基于物联网、大数据、智能控制、卫星定位的智慧农田管理测控系统，实现农田灌排水等田间智能作业，构建耕地粮食产能评价、耕地质量监测等一体化辅助决策平台。

3. 发展智慧种植

推进智慧农场建设，加快信息技术与农机农艺深度融合，推动智能感知、分析、控制等技术和装备在大田种植和设施园艺领域集成应用，实现生产全程机械化、投入品施用精准化、田间管理在线化。加快发展遥感监测、物联网测控、大数据分析等技术，提升墒情、苗情、虫情、灾情等"四情"监测能力和气象预测预报能力。加快建设农作物病虫害信息化监测网络，实现重大病虫害智能化识别、调度和分析展示。充分利用第三次土地普查、耕地质量监测评价有关数据，持续推进测土配方施肥。完善农药数字监管平台，提升农药数字化监管手段，推进农药质量追溯体系和生

产企业诚信体系建设。

4. 发展智慧畜牧

推进智慧牧场建设，加快规模养殖场数字化改造，推进环境感知、精准饲喂、粪污清理、疫病防控等设备智能化升级，推动生产全过程平台化管理。加强肉蛋奶产能监测，开展行业运行态势分析和预警。加强动物疾病监测、诊断和防控信息化建设，完善重大动物疫情测报追溯体系，实现重大动物疫情实时监测、风险研判、早期预警和态势预报。升级完善国家畜牧兽医综合信息平台，推进养殖场数据直联直报，强化饲料、兽药监管追溯，实现畜牧业生产、流通、屠宰各环节信息互联互通。

5. 发展智慧渔业

推进智慧渔场建设，加快池塘、工厂化循环水、深水网箱、鱼菜共生等养殖模式的数字化改造，推进水质在线监测、智能增氧、精准饲喂、尾水处理、疫病防控、水产品分级分拣等技术应用。推广渔船卫星通信、定位导航、鱼群探测、"插卡式 AIS"、电子监控、电子渔捞日志等船用终端和数字化捕捞装备，开发电子观察员、捕捞机器人，实现远洋捕捞渔船实时监控和精准捕捞。推进海洋牧场信息化建设，开展深远海养殖平台、无人渔场等先进养殖系统试验示范。建设完善渔业渔政管理信息和公共服务平台，推进沿海和长江禁渔监管信息化能力建设和智慧渔港建设，提升渔业渔政管理信息化水平。

6. 发展智能农机

加快农机装备数字化改造，支持在大中型农机加装导航定位、作业监测、自动驾驶等终端，发展耕整地、播种、施肥、灌溉、植保、收获、初加工等环节的农机精准作业，开展主要作物无人化农场作业试点。积极发展"互联网＋农机作业"，推广农机作业服务供需对接、作业监测、维修诊断、远程调度等信息化服务，促进农机共享共用，提升农机服务效率。加快农机作业大数据应用，完善农机化管理服务平台，提升农机鉴定、农机监理、农机购置补贴、农机作业补助核定等管理服务工作信息化水平。

7. 发展智慧农垦

充分依托农垦规模化、组织化、专业化、产业化优势，发挥农垦集团、国有农场在全区域全链条全过程智慧农业示范引领作用。加强农垦基础数据资源建设，进一步完善农垦土地资源、组织机构、企业资产等数据库，实现精准管理。加快农垦产业数字化转型，聚焦保障国家粮食安全和重要农产品供应，率先推进智慧农业新技术新产品新模式应用，大力发展智能农机、农用航空，建设一批智慧基地。推动适应智慧农业发展的社会化服务体系建设和管理体制创新。

专栏1　国家数字农业创新应用基地建设工程

"十四五"期间，在全国建设100个国家数字农业创新应用基地，建立贯通信息采集、分析决策、作业控制、智慧管理等各环节的智慧农业集成应用体系，提升生产经营智能化水平，示范带动全国智慧农业建设。

1. 国家数字种植业创新应用基地。运用现代信息技术对生长环境和作物本体进行实时监测，推进耕整地、播种、施肥、施药、收获等过程精准作业，建设智慧农场管理系统。

2. 国家数字设施农业创新应用基地。推进智能化育苗、生长环境和作物本体自动监测、环境远程调控、水肥药精准管理、智能植保、自动收获等技术应用，建设智慧设施管理系统。

3. 国家数字畜牧业创新应用基地。推进动物发情智能监测、自动化精准环境控制、精准饲喂、畜禽疫病自动监测防治、粪污自动处理、产品自动收集等技术应用，建设智慧牧场管理系统。

4. 国家数字渔业创新应用基地。推进环境实时监测、自动增氧、饵料智能投喂、循环水、尾水处理控制、水下机器人、病害远程诊断等技术应用，建设智慧渔场管理系统。

5. 国家数字种业创新应用基地。改造升级智能化信息化基础设施，建设高效农作物育种信息系统和主要畜禽品种性能测定、基因组选育、遗传评估等数据分析系统。

（二）推动全产业链数字化，提升农产品供给质量和效率

1. 推进农业生产经营主体互联网融合应用

推动农业产业化龙头企业、规模生产经营主体加强数字化管理，快速响应市场需求、动态调整生产计划、精准管理资源库存、智能分析预警决策，打造数据驱动的生产经营管理体系。鼓励涉农企业推广供应链体系和网络化组织平台，打造符合中小规模生产经营主体、小农户需求的农场管理系统、集成解决方案、信息化产品和服务，带动中小规模生产经营主体、小农户数字化能力提升。促进农业生产经营主体管理系统与电商平台、采购商系统等对接，强化产业链、供应链协同，提高产销对接效率。支持农业生产经营主体积极探索应用互联网新技术新产品新模式，发展互联网与一二三产业深度融合的现代农业生产经营模式。

2. 推进农产品加工信息化

推进现代信息技术在农产品加工领域的深度应用，研发一批集自动测量、

精准控制、智能操作于一体的绿色储粮、生鲜贮藏、快速预冷、节能干燥、品质调控等初加工技术装备。推进农产品智能加工，推广应用智能分拣、无损检测、包装机器人等自动化设备，提高加工成套装备信息化水平。加强农产品加工信息动态监测，探索品种专用、生产定制、产销对路的精深加工引领生产发展的新模式。

3. 推进农产品电子商务

深入推进"互联网＋"农产品出村进城工程，优化提升产业链供应链。积极拓展农产品网络销售渠道，完善农产品现代流通体系，构建工业品下乡和农产品进城双向流通格局。鼓励多样化多层次的农产品网络销售模式创新，发展直播电商、社交电商、县域电商等新模式，综合利用线上线下渠道促进农产品销售。推动农产品电商规范有序发展，加强农产品网络品牌建设、品质管控和售后服务，引导农产品电商企业逐步从价格竞争向品质竞争转变。继续发挥农产品电商在助农增收致富的重要作用，推动脱贫地区农产品上网销售。

4. 推进农产品仓储物流信息化

加快农产品仓储物流信息化建设，建立从田间到餐桌的农产品全链条智能物流体系。鼓励农产品产地专业市场、农产品仓储物流企业开展数字化改造，加大传感器、记录仪、电子标签及自动识别终端、监控设备等应用，实现对进出库、运输、交易等全程数字化管理。建设农产品产地仓储保鲜冷链物流数字化服务平台，促进信息互联互通、实现物流供需匹配、提升设施运营效率。

5. 推进农产品质量安全信息化

大力推动农产品质量安全智慧监管，探索部、省、市、县四级风险监测在线化、数字化管理，提升风险预警、专项整治、执法监管的信息化水平。完善国家农产品质量安全追溯管理信息平台功能，推广应用"承诺达标合格证＋追溯码"模式，努力推动实现从田间到餐桌的全程可追溯。推广使用农产品生产者经营者电子诚信档案，开展信用动态测评和分等分级，提升农产品质量安全信用信息化能力。鼓励运用大数据、物联网、区块链等现代信息技术，探索推进"阳光农安"，开展农产品产前产中产后全过程的质量安全控制，全面提升农产品质量安全管理水平。

（三）夯实大数据基础，提升农业农村管理决策效能

1. 建立健全农业农村数据资源体系

加快国家农业农村大数据平台建设。建立健全农业农村数据管理制度，完善数据标准体系，编制数据资源目录，构建全国农业农村数据资源体系。利用现代信息技术改造提升农业农村现行统计监测条件，拓宽遥感监测、物联网、互联网等数据渠道，强化全球农业数据采集，提升数据采集的广度、深度、时

效性和可靠性。深入推进政务数据资源整合共享，对农业农村数据资源进行对接汇聚、加工处理、分类整理，建立农业农村数据资源池。参照国家自然资源和地理空间数据的时空基准，构筑农业农村全时空四维数字空间，在部统一地理信息共享服务平台基础上，建设农业农村各类业务数据图层，形成"1张底图＋N个农业专题应用图"，实现数据精细化可视化的分级展现、直观对比和动态跟踪。培育数据交易市场，推动涉农数据要素有效流通。

2. 深入推进农业农村大数据发展应用

充分发挥数据要素价值，加强政府与市场协作，引导各类社会主体开拓农业农村大数据应用场景，提升数据资源利用水平。建设农业农村大数据分析通用系统，聚焦种源安全、重要农产品供需平衡、农业防灾减灾、农产品质量安全、高标准农田建设、农村宅基地利用、农业农村经济运行等重大专题，完善分析预警指标体系，构建智慧分析预测模型集群，为重大决策提供基于大数据的智慧解决方案。建立一批重要农产品单品种全产业链大数据分析应用中心。引导各类市场主体对农业农村大数据进行挖掘和创新应用，培育一批大数据服务企业，打造一批大数据服务产品，充分发挥大数据在生产管理、市场营销、金融保险、信息服务等方面的作用。加强农业监测预警体系建设，完善农产品供需平衡分析制度，持续办好中国农业展望大会，强化农产品市场信息发布，打造权威、统一的农业信息发布平台。

专栏2　国家农业农村大数据平台建设工程

1. 改造提升"农业农村云"基础设施。在全国一体化大数据中心体系统筹布局下，充分利用现有"农业农村云"基础设施，逐步探索政府购买服务的方式，构建集中部署、共建共享的基础设施。

2. 升级完善农业农村数据采集系统。围绕提升全国农业农村数据采集能力，拓宽数据采集通道，针对不同数据来源，采取数据汇集、对接交换、在线报送、自动采集、网络抓取、数据购买等不同方式采集数据，重点优化数据在线报送、自动采集条件，补齐农业农村数据采集短板。

3. 建设农业农村数据"一张图"。优化完善农业农村数据资源目录体系，建立分类、分级、脱敏、标识等标准规范。构建农业农村数据交换管理平台，实现数据资源对接汇聚、加工处理、分类整理，建立农业农村数据资源池，提供部署数据应用的安全可靠环境。构筑农业农村全时空四维数字空间，建设资源、主体、产品大数据立体图层，形成"1张底图＋N个农业专题应用图"。建设大数据指挥调度中心，实现农业农村领域数据资源的多维度综合展示，支撑开展基于大数据的决策指挥。

---

4. 建设农业农村大数据分析通用系统。构建农业农村大数据智慧分析预测模型集群，利用云计算、大数据、人工智能等技术，对大数据资源进行深度挖掘、融合分析，作出短期中期长期预测、自动预警和智能调控，为重大决策提供基于大数据的智慧解决方案。

3. 推动政务信息化能力建设

加强农业农村政务信息系统的顶层设计，充分利用好现有基础，按照统一硬件设施、底层系统、软件工具的方式设计总体架构，集约建设、统一运维、共建共享，避免重复建设。优化布局政务信息系统，建立动态清单管理制度，提高信息系统建设、运行和管理效能。加强农业农村一体化政务服务平台建设，优化网上服务流程，推动农业农村政务服务事项全程电子化办理。加快推进移动办公政务信息系统建设，提升公文办理、行政管理、应急处置等效率。健全巩固拓展脱贫攻坚成果同乡村振兴有效衔接大数据平台。加快推进农业综合行政执法信息化，建设全国农业综合行政执法办案系统和指挥调度平台。

（四）建设数字乡村，缩小城乡数字鸿沟

1. 强化乡村信息基础设施

推动城乡信息基础设施互联互通。面向农业生产、农民生活用网基本需求，深入实施电信普遍服务，推进高速宽带网络向有需求的自然村延伸，进一步提高农村地区宽带网络覆盖水平和能力。充分发挥5G低频段优势，统筹推进县域、乡镇、农村地区5G网络覆盖，推动5G在农业农村领域应用。加快推进IPv6在乡村信息基础设施中的部署和应用。推进各类信息终端、技术产品、移动互联网应用软件普及应用。鼓励运营企业积极推进北斗地面配套设施建设，提高农业生产区域北斗时空基准服务网络覆盖。

2. 推进乡村治理数字化

促进信息化与乡村治理深度融合，提升乡村治理智能化、精细化、专业化水平。推动"互联网＋政务服务"向乡村延伸覆盖，推进涉农服务事项在线办理。大力发展"互联网＋党务""互联网＋村务"，支持建立"村民微信群""乡村公众号"等，规范乡村小微权力运行。建设乡村治理数字化平台，逐步完善"互联网＋网格治理"服务管理模式，加强农村厕所革命、生活污水垃圾治理等在线监督。建立农村集体资产、承包地、宅基地、经营性建设用地管理电子台账，建设国家农村产权流转交易云平台和农村土地承包合同网签系统，推动土地承包合同变更申请、审核、签订等全流程线上办理，提高农村集体产权管理服务信息化水平。建设农村智慧应急管理体系，提升乡村突发公共事件

应急管理能力。

3. 发展乡村信息服务

建立健全线上线下相结合的农村信息服务体系，提升农村公共服务水平。有序推进农村信息服务站点整合共享，充分运用益农信息社、村级综合服务中心等场所，丰富服务内容、完善服务平台、提升服务功能，为农民提供便捷的各类服务。统筹做好 12316 热线部署，促进 12316 服务数字化转型，加强专家服务队伍建设，提升服务规范化、精准化水平。鼓励农业社会化服务主体积极创新服务模式和组织形式，充分利用现代信息技术和网络平台，提供多层次、多类型的专业化服务。完善全国农业科教云平台，提高网络和智能终端上农业技术服务和农民教育培训水平。充分考虑老年人习惯，推行适老化和无障碍信息服务，保留必要的线下办事服务渠道。推动"互联网＋"教育、医疗、法律、金融、科技、文化等向农村延伸，让农民更好分享互联网发展成果。持续开展农民手机应用技能培训，加快培育高素质农民，全面提升农民数字素养。

4. 培育乡村数字经济

推进城乡要素双向自由流动，以信息流带动技术流、资金流、人才流、物资流向农村地区集聚，形成以城带乡、城乡融合的数字经济发展模式。优化乡村数字经济发展环境，鼓励互联网企业向乡村拓展业务。推动现代信息技术与乡村产业深度融合，发展创意农业、认养农业、体验农业、休闲农业等新业态，探索推动乡村共享经济，鼓励返乡下乡在乡人员利用互联网创业就业，培育数字经济新的增长点。发展适宜乡村特点、满足农民需求的信息产品和服务，促进乡村信息消费，打造新型乡村数字生活。

（五）强化科技创新，提升农业农村信息化支撑能力

1. 强化科技创新体系

围绕产业链布局创新链，以产业需求为导向，建设跨界交叉领域的协同创新平台，探索实施技术研发"揭榜挂帅""赛马"等制度，构建产学研用深度融合的农业农村信息化科技创新体系。加大农业农村部农业信息技术学科群重点实验室在信息技术、智能装备领域的布局，重点攻关基础理论、前沿技术和关键核心技术。建设一批国家数字农业农村创新中心、分中心，面向农业农村信息化应用创新需求，重点推进技术创新和智能装备应用，推动相关领域共性关键标准与通用技术规范的制修订。加强信息技术示范指导，把信息技术产品纳入农技推广范围，鼓励社会化服务组织提供各类信息技术服务。

2. 加大关键核心技术攻关

强化顶层设计，制定农业农村信息化技术攻关路线图，组织实施一批科技

项目，重点攻关农业专用传感器、动植物生长信息获取及生产调控机理模型、农业智能装备与机器人等关键技术，探索无人农场、无人养殖场、无人渔场等技术集成与应用示范。着眼全产业链强化农机装备研发制造和推广应用，加快国产智能农机技术创新，突破动态路径规划、自动驾驶、精准作业、自动测产、智能组网等关键技术，推动智能农机快速发展。

专栏3　智慧农业技术创新工程

1. **国家数字农业农村创新中心。** 建设30个以上国家数字农业农村创新中心、分中心。面向农业农村信息化应用创新重大需求，跟踪信息技术创新前沿，开展基础共性、战略性、前沿性智慧农业技术研究，重点研发具有自主知识产权的智慧农业创新技术产品，提升智慧农业创新能力和技术服务水平。

2. **农业农村部重点实验室。** 瞄准基础研究根上的、技术创新前沿的、关键技术卡点的、区域农业发展必需的技术，改组改造、优化提升农业农村部重点实验室体系，在现代生物技术、信息与智能技术为核心的前沿领域，建设智能农机与智慧农业国际农业联合研究中心、农业信息技术学科群和农业遥感学科群、智慧农业区域公共研发中心和综合科研实验基地。

---

3. 壮大农业农村信息化产业体系

以企业为主体、市场为导向，加快推动科技创新成果转化。推进标准体系建设，增加标准有效供给，强化标准应用实施，加快构建统一、融合、开放的农业农村信息化标准体系。加快培育一批掌握核心技术、创新能力突出、市场竞争力强、带动作用显著的农业农村信息化龙头企业和专业服务机构，建立健全智慧农业装备和软件检验检测体系，逐步形成产业链条健全、专业协作机制完善的农业农村信息化产业集群和社会化技术服务体系。鼓励举办各类农业农村信息化展会、论坛，促进交流合作。

四、保障措施

（一）加强组织领导

各级农业农村部门要切实抓好规划落实，做好各省份农业农村信息化发展规划与本规划的衔接，细化落实措施，明确时间要求，强化工作力量，确保规划任务落地见效。各级农业农村部门要切实担负起牵头责任，加强农业农村信息化工作统筹协调，积极争取党委政府和各部门的重视支持，积极引导各类社会主体广泛参与，形成推进合力。充分发挥专家智库作用，加强规划实施指导，为科学决策和工程实施提供智力支持。

（二）加大政策支持

把信息化作为农业农村现代化建设的重要内容，加大政策资金支持力度。将智能农机具纳入农机购置补贴范围，加大对智能、复式、高端产品的补贴力度。利用现有资金渠道，调整优化资金使用结构，支持农业农村信息化重大项目建设。拓展资金投入渠道，发挥政府投入引导和撬动作用，完善政银企担合作机制，采取投资补助、以奖代补、风险补偿、财政贴息等多种方式，有序引导金融、社会资本和新型农业经营主体投入农业农村信息化建设。鼓励地方政府优化营商环境，强化土地、资金、信息支持，发挥创业投资、股权（产业）投资基金等的投资引领作用。

（三）完善监测评估

加强对规划落实情况的跟踪监测、成效分析，开展规划实施情况评估，及时发现解决规划实施过程中的问题，推动完成好规划目标任务。建立农业生产信息化率指标并开展监测，推动纳入数字中国评价指标体系进行综合考评。建立健全数字乡村发展水平评价体系，完善评价指标，对各地数字乡村发展水平进行监测评估，定期发布《中国数字乡村发展报告》，引导各地加快发展。

（四）充实人才队伍

发挥科研院所、高校、企业等各方优势，加强农业农村信息化人才梯队建设和科技创新团队支持，培育农业农村信息化领军人才。充分发挥农业农村部现代农业产业技术体系智慧农业岗位专家作用，加强农业农村信息化技术人员培训，开展技术示范和技术服务。结合农村实用人才带头人素质提升计划和高素质农民培育计划，加强农业农村信息化相关内容培训，培育一批掌握智慧农业技术的农民。支持企事业和教育培训机构开展有针对性的培训，加快培养、引进农业农村信息化实用人才。

（五）强化网络安全

（略）

（六）深化国际合作

推动农业农村信息化领域国际合作，积极参与国际组织、多双边合作机制相关议题，完善国际交流机制平台。引进农业农村信息化先进技术和优秀人才，加强关键技术、产品的合作研发。参与农业农村信息化国际规则、标准制定，推进相关标准和产品认证互认与合作。依托境外农业合作示范区和农业对外开放合作试验区等，以共建"一带一路"国家和地区特别是周边国家为重点，支持国内农业农村信息化企业开拓国际市场。积极促进农业信息、市场流通等服务贸易。稳妥发展农产品跨境电子商务，支持"海外仓"和全程冷链物流建设。